リベラル・コミュニタリアン論争

スティーヴン・ムルホール
STEPHEN MULHALL

アダム・スウィフト
ADAM SWIFT

訳者代表 谷澤正嗣
YAZAWA Masashi
飯島昇藏
IIJIMA Shozo

Liberals and Communitarians
second edition

keiso shobo

LIBERALS AND COMMUNITARIANS 2E
by Stephen Mulhall & Adam Swift

Copyright © Stephen Mulhall and Adam Swift, 1992
Japanese translation published by arrangement
with Blackwell Publishing Ltd.
through The English Agency (Japan) LTD.

日本語版への序文

　『リベラル・コミュニタリアン論争』は，われわれ二人のどちらにとっても，最初の書物であった．それは1980年代から1990年代初頭の間にアングロ—アメリカ圏の政治哲学を席巻した一つの論争についての，体系的で，隅々まで行き届いた，明快に構成された理解しやすい議論を研究者や学生に提供する試みである．本書のこの第二版が出版されたのは1996年であるけれども，この版は増刷され続けており，またこれまでにスペイン語と韓国語に翻訳されている．このたびの日本語訳が本書を日本の読者にも手が届くようにしてくれるのを喜ばしく思う．さらに，早稲田大学の飯島教授および谷澤准教授を代表とする翻訳者たちが，長期にわたる翻訳プロジェクトを出版にまでこぎつけた熱意と献身とについて，かれらに感謝している．とりわけ若い研究者の皆さんの辛抱強い努力に感謝を送りたい．

　私たちが議論しているテキストの多くは日本語で出版されているとはいえ，いくつかはまだ翻訳されていない．そのためわれわれの書物は，たとえばロールズの『政治的リベラリズム』やテイラーの『自己の源泉』のような，日本の読者にとってよそでは手の届きにくい重要な著作について，使いやすい要約を提供している点で，おそらく日本の読者にとってとくに有益だろう．その意味でこの日本語版は，日本の研究者や学生が手に入れることのできる資料に存在していた，重大なギャップを埋める手助けとなる．同時にまた本書が，すでに日本語で読むことのできるテキストに対して理解を助ける案内と，それらを分析するための枠組を提供することを望んでいる．ジョゼフ・ラズやアラスデア・マッキンタイアのような理論家の著作は，英語でさえ理解するのが困難なことがある．こうした著作を理解するのに苦しんでいる多くの英語を話す研究者や学生たちが，それらの著作をもっと簡単にわかるものに「翻訳」したわれわれの試みに感謝してきたことはまちがいない！

　『リベラル・コミュニタリアン論争』の出版以後に，なにかこの論争における重大な展開はあったのかどうかとたずねられることが時折ある．われわれ

i

日本語版への序文

知るかぎり、そのような展開はなにもない。それよりもむしろ、議論の焦点が変わってきたのである。アングロ—アメリカ圏の研究文献を読むとき、コミュニタリアン的な思考に出くわすのは、現在ではナショナリズムや多文化主義をめぐる実質的な争点の文脈においてであることがもっぱらである。リベラルの側では、ロールズの「公共的理性」の観念と、その観念が体現するような種類の中立性の可能性（または不可能性）が、熱心に議論され続けている。「共同体」という観念は、議論からずいぶんと脱落してしまった。共同体というかなりあいまいな言葉によって提起されたさまざまな争点に枠組を与える、もっと特定された精確なやり方に取って代わられたのである。そのプロセスに対して、われわれの書物も、「リベラル・コミュニタリアン」論争というレーベルのもとに一緒になっていたさまざまな議論の要素を解きほぐすことを通じて貢献したことを望んでいる。

　リベラルとコミュニタリアン（いっておけば、同じ人がリベラルとコミュニタリアンの両方でありうる、ということが、われわれの議論の重要な部分の一つである）の間の幾重にもわたる論争は、異なった文化の文脈では、異なった意義をもつであろう。ひょっとすると、コミュニタリアン的な諸観念が日本における政治文化や人格的アイデンティティの構想がもつさまざまな側面ととりわけ重要で興味ぶかい仕方で結びつくことで、日本における社会思想や政治思想の伝統はそうした観念に特別の響きを与えるかもしれない。ひょっとすると、リベラルな思考は、ほかでもなく、その思考が個人とかのじょがその成員である共同体との間の関係についてのより伝統的な理解からの断絶を表すがゆえにこそ、[日本では]ある人びとにとってますますいっそう魅力的だということもあるかもしれない。この論争が日本の読者にとってなにを意味しうるか、あるいはなにを意味すべきかについて、なにか価値のある考えを提供するには、われわれは日本についてあまりにもわずかしか知らない。われわれとしては、この論争が日本の読者の一部にとって、なにかしら有意義で重要なことを意味することで、翻訳者たちの努力が報われるのを望むばかりである。

スティーヴン・ムルホール
アダム・スウィフト
オックスフォードにて、2006年10月

（谷澤正嗣訳）

第2版へのまえがき

　1993年にロールズの『政治的リベラリズム』が出版されたことは，つぎのことを意味した．すなわち，たとえかれが『政治的リベラリズム』で述べたことすべてが，本書の第1版でわれわれが参照した諸論文で述べられていることと同一だとしても，さらにはかれが述べたことをわれわれが第1版と同一の仕方で解釈しつづけるとしても，たんに時代遅れであるとの印象を与えないという目的のためにだけでも，参照文献を新しくする必要があるということである．ロールズは読者たちに，かれが自分自身の立場についての現在の理解に初めて到達したのは，以前に書いた論文のうち最後の論文を発表した後になってのことだったと保証している．それゆえ，われわれの解釈もまた変化してきたと認めても，すこしも恥かしいとは感じない（もっともわれわれの以前の誤った解釈すべてがロールズの誤りに帰せられるといいはるつもりはないけれども）．形式的には，3つの別々の章で，ロールズの政治的リベラリズムの核となる理念を提示し，かれの立場とコミュニタリアンによる批判との関係を評価し，そしてかれの立場が維持されうるか否かを検討するほうがよいとわれわれには思われる．内容的には，コミュニタリアンの異論にたいするロールズのいくつもの応答のなかでも，政治的なものへのかれの移行に依存する応答と，そのような移行に依存してはいない応答とを区別する試みに，より多くの紙幅を割く．

　第1版においてドゥオーキンが1つの章を占める権利を獲得しなかったのはなぜなのか，われわれにも定かではない．いまやその章を書きあげ，その章が第3部全体に及ぼした数々の波紋を調停させた後になってみると，ドゥオーキンを本書の第1版に収録しなかった多くの理由を考えることができる．というのもかれを本書に含めることは，事柄を著しく錯綜させるからであり，前の版では暗示されるにとどまっていた数々の争点と区別を明示的に提起し導入することを要請するからである．いくつもの変更によってこのように困難さの水準がより高くなってしまったのは不幸なことであるが，それらの変更はその困難さを正当化するのに十分だけの重要性をもつとわれわれは考える．そして，

iii

第2版へのまえがき

リベラルとコミュニタリアンの間で問題になっているさまざまな争点ばかりでなく，リベラルの陣営の内部で問題になっているさまざまな争点をも読者に提供することで，われわれはいまや現代のリベラルな理論の範囲についてより十全な理解を提示していることを期待する．

いま述べたばかりのいくつもの争点や区別とうまく一致させるべく結論部を書き換えただけではなく，われわれは本書全体にわたってその他の小さな改善を企てた．その結果として，原著書の約40パーセントが変更された．

サイモン・ケイニー，ライナー・フォルスト，ヨタ・スパイロプーロス，スティーヴン・ウォール，そしてアンドリュー・ウィリアムズが，われわれが書いたものに変化をもたらしてくれた．アンドリューの場合には第1版の出版の前に交わされた会話を通してであったが，その会話の力をわれわれが評価するようになったのは，ようやく第1版の出版の後になってであった．エセックス大学の哲学部は，われわれの1人［ムルホール］にとってこれらの争点について話したり考えたりしつづけるための相応しい環境であることを証明した．いっぽうオックスフォード大学のベイリオル学寮は，もう1人［スウィフト］にとって，教員仲間や学生たちに刺激を与える点で理にかなった仕方ではそれ以上を期待できないほどのものを提供しつづけている．

（飯島昇藏訳）

第1版へのまえがき

　本書におけるわれわれの目的は，リベラリズムにたいするコミュニタリアンの批判という標語のもとに一まとめして分類されるようになった，政治理論における一連の論争への入門を提供することにある．これらの論争は，1980年代を通じて政治理論という学問分野にとって中心的なものとなったし，またなんらかの仕方で，現代の理論の大部分に浸透しつづけている．しかしながら，いまでは論争の混乱も静まり始めているので，われわれとしては，学部生であれ大学院生であれ，初心者も論争の現場に近寄りやすくするために，その現場を概観するのに適切な時期であると感じている．

　目次のページが本書のかたちを伝えている．われわれが現代のリベラルな理論のパラダイム的な陳述とみなすもの，すなわち，ジョン・ロールズによって『正義の理論』のなかで表現された公正としての正義の理論を概説し，本書を通じて繰り返し現れる，議論されるべき議題すなわちアジェンダを第1章で確立した後に，リベラリズムにたいするコミュニタリアン的批判者と一般的にみなされている4人の思想家，すなわちマイケル・サンデル，アラスデア・マッキンタイア，チャールズ・テイラーおよびマイケル・ウォルツァーの理念の数々を，この順番に提示する．これらの理論家たちが共有しているいくつかのテーマ，かれらが相違しているいくつかの点，および先に確立した議論されるべきアジェンダとのかれらの関係を特定した後に，われわれはさらに，自らの立場についてのロールズのより最近の再陳述，すなわち通常「新しいロールズ」(the new Rawls) と呼ばれているものを検討していく．すくなくともいくつかの読解にもとづくかぎり，新しいロールズは，コミュニタリアンの批判のいくつもの側面にたいして高い感度を備えたリベラルな立場を形成しようと試みていると理解しうる，とわれわれは主張する．その後で，結論に至る前に，われわれはつぎには，コミュニタリアン的リベラルとして読むことのできる他の3人の理論家たち，すなわちリチャード・ローティ，ロナルド・ドゥオーキンおよびジョゼフ・ラズへと向かう．

第1版へのまえがき

　本書で展開される事柄についてのこの説明は，しかしながら，多くの問いを提起しており，それらの問いは「まえがき」という早い段階で取り扱われる必要があるか，すくなくともそうした問題があると認めておく必要があるものである．われわれのテーマを前提とするならば，リベラリズムとはなんであり，コミュニタリアニズムとはなんであるかを特定することから出発するのが重要であるように思われる．残念ながら，これを行うことはそう思われるほどたやすいことではない．というのも，われわれがやがて示すように，リベラルとして認められるためには，あるいはコミュニタリアンとして認められるためには，ひとはなにをまさに信じなければならないかについて，非常に大きな意見の不一致が存在しているからである．個人の自由ないし自律のような曖昧で一般的な価値へのコミットメントをリベラリズムの構成要素とみなし，これを諸個人が所有すべき，良心の自由や表現の自由や結社の自由のような実質的な政治的関心事と関連づけることは可能かもしれないが，このことはわれわれを実際にはあまり遠くまで進ませないのである．同様にして，コミュニタリアン的批判とは，個人とその社会あるいは共同体との関係についてのリベラルな理解を疑問視し，リベラルな理解から帰結する個人の自由と諸権利の強調は見当違いであると議論する批判である，と予備的に特徴づけるとしても，そのような特徴づけはさらなる具体的な特定化の余地を多く残すのである．リベラリズムの場合もコミュニタリアニズムの場合も，本書の後の部分においてのみ適切に扱いうる諸問題を棚上げすることなしには，より具体的に特定化することは困難なのである．もちろん，本書の結末に至るまでには，われわれはこれらの特徴づけをより詳細に具体的に記述しているであろう．

　問題は，「リベラリズム」も「コミュニタリアニズム」も異なった人びとには異なった事柄を意味する点にある．日常の政治の言語においてさえも，「リベラル」という用語はアメリカ合衆国とイギリス連合王国とでは異なった事柄を意味している．そしてわれわれの，個人の自由ないし自律という用語を使った，意識的に厳密ではない定式化はすでに，とくに北米の言語の使用において明らかである，リベラリズムをかなり気前のよい配分的福祉国家の支持と結びつける，周知の含意を捉えそこなっているかもしれないのである．ここで重要になるのは次の論点である．通常の使用法では「リベラリズム」という用語は，いくつもの信念や政策からなる一つのパッケージを指す傾向があるが，それらの信念や政策は，分析的には相互に分離することが可能なものである．しかも，

第1版へのまえがき

まもなく以下で示すように，われわれの最初の特徴づけに，コミュニタリアンの批判が，そしてこのゆえに本書もまた，それらの信念や政策のあるものに第一義的な関心を払っており，それら以外のものには第一義的な関心を払っていないという事実が反映されていることには，疑いの余地がないのである．予想できることかもしれないが，当事者たち自身がそれと意識しながら理論的な論争を行っている水準では，事柄はさらにいっそう複雑になる．というのもこの水準では，われわれが実際に注意を傾注しようとするリベラルな信念あるいは政策に関してさえも，異なったリベラルがそれらを異なった理由から擁護するという事態が見出されるからである．たとえば，ある理論家が表現の自由の権利を信じる理由は，他の理論家がそうする理由とはまったく異なるかもしれない．あるいは，自らをリベラルとみなしている2人の理論家が，たとえば自律や国家と個人の適切な関係といった明らかに非常に中心的なものごとに関して，まったく異なった観念をもっているかもしれないのである．この論点がとりわけ重要であるのは，コミュニタリアンの批判に直面してリベラルがとった標準的な動きは，コミュニタリアンが拒否する事柄を，リベラルは肯定している，あるいはリベラルは肯定せざるをえないということを，否認することだったからである．コミュニタリアンたちはこうして，リベラルたちが実際には行っていない主張や，かれらの結論のために要請されてもいない主張をいくつもリベラルたちに押しつけたうえで，つぎにそれらの主張を攻撃しているのだと非難されたのである．もしこれが正しいならば，すなわち，もしリベラルたちがコミュニタリアンたちによってかれらが告発されている理論的な罪を犯していないならば，その場合には，コミュニタリアンたちが提供しなければならない議論と衝突しない，それどころかひょっとしたらそれらの議論を受け入れることさえできるようなリベラリズムの可能性が，このことによって提起されるであろう．

「コミュニタリアニズム」がリベラリズムよりも直截的［な用語］であるというのではない．どちらかといえば，その逆が真実である．ここでもまた，1つの問題は，本書において議論されるアカデミックな理論家たちによって提出された本質的に哲学的な立場と，ある政治的な運動によってコミュニタリアニズムという用語がより民衆的な広がりをもって利用されることとの関係に関わるものである．この運動は大西洋の両岸において，若干の注目をメディアや政党から集めてきた．この運動の指導者，アミタイ・エツィオーニの著書『共同体

の精神』は，諸個人が賛成するように求められているコミュニタリアン的な綱領を含んでいるが，ところどころで，哲学的コミュニタリアンたちのものとみなしうるいくつかの理念に頼ってもいる．しかし，エツィオーニが心に描いている種類のプログラムと，本書で考察しようとしている理念との間に，非常に曖昧で一般的な連関以上のなにかをみいだそうとしても難しい．もちろん，民衆的なコミュニタリアニズムの唱導者たちがわれわれの本を読み，かれらの政策的立場を支えているかもしれないし，支えていないかもしれない，数々の哲学的根拠について，自らの思考を明晰にすることは十分ありうるだろう．しかしわれわれは，政治家やジャーナリストの間で行われているような共同体についての論争に直接的に関与するふりをするつもりはない．われわれが気づいているかぎりでは，われわれの4人のコミュニタリアンの理論家の誰一人としてエツィオーニのプログラムに署名したものはいないし，われわれの本はその理由を説明するのに役立つかもしれない[1]．

　コミュニタリアニズムという用語の哲学的な意味と民衆的な意味とのこのようなミスマッチに加えて，2つの争点がアカデミックな論争の内部で浮上している．第1の争点は，そもそも単一のコミュニタリアン的批判なるものについて語ることにどの程度の意味があるのかに関わっている．「コミュニタリアン」という標語は，本書の第2部においてその理念を検討する4人の理論家たちを特徴づけるためにしばしば用いられるけれども，それらの理論家たち自身はそれをいっさい使用していない標語である．その標語が，ちょうど「リベラル」という用語がリベラルたちにとってかれらの自己理解の一部であるのと同様に，それらの理論家の自己理解の一部であるわけではないのはたしかである．われわれが示すように，その理念をわれわれが議論する4人の理論家たちが別々の争点を取り扱っていることは明らかであり，実質的な政治的結論において意見を異にしているのはたしかなのである．そこで，かれらの理念を検討するわれわれの目的の1つは，他でもなく，かれらが1つの共通の標語のもとに分類されるのを正当化するようなものを，かれらは共有しているのか，共有しているとしたらそれは正確にはなんであるのかを見極めることである．

　第2の争点は，リベラリズムにたいするコミュニタリアン的批判を，政治理論的論争にみいだされうるその他のさまざまなリベラリズムにたいする批判から区別するには，どのようにすべきなのかという問題に関わっている．というのも，われわれはコミュニタリアン的批判というこの特定の批判の流れに，ご

く明確に焦点を引き絞っており，リベラリズムにたいする保守主義やマルクス主義やフェミニズムやリバータリアニズムからの挑戦をほとんど無視しているということを明らかにしておくべきだからである[2]。このように焦点を絞っている以上は，われわれはコミュニタリアン的批判とこれらの他の批判との差異を明晰に同定することができるはずだという点が，重要であると思われる．しかしここでもまた事柄は非常に複雑である．たとえば，われわれ自身が，コミュニタリアニズムはその含意において必然的に保守的であるか否かという問いを提起している．しかも，一人のコミュニタリアンが，自分の立場はまったくラディカルな社会的・政治的変化への諸要求へ導くと主張しているにもかかわらず，コミュニタリアニズムと保守主義というこれら２つの思想の流れの間には，明らかな親縁関係がいくつも存するのである．同様に，「コミュニタリアニズム」と「コミュニズム」との間の語源上の繋がりは，われわれの関心領域がリベラリズムにたいするマルクス主義者の批判と重なり合うかもしれない仕方を示唆するであろう．さらにいっそう事態を混乱させることであるが，コミュニタリアンたちがリベラリズムに関して嫌っている事柄は，リベラリズムがリバータリアニズムと共有しているなにかであるかもしれないということである．実際，多くの点で，リバータリアニズムをリベラリズムにたいする徹底的な拒絶というよりも，むしろリベラリズムの一要素であるとみなしたほうが意味をなすのである．

　最後の点はいまの予備的段階で注意しておく価値がある．というのは，リベラリズムにたいするコミュニタリアン的批判をどのように理解するのかについての１つの説明の仕方は，まさにその批判をロバート・ノズィックが『アナーキー・国家・ユートピア』のなかで説得力のある仕方で提示した［リベラリズムに対する］リバータリアン的批判と対比させることだからである．そのような対比はまた，われわれが特別な関心を寄せることになるリベラリズムの特定の側面を，より明晰に同定することを可能にするであろう．われわれはロールズの公正としての正義の理論を現代のリベラリズムの範型的陳述とみなす，とすでに述べた．そして，この主張のためにわれわれはさまざまな擁護論を提供することができるが，最も直接的に意味のある擁護論は，ロールズの理論には両者があいまって標準的なリベラルなパッケージをつくる２つの構成要素が含まれていると述べる擁護論である．すなわち，それら２つの構成要素とは，市民的諸自由にたいする標準的なリベラルな支持に具体化されている個人の自由へ

第1版へのまえがき

のコミットメント，および，再配分的福祉国家を導くであろう，機会の平等と，市場だけから帰結するであろうよりももっと平等主義的な資源の配分とにたいする信念である．ここでわれわれが指摘したい単純な（そして話を単純にしてくれる）論点は，リベラリズムにたいするリバータリアンの批判とコミュニタリアンの批判とは，標準的なリベラルなパッケージのうち，相互に異なる構成要素に焦点を合わせているということである．

ロールズの理論にたいするノズィックの異議申し立ての本質は，ロールズの理論の再配分的側面が，財産と自己所有への個人の権利にたいする侵害を含んでいるということである．ノズィックの見解では，ロールズおよび再配分的福祉国家を支持するすべての人びとは，個人を十分真剣には受け止めていない．というのもそうした人は，ある個人たちのものである才能を，そのような才能を欠いている別の個人たちのもつ目的にたいする手段として利用することを含む，強制労働と類似した課税システムを構想する用意があるからである．ノズィックのリバータリアニズムは，したがって，個人の自由にたいしてロールズが承認するよりももっと大きな尊重を要求することを含んでおり，第一義的には，リベラルなパッケージの福祉国家的構成要素に対応する，ロールズの理論の配分的で準平等主義的な側面にたいする拒絶として提出されているのである．これとは対照的に，コミュニタリアンの批判は，共同体よりも個人に優先性が付与されるという，ほかでもないノズィックによって主張されている点に疑念を差し挟んでいるのであって，第一義的には，リベラルなパッケージの市民的諸自由という構成要素に対応する，個人の自由へのリベラルな強調にたいする拒絶として提出されている．ある意味では，したがって，リベラルな批判とコミュニタリアン的な批判とは，異なった方向から由来していると同時に，現代のリベラルな理論の異なった含意に関心をもっているのである．非常に粗雑ないい方をすれば，リバータリアンたちにとっては，ロールズの理論の配分的側面は個人とその自由とを十分真剣に受け止めていないのにたいして，コミュニタリアンたちにとっては，ロールズが個人の自由に与えている重要性は，かれが個人をその共同体よりも優先するという誤りを犯していることを露呈しているのである．

このような図式的な対立は，序論的な目的にとっては有益であるとはいえ，直ちに限定を必要とする．第1に，すでに示唆されたように，多くの点でノズィックのリバータリアニズムはリベラリズムの拒絶というよりもむしろリベラ

第1版へのまえがき

リズムの1つの変種として最もよく理解される．実際，ロックがその最善の実例である古典的なリベラリズムの本質が自己所有に関する主張であるかぎり，その場合には，ノズィックこそ真のリベラルであり，ロールズは修正主義者であると論じるのがもっともであるかもしれない．この解釈とよく合致するのは，コミュニタリアン的批判についてのつぎのような読解であろう．すなわち，コミュニタリアン的批判は，それがノズィックのリバータリアニズムにたいして向けられたならば，ロールズのリベラリズムに向けられた場合と比べていっそう説得的であるとはいわないまでも，同じくらいに説得的であるとみなす読解である．第2に，ロールズのリベラリズムの配分的側面を，個人と共同体の関係についての主張という観点から述べることも可能であるという点を，われわれは明らかにしておくべきである．ところがそのような述べ方をした場合には，ロールズは，人びとの才能をある意味で共同の財産とみなしている点でコミュニタリアンになるのである．こうしてロールズは，配分をめぐる問題に関してはコミュニタリアンであるとして，共同体との関係における個人の自由をめぐる問題に関してはリベラルであるとして最もよく理解されうるのである．

しかしながらわれわれが示すように，通常，コミュニタリアン的批判は，リベラリズムの平等に関係する側面ないし配分的側面によりも，リベラリズムのこうした自由に関係する側面に関心をもってきた．実質的な政治的争点という観点からいえば，このことが意味するのはつぎのことである．すなわち，再配分的リベラルとリバータリアンとの論争が，福祉国家の正当化可能性と福祉国家を賄うための課税の正当化可能性とを中心にしているのにたいして，リベラルとコミュニタリアンとの論争はむしろ，個人がメンバーである共同体ないし社会の価値やコミットメントと衝突する場合においてさえ，個人が自分自身の人生を選択し，自分自身を自由に表現するという，個人の自由の重要性に関心を向けているということである．本書におけるわれわれの関心はまさに後者の論争である．

まえがきの結論として，2つの論点がともに上述の議論から出てくる．第1に，ロックと「古典的な」リベラリズムへの言及は，現代のリベラリズムとコミュニタリアニズムの関係の問題，およびそれらが由来した知的伝統の問題を提起する．リベラルな伝統について考えるとき，われわれはロック，カント，およびミルのような理論家たちを考えるが，かれらはそれぞれ近代のリベラリズムの遺産に独自の寄与をなした．コミュニタリアンの側では，われわれの精

第1版へのまえがき

神はおそらくアリストテレス，ヘーゲルに向かい，グラムシにさえ向かっていくかもしれない．もっともコミュニタリアンの側では，このリストが含む異質性がまさに示唆しているように，それが自己意識的な伝統である度合いは低い．この論点は，われわれの4人のコミュニタリアンたちが自らをコミュニタリアンとして規定しない傾向がどれほど強かったかについて，すでに述べておいたことに対応している．それにもかかわらず，本書で考察する理論家たちの理念についていえば，かれらのそれぞれがここに名前を挙げた思想家たちに多くを負っていることは疑いもないことであり，かれらが提案する異なった理論が，かれらが継続させている伝統から手に入れることのできるさまざまな思想の要素をどのように反映しているのかを理解するのは，非常に興味深いことである．興味深いことではあるが，しかしそれは本書でのわれわれの関心事ではない．ところどころでわれわれはそのような影響を与えた思想家たちに触れるであろうが，通常は今日の理論家たちがそのような関連を強調したり，釈義上の目的にとってそうすることが役に立ったりする場合に限られるのであって，われわれは伝統と今日の理論家たちの連関を追跡するという思想史的な仕事に多くの時間と紙幅を費やすつもりはない．われわれのリベラルやコミュニタリアンが提供するはずの議論は，第一義的にはそれらの議論自体で評価されるであろうし，かれらの先祖とみなされるのがきわめて適切かもしれない人びとへの言及は，あまりなされることはないだろう[3]．

しかしながら，この点が第2の，そして最後の論点であるが，分析的な道筋だけを進んで，われわれが論議するさまざまな理念や議論を，それらが一部をなしているもっと広い思想体系にまったく言及することなく考察するところまで行くつもりはない．そのような道筋を取らないということが意味するのは，議論を特定の争点やテーマをめぐって直接的に組織するというよりもむしろ，本書の表題それ自体が暗示しているように，著者ごとのアプローチを採用するということである．このアプローチをとる基本的な理由はすでに述べられている．すなわち，異なった理論家たちによって提示された異なった種類の議論を同定する重要性は，論者や議論のそのような差異を際立たせることができるような説明の戦略を強く支持するのである．しかしほかにも理由がある．第1に，一次文献にたいしては，それらが形式上著者ごとに書かれている以上，著者ごとにアプローチしていかざるをえない学生たちにとっては，論争に貢献した特定の一次文献を読んだとき，そこから直ちに，その一次文献の鍵となる論点を

第1版へのまえがき

わかりやすい形式で同定し提出しようとするわれわれの試みへと進んでいくことができるのは有益であろう．第2に，さまざまな理論家たちが述べようとしていることを理解するための最善の方法は，かれらの立場を全体的に考察することである，とわれわれは信じている．ある理論における特殊な命題をそのコンテクストへの言及なしに孤立化させて扱おうとする試みは，誤解に通じている可能性がある．その原因としては，まずもってその命題が主張された理由と，さらにはその命題の意味の大部分とを評価しようとするならば必要とされる理論的な背景とを，そうした試みは無視することになるというだけでも十分である．もちろん，全体的な考察によって，その命題が誤りである，あるいは役に立たないものであると判明することがあるかもしれないが，すくなくともその場合には，なぜその理論家がそれを断言するようになったかが理解されるであろうし，そのことによってその命題が馬鹿げたものと見える可能性はきわめて少なくなるのである．

この最後の発言が示唆しているように，解釈上のこの著者ごとのアプローチは，理解のための第1段階としてのみ意図されており，それはけっして，解釈が著者である理論家自身による議論の提示を踏み越えて外部へ出て行く可能性を排除するものではない．そうすることによって，その理論家自身の議論を他の人びとの議論と比較し対照することができるようになるのである．明らかに，異なった理論の差異を同定するというわれわれの目的は，まさにそのような比較のプロセスを含むものであり，そしてこのことは最初の著者ごとの提示の仕方を補完するための，テーマ別のアプローチないし争点別のアプローチを展開することを要請するのである．実際，すでに述べたように，本書の第1章でわれわれはまさに，後になってしばしば実質的な言及をなしうるような，議論されるべきアジェンダないし争点の見取り図を定式化しようとする．したがってわれわれは，ある意味では，著者ごとのアプローチと，争点志向的な提示から獲得されるはずの分析的明晰さとを，結合しようとするのである．この結合をなしうるのは，部分的には，自らの関心をすでに指摘されたように制限しようとしたわれわれの決断のおかげである．リベラリズムにたいするコミュニタリアン的批判に専念することによって，われわれは，その批判を正当に扱うことができ，さらには，コミュニタリアンの理念とリベラルの理念を適切かつ注意深く検討するための機会を自らに与えることができたのであるが，そのようなことは，一巻の書物のなかにより多くのテーマを盛り込もうとする人びとにと

第1版へのまえがき

っては不可能なことなのである．

(飯島昇藏訳)

註

1　Daniel Bell, *Communitarianism and Its Critics* ──この書物は，パリのカフェでの2人の友人たちの会話として興味深く書かれている──は，本書で論議するような種類の哲学的なコミュニタリアン的立場から，政策的含意を引き出そうとする点で，最も遠くまで進んでいる．

2　これらの他の批判を学ぶうえでのよい出発点として，つぎの書物を示唆しておく．Roger Scruton, *The Meaning of Conservatism,* Alan Buchanan, *Marx and Justice,* Alison Jaggar, *Feminist Politics and Human Nature,* そして Robert Nozick, *Anarchy, State and Utopia*（島津格訳『アナーキー・国家・ユートピア』木鐸社，1992年）．これらのうち最後のノズィックの書物を，以下でごく簡単に議論する．Elizabeth Frazer and Nicola Lacy, *The Politics of Community* はフェミニストの観点からリベラリズムとコミュニタリアニズムの両方を批判している．

3　このような思想史的課題を，その書物に独自の分析的な論議と平行して試みている2つの書物がある．そのうち素描的なものは，John Gray, *Liberalism* ［藤原保信・輪島達郎訳『自由主義』昭和堂，1991年］である．より詳細なものは，Anthony Arblaster, *The Rise and Decline of Western Liberalism* である．Stephen Holmes, *The Anatomy of Antiliberalism* は，ホームズが（いくぶん議論の余地のある見方であるが）コミュニタリアン的思考の祖先とみなすものを，論争的に論議している．

謝　辞

　本書で取り上げられる争点にたいする興味をわれわれが最初に満足させたのは，1990年の春と1991年の春にオックスフォード大学のベイリオル学寮で開講された２つの講義においてであった．アンドリュー・ウィリアムズが教授陣の第３のメンバーであったが，かれに非常に多く感謝しなければならない．というのもかれは，多くの争点の複雑さをわれわれが評価するうえで――それらの講義や，私的な論議と書面による有益なコメントのかたちで――われわれを助けるべく多大の努力を払ってくれたからである．われわれがそのような複雑さを本書においてあまりにも単純化したかたちで論議してしまわなかったように，われわれは望んでいる．わけても新しいロールズとラズについての章は，ウィリアムズの疲れをしらない援助から利益をえている．それらの講義に参加した学生たちにも恩義を感じている．というのも講義でのかれらの貢献と質問とは，われわれの思想を，それらの貢献や質問がなかったら不可能であったほど直截的にすることを強いてくれたからである．ジョゼフ・ラズは，かれの著作に割かれた章の草稿を読んで，改善できる箇所を指摘することで，かれ自身の著作に関する個人的関心と，われわれを助けるという道徳的関心とを結びつけることをやってのけた．そしてウィル・キムリッカの建設的な示唆にも非常に感謝している．さらにオールソールズ大学のフェローたちの秘書，デボラ・マクガヴァンに非常に多く感謝しなければならない．というのも草稿を準備する段階でかのじょは朗らかに，しかも効率よく助けてくれたからである．かのじょが解決できなかった技術的な問題はなかったし，かのじょが守れなかった締切日もなかった．

　われわれはまた，多くの機関の支援を得たことに謝辞を呈する機会をもてたことにも満足している．スティーヴン・ムルホールはプライズ・リサーチ・フェローシップの気前のよさについて，オールソールズ大学に感謝している．アダム・スウィフトはケネディ・メモリアル・トラスト，経済・社会リサーチ・カウンシル，ナットフィールド大学，ベイリオル学寮に感謝している．という

謝辞

のもどの機関も，本書のページのなかで論議された事柄について研究していた間に，しばらくの期間かれを雇ってくれたからである．

本書の特定の章が2人の共著者のどちらに起源をもち，どちらの著述によるものであるかを明晰に同定することは不可能である．とりわけ，2人の間のなんらかのかたちでの共同作業は，1980年の10月に学部生としてベイリオル学寮にわれわれが到着した時点までさかのぼるというコンテクストを考慮すれば，なおのことである．本書はある論争についての書物であるが，その議論においてスティーヴン・ムルホールがコミュニタリアンであり，アダム・スウィフトがリベラルであるとみなしても読者はそれほど誤ることにはならないであろう．おそらく，われわれがこれら2つのアプローチの間に両立可能ないくつかの要素を探そうとするのは，お互いに相手が完全に誤っていると信じることはわれわれにはできないという事実を反映するものであろう．

共著者の1人は本書を，第5章の執筆の途中で生まれたダニー・スウィフトと，多くの変更の源であったルーシー・バターウィックとに捧げる．もう1人の共著者にとっては，そのような変更はアリソン・ベーカーによってもたらされた．本書はかのじょにも捧げられる．

共著者および出版社は，著作権をもつ印刷物を引用する許可を与えてくれた，つぎの人びとと機関に感謝したい．ジョゼフ・ラズ『自由の道徳性』(1986)からの抜粋についてはジョゼフ・ラズとオクスフォード大学出版，マイケル・ウォルツァー『正義の諸領域』(1983)からの抜粋についてはベイシック・ブックス社，『平等な自由』(1986)からの抜粋についてはロナルド・ドゥオーキン，そしてジョン・ロールズ『正義の理論』(1971)からの抜粋についてはハーバード大学出版に，それぞれ感謝したい．

（飯島昇藏訳）

略　語

AV　　A. MacIntyre, *After Virtue*『美徳なき時代』
FLE　　R. Dworkin, 'Foundations of Liberal Equality'「リベラルな平等の基礎」
MF　　J. Raz, *The Morality of Freedom*『自由の道徳性』
PL　　J. Rawls, *Political Liberalism*『政治的リベラリズム』
SJ　　M. Walzer, *Sphers of Justice*『正義の諸領域』
SS　　C. Taylor, *Sources of the Self*『自己の源泉』
TJ　　J. Rawls, *A Theory of Justice*『正義の理論』

目　次

日本語版への序文
第 2 版へのまえがき
第 1 版へのまえがき
謝　辞

序　論　ロールズの原初状態 …………………………………………… 1
　　　　　公正としての正義の基礎　3
　　　　　アジェンダ：原初状態によってモデル化された諸主張　11
　　　　　　人格の構想　11
　　　　　　非社会的個人主義　16
　　　　　　普遍主義　23
　　　　　　主観主義か客観主義か　25
　　　　　　反完成主義と中立性　31

第 1 部　コミュニタリアンのロールズ批判

第 1 部への序論 …………………………………………………………… 45

第 1 章　サンデル：リベラリズムの限界 ……………………………… 49
　　　　　リベラリズムと義務論　51
　　　　　人格に関するロールズの理論　54
　　　　　原初状態　57
　　　　　ロールズの人格理論にある欠陥　61
　　　　　リベラリズムと道徳的主観主義　68
　　　　　格差原理　73

目　次

　　　　　原初状態における合意　78
　　　　　リベラリズムの限界　81

第 2 章　マッキンタイア：美徳なき時代の道徳性 …………………87
　　　　　今日の道徳性の窮状　88
　　　　　情緒主義的な自己　92
　　　　　啓蒙主義のプロジェクト　95
　　　　　アリストテレスと徳　98
　　　　　実践の概念　101
　　　　　人生の物語的統一性　105
　　　　　伝統の概念　109
　　　　　マッキンタイアとリベラリズム　113

第 3 章　テイラー：リベラルな自己の源泉 …………………………125
　　　　　道徳的直感の地位　126
　　　　　道徳空間における自己　129
　　　　　自己と自己解釈　132
　　　　　自己と共同体　136
　　　　　方向づけと物語　139
　　　　　最高次の善と実践理論にもとづく推論　141
　　　　　正の優位　147
　　　　　テイラーと，ロールズに対するコミュニタリアン的な批判　149

第 4 章　ウォルツァー：正義と抽象 …………………………………157
　　　　　ロールズの方法論的抽象　159
　　　　　方法論的抽象に抗して：概念的な議論　162
　　　　　方法論的抽象に抗して：デモクラシーによる議論　165
　　　　　社会的意味の相対性　172
　　　　　複合的平等　181

複合的平等の望ましさ　186
　　　ウォルツァー対ロールズ　190

結論的要約 ……………………………………………………………… 193
　　家族的類似性：リベラリズム批判　193
　　家族的類似性：批判者のコミュニタリアニズム　196

第2部　コミュニタリアンの批判に対するロールズの応答

第2部への序論 ………………………………………………………… 205

第5章　ロールズの政治的リベラリズム ……………………………… 209
　　どのように政治的なのか　210
　　　自由で平等な市民たちによる公正な協働システムとしての社会　213
　　なぜ政治的なのか　215
　　　公共的な正当化可能性と公共的理性　217
　　　政治的構成主義　220
　　　リベラルな政治的理想　222
　　　安定性の役割　226
　　結論的要約　231

第6章　政治的リベラリズムとコミュニタリアン的批判 …………… 235
　　人格の構想　236
　　非社会的個人主義　244
　　　社会的マトリックスの構成的な役割　245
　　　共同体の善の重要性　248
　　普遍主義　253
　　　ロールズとウォルツァー：抽象化と文化的特殊性　254
　　ロールズと国際正義　259
　　主観主義／客観主義　262
　　反完成主義と中立性　268

xxi

目 次

　　　　ロールズこそコミュニタリアン？　272

第7章　政治的リベラリズム：政治的か，それとも包括的か …………275
　　　政治的なものの優先性の射程　277
　　　政治的なものの優先性を正当化する　280
　　　　公正な社会的協働の価値　281
　　　　理性にかなった多元性と判断の重荷　286
　　　政治的リベラリズムの構造的統合　297
　　　　正当化の2つの段階　297
　　　　公共的な正当化可能性のもつ2つの面　300

第3部　リベラルな中立性

第3部への序論 ……………………………………………………………309

第8章　ローティ：基礎づけなきリベラリズム ………………………321
　　　　人格の基礎理論　324
　　　　異質な語彙　327
　　　　概念，真理，現実　330
　　　　コミュニタリアニズムと対応　334
　　　　形而上学と政治　336

第9章　ドゥオーキン：国家の中立性の哲学的基礎 …………………343
　　　　ドゥオーキンの哲学的基礎　344
　　　　　不連続性の戦略　344
　　　　　連続性の戦略　350
　　　　倫理から政治へ：ドゥオーキン的な国家の中立性の出現　362
　　　　　平等とひいき　365
　　　　　寛容とひいき　366
　　　　　共同体　367

ドゥオーキンとコミュニタリアニズム　369
　　　　人格の構想　370
　　　　非社会的個人主義　372
　　　　普遍主義　373
　　　　主観主義／客観主義　374
　　　　反完成主義と中立性　374

第10章　ラズ：完成主義(パーフェクション)の政治 …………………………………387
　　　ラズの完成主義的な自律　390
　　　　信念としての理想ではなく妥当なものとしての信念：完成主義対懐疑主義　391
　　　　強制的な押しつけではなく　398
　　　　自律と価値多元主義　403
　　　自律，社会形式，国家完成主義　406
　　　　善い状態は社会形式しだいである　407
　　　　社会形式は完成主義的な政治行為を必要とする　412
　　　　自律を価値あるものにする条件　423
　　　ラズとコミュニタリアニズム　425
　　　　人格の構想　425
　　　　非社会的個人主義　427
　　　　普遍性　429
　　　　客観主義／主観主義　430
　　　　反完成主義／中立性　431

結　　論 ……………………………………………………………………433
参考文献 ……………………………………………………………………441
訳者あとがき ………………………………………………………………447
索　　引 ……………………………………………………………………455

序　論　ロールズの原初状態

　われわれは［第1版への］まえがきで，リベラリズムとコミュニタリアニズムの両者にさまざまな種類があることを強調した．ここから帰結するのは，どんな特定のリベラルな思想家の理論から出発するにしても，その思想家は出発点以上のものとはみなされえないということである．このことが真理であるのは，とりわけつぎの理由による．すなわち，この序論の章では，われわれは本書の残りの部分にとって議論されるべきアジェンダを形成すると考えられうる，いくつかの鍵となるテーマや争点を特定しようとだけするからである．しかしながら，われわれはどこかから出発せざるをえないのであるから，ジョン・ロールズの公正としての正義の理論は疑問の余地のない選択である．ロールズの『正義の理論』の公刊は，1970年代と1980年代における政治理論の再生にとって，単一で最も重要な刺激だったという陳腐な観察は，われわれの特別な関心を引くものではない．とはいえ，かれの理論がその後の政治‐理論的闘争が戦われることになった地勢図を確定した度合いの大きさは，明らかに重要である．リベラリズムにたいするコミュニタリアン的批判者たちにしても，ロールズによって提供されたのとは別のさまざまなヴァージョンのリベラリズムを擁護する者たちにしても，みずからの立場を，かれの理論を明示的に参照する用語を使って定式化している．その結果，多くの点でロールズは議論されるべきアジェ・ン・ダ・を実際に規定したのであり，いまなおそうしつづけている．こうしてわれわれが，かれの理論の基本的な概説から開始するのは非常に道理にかなっているのである．

　われわれの概説が基本的なものであるべきだということは，たんにわれわれがそれに割り当てている序論的な役割によってだけではなく，公正としての正義の理論が相異なった解釈にさらされているという事実によっても要求されている．異なった解釈に関連して最も重要なのは，ロールズ本人が，かれが自分

序　論　ロールズの原初状態

の立場をわれわれに理解させる仕方を変えてしまうような2番目の書物——『政治的リベラリズム』——を公刊したということである．われわれとしては，このことが惹起する厄介な諸問題と取り組むことは，後ほどまでしたくない．けれども，問題点を提起せずに議論を先に進めることは回避すべきである．とすれば，われわれはロールズの理論をきわめて大雑把な輪郭においてだけでも提示しなければならない．そして，詳細に関しては，議論されるべき一連のテーマからなるアジェンダ——そのアジェンダを提示することが，われわれの第一次的な目的である——に，ロールズの理論を関係づけるためにどうしても必要とされる限りでの事柄を述べるにとどめる．われわれの提示が選択的であり，話を単純化してもいることに疑いの余地はないし，問題となっている多様な理論的な争点にすでに精通している読者は，解釈の困難な諸問題をもっともらしくいいつくろっているのに不快を感じるであろう．われわれにできるのは，そのような読者にわれわれの意図した読者層を思い出してもらうことであり，論争の解釈をめぐるいくつもの複雑さにわれわれが気づいていることが本書の最後の部分までには明らかになるよう期待することだけである．

　同様に重要なのは，ロールズの理論を，その理論のどこに問題があるとコミュニタリアンたちが考えたのかを理解させるような仕方で提示することである．この点が重要であるのは，われわれがつぎのように信じているからである．すなわちロールズの立場の変化は，部分的には，最初に定式化された理論に向かってまさにコミュニタリアンがなしたような種類の批判に対する応答を，ロールズに与えるものとして理解されうる．われわれのこの信念は，ロールズから出発するもう1つの非常によい理由を提供すると同時に，われわれがかれの理論を提示する仕方にも必然的に影響を与える．われわれが知ろうとするのは，ロールズがなにをいっているとコミュニタリアンたちはみなしたのか，ということである．というのも，それを知ることが，コミュニタリアンたちの議論とロールズの応答とを理解するための最善の方法だからである．公正としての正義についてのわれわれの概説は，したがって，一方においては解釈の問題を提起しないように最小限であることを目指すとともに，他方においてはその理論のなかでも異議を申し立てうるとコミュニタリアンたちが読解したいくつかの側面を際立たせることを目指す．われわれは『正義の理論』を議論されるべきアジェンダを設定した著作とみなしはするが，現段階では，コミュニタリアンたちによって異議を申し立てられたことをロールズが実際に議論していたかど

うかについては，さらには，もしもかれがそのようなことを議論していたとするならば，かれらの批判は的を射ていたのかどうかについては，未決の問題として残しておく．

　この章は2つの部分から成っている．第1の部分では，われわれは公正としての正義の理論の基本的な概説を提示し，第2の部分では，その概説から，コミュニタリアンの注意が焦点を結んだテーマや争点のリストを抽出する．それらのテーマや争点にはこの章から後の論議の進展のなかでしばしば言及するであろう．われわれは，読者がロールズの理論にすでにある程度精通していることを期待しており，それゆえに，その理論をまったく知らない人びとのための有益な序論として奉仕しうるような説明を要求されているとは考えていない．このような立場にある人びとはおそらく別のところから始めるべきであろう．たとえば，『正義の理論』におけるロールズ自身の理論の提示から始めるか，あるいは本書で提供されているよりも体系的な解説を与えている二次文献から始めるべきであろう[1]．われわれとしては，中心的関心事である議論されるべきアジェンダにすばやく向かうことができるように，ただ読者にロールズの理論の大枠を思い出させることだけを目指しているのである．

公正としての正義の基礎

　公正としての正義の中心にある双子の理念は，原初状態という理念と無知のヴェールという理念である．なにが正しいあるいは公正な社会の組織化であるかについて考えるロールズのやり方は，自分たちについての一定の特殊な事実に関する知識をもつことを否定された人びとによるならば，いかなる原理が合意されるであろうかを想像することである．「諸権利と諸義務の割り当てを支配し，社会的経済的利益の配分を規制す」(*TJ*, p. 61)べき正義の諸原理は，1つの仮説的な契約ないし合意として姿を現すようなものとして理解されるべきである．仮説的な契約ないし合意とは，自分たちの信念と環境との特殊な側面に無知である人びとによって到達されるであろうものである．ここで把握されている直観は，公正さを無知と連結する直観である．もしもわたしが，わたしが切っているケーキの5切れのうち，どれを最後にとることになるかを知らないならば，その場合にはわたしがそのケーキを公正に切ろうとするのは理にかなっている．同様に，もし人びとが，自分たちがどのような人となるかを知ら

ないならば，その場合にはかれらが自らの社会を規制するための公正なあるいは正しい諸原理を採用するのは理にかなっているであろう．

　姿を現す正義の諸原理の内容は明らかに原初状態の特徴づけの関数であるから，最初にその特徴づけに注意の焦点を合わせるのは道理にかなっている．するとここで，ロールズの理論の本質をたんにケーキカットとの類推において特定しようとしたわれわれの漠然とした試みは，もちろんただちに2つの決定的に重要で相互に関連した問いを提起することになる．第1に，人びとが原初状態でそれについて無知であるところのものとは，正確にはなんであるか．すなわち，いかなる情報をそのヴェールは排除するのか．第2に，正義について考察するという目的のためには，そのように人びとが無知であるとみなすのが適切であると，われわれが考えるべきなのはなぜか．無知のヴェールは正義にかんして，どのような実質的な理論的要求を具体化するものなのか．いっそう根本的なこの第2の問いにたいする答えは，つぎの通りである．正義について考察するさいには，人びとは自由で平等であるとみなすべきである．原初状態が目的としているのは，そうみなすべきことが適切である意味を，モデル化することなのである．この答えはもっと具体的な用語で表現することによって最も容易に理解されうるから，われわれはこの答えをただちに第1の問いにたいする答えと結びつけることにしよう．すなわち，第1の問いにたいする答えは，非常に粗雑な用語で表現するならば，原初状態における人びとが自分たち自身について知らない事柄は2種類あり，それぞれは大まかにいえば自由と平等に対応している，というものである．われわれは［第1版への］まえがきで，ロールズの理論のなかでも平等に関連する側面よりも自由に関連する側面により関心を示すつもりであると示唆したが，それにもかかわらず，ここでは両側面のそれぞれについてなにかを述べておくことが有益である．ロールズの理論の平等に基礎をおく構成要素から開始することにしよう．

　そこで，第1に，人びとは社会において自分がいかなる地位を占めるかを知らない．すなわち，かれらは自分がその社会の階梯の最上位に位置することになるのか，それとも最下位に位置することになるのかを知らない．あるいはまた，かれらは自分自身の才能ないし自然的な素質がいかなるものになるかを知らない．もちろん，現実の人生においては，人びとは利益の配分の点で不平等に位置づけられている特定の家族のなかに生まれてくる．さらに自然的要因と環境的要因とが結合することによってかれらには異なった能力や能力の欠如が

生じ，そしてこのこともまた不平等に通じている．原初状態は，われわれが正義について考えるときには，これらの差異は無意味であるか，無意味であるべきなのであって，人びとは平等とみなされるべきなのだという理念を把握するように，意図されているのである．こうしてみると，この理念は直観的に訴える力が大きい．人びとがあの家族ではなくこの家族のなかに生まれてきたという事実や，才能があるとか才能がないとかという事実にたいして，人びとは責任を負っていないのであるから，そのような差異を考慮に入れないことこそが正義の理論の目的であるべきである，とわれわれが考えるのは道理にかなっている．わたしが，わたしの才能に値する（deserve）ということはできないとすれば，いかにしてその才能がわたしにもたらす利益に値することができるのか．ロールズが述べているように，これらの属性の配分は「道徳的観点から恣意的である」（TJ, p. 15）．

　こうして，原初状態の人びとにかれらの社会的位置やかれらの自然的素質についての知識をもたせないことによって，ロールズは，現実の世界では配分上の諸結果にバイアスをかけるかもしれないと考えられる偶然の不平等によって，人びとが合意する諸原理が歪曲されないことを確実にしようと努力しているのである．原初状態でなにが生起しているかについて考える１つの仕方は，それを一種のバーゲニングのプロセスとみなすことである．すなわち，そこでは各人が自分の自己利益にしたがって合理的に行為しつつ自分のために可能な限り多くの取り分を手に入れようと努力しているとみなすことである．もしそのようなバーゲニングの状況で，人びとがこれらの偶然的な属性の配分における自分自身の地位を知ることを許されるならば，その場合には，人びとの間で結ばれる合意は当該の人びとの不平等なバーゲニングの力を反映し，正義ないし公正を反映するものではなくなるであろう．このことは現実の世界の交渉において，たとえば，雇用主と労働者との間では起こっていることかもしれない．しかし，正義について考えるという目的にとっては，われわれの間には偶然的なさまざまな差異があるにもかかわらずわれわれはすべて平等であるという道徳的な認識が意味することは，原初状態で人びとは，［交渉の］結果を幸運な人びとに有利なように歪めそうな，それらの不平等についての知識を奪われるべきだということである．正義は公正な条件のもとでなされるバーゲンを要求するのであり，このことがまさに諸々の不平等についての知識が排除される理由なのである．

序　論　ロールズの原初状態

　もし人びとの環境について無知であるということが，われわれがすべて平等であるということの意味を把握するように意図されているとするならば，原初状態における人びとが自分たち自身の善の構想について無知であるということは，われわれ自身を自由なものとしてみなすことが正義について考えるという目的にとって適切であるということの意味をモデル化するように意図されている．かれらが自分自身の善の構想を知らないと述べることはなにを意味するのであろうか．そして，このことは人びとは自由であるという理解とどのように関連しているのであろうか．

　最初の問いを先にとりあげるならば，あるひとの善の構想とは，いかに自分の人生を生きるべきかについて，なにが自分の人生を生きるに値するものにするかについて，そのひとが抱く信念のセットである．カトリック教徒たちは，無神論者たちとは異なった善の構想をもっている．暇な時間のすべてを特定のスポーツに秀でるのに，あるいはひょっとしたらたんにそのスポーツを見ることに費やす人びとは，自由な時間を美術館を訪れることに使いたい人びととは異なった善の構想をもっている．ロールズの原初状態において人びとは自分たちの善の構想を知らないとわれわれが述べるとき，このことが意味していることは，かれらがいかに自分たちの人生を生きるべきかについての自分たちの信念がなにであるかを知らないということである．このことを直前のいくつかのパラグラフと一緒に考察してみるならば，このことが［原初状態で］選択される正義の諸原理にどのように組み込まれていくかをわれわれは理解できるはずである．まさに正義は社会の異なった成員の異なった才能に注意を払うべきではないと要求するのと同様に，正義はそれらの成員によって抱かれている特定の善の構想に注意を払うべきではないと要求するのである．

　しかし，先のパラグラフの議論とは対照的に，ここでは議論がかなり不可解であるように思われるのもたしかである．無知のヴェールについて考える1つの仕方は，いくつかの理由はわれわれが正義について考えるにあたって適切であるとみなされるべきではないという実質的な道徳的主張を無知のヴェールがモデル化することである．さて，上述したように，ある個人がたまたまそこに生まれ落ちた社会的地位や，そのひとがたまたま生まれながらに付与された才能や無能力が，そのような正義について考える際に排除されるべきであると考えることには，直観的に意味がある．しかし，善の構想の場合には，事柄はもっと問題を孕んでいる．もしひとがある生き方が他の生き方よりも善く，選ぶ

に値し，価値があると信じるならば，なぜ正義について考えるときにそのような信念を無視することには意味があるとそのひとがみなすべきなのであろうか．才能のある人びとと才能のない人びとの間で公正であるようなかたちで，われわれは自分たちの社会を編成すべきであるという理念には一定のもっともらしさがあるが，美と真理の追求のために過ごされる人生の価値を信じるひとと，飲酒やヘビーメタルのロック・ミュージックや草の葉を数え上げることをより好むひととの間で社会は公正であるように組織化されるべきであるという理念は魅力に乏しいように思われる．いずれにしても，人びとが善の構想について無知であることこそが，原初状態が人びとを自由なものとしてモデル化する意味を構成するという論点と，このことがいかなる関係にあるのかという問いがわれわれには依然として残っている．

　善の構想について無知であることと自由との結び目は以下のようなものである．原初状態における人びとは，善についての特定の構想を帰属させられ，そのような特定の構想に可能な限り有利な合意を結ぼうとするよりもむしろ，ロールズが述べるところでは，なかんずく，そうした構想を「形成し，修正し，そして合理的に追求する」かれらの能力を保護することにたいする関心によって動機づけられているとみなされる．ロールズの図式で根本的に重要なのは，人びとが抱く善の構想ではなくして，そのような構想の背後にあるなにかである，すなわち，自らの善の構想について決定をくだし，それに基づいて行為し，そのような決定を変更する自らの自由である．人生を選ぶに値し価値あるものにするものについての自分自身の信念の知識を原初状態における人びとにもたせずに，むしろ上述したような種類の「最高次の関心」を人びとに帰属させることで，ロールズは，正義について考えるときに重要なのは，自分自身の選択をなす人びとの自由であり，そして自らの心を変える人びとの自由であり，それがなにであるにせよかれらが選択するものではないという実質的な道徳的主張をモデル化しているのである．

　かくして，正義についてわれわれが考える際にいかなる人生が他の人生よりも善いかについての信念を排除する理由は，いまでは最初ほど奇妙なものとは思われないかもしれない．もし正義の観点から重要なのは人びとが善い選択をなすことよりもむしろ人びとに自分自身の選択をなす自由があることだと考えるならば，その場合には，正義の構想を表出するには，われわれがいくつかの生き方を他の生き方よりも価値があるとみなすような諸理由を無視すべきであ

ると考えても，意味をなす．［しかしながら，］自由，すなわち，われわれが人生をいかに生きるかについて選択し，それについて心を変える能力の価値と，いかなる生き方が他の生き方よりも善いかについての一定の考慮を排除することとの関連は，ロールズの理論の配分的側面を支えている，平等，偶然および才能の恣意性との結び目と比べるなら，直接的な直観的訴えかけにおそらく依然として乏しいかもしれない．あるひとが特定の社会的地位を占めている事実は，人びとにとって，その地位に有利になる社会を編成する仕方を支持するための善い理由でないことは十分明らかであろう．しかし，あるひとがいくつかの生き方が他の生き方よりも価値があると信じている事実は，人びとにとって，善についてのそのような構想に有利になる社会を編成する仕方を支持するための善い理由であるように見えることも十分ありうるであろう．実際，本書の大部分は，第2の種類の諸理由の排除をきわめて問題を孕むものとみなす思想家たち（しかも，かれらの1人，ラズはリベラルである）に費やされるであろう．しかしすくなくとも，われわれはいまや論争が生起する場面についての大まかな理解をもったのである．

ロールズの見解では，原初状態の人びとは，その才能と素質についての知識を否定されており，特定の善の構想によって動機づけられることはなく，そのような構想を形成し，修正し，そして合理的に追求する能力への関心によって動機づけられているので，社会がつぎのような正義の諸原理によって規制されるべきことに合意するであろう．

第1原理：
各人は，すべての人びとにとっての同様な自由の体系と両立しうるような，平等な基本的諸自由からなる最も広範な全体系への平等な権利をもつべきである．

第2原理：
社会的，経済的不平等は，それらが，(a)最も恵まれていない人びとの最大の利益になるように，かつ，(b)公正な機会均等という条件のもとに，すべての人びとに開かれた職務と地位に付随するように，編成されるべきである．(*TJ*, p. 302)

人びとは，さらにまた，これらの原理の間での明確な優先順位の体系に合意するであろう．すなわち，第1原理，つまり，平等な基本的自由の原理は第2原理にたいして辞書的に優先する．そしてこのことは，それらの自由と，第2原理のもとで生じる他の形式の利益とのトレード・オフが存在しえないことを意味する．そして，第2原理の内部では，(a)諸々の不平等は最も恵まれていない人びとの便益とならねばならないことを述べている部分に，つまり格差原理にたいして(b)公正な機会均等原理が優先する．

　これらの原理が原初状態の特徴からどのように導出されるかは明らかであろう．われわれは以前に，ロールズの理論の内部で配分的側面ないし平等に関連する側面と，自由に関連する側面という単純化のための区別をしたが，その区別に照らせば，これらの原理のおのおのがそれぞれ異なった側面にどのように関わっているのかを理解することができる．平等な基本的諸自由の原理は，原初状態において人びとが自分自身の善の構想について無知であるということ，およびその構想を選択し，変化させ，追求する自らの自由を保護することに関心を抱くということから直接的に導出されるのにたいして，第2原理，とりわけ格差原理は，人びとが社会的経済的利益の配分において自分自身のつくかもしれない地位について無知であるということから導出される．そのような無知が前提されるならば，ロールズによれば，人びとにとってはマキシミン・ルールを採用すること，すなわち，最悪の地位が可能な限り最良となるように確保することが合理的であり，そしてこのことは，不平等が最悪の地位を実際に上昇させるのに役立たない限り，人びとに平等を支持させるのである．ただし実際には，――これはロールズの理論の内部での配分的側面と自由に関連する側面というわれわれの区別が若干人為的であることを理解する1つの方法でもあるが――，ロールズは，第1原理において優先的な地位を与えられる諸々の自由を，原初状態で結ばれる合意に一致して配分されるべき善（基本善）に数え上げられるものとみなしており，しかもそれらの善の優先性も同様にマキシミン的思考の応用から帰結している．それらの自由が優先されるのは，それらが保護する能力は非常に根本的に重要であるので，原初状態において人びとはそれらが他の基本的善のいくつかのために妥協されるなどとは夢想もしないからである．

　われわれは，正義の諸原理が原初状態から「導出される」と述べてきたが，読者はこのような説明はむしろロールズの理論のこれら2つの構成要素につい

序　論　ロールズの原初状態

ての誤ったイメージを提供することになりはしないかと訝るかもしれない．原初状態とそこで結ばれる合意の性質とをどのように理解すべきかという問題は，長い年月にわたってロールズの解釈者たちの脳裏を占拠してきた問題であるが，われわれの簡潔で選択的な説明はそのような事柄を可能な限り避けようと試みてきた．さまざまな箇所でわれわれの解説は，その問題について考える１つの方法は，自らの状況のいくつかの側面については無知でありつつも，自らの利益の追求において合理的に行為する個人たちによって合意されるであろうものとして，正義の諸原理を理解することであると示唆してきた．不確実性という条件のもとではなにをすることが人びとにとって合理的であるのかに関心を示している経済理論の一部門に，正義の概念を関連づける，このような議論の流れは，明らかにロールズ自身の理論の提示の仕方において中心的であるが，しかしそれは明瞭に１つの別個の，もっと実質的な議論の流れとも結合している．すなわち，その流れとは，原初状態がそもそも現にあるような，ある特定の仕方で構想されることへと導くものである．こうして，たとえ一定の仕方で特徴づけられている人びとにとって，ロールズによれば，かれらが選択するであろう正義の諸原理を選択することが合理的であるとしても，依然としてわれわれにはなぜまずもってかれらをそのような仕方で特徴づけなければならないかの問題が残るだろう．

　明らかに，原初状態は実質的で規範的な主張を具体化している．正義について考える際に人びとを自由で平等であるものとしてみなすことは適切である意味をモデル化すべく意図されているとわれわれが述べたとき，われわれはその点までは認識していたのである．そして，「諸結論」として出現する諸原理は，ある程度まで，まさに思考実験の構成に組み込まれており，そこからつぎに諸原理が「導出される」のであるからには——たとえば，もし合意をする人びとに自分自身の善の構想を選択し，それに基づいて行為し，そのような構想についての自らの心を変える自分の能力への最高次の関心が帰属させられるならば，われわれは平等な基本的諸自由への権利で終わったとしてもほとんど驚くにはあたらない——，明らかに，われわれはその理論の重要性はそのような思考実験の構成に内在しているものと理解すべきである．批判的な注意が焦点を合わせてきた争点は，原初状態のロールズの特徴づけに具体化されている実質的な主張に関わっているのであり，われわれがいまや向かっていくのはまさにそのような争点のアジェンダなのである．

アジェンダ：原初状態によってモデル化された諸主張

　原初状態について，われわれは多様な問題を投げかけることができる．正義の諸原理は自由で平等な人びとによって合意されるであろう諸原理として理解されるべきだ，という理念を，原初状態がいかなる意味でモデル化しようとするかについて，簡潔な素描をすでに提示した．さらに，この意味が，正義について考える際にはいくつかの種類の理由は不適切であるという主張をどのようにして含んでいるかを示した．しかしこのことは多くの問題を未解決のままに残している．この序論的な章の残りの部分では，コミュニタリアンとリベラルの論争や，さまざまな種類のリベラルの間の論争が焦点を合わせてきた，5つのテーマを同定する．ここでの目的は本書全体にとってのアジェンダを確立することにある．しかも，ロールズの立場は，どのように理解されようとも，リベラリズムにとって利用可能な理論的資源を決して論じ尽くしているわけではない．それゆえ，われわれが同定するこれらの争点のいくつかは，ロールズの理論，とりわけわれわれが上で提供したかれの立場の単なる輪郭によっては，間接的にしか提起されていない．そのため以下では，ロールズ自身の議論も，ロールズの議論にたいする異論として明示的に提示されてきた議論も超えたところにあるいくつかのテーマを紹介することが目的とされている．それにもかかわらず，そうした多様な争点がどのようにして原初状態という理念に関連しているかを示すことはできるし，そうすることで，のちに続く論争にとってのアジェンダを設定したのはロールズの理論であったというわれわれの主張を正当化できるだろうとわれわれは期待している．

人格の構想

　コミュニタリアン的思想の大部分が自らを表現してきた用語は，リベラルな政治理論の根底にあるとかれらがみなす人格の構想に明示的に言及し，そのような人格の構想の明示的な拒絶を含むものである．われわれは，サンデルとマッキンタイアの両者がそのような用語をもちいてリベラリズムにたいする自らの異論を定式化しているのをみるであろう．そして，これらの批判がロールズの原初状態とどのように関連しうるのか，あるいは関連しえないのかについて考えることは重要である．コミュニタリアン的主張は，つぎのような一般的な

かたちをとる．すなわち，リベラルな政治理論は，人びとをかれらの目的（価値や善についての構想）から独立したものと考えているが，その捉え方は，人びとが実際にそれらの目的と現に関係している仕方とはまったく対応していない，というものである．コミュニタリアンによれば，リベラルは人格のもつ善の構想とは別個ななにものかとして人格を描いている．だがそのような人格像は，人びとが，ほかでもないそのような善の構想によってこそ，現にそうであるような人間として構成されている程度の大きさを無視しているのである．その人間の人生に意味と価値とを与える数々の善から独立に存在し，それらの善を自由に選びうる影のような「人格」とは誰なのか，とコミュニタリアンは問う．

この争点についてわれわれがいかなる結論でしめくくろうとも——ロールズの理論は人格についてのそのような構想を実際には含んでいない，あるいは，たとえそのような構想をロールズの理論が含んでいるとしても，ロールズ以外の他のリベラリズムの理論が含んでいる必要はない，あるいは，ロールズの理論はそのような構想を含んではいるが，コミュニタリアンの批判とは逆に，このことは正当化しうる，これらのいずれの決定をわれわれが下すとしても——，すくなくとも，原初状態が人格の構想という問題を政治理論の論争の中心に置くのはどのようにしてであるかを理解できなければならない．原初状態という比喩は，人びとの実際の交渉の過程をわれわれに想像させるように思われるが，しかしその交渉する人びとは，人びとが現実に存在する仕方とは似ても似つかないような条件で，しかも，かれらを差異化するのに役立つであろう特殊性をもたないものとして特徴づけられている．そのかぎりでわれわれは，原初状態という比喩を軽視しようとするかもしれない．けれども，ロールズの理論が人格についてのある構想をもとに作られていることは明らかであり，ロールズはその点を否定しようとはしていない．われわれは，原初状態について，それはいくつかの特定の理由が正義の諸問題にとって不適切とみなされるべきであるという理念をたんに表象する１つの装置である，とみなす理解を強調することができる．しかしこのことは依然として，なぜそれらの理由は排除されるべきなのかという問いを残している．そしてこの問いにたいして答えを与えると，ロールズの理論の中心に位置する人びとに関して重要なのはなにか，あるいは，それらの人びとのもつ関心はなにであるのかについての，一つの主張が残されることになる．原初状態の住民である奇妙なほど具体性を欠いた自己たち（selves）は，人びととしてのわれわれの本質のメタファー的な描写として意図

されているのではない．たとえそうだとしても，原初状態の自己たちはつぎの主張を明示的に表現している．すなわち，正義について考えることが問題であるときには，人びとは，自らの特定性から，すなわち，自分の特定の自然的素質および社会的地位と，善についての自分の特定の構想とから独立しているとみなされるべきであり，そして——これがわれわれにとっては特別に重要なことであるのだが——善の構想を形成し，修正し，合理的に追求する自らの能力に最高次の関心をもっているとみなされるべきである，という主張である．こうしてわれわれは，原初状態の含む特定の演劇的(ドラマティック)なモデルを問題とすることはできないとしても，そのモデルが表象する実質的諸主張を問題とすることができるのだが，それでも依然として，人格の構想という争点に適切にも焦点をあわせてきた1つの論争が残っている．この論争では，人格の構想は，なにが人びとについて重要なのか，なにがかれらの関心のなかにあるのか，なにがかれらの福祉を構成するのか，などなどについての数々の主張を伴っているのである．

原初状態に具体化されている人格の構想が，実際にロールズの理論にとって中心的であるということを前提とすると，生起してくるいくつもの争点は，複雑に相互に交錯した網の目のように，その構想の妥当性ないし一貫性，射程と地位，源泉ないし起源，および望ましさにかかわってくる．第1の争点については，問題はつぎの点にある．われわれの自己が，われわれの善の構想に対してもつ関係の仕方が，まさにロールズが想定していると思われるような関係の仕方であると考えることは，意味をなしうるだろうか．われわれの最高次の関心を同定することは，われわれが実際に，自らの人生をいかに生きるべきかについての自らの見解を自由に形成し，変える能力をもつ個人であるということを予め前提にしているように思われる．正義の第1原理において，そこで優先されている諸権利が保護すべきものは，まさにこの能力なのである．しかし，これはわれわれの道徳的経験にとって真実だろうか．われわれは自分が抱いている特定の価値から一歩退き，それらの価値を新しい価値に変えることが本当にできるのか．そうではなくてむしろ，現に存在しているわれわれという人間そのものが，われわれが支持している価値によって作りあげられており，そのような価値からの離脱は不可能なのではないか．

第2番目の争点のセットは，人格の構想の正確な射程にかかわる．人格の構想は，われわれの道徳的な生活のすべての側面について考えるときにも適切で

ある構想として意図されているのであろうか．それとも，その適用の射程において限定されたものとして考えることができるのであろうか．これまで一貫して原初状態の特徴について，原初状態とは，正義について考えるときに人びとを構想する適切な仕方を表象する試みである，とわれわれは語ってきた．人格の構想についての，こうしたより限定された理解と，人びとそれ自身についての主張を含んだより十全でより包括的な理解とを比較したとき，つぎの点が見て取れる．すなわち，これまでのわれわれの議論は，人格の構想というものを，いくつかの争点に，わけても正義にかかわる争点に適切なように意識的に狭いものとして解釈するための１つのやり方だったのである．さらにもう１つの［第三番目の］争点のセットは，人格の構想が適切だとみなされうる道徳・政治理論の領域にかかわるのではなく，その構想が適用可能であると考えられる諸文化の範囲に関わる．人びとは自由で平等なものとして構想されるという主張をどのように解釈するにせよ，それは文化を横断してあてはまると想定される主張だろうか．自分の善の構想を形成し，修正し，合理的に追求する自らの自由に最高次の関心をもつ人びとは，そうした関心についてかつて一度も聞いたことがない場合でさえも，その関心をもっているのだろうか．その関心について説明されたとしても，自分がそんな関心をもっているとは考えないのではないか．あるいは，そんな関心が欲しいとは思わないのではないか．むしろひょっとすると，その関心が人びとにとって最高次の関心であるということは，人びとがそのなかで生きている文化の種類に，なんらかの点で依存しているのではないか．

　明らかに，人格の構想の射程についてのこれらの問いは，その地位に関連するいくつもの問い［第４番目の争点のセット］と密接に結びついている．人格の構想は，その適用の射程がどこまでにせよ，われわれの形而上学的本質を把握しようと試みる人格の構想であるのか．その構想はなんらかの意味で「真である」とさえみなされるべきなのか．それとも，論点はむしろたんに，その構想は人びとが同意しうる自己自身についての１つの考え方であるということなのか．これらの問いは，ひるがえって，その構想の源泉ないし起源という争点に緊密に結びつく．どこからこの構想は来たのか．いかなる経路によってそれはロールズの理論のなかでそのような中心的役割を演じるようになったのか．もしその構想が，ロールズがそれはそれ自体として妥当である，あるいは正しいとみなすがゆえにかれのリベラリズムのなかに入る構想であるとするならば，

その源泉はなんらかの独立的な道徳的正当化であるように思われる．しかし他方で，もし論点が，ロールズにとって，その構想は真であるということよりも，むしろ人びとがそれを信じている，すなわち，その構想は人びとが他の点では多くの相違を残しながらも，それについては合意することができるなにかであるということであるならば，その場合には，人格の構想は（その射程において制限されたものであろうとなかろうと）なにが人びとについて重要なことであるかについての実質的な道徳的主張としてロールズの理論のなかに入るのではない．いくつかの社会の市民たちがもつ信念についての，経験的社会学的主張として，かれの理論のなかに入るのである．

　最後に，人格の構想によって提起される第5番目の争点のセットは，これまでの争点とはかなり種類が異なり，ある意味ではむしろより直截的である．先の4つの問題が本質において方法論的であったとすれば，第5番目の問題，つまり望ましさの問題は実質的である．その構想の妥当性，射程，地位および源泉についてのわれわれの結論がいかなるものであれ，また，その構想の原初状態における表象によってモデル化される正確な主張をわれわれが最終的にどのように特定しようとも，依然として，ロールズの理論の核心に位置している人格の構想が望ましいものであるか否かという問題が残るであろう．たとえ，その構想が，適切に制限され理解されることによって，妥当と，あるいは一貫しているとみなされうるとしても，このことはわれわれがそれを魅力的なものとみなさなければならないことを意味しない．すなわち，われわれの自己理解の数々の側面のうち，われわれが生活する社会的政治的構造を規制すべき正義の理論へと発展していって欲しいと望むようないくつかの側面を，その人格の構想が捉えているとみなさなければならないわけではない．いいかえれば，ひょっとすると，個人の自由にたいする，ロールズによる優先的価値づけ，さらにはリベラリズムによる優先的価値づけは，首尾一貫してはいても，望ましくはないかもしれない．というのも，それは道徳的生活の一側面を他の側面を無視するという代価を払ってまで不当に強調しているからである．

　人格の構想についてここで述べた所見のいくつかは，この段階では不明瞭であろう．おそらくそれらの所見すべてが不明瞭かもしれない．そのような不明瞭な点は，適度に簡潔なかたちで，広範囲にわたる難解な理論的争点を紹介しようとするどんな試みにも避けられないことである．読者たちに確約しておきたいのは，上で特定された論点のすべてに，のちに立ち返り詳細に議論すると

いうことである．まさにそうすることこそが，それらの論点をここで特定した理由なのである．コミュニタリアンの批判とリベラルの応答とをわれわれが提示するのにつれて，すくなくとも本書になにを見つけられるかについてのおおまかな理解を読者たちがもってくれるのを期待している．

非社会的個人主義

　リベラリズムに対するコミュニタリアン的批判の第2のテーマは，リベラリズムは個人とその社会ないし共同体との関係を誤解しているという主張，もっと具体的に述べるなら，リベラリズムは，まさに人びとがそこで生きている社会こそが，人びとが誰であるかをかたちづくり，かつ，かれらが有する価値をかたちづくっている度合いの大きさを誤解しているという主張に関係している．個人と共同体の関係についてのこの議論の流れは明らかに，先に人格の構想という項目のもとに考察した論点のいくつかとかなり重なり合っている．というのも，それは，ロールズの人格の構想について不満を表明する言い方でも容易に表現できるからである．しかし，ここで正確に特定された非社会的個人主義という視角は，人格の構想という項目とは別に紹介するに値する，充分な独自性と重要性とをもっている．この視角からの非難は，原初状態が，人びとのさまざまな目的は，人びとの善の構想に先行して定義される自己によって選び取られるとみなすことで，人びとと善の構想との関係の仕方を誤って表象しているという，一般的な非難ではない．それはもっと具体的なものである．すなわち，政治理論への契約論的アプローチ——原初状態は現代におけるその一例である——は，人びとの目的は社会とは独立にあるいは社会に先行して形成されており，社会は，すでに目的を与えられている諸個人間の交渉の結果とみなされるという，誤った見解を具現化しているというのである．コミュニタリアンによれば，このような契約論的構想は，人びとが自己自身を，また，いかなる人生を生きるべきかを理解するうえで，人びとが生きている社会の種類がどれほど影響を与えているかを看過している．

　社会が，とりわけ，その政治的編成が諸個人間の契約の所産として理解されうるという理念はリベラルな思想の歴史において主要なテーマでありつづけてきたし，ロールズの理論は明らかに多くの重要な点でこの契約論的伝統を継承している．個人が究極的に重要であるとリベラリズムがみなしていることを否定するのは愚かであろうし，公正としての正義が契約に合意する人びとという

理念を含む仕方は，たしかにこのようなリベラリズムの構成要素を反映している．正義を，自由で平等であるとして特徴づけられる，諸個人の間で結ばれる合意の所産として構想することのもつ重要さの一端は，ロールズによればつぎの点にある．すなわちそうした構想は，ある一定の数の人びとが，ある特定の共同体の多数派でさえもが，他人を自分の目的のための手段として利用する可能性を排除するという点である．功利主義とは対照的に，ロールズの理論は，複数の人格の別個性を真剣に取り扱うことを目的にしている．そしてこの目的を理解することが，原初状態によってうまく表現されている個人主義の種類について考える1つのやり方である．しかしながら，ロールズの契約の理解が，契約についての他の説明が招き寄せたような種類の批判に晒されうるものであるか否かは，未解決の問題にしておかざるをえない．異論の余地があるとみなされているのが，前‐社会的自然状態において人びとは自らの個人的利益を追求しながら結合して社会を形成するという理念であるならば，そのような理解に明瞭な位置を与えていないロールズの理論は，そうした批判をまったく免れている，とわれわれは考えることができる．きわめて個人主義的な前提から最小国家の正当性を導出しようとするノズィックの試みの方が，そのような批判のより適切な標的であると思われる．

　ロールズのリベラリズムが契約としての社会という理念に重要な位置を与えているという事実がある以上，契約論的メタファーがわれわれに混同させがちな2つの論点を区別することが重要となる．2つの論点はともに，リベラリズムは不当なまでの非社会的個人主義という罪を犯しているというコミュニタリアンの批判のもつ側面であるが，それら2つの論点が実際に異なるものであることを序論という早い段階で明らかにしておくのは有益だろう．さて一方では，人びとは必然的に自分の自己理解と善の構想とを社会的マトリックスから導出するという社会学的および哲学的論点がある．この論点が，社会化の過程についての準経験的な主張として表現されているにせよ，あるいは，社会状況の外部では言語，思想あるいは道徳的生活は不可能であるという概念的主張として表現されているにせよ——コミュニタリアンの理論家たちが特別に注意を払ってきたのはまさに後者のような哲学的テーマであったが——，この論点で強調されているのはつぎのことである．すなわち，個人が自らを個人と考える仕方を含めて，まさに個人がどのような考え方をするのかという点で個人が社会に寄生している仕方を，リベラリズムは無視しているということである．この第

1の哲学的かつ社会学的論点によってコミュニタリアンが主張するのは，個人の自己理解と，個人がいかに自らの人生を生きるべきかの構想とは，必然的に社会あるいは共同体に起源があることを認識すべきだということである．そして，それはいかなる自己理解と善の構想にも適用される論点なのである．

　この非社会的個人主義という項目のもとに生じる，コミュニタリアン的批判の第2の構成要素は，［以上に見た第1の構成要素とは］まったく別個のものである．第2の構成要素は，自己についての構想と，自己の人生を生きる価値のあるものにする何かについての構想がもつ源泉にかかわるのではない．それらの構想が備えている特定の種類の内容にかかわるのである．コミュニタリアンの説明によると，リベラリズムは特定の種類の内容を無視したり，促進したりする．第1の社会学的かつ哲学的論点が，どんな内容をもつ構想にもごく一般的に適用可能であるということは，それが本質的に方法論的なものであることを暗示している．それとは対照的に，この第2の論点は直截的に実質的である．すなわち，第2の論点での非難とは，リベラリズムは個人とその個人が属する共同体との関係についての特定の理解に立脚し，その特定の理解を助長し促進しており，かつそうすることで，個人と共同体の関係についての別様の考え方を無視し，掘り崩し，さらには排除しさえしているという非難である．このようなコミュニタリアンの異論によれば，リベラルは社会を個人的な利益の追求のための協働的な企図以上のものとはみなしていない．すなわち，リベラルは社会を諸個人によって形成される，本質的に私的な結社とみなしている．その場合に諸個人のもつ本質的な利益は，かれらがそのメンバーである共同体とは独立に，しかもある意味ではその共同体に先行して定義されるのである．しかるに，善の構想には，内容の上でもっと強力に共同体的な（communal）ものがある．社会的紐帯は，他のたんに個人的な目的を達成するための手段としての価値を超えて，それ自体として価値がある，という主張をその本質そのものの一部としてもつような構想である．このような共同体的な善の構想は，リベラルの非社会的個人主義によって価値を貶められていることになる．われわれがのちにサンデルについて議論する際に検討するように，まさにこの点においてこそ，非社会的個人主義の問題と，リベラリズムが抱く人格の構想の問題とを切り離すことが困難になってくる．というのも，リベラルの非社会的個人主義によって共同体的な善の構想が貶められているというコミュニタリアンの指摘を表現する1つの仕方は，個人の人格的アイデンティティにおける構成的愛着

(constitutive attachments) をリベラルが無視していることについて論じることだからである．構成的愛着とはつぎのような意識をさす．個人は，自分自身のアイデンティティと利益とが，他者にたいする自分の関係によって構成されていると考えることができる．しかもそのような構成のおかげで自分は，自分がそのメンバーであるところの共同体にたいして，上述したたんなる結社的モデルが許容するよりももっと密接な仕方で関係させられていると考えることができるのである．

　ここで，人びとがそのメンバーである共同体が実際のところ複数存在することは，重要な論点の1つである．この事実が，それらの共同体とそのメンバーである諸個人との関係を構想するに際して，異なった場合には異なった構想の仕方が適切である可能性を提起しているという理由だけからも，重要であるといえる．そして，リベラルはこれらの差異の意義を主張することによって，先のコミュニタリアンの指摘に応答することができるかもしれない．たとえば家族のメンバーとして，あるいは宗教的信仰のメンバーとして，われわれは，内容の上で実際に強く共同体的な善の構想をもつかもしれない．われわれはつぎのように信じるかもしれない．人生を価値あるものにし，あるいは生きるに値するものにしているのは，人生が他者との共同体において，かつ，その共同体のために生きられることである．その共同体をたんなる協働の図式として理解するのを排除するような仕方で，生きられるということである．おそらく，リベラルもこのことを認識し，そのような善の構想の適切さを認めることができるだろう．しかしリベラルは同時に，この構想は政治的共同体を理解する正当なあるいは適切な仕方ではないと強調するのである．人間の能力の開花をめぐっては，人間にとっての善い生活とは政治的生活への参加に捧げられたものであるとみなし，その結果，個人の福祉の内容は本来的に共同体的である——しかも政治社会という水準において共同体的である——とみなすような実質的な構想がいくつも存在する．だがリベラルはすくなくとも，個人と国家との関係をそのような仕方で構想するのが適切だという主張を否定するところまでは，自らの個人主義を擁護するだろう．

　今述べたいくつかの所見は，読者が本書の第2部の末尾まで読み進めば，もっと意味をなすであろうが，非社会的個人主義にたいする非難に含まれている2つの構成要素［リベラルな人格の構想の起源ないし源泉についての論点と，その内容についての論点］の区別だけはすくなくとも明らかになったはずである．これら2

つの論点が混同されがちである理由を理解するのはたやすい．というのは，自らの利益を保護したり促進したりすることに関心をもっている人びとの契約の所産，あるいはそのような人びとの交渉の過程の所産として社会を理解することは，それらの利益自体が前‐社会的であり，その社会のメンバーであることに先行して諸個人に与えられていることを前提しているように思われるからである．実際に，それらの2つの論点は生死を共にするように思われるかもしれない．というのも，われわれは自らの自己理解と自らの目標を社会的マトリックスから導出するという認識は，社会をたんなる結社とみるいかなる理解も排除するからである．われわれはこの問題をここでは追及することはできない．しかし，2つの論点はその種類の点で実際にまったく異なっているという，われわれの最初の示唆を堅持することは価値がある．というのは，そうすれば，読者はこのような［2つの論点を混同するような議論の］動きをあまりにも性急なものとみなすだろうからである．われわれとしては，自然状態や社会の契約論的描写を歴史的説明として，あるいは個人と社会の優先関係のモデルとしてさえ真剣に考慮する，いかなる形式のリベラリズムをも拒絶したいと願うかもしれない．だが，そのようなリベラリズムが拒絶されることが，リベラルな理論に含まれているいかなる契約論的要素にたいしても致命的であるかは明らかではない．ひょっとするとリベラルは，つぎのように主張できるかもしれない．個人の目的と自己理解とは個人によって社会的マトリックスから導出されるという社会学的かつ哲学的論点を受け入れることは可能である．しかし，それらの目的と自己理解の内容は，正義について考えるときには，契約論的アプローチのいくつかの側面を適切なものとするような性質のものなのである．

いずれにしても，個人の諸自由の重要性をリベラルが強調することが，コミュニタリアンたちが強調している社会的マトリックスの意義を無視することになっているかどうかは決して明らかではない．なるほど，個人の諸自由の重要性に到達する1つの道は，人びとの目的を社会に先行して固定された，あるいは与えられたものとして捉えることによってであるかもしれない．そう捉えるならば，人びとは他人からの干渉なしに自分自身の生を生き続けることができる限りにおいてのみ，社会のなかで協働することに合意するのだと考えられるだろう．しかし，これが唯一の道であるわけではない．それどころか，そもそも人びとの目的が前‐社会的に固定されてしまっているなら，かれらが心を変えることができるように，必要な社会的条件をかれらのために保証することに

配慮する理由などないだろうと考えられるかもしれないのである[2]．理論家のなかには，ほかでもなく，人びとが生きている社会の種類の重要性を，すなわち自らが発展させる諸能力や自らがなす諸選択にしたがって生きることのできるような社会の種類の重要性を認識しているからこそ，標準的な個人の諸権利と諸自由を擁護する人たちが何人かいる．そうした理論家たちは，それらの諸権利を前-社会的な個人に根拠づけるわけではない．そうではなくて，たんに［共同体の内部で］支配的である善の諸構想のみならず，自分自身がそのときまで抱いてきたコミットメントさえも疑問視することを諸個人に可能にするような共同体がもつ価値を指摘することによって，それらの諸権利を擁護するのである．リベラルな社会が正当化されるのは，まさにその社会が一定の諸能力を助長し，おそらくは一定の諸選択さえをも助長するからなのである．

　われわれの自己理解，能力，および善の構想は，まさにわれわれが生きている社会の種類によって，いったいどの程度まで形成されるのか．この点を認識することが，リベラルにとって問題となりうるのは，ロールズの正義の諸原理によって統治されている社会のような，リベラルな枠組みをもった社会が，なんらかの仕方で，つぎの2つのどちらかを掘り崩していると議論されうる場合だけだろう．1つは，リベラルたちがあれほどまで大きな重要性をおいている諸能力や自己理解そのものである．もう1つは，人びとが選ぶべき選択肢として手に入れることのできるさまざまな生き方の価値である．前者の場合には，その主張は，リベラルな理論はある意味で首尾一貫していないという主張になるであろう．というのは，その主張がいうのは，個人の自由を保証しているリベラルな諸結論は，リベラルたちが非常に価値あるものとみなしている諸能力や自己理解を，しかもリベラルな諸結論がそこからおのずと生じた諸能力や自己理解を，助長しないような社会へと通じている，ということだろうからである．後者の場合には，むしろつぎのことが主張されるであろう．すなわち，自分自身の選択をなす能力には価値があるとしても，その価値は，選ぶことのできる諸々の選択肢の価値に等しい．そしてリベラルな枠組みは，価値ある選択肢が，あるいはすくなくともいくつかの価値ある選択肢が消滅してしまうおそれの高い社会へと通じている．後者の主張は，前者の主張に比べると，直接的には問題を含んでいない．のちにみるように，選択をなす人びとが手に入れられる選択肢の価値について心配するのが適切であることに，リベラルが同意する必要はないからである．けれども，2つの議論の線はともに，一見したところ

序　論　ロールズの原初状態

　リベラリズムは，それが実際に興味を抱いている個人の水準でのさまざまな特徴を維持するのに必要な社会的諸条件にたいして注意を払っていないという点に，反論を加えているとも考えられるかもしれない．もちろん，リベラルな枠組みが，事実その枠組み自体の基盤を掘り崩しているとか，好ましくない諸帰結へと通じているとかの正確な道筋を示す責任は，リベラリズムにたいする批判者の肩に非常に多くかかっている．一見しただけでは，個人の諸自由の保証が，個人の諸能力やさまざまな価値ある生き方の消滅へと，どのようにして通じてしまうおそれがあるのかを理解するのは困難である（実際，前のパラグラフで示唆したように，リベラルはまったく逆のことを議論できるかもしれないのである）．しかし，われわれはのちに，何人かのひとが事実このような議論でリベラリズムを批判しているのをみるだろう．

　つぎのような考え方がされているようである．すなわち，個人をして現にあるような個人たらしめ，個人に自らが生きたいと思う種類の生き方を入手可能にしているのは，ある度合いまではその個人が生きている社会にほかならない．それなのにリベラリズムによる個人の強調には，その度合いを無視することが含まれる，と考えられているようなのである．さしあたりわれわれの目的は，このような考え方がされるのはいったいなぜか，という疑問を指摘することだけにある．人びとの自己理解の，および人びとの善の構想の起源についての主張（コミュニタリアンは，自己理解と善の構想が社会的マトリックスから必然的に導出される程度を強調している）と，それらの内容についての主張（そこでのコミュニタリアンの非難は，本質において強く共同体的である自己理解と善の構想をリベラルは無視したり冷遇したりしているというものである）とを，われわれは明確に区別してきた．契約論的メタファーがこれら2つの主張を混同する方向にわれわれを導いてしまうこともありうるからである．ロールズの理論に関していえば，正義の諸原理は自分自身の利益を擁護し促進することに動機づけられた，相互に無関心な人びとによって契約されるであろうものとして理解されるという理念によって，これら2つの主張が示唆されていると思われるかもしれない．けれども，ロールズの理論のこの側面を強調することは，かれの議論の注意深い解釈と，その理論における原初状態の役割とが正当化する以上に，リベラルな伝統の構成要素のなかでも自然状態論にいっそうひきつけてロールズを解釈することになるであろう，とわれわれは示唆してきたのである．

普遍主義

　ここでわれわれが同定する第3のテーマは，人格の構想という項目のもとですでに言及された．この第3のテーマは，人格の構想の源泉，地位，および射程に関連する諸問題と明らかに相互に密接に関係するのである．ここでの具体的な争点は，リベラリズムがその諸結論は普遍的にしかも文化横断的に適用されると主張しているか，それとも，異なった種類の文化では社会を組織化する異なった仕方が適切であり，しかも道徳的に正当化されうるのだから，したがってリベラルな政治的枠組みは一定の種類の社会でのみ擁護されうる，という理念の余地をリベラリズムが残しているかである．コミュニタリアン的思考の重要な構成要素は，リベラリズムは文化的特殊性に，すなわち，異なった文化が異なった価値や，異なった社会形態や制度を具体化している仕方に，さらにはこれらの差異が政治理論にたいしてもつかもしれない諸帰結に，注意を払っていないという弾劾である．

　なぜロールズの理論が普遍性に対するいくつかの要求を含んでいると考えられるかの理由をみてとるのはたやすいはずである．われわれはすでに原初状態が特殊性の捨象を含んでいることの意味を強調してきた．特殊性が捨象されるのは，人びとは無知のヴェールの背後でたんに自分自身の社会的地位に関する知識ばかりでなく，自分の社会がいかなるものであるかの知識，さらにはいかに自分の人生を営むべきかについての自分自身の特殊な信念に関する知識をも否定されているからである．明らかに原初状態には，その側面からみた場合にはわれわれすべてが同一であるようないくつかの側面を同定して，人びとを相互に異なった実際の人間に作り上げているものからかれらを切り離すような仕方で特色づける試みが存在している．それゆえ，人びとがそこで生き，その用語で自分自身と自分の生の意味とを構想する異なった文化の多様性とその道徳的重要性とを，ロールズが無視していると考えられてきたのは，まったく驚くにはあたらない．かれの理論が『正義の理論』で初めて提示されたときにもともと合理性が強調されていたことは，ロールズが人間の合理的本質についてのなんらかの構想を同定しようとしていたことを示唆している．さらにかれが原初状態は「アルキメデスの点」（*TJ*, pp. 260, 584）として表象されていると叙述していることは，われわれに提供されているのは文化横断的な適用を意図された理論なのではないかという疑念を支持するものである．たしかに，コミュニ

タリアン的批判者たちは，ロールズが普遍性にたいするいくつかの要求をなしているとみなしてきたのであり，そしてそのような要求にたいして異議を唱えてきた．なかでも，ある共同体がどのようにして自己を政治的に編成すべきなのかについての適切な理解にとっては，文化的特殊性を評価することが中心的である，と強調するウォルツァーがそうであったことは，最も明白である．

　われわれが議論してきたように，原初状態は人びとの最高次の関心についての要求を具体化しているとすれば，その場合には，問題はそれらの関心が本当にどれだけ普遍的であると考えられているかである．自らの文化的背景や自己理解がいかなるものであれ，すべての人びとが自らの人生の営み方について自分自身で選択する能力に関心をもっているのだろうか．それとも，この能力は一定のいくつかの種類の社会にすでに生きている人びとだけの関心なのか．もし後者であるとすれば，そのことは，リベラリズムは，すでに適切な制度と実践とが行われていないような社会にとっては解答にならないということを意味するのではないか．明らかに，それらの疑問によって，道徳的相対主義と文化的相対主義という困難な争点が提起されているが，コミュニタリアンたちの方が，共同体とその伝統と実践こそが道徳的価値の場所とみなされるべきである意味を非常に強調しているがゆえに，リベラルたちよりも相対主義的な傾向がある．啓蒙主義以後のリベラルな伝統における主要な構成要素の1つは，社会的編成と慣習とは，たんに順応されたり尊重されたりすべきではなく，合理的で批判的な吟味に服すべきであるという理念であった．現代のリベラルたちも，このような線を追求しようとする大いなる傾向を示してきている．

　それゆえ，より最近の著作でロールズ本人が，かれの理論がなんらかの普遍主義的な要求をなしているのを否定していると思われることに注目するのは，とりわけ興味深いことである．新しいロールズを理解する多様に異なった仕方を，のちに一章を割いて探索するだろう．だがどのような解釈に立つにせよ，ロールズがいまやかれ自身のブランドの文化的特殊性を是認しているのは明らかである．ロールズの理論の核心にある，人格の構想とそれが支持する人びとの諸利益の同定とが，ある文化に特有の理解であるとみなされ，ある文化に特有のものとしてのその地位のゆえにかれの理論のなかにその核心的な位置を得るのだとみなされるならば，その場合には，そこから結果する公正としての正義のリベラルな理論もまた同様に文化に特有なものであるように思われる．のちにもっと完全なかたちで詳述されるいくつかの論点を先取りしていうなら，

これまでわれわれが述べてきたのは，普遍性への要求と文化的文脈の無視への要求を含んでいるように思われたのは，ロールズの理論における抽象という考え方である．しかし，その抽象という概念が適用されうる2つの意味を区別することが有益だろう．一方で，人びとの特殊な社会的地位の抽象と，人びとの善についての特殊な構想の抽象とがあり，このような抽象をたしかにロールズの理論は事実含んでいる．しかしこれら第1の種類の抽象の存在は，必ずしも第2の種類の抽象，すなわち，人びとをその特殊な文化的伝統や社会的実践から切り離す抽象を含意していない．ロールズの理論はこの第2の種類の抽象を含んではいないばかりか，かれの理論が第2の種類の抽象を含まないということが，まさにそれが第1の種類の抽象を事実含んでいるということの理由にほかならないということもありうる．人びとの最高次の利害関心を同定するのに，人びとのもつ特殊な善の構想を捨象［抽象］することをわれわれに要求するのが，まさにわれわれの特殊な文化理解であるとしよう．その場合には，ロールズのリベラリズムが文化的特殊性に注意を払っていないと非難することは，ほとんど不可能である．

　何人かのリベラルは，このようにわれわれの文化的特殊性に訴えることを普遍主義からの退却と特徴づけて，これを好まない．そしてかれらは，人びとの利害関心の重要性についてのリベラリズムの要求は実際，その文化的自己理解や価値がどんなものであれ，すべての人びとにとって真理であるなにかを把握していると議論しようとしている．こうして，ロールズの理論を他の理論家たちが，ロールズ自身が喜んで賛成している説明の仕方よりも明らかに強力な説明の仕方で擁護しようとしているといった，いささか奇妙な状況が生じている．この序論の段階で重要なのは，この普遍性へのリベラリズムの要求という問題が本書においてのちにさまざまな箇所で出現してくることにわれわれが心の準備をしておくべきだということだけである．

主観主義か客観主義か

　原初状態とそこで表象されている人格の構想とは，人びとの最高次の関心は自分自身の善の構想を形成し，修正し，合理的に追求する自らの能力にあるという主張をモデル化している．すると，議論のどこかの点でそのような主張の根底にある理論的諸想定に注意が向けられなければならない．この主張が人びとについて特別に重要だと考えるということは，道徳的価値について，他には

どのような種類の信念をもっているにちがいないといえるだろうか．もっと具体的に述べよう．個人が自分自身の生き方を選択することをリベラルたちが強調するのは，そのような選択は選好の恣意的な表現であるとか，価値は観察者の目のなかにあるとか，道徳的判断は完全に主観的であるとか信じているにちがいないということを意味するだろうか．それとも，自分自身の選択をなす個人の自由に優先性を与えながら，同時に，いくつかの選択は他の選択よりもきわめて明確に優れており，理性は人びとに生きるに値する生き方と生きるに値しない生き方を区別する上で助けとなることができるという主張を維持することは可能であり，そしておそらくはよりいっそう首尾一貫してさえいるのだろうか．すなわち，ひとはリベラルでありながら，価値についての判断は客観的であると信じることができるのだろうか．これが，本書の残りの部分で繰り返し現れる，リベラリズムとコミュニタリアニズムの論争における第4のテーマである．

　リベラリズムと道徳的主観主義ないし懐疑主義とが手を携えているとみなしうるのにはいくつかの理由があり，それらは直截的だといってもよい．いかなる生き方も他の生き方よりも優れていないのであれば，すなわち，人びとの選択が選好のたんなる表現でしかなく，たとえば，アイスクリームの味の選択のように，それらの価値についての主張を正当化するための合理的な根拠は手元にないとすれば，その場合には，国家には人びとに自分自身の選択をさせる以外にない．それ以外のなにかを国家がなそうとするのは狂気の沙汰のように思われる．いかなる正しい解答もない場合には，あるいは，正しい解答にいかに到達するかについて考えるための合理的な基準や，いかに人びとは自らの人生を営むべきかについて考えるための合理的基準さえもがない場合には，国家にはある生き方を他の生き方よりも鼓舞するためのいかなる正当化もないように思われる．もし美と真理の追求に捧げられた生き方が，ビデオ・ゲームで遊ぶことに費やされた生き方よりも優れていないとすれば，その場合には，これら2つの生き方の間で偏見のない選択を自由に行うことを人びとにゆるす政治的枠組みにわれわれはコミットするだろうと思われる．

　われわれの信じるところでは，リベラリズムを支持している多くの人びとの常識的直観は，つぎの2つの信念のどちらかに由来している．すなわち，ある選択は他の選択と同じくらい善いという曖昧な懐疑的な信念か，それとも，こちらのほうが可能性が高いが，たとえある選択が他の選択よりも善いとしても

われわれはどちらの選択が善い選択であるのかを知ることはできないという信念から由来している．後者の信念は，実質的には前者の懐疑主義の主題による１つの変奏にすぎない．人びとがその善の構想において合意しないという事実，なにが人生を生きるに値し価値あるものにするかについての見解において合意しないという事実，そして自分自身の見解を擁護するための説得力のある議論を相互に提供することができないという事実は，誰が正しいかを判断するための合理的な方法がないという主張を支える証拠であるとしばしばみなされている．そして，そこから導かれる推論は，人びとは自分自身で決断を下すべきだというものである．常識的直観のレヴェルでこのように道徳的主観主義が蔓延していることを強調した理由は，リベラリズムにたいするコミュニタリアンの批判者たちが必ずしもアカデミックな政治理論家たちをその第一次的な標的とみなしているわけではないという先の観察に関係している．ときとして——そしてここでわれわれはとくにマッキンタイアの情緒主義についての憂慮のことを考えているのだが——，かれらの焦点はむしろ，もっと一般的に理解された現代のリベラルな文化の諸側面に置かれているのであり，政治理論家たちは，その文化を悩ましているより一般的な病弊の具体的な徴候を例示するものとして引き合いに出されているにすぎない．このことが重要であるのはつぎのような理由による．すなわち，リベラリズムは懐疑主義的な主張に根拠づけられる必要はなく，また，リベラリズムをそのように根拠づけようとしていると非難された何人かのリベラルは事実においてはそのようなことをしていないと，われわれが結論できたとしよう．それでもやはり，コミュニタリアンの批判は，われわれ現代人の自己理解と道徳的政治的生活の構想にとって中心的ななにものかを指し示していたのであり，そしてコミュニタリアンによって指し示されたものは，批判されてしかるべきであったと考えることができるからである．

　主観主義ないし懐疑主義が広く瀰漫しているとわれわれがみなしている以上，リベラルな政治とぴったり調和すると思われるような道徳的懐疑主義の射程がどこまでかを明らかにすることが重要になる．つぎのようなリベラルを想像してみよう．すなわち，そのリベラルの考えでは，道徳的判断はたんなる選好の主観的な表現にすぎないという事実は，国家はリベラルであるべきであるということ，つまり，国家は自分たちの選択を自由に行うのを人びとにゆるすべきだということを意味する．しかし，国家はリベラルであるべきだというこの主張の地位はどのようなものだろうか．この主張はたしかに１つの道徳的判断で

ある．そのことは，その判断自身が選好の主観的表現以上のいかなるものでもないということを意味しているのだろうか．もしそうだとすると，この議論が首尾一貫性を欠いており自己破滅的であることはたしかだろう．というのは，もし問題のリベラルがこの議論を認めるならば，その場合には，かのじょは，全体主義国家よりもリベラルな国家を是認するいかなる合理的な基礎も存在しない，といわなければならないからである．あるいはまた，どちらの種類の政治体制がより善いかは，アイスクリームのように，たんに趣味の問題にすぎないといわなければならないからである．この点を指摘されると，主観主義的なリベラルは，このような自己破滅的な全面的な懐疑主義から，もっと制限された懐疑主義の変種へと退却しがちである．その際かのじょは，人びとは自らの人生をいかに生きるべきかについての判断は実際に主観的であるのにたいして，人びとが相互に，また国家によっていかに取り扱われるべきかについての判断は客観的であるので，2つの判断には差異があると主張する．かのじょの主張はいまや，第1の種類の諸判断は主観的であるという事実が，そうした主観的判断を自分自身で下すのを人びとに許容する客観的な理由を与えるのだ，というものになる．リベラルは，リベラリズムは正しいという客観的判断を主張しながらも，しかし，その客観的判断を，自らの人生をいかに生きるべきかについての諸判断はたんに主観的であるにすぎないという信念に根拠づけることができる．

　われわれは主観主義か客観主義かという問題をここで追究するつもりはない．明らかに，主観主義的リベラルの立場の大部分が，これら2つの種類の判断を区別することが妥当であるか否かに依存しており，われわれはラズに関する最後の章で，道徳的判断を2つの質的に異なったカテゴリーに区分しようとするこのような試みにべもなく拒絶するリベラルを考察するであろう．われわれの目的にとっては，まさにつぎの点をはっきりさせておくことが重要である．すなわち，本書の以下の叙述でリベラリズムと主観主義の関係を議論する際には，われわれが語るのは，（自己破滅的で首尾一貫性を欠いている）全面的な主観主義のブランドではなくて，人びとが自らの人生をいかに生きるべきかに関する判断は合理的な正当化を欠いているという，よりもっともな見解である．

　重要な理論的問題は，ひとがリベラルな諸結論に到達すべきであるとするならば，このようなより限定された主観主義であるにせよ，主観主義を是認しなければならないのかという問題である．というのは，明らかに，何人かのリベ

ラルは，リベラルな結論を，自らの人生をいかに生きるべきかに関する判断は客観的であるという主張と首尾一貫するものとして，それどころかその主張によって含意されているものとしてさえ，擁護しているからである．議論の首尾一貫性のみを要求するのは客観性についての弱いヴァージョンの主張である．弱いヴァージョンはつぎのように主張する．いくつかの生き方は他の生き方よりも善いとしても，あるいは善いと知りうるとしても，われわれの社会を政治的にいかに組織化すべきかについて考えるときには，人びとが自分自身の選択をなすということがきわめて重要なので，そのような善い生き方についての知識を無視すべきなのである．もっと強力な考え方は，リベラリズムと客観主義の連関を擁護する．強力な考え方の主張は，いくつかの生き方は実際に他の生き方よりも善い生き方であり，リベラルな諸権利の枠組みが必要とされるのは，まさに人びとがどの生き方がより善い生き方なのか，そうでないのかについて適切な情報をもって合理的な判断を下せるような諸条件を提供するためであるという主張であろう．ここで強いヴァージョンの議論は，一定の自己理解と善の構想を助長する上での社会的諸条件の重要性を何人かのリベラルがどのように認識しているかについて，われわれが以前に述べていたことと融合する．というのは，強いヴァージョンの主張は，人生においてなにが価値あるものかを人びとがみいだせるには，リベラルな諸条件——表現の自由や結社の自由など——が要請されるというものだからである．それどころか，つぎのように論じることさえできるかもしれない．リベラルは，自分のコミットメントを修正し，自分の心を変える自由を強調しているが，そのような強調が意味をなしうるのは，われわれが，自らの目標が間違っており，それらの目標をより善い目標に変えることができると理解することができるようになる場合だけである，と[3]．もしそれらの目標が本当に恣意的であるならば，なぜリベラルはそれらの目標を変えるわれわれの能力にあれほどの重要性を付与する必要があるのだろうか．

　いくつかの生き方が他の生き方よりも客観的により善いという主張とリベラリズムとが両立しうることを擁護するこのような議論が，なにを意味していないか，あるいは，意味するとは限らないかを明らかにすることが重要である．リベラルのこの議論が，すべてのひとに画一的に正しい単一の生き方があるという見解にわれわれをコミットさせるものではないのは明らかである．しかし，おそらくいっそう興味深いことだが，その議論は，まるで理性が自己の人生をいかに生きるべきかを正確に理解するよう個人を導けるかのように，他のすべ

ての善の構想よりも客観的に優れている単一の善の構想が一人一人の個人にとって存在する，ということを主張する必要もないのである．ここでの論点は次のようになる．いくつかの人生は他の人生よりも生きるに値する，と理性がわれわれに教えることができるという主張は，一人一人の個人にとってさえ，生きるに値するが相互に衝突し両立し難い多様な生き方があるという主張と，矛盾するものではない．ラズに関する章のなかで考察するように，芸術家の人生は農夫の人生よりも価値があるかどうかについてわれわれは判断できないが，芸術家の人生はギャンブラーの人生よりも客観的に価値があると判断することはできると主張するのは，まったく首尾一貫しているのである．

　最後に，主観主義か客観主義かというこの項目のもとで自ずと浮上してくる別の論点がある．もっとも，その論点が自ずと浮上してくるという事実には，誤解を招くおそれが多分にあるのだが——というのも，その論点は道徳的判断の地位が主観的か客観的かというより抽象度の高い争点に関わるというよりも，むしろ人生を善いものにするものはなにかという実質的な問題に関わるからである．ここでの論点は，つぎのことがきわめてたしかだという点にある．すなわち，いくつかの選択は他の選択よりも善いという主張は，当人が自分で選択したのではない，あるいは，当人が自ら是認し（endorse）ていない人生へと他人を導くことで，その他人により善い人生を生きさせることができるという意味などではない，ということである．もちろんこの論点こそは，客観主義的なリベラルの立場のリベラルな部分である．すなわち，重要なのは人びとが自分自身で選択する自由があるという理念である．わたしの人生を価値あるもの，あるいは，生きるに値するものにするのはなにかについて，わたしは誤った信念をもちうるという主張からは，他人が，あるいは国家のような制度が，わたしが目下信じている以外のことをわたしにさせることによって，わたしの人生を改善することができるということは帰結しない．しかし，まるで人生が価値あるものであるためには，その人生がわたしによって自発的に是認されたということだけですべて十分であるかのように，わたくしが選択するものはなんでも，まさに選択されたという事実そのものによって価値あるものとなるという議論も，客観主義的リベラルにとっては成り立たない．人びとは生き方を自由に選択することが可能であり，その生き方が生きるに値し価値あるものであると信じることが可能であり，そして，そのような判断において間違うことも可能である．なんらかの意味で当人自身が選択したのではない人生を生きるよう

に他人を強制しても，その他人の人生を善いものにすることはできない．だが客観主義的リベラルにとっては，他人に自分自身で人生を選択させるだけで，その他人の人生が善いものとなるということが保証されるわけでもないのである．

　リベラリズムにたいするコミュニタリアン的批判の，有意義な構成要素の1つは，リベラリズムを下から支えていると考えられる道徳的主観主義の拒絶という形態をとっている．それゆえ，リベラリズムと主観主義の関連は，われわれのアジェンダのなかで重要なものなのである．しかしながら，全面的な主観主義と制限された主観主義の区別を考慮に入れたとしても，リベラリズムと主観主義という2つのものは必ずしもともに歩む必要はないこと，そして，いくつかの生き方は他の生き方よりも客観的に善いという信念にもかかわらず，リベラルな政治を支持することは可能であることを，われわれは示唆してきた．とはいえ，われわれはすくなくとも，リベラリズムと主観主義の間に親和性があるということは理解できるはずである．さらに，ロールズの原初状態に具体化されている，われわれの最高次の関心はわれわれ自身の選択をなすことにあるという主張を根底で支えているのが，（いくつかの）価値はたんに主観的であるにすぎないという教説であるかのように思われるのはなぜかということも，理解できるはずである．

反完成主義と中立性

　本書で繰り返し現れる第5の，そして最後のテーマは，政治および政治的道徳性（political morality）について考える場合に，個人の私的行為に関連すると考えられるさまざまな考慮を排除することは意味をなすかどうかという問題に関わる．すでにいままで多くの事柄をわれわれのアジェンダに取り上げてきたので，このテーマと以前に触れられたテーマを関連づけることができる．このように関連づけを与えようとすると，このテーマの項目のもとに現れる諸問題がとりわけ複雑であるという事実ともあいまって，この争点をいくぶん詳細に取り扱うことが必要になる．ここでの中心的な考えはつぎのものである．すなわち，人びとが自らの個人的な人生を生き，自分自身の善の構想を追求するときに，人びとを導いているいくつもの理想があるが，国家は，そうした理想にもとづいて行為しようとするよりもむしろ，そのような理想のいくつかを，あるいは，そのすべてを意識的に無視すべきだという考えである．極端な場合と

して，国家がそれらの考慮すべてを排除するならば，国家はその市民たちによって抱懐されているさまざまに異なった善の構想の間で中立的であることにコミットしていると考えることができるだろう．そこから議論を進めると，国家は，人びとが自らの人生をいかに生きるべきかについて国家自身の判断を下すというよりもむしろ，そのような判断を意識的に避け，人びとがそこにおいて自分自身の選択をなすことができるような中立的な枠組みを提供することだけを追求すべきである，ということになるだろう．

これが直接的で具体的な政治的有意性をもった争点であることをわれわれは明晰に理解するはずである．現在，イギリス連合王国において，国家は一般課税によって徴集した金を用いて，補助金に値すると信じられている多種多様な活動に補助金を与えているが，それに値しないと信じられている他の活動には課税を行っている．たとえば，ギャンブルに費やされる人生を自らの善の構想とする人びとには，賭け金にたいする賦課金という形式で，ペナルティーが課されている．そしてその金は，国家による補助金として，王立シェイクスピア協会での観劇に費やされる人生を自らの善の構想とする人びとを支援するために使われている．もしわれわれが異なった生き方の相対的価値に関するこのような種類の判断に従って国家が行為することは正当ではないと決定したならば，いかなる形式の人生が栄え，いかなる形式の人生が消滅するかの決定は自由な市場に委ねられるべきであるという結論が導かれるように思われる．その際自由な市場の偉大な美徳は，まさにそれが，諸個人の判断のみを反映している資源の割り当ての方法だという点にあると思われる．いくつかの生き方が奨励されるに値し，他の生き方は奨励されるには値しない，と政治的に決定するよりもむしろ，人びとが自発的に金を払おうとするものはなにであるかをわれわれはたんに見守るべきである，と議論した方がもっともだと思われるのである．もしオペラ愛好家たちが，コベント・ガーデンでの一夜の実際の費用を支払う用意がないとすれば，その場合に，なぜ他の人びとが，かれらを助けるべく，課税という形式で，資源を提供することを強制されるべきなのだろうか．もちろん，自由な市場は，貧しい人びとの判断よりも，どちらかといえば裕福な人びとの判断をより明らかに反映すると論じることは可能だろうが，このことは，オペラへの国家の補助金支出を擁護する議論の助けとはほとんどならないであろう．というのも，その補助金支出において，援助を要求しているのはまさに教養があり比較的裕福なエリートのライフスタイルだからである．もっと一般

序　論　ロールズの原初状態

的に表現するならば，まさにこのような国家の中立性という争点に関して自分の直観を見極める方法は，まずもって各人が平等な資源の分け前をもっているという前提の上で，自分は自由な市場を拒絶して補助金を支持するか否かを考えてみることである．というのは，各人が平等な資源の分け前をもっている場合ならば，市場は人びとの異なった選択を平等に反映するだろうからである．

　上述の例は，国家による社会の諸資源の配分が正当化されうる仕方と，それが正当化されえない仕方とに関係している．そのことは現代リベラリズムにおける平等に関連する側面と自由に関連する側面という先に設けた区別が人為的なものであることを暗示しているが，国家の反完成主義（state anti-perfectionism）はそれとは別の種類の含意をも有することをわれわれは明晰に理解するはずである．現在のイギリス国家は結婚の一形態――一夫一婦の単婚による結合――しか承認していない．そしてこのことは，大きな象徴的効果をもっているのと同様に，国家の立法の多くの側面に，すなわち，課税政策や相続権などに浸透している．このことはある生き方を他の生き方よりも，たとえば，ホモセクシャルの人びとによって価値あるものとされている生き方よりも，優遇しているのであるから，その国家は明らかに反完成主義的ではない．その国家は，他の生の形式ではなく，ある生の形式が生きるに値し国家の援助と奨励を正当化するという判断をしているのである．この点でもまた，国家は反完成主義的であるべきであり，それゆえこれらの問題に関しては完全に不可知論的であるべきであるという結論を下すなら，それはいくつもの実質的で具体的な含意をもつであろう．

　ロールズの理論を最初に提示した際に，無知のヴェールについて考える1つの仕方は，それが正義について考えるときにいくつかの種類の理由を排除した［点に着目する］ことである，とわれわれは指摘した．いまや，善の特定の構想についての信念を排除することが，かれの理論が反完成主義的である意味をどのように表現しているのかを理解できるはずである．原初状態における人びとにかれらの完成主義的コミットメントの知識を否定することがもつ効力は，その否定がつぎの主張をモデル化する点にある．すなわち，人びとは完成主義的コミットメントを支持する数々の理由をもつであろうが，政治的道徳性はそのような理由を考慮すべきではないという主張である．正義とは自らの善の構想を知らないならば人びとが選択するであろうものについて考えることによって導かれるという理念は，善の構想というものが，なんらかの点で，正義の諸問

題には不適切だという主張を提示する1つの仕方なのである.

いまや重要なことは,善の構想についてのこの主張がとりわけ政治的道徳性にどのように関係しうるのかを理解することである.この関係を理解することは,ロールズがコミュニタリアンの異議申し立てから自らの理論を擁護するやり方に注目すると,なおさら重要になる.読者は,ロールズの理論の核心に位置している人格の構想にたいするコミュニタリアン的批判の1つが,つぎのようなものであったのを想起されるだろう.すなわち,その構想は人びとが自分の目的や価値と関係している仕方を誤って表象している.事実においてわれわれは,われわれの人生に意味と価値を与えているそれらのコミットメントから独立したものとして自分自身を考えることもできなければ,それらのコミットメントを自由に選択することができるものとして自分自身を考えることもできない.この異議申し立てをロールズが取り扱おうとする仕方についても以前の議論のなかでつぎのように示唆しておいた.その仕方の1つは,ロールズの人格の構想はわれわれの道徳的経験一般についてのなにかを把握すべく意図されているということを否定し,むしろその構想は正義について考えるときにわれわれ自身について考える適切な仕方をモデル化しようと意図されていると論じることだろう.いまやこの人格の構想についての論点と結びつけて,ロールズの理論が特殊政治的な焦点をもつことを強調することができる.中立国家 (neutral state) を唱導する人びとの主張は,個々の私的な市民としていかに人生を生きるべきかについて考える際にまで,われわれは完成主義的理想を排除すべきであるというものではまったくない.そうすることは狂気の沙汰であろう.そうではなく,その主張は,私的生活においてはわれわれをまったく適切に導くそれらの道徳的考慮が,政治的道徳の諸問題,つまり,われわれの政治的共同体の政治的編成を国家という形式でいかに組織化すべきかの諸問題にとっては不適当だというものである.こうして,つぎのように論じることができるだろう.人格の構想はわれわれの現実の道徳的生活の現象学に,つまり,われわれの道徳的経験に,忠実であることができないというコミュニタリアンの批判は,肝腎の論点を捉えそこねている.人格の構想とは,私的市民としてのわれわれがもつ道徳的経験に忠実であることを意図されたものではない.それは,とくに政治と正義が問題となるときにわれわれ自身について考える適切な仕方をモデル化するよう意図されているのである.

このような議論の展開には長所もあれば短所もあるだろう.そして,政治が

問題であるときには，人びとが私的な市民としてはコミットしている諸価値を括弧に入れたり保留したりできるという考えに含まれていると思われる結合失調症にたいして，われわれは懐疑をもつかもしれない．そうだとしても，中心的争点は明らかに，なぜわれわれは政治的道徳性からこのような仕方で諸理由を排除すべきなのかという点である．ここで，反完成主義の問題が，客観主義と主観主義についてのわれわれが以前行った議論にどのように関係するのかについて考えることは有益であると思われる．(限定された) 主観主義は，国家は善についてのどの構想が他の構想よりもすぐれているかについての判断を下したり，そのような判断をその政治的編成に具体化したりすべきではないという結論をまったく容易に引き出すだろう．それは，主観主義はまさに善の構想についての優劣の判断が客観的でありうるとか合理的でありうることを否定する，という単純な理由による．もしいかに生きるべきかについてのある市民の意見が他の市民の意見と同じように善いのであれば，あるいは，もし誰の意見が正しいかを知る方法がないとすれば，その場合には，国家にとってはたんに市民たちの意見を等しく妥当なものとして扱うのが意味をなすと思われる．舞台を楽しむ人生がビデオ・ゲームを楽しむ人生よりも価値があると判断できる客観的な根拠がないならば，その場合には，王立シェイクスピア協会にたいする国家の補助金はいかなる正当化ももたないと思われる．ここでは，人格的な理想は主観的な選好の表現以上のなにかであるということの否定から，反完成主義が帰結する．おそらく，どの生き方が他の生き方よりも善いかについての判断の客観性を信じるとすれば，事態はもっと興味深いものとなるだろう．客観性の信念が前提される場合にも，個人としての人びとを導いている諸理由が，かれらがそこで生きている政治的共同体を導くべきではないと主張することは，首尾一貫性をもちうるだろうか．

　客観主義的かつ反完成主義的な論者によって，多種多様な議論の展開の可能性が提案されるかもしれない．1つの可能性は，ある人生はそれが価値をもつべきならば自由に選択されなければならないという論点を強調し，国家完成主義がそのような自由を掘り崩す仕方を指摘することだろう．課税は究極的には国家の強制的権力に依存している (税金を納めない人びとは刑務所に収監される)．したがって，ビデオ・ゲームを価値あるものとみなしているわたしが，他人の観劇のために金を払うべく課税されるたびに，わたしの自由は侵害されつつあるのである．次のように論じることもおそらく可能だろう．生き方についての

わたしの選択を正真正銘に自由なものとみなすためには，自分の選択には実際のところどれほどコストがかかるかという情報がわたしには必要だが，国家がある生き方を促進し他の生き方を奨励しないことは，この必要な情報をわたしに否定することになる．それゆえ，国家のそうした振る舞いはわたしが行う選択を歪めてしまうのである．もう1つ，つぎのように述べる可能性もある．重要なのは，われわれすべてがその政治的編成に合意できる社会のなかで暮らすことである．だがわれわれは善の構想については明らかに合意しないのであるから，この目的を達成するための唯一の方法はそれらの善の構想を考慮の外におくことである．このように議論を展開するとき，反完成主義の駆動力となっているのはわれわれが合意できるような社会のもつ［道徳的］価値にほかならないという点で，この展開は不合意にたいする1つの道徳的な対応であると考えられる．そうだとすると，それとは別に，つぎのようなかたちで述べられる，善の構想をめぐる不合意にたいする実践的な対応というものもありうるだろう．すなわち，善についてのわれわれの異なった構想は，われわれの政治生活にたいしては無意味であるとみなさないかぎり，軋轢や，内乱というかたちでさえ，混乱が継続するだろうというものである．さらにもう1つ，つぎのように主張する議論の展開もありうる．人びとがいかに自分の人生を生きるべきかについての決定を国家が具体化することには，原理的にはなにも問題はない．けれども，国家が正しい決定を具体化すると考える理由はほとんど存在しない．あるいは，国家にそのような種類の権力を与えるのは危険である．ここでは，これらのさまざまな議論の相対的な価値を評価しようとはしない．われわれの目的は，本書の本文で登場する数々の争点に序論的概観を与えるにとどまる．われわれは新しいロールズ，ドゥオーキン，およびラズに関する章のなかで，3種類のリベラル，すなわち2人の反完成主義者と1人の完成主義者の考えを考察するが，そこではわれわれはこれらの争点により深く迫っていくだろう．

われわれは中立的国家という理念について語ってきたが，これは曖昧な点を多く含んだ危険な概念である．そこで，その理念のなかに含まれている「中立性」の意味について若干述べることによって議論を締めくくることが有益だろう．第1に，リベラルがすべての点で中立的な政治システムを追求しているわけではないことは明らかである．自らの善の構想を追求する諸権利を市民たちに保護する中立的国家は，それが教会と国家の厳密な分離という世俗的なリベラルの信念を支持している．それゆえ明白に，宗教的原理主義者と世俗的なリ

ベラルとの間で中立的ではない．さらにまた，その国家が大量殺害者と遵法的市民とを等しく遇してはいないのは明らかである．ここでの論点は，反完成主義的リベラルは，国家が正義や権利の諸問題に関して中立的であるべきだとは論じていないということである．それどころか，国家が正当化されるのは，人びとの諸権利を保護し，正義がなされることを保証すべく行為する点においてにほかならないというのが，反完成主義的リベラルの見解である．このような保護と保証の行為こそが，宗教の自由を維持し，人びとを殺害者たちから保護することを国家に許しかつ要求するものなのである．反完成主義的リベラルが擁護しようとする種類の中立性とは，権利や正義の諸問題に関する中立性ではなく，善の諸問題，すなわち人生を善いものや価値あるものにするのはなにかについての判断に関する中立性である．実際，そのような判断に関して中立的であることを国家が要請されるのは，まさにすべての市民が正義にのっとって扱われ，その固有の権利を付与されることを確実なものとするためである．国家がある生き方を優遇し他の生き方を冷遇するように行為することを自らの役割とするなら，その国家は市民たちを正義にのっとって扱っていないのであり，市民たちが自分自身の選択をなす権利を保護していないことになるのである，と反完成主義的リベラルは論ずるだろう．

　さて，われわれの挙げた例が，すでにつぎの点は明らかにしている．リベラルな国家が中立性を追求しようとする問題とは，善の諸構想の問題である．だがその場合でさえも，追求されている中立性は結果の中立性ではないのである．ある国家が人びとの諸権利を保護するために行為するとき，国家の行為の正当化が，さまざまに異なった生き方の相対的価値に関する判断への言及を含んではいないという意味で，中立的であるような場合はある．その場合でさえも，国家は，結果的には，ある生き方を優遇し他の生き方を優遇しないことになってしまうであろう．なるほど，国家は，人殺しの人生はそうではない人生よりも悪いという，善に基礎をおく根拠によってではなく，殺害を企てられた被害者は生命への権利をもつという，権利に基礎をおく根拠によって，誰かが殺人を犯すのを禁じることができるが，それでも結果は変わらない．正当化の中立性は，その結果において中立的ではないだろう．殺人の事例があまりにも極端であるように思われるなら，どの生き方は価値があるか，またはどの生き方は生きるに値しないかについての判断を避けるという国家の決定が，高価な生き方よりも安価な生き方を優遇する結果になるという論点をさらに考えてみよう．

反完成主義的国家が，たとえば，オペラに補助金を出すことを許されないとしよう．そしてオペラが比較的高価だとすれば，かれらの善の構想がオペラを含む人びとは，すくなくとも国家による補助金が実際に出されている現状と比べると，不利益を被ることになるだろう．反完成主義者のリベラルにとっては，この結果の非中立性は問題にならない．人びとがそれらを有しており，それらを保護することが国家の仕事であるところの数々の権利こそが最初に来るのであり，それらの権利は，人びとがそれらを選び取って追求できる数々の善の構想にたいしては，制約として存在する．この意味において，権利ないし正 (the right) のほうが善 (the good) よりも優先するのである[4]．ある社会ではいくつかの生き方が生き延びられないとしよう．その社会では，正義が要求するものを各人がもってはいるが，それらの生き方に有利に働くような完成主義の政治的行為が欠けているからである．このことは，それらの生き方を好む人びとにとっては不幸だが，国家がかれらを助ける理由にはいささかもならないのである．むしろかれらは，正の優先性によって課される制約に合わせて，自らの善の構想を修正しなければならないであろう．

　反完成主義的リベラルは，したがって，特定の制限された意味において中立的な国家を擁護する．その国家は善の諸構想の間で中立的であるが，正義や権利の問題に関しては中立的ではない．そして善の諸構想に関してさえも，その国家はそれがもたらす結果においては中立的ではないのであり，それが行為するための正当化においてのみ中立的なのである．われわれはこの序論を結ぶにあたって，国家のこのような特殊な種類の中立性にたいして，リベラルにせよコミュニタリアンにせよ，完成主義者ならば提起するだろう2種類の独立した異論を示すことにしよう．1つは，いくつかの価値ある生き方は国家の援助なしには生き延びないだろうという懸念である．もう1つは，リベラルな国家はなんらかの意味で中立的だという主張が依拠していると思われる，他でもない正と善の区別にたいする，もっと深いところに根を張っている拒絶である．

　第1の種類の異論に関して，読者はつぎの点を想起されるであろう．われわれはコミュニタリアニズムを，個人がそこで生きている共同体の重要性を主張することに関心をもっていると最初に特徴づけて，このようなコミュニタリアニズムの特徴は，リベラリズムが個人と，自らの善の構想を選択する個人の自由とを明らかに優先しているのとは対照的である，と述べた．そしてわれわれは，非社会的個人主義の項目のもとに，リベラルとは逆方向に向かうこのコミ

ュニタリアン的強調の一側面が焦点を合わせるのは，人びとがそこで生きている共同体が，一人一人の個人がそれによって自分自身を理解し，さまざまに異なった生き方の価値を理解するにいたる文化的資源を，どの程度提供しているかという点であることをみてきた．反完成主義の議論という文脈でこのことがなにを含意するかといえば，コミュニタリアンたちは，いくつかの価値ある生き方は，国家によって促進されないならば，とうてい生き延びることはできないと疑っているということである．一方で，オペラの例の場合のように，諸個人が自分の資源を自分で好きなように使うという個人の自由な選択がいくつも積もりに積もったとき，われわれの文化のなかで価値があり生き延びるに値する構成要素が消滅するがままに放置されるということになるかもしれない．他方で，一夫一婦制の結婚のような特定の価値ある生の形式も，国家による象徴的な承認が与えられ，その公的な諸制度のなかに具体化されることがなければ，それは漸次死滅するであろう，という議論もありうるだろう．かりに，ひとがこのような種類の消滅理論がもっともであり，かつ，どの生き方が生き延びるに値し，どの生き方が生き延びるに値しないかについて国家が正確に判断できる可能性があると考えるとしよう．これは大きな「もし」ではあるが，もしそうである場合には，この種類の考慮はひとをなんらかのかたちの国家完成主義の擁護へと導くであろう．

　第2の異論ははるかにずっと根本的である．というのは，それは反完成主義者が想定するような仕方でわれわれは正と善を区別できるという考えそのものを疑問視するからである．もしこの第2の異論が維持されうるなら，その場合には，正が善に優先し，国家に善に関して中立的であるべきことを正が要求しうるという主張は，問題を含んでいると思われるだろう．したがって，リベラリズムが中立性を装っていること，いいかえれば，人びとが自らの人生をいかに生きるべきかについての実質的な論争をなんらかのかたちで超越しているというリベラリズムの自己理解は，大いに誤解を招く可能性がある．［この異論によれば］つぎのように論じられるだろう．中立的な調停者として行為するというよりもむしろ，リベラルな国家は実際には，その「正」というカテゴリーを隠れ蓑としつつ，人びとはいかに生きるべきかについてのそれ自身の特定の理解や，人生を善き人生にするものはなにかについてのそれ自身の理想を密輸入している．すなわち，リベラリズムは，人生を価値あるものにするのはなにかについての判断を避けているわけではない．そうではなく，善い人生とはそ

れを生きている人びとによって自由にあるいは自律的に選ばれた人生であるという主張にこそ，リベラリズムの本質が存しているのである．政治的共同体がいくつかの生き方を支援し，国家完成主義を要求するような他の生き方を排除したり奨励しなかったりすることは，この主張と一致している．喧しい論争に超然としつづけているどころか，リベラリズムは，人びとの善を構成するものはなにか，人びとの本質的な関心はなにかについての特定の実質的な見解の上に建てられている．善にたいする正の優先について語ることは，この決定的な論点を隠すことにのみ役立つのである．

　自分自身の善についての構想を形成し，修正し，合理的に追求する自分の能力への最高次の関心こそが，まさにロールズの理論の核心にほかならないことをわれわれは同定した．そうである以上，ロールズの理論がある程度まで実質的だということは明白であり，中立性についてのここまでの議論は，ロールズのリベラリズムが完全な中立性を装うとしたら，それは誤解に陥っているにちがいないということを示唆している．残っている問題は，リベラリズムが中立性へのその装いを正確にはどの程度まで維持できるかにかかわっている．善にたいする正の優先について語り，善に関する中立性を主張することは，あたかも人びとの生を価値あるものにするのはなにかという問いに関してリベラルが完全に不可知論的でありうるかのようにみせかけるかもしれない．だがその場合にも，正と善の区別に内在する諸問題に着目すれば，完全な不可知論など手に入らないものであることが明るみに出されるだろう．そして，自らの人生をいかに生きるべきかについての実質的な論争にたいして超然的な態度をリベラリズムがとりつづけようと意図していることこそが，まさに人びとをリベラリズムの教説へと引きつけるものであるとしても，リベラリズムがそのように超然的に表現され，超然的な自己理解をもつにもかかわらず，いくつもの意味あいで，そうした論争にリベラリズムはかかわらざるをえない．それらの意味合いに気づいたとき，その超然的な態度のゆえにリベラリズムに引きつけられていた人びとは，再考を強いられるだろう．もちろん，その人びとはリベラルでありつづけることもできるが，その場合かれらのリベラリズムは，かれらがかつては避けられると考えていた主張を含むことになるだろう．

　反完成主義と中立性というこの争点によって提起された諸問題が多岐にわたり複雑である理由の一半は，われわれがここでは，この争点に触れるよりも前に行われた，より抽象的なさまざまな議論の構成要素がもつ，比較的具体的な

政治的含意を扱っているからであり，しかもこれらの抽象的な議論の構成要素はいくつもの異なった組み合わせで結合しうるからである．この争点以前に同定されたテーマについてと同様に，ここでのわれわれの目的は，本書の残りの大部分でもっと詳細に提示されるいくつもの議論の概観を手短に提供すること以上のものではない．読者は，本書からなにを期待すべきかについて，およびロールズの理論はいかにしていくつもの重要な理論的争点を提起するとみなされうるかについて，大まかな理解をもってくれただろうか．そうであれば，4人のコミュニタリアン的理論家たちの考えを順番に考察する，本書のつぎの部分［第1部］への十分な準備ができていることになる．

註

1 Kukathas and Pettit, *Rawls*［嶋津格・山田八千子訳「ロールズ——『正義論』とその批判者たち」］は，基本的な解釈に数章を費やした近年の書物である．
2 これは，Kymlicka, *Liberalism, Community and Culture*, pp. 16-17 でなされている数多くの有益な指摘の1つである．
3 ふたたび，この考えも Kymlicka, ibid., p. 19 に見られる．
4 Kymlicka, ibid., pp. 21-40 は，ロールズは正と善の区別をいくつかの異なった仕方で用いていると指摘しており，われわれはここでは議論の対象になっている特殊コミュニタリアン的な批判を説明する意味のみを論じている．この区別に関するロールズの最近の観察については，かれの『政治的リベラリズム』の第5講義を参照せよ．この講義をわれわれはのちに本書第6章で論じる．

（飯島昇藏訳）

第 1 部
コミュニタリアンのロールズ批判

第1部への序論

　われわれは扱うべき問題のアジェンダを定めたのだから，このアジェンダが事前の方向づけをすることを意図していた，見通しの悪い錯綜した領域への探求を開始することができる．これから続く4つの章はそれぞれ，われわれがリベラリズムに関するコミュニタリアン的批判者と一括してみなしてきた4人の思想家（サンデル，マッキンタイア，テイラーそしてウォルツァー）に関して1人ずつ，その著作を詳細に検討することに費やされている．各々の章において，3つの根本的な問題に対する回答（その回答なしでは，議論を進め，この論争において相対立する陣営を裁定することができないような回答）を提供することを，われわれは努めてゆくつもりである．

　第1に，そして最も重要なものとして，問題となっている思想家の最も根本的で特有な主張を，こうした主張が，一般的にはリベラリズムの主要な特徴と，特殊的にはロールズ流のリベラリズムと，関連し対立すると思われる限りにおいて，要約することに努めるつもりである．しかしながら，これには単なる命題のリストを列挙する以上の，多くのことが含まれなければならない，ということに注意すべきである．というのも，そのようなリストを提出しても，それは各々の命題を，それが浮かび上がってくる条件となる思想の枠組から切り離してしまうであろうし，そのことによって，そもそもなぜ問題となっている思想家が，その命題を提起したいと思っているのかに関して，読者に少しも理解を与えないことになるだろうからだ．そして（人間による発言がほとんどそうであるように）ある発話者がなぜあることを述べたのかを知らなければ，その発言によってその人が実際に意味していることがなにかについて，その無知の程度だけわれわれは闇のなかに置かれることになる．同様の理由から，だいたいにおいて同じことを語っている2人の人物は，そのことによってまったく同じ組み合わせの前提や

第1部への序論

含意にコミットしているのだ，と必ずしもつねに想定することはできない．たとえば，マッキンタイアとサンデルの両者は，個人を自らの目的と切り離してしまうような人格の構想を援用しているとして，リベラルを非難しているが，この非難の理由において，そしてこのことから生じるリベラリズムの諸帰結の意味に関して，かれらは非常に異なっている．そしてその結果，かれらの立場に対する批判はどんなものであれ，それぞれの場合において異なった形態をとらざるをえないことになるであろう．したがってもし，個々のコミュニタリアンがもつ主張の妥当性に関して（つまり，それぞれが批判にさらされやすい様式や，4人のコミュニタリアンが1つの集団を形成しているといえる程度に関して）明確にしたければ，まず，いったいかれらがなにを述べているかだけでなく，なぜかれらがこうしたことを述べているのかについて，明らかにしなければならない．したがって，各章にはかなり詳細な説明が含まれることになるであろう．そしてそのためにわれわれは，本書の主題とは直接的もしくは明示的にかかわるとは思えないような問題，つまり政治的というより哲学的なものに思える問題に，巻き込まれることがしばしばあるだろう．迂回路にみえることが実際は問題となっている思想家の理論にとって不可欠のものだとわれわれは考えているのであり，このことは，論述の途中ではあまり明瞭ではないにしても，各章の終わりには明確になっているであろう，と断言しておくことだけが，われわれにいまできることである．

各々の章が提示することを意図している，その他2つの問題は，ある意味で，もうすでに述べられていることのなかに含まれている．というのも，いうまでもなく，本書におけるこの第1部につけられたタイトルであり，その主題でもあるのが，「コミュニタリアンによる批判」だからである．したがって，われわれと関連する各理論家の主張が，その本性においてコミュニタリアンであり，同時にロールズ的なリベラリズムの批判であるように思える，ということの意味を，われわれが論証する必要がある（というのも，コミュニタリアンの多くと同様，われわれはロールズを，リベラリズムの伝統を代表するものだとしているからである）．[コミュニタリアンであるのか，そしてロールズ的なリベラリズムの批判であるのか，という] 両方の問いに関して，第1章で確立された問題のアジェンダが，価値あるものだということがわかるであろう．というのも，とりわけこのアジェンダは，いくつかの具体的な

点で，共同体の概念（そして個人と共同体の関係）についての理解が，あらゆる政治理論で中心的役目を果たさなければならないと考えられることを明らかにし，そうした点を特定したからである．そしてこのアジェンダはまた，どのような具体的な点で，ロールズ的なリベラリズムが共同体と個人についての不適切な理解を体現していると考えられるかも，特定していたからである．したがって，コミュニタリアン的批判者の各々に関してこの 2 つの問いに答えを与えようという試みは，われわれのアジェンダへの明示的な言及を含むものになるであろう．

　以上 3 つの問いに対する解答を確立するということは，さらに追究されなければならない 2 つの問題にとって，不可欠の準備をするものである．つまり，コミュニタリアンは共有された見解と目標をもった 1 つの一貫した集団を形成しているのか，という問いと，コミュニタリアンによるリベラリズムの批判はその標的に到達し，ダメージを与えることに成功しているのか，という問いである．コミュニタリアンは一個の集団を形成しているのかどうか，という問題は，本書のこの第 1 部の結論で扱われるであろう．もちろんそれは，以下に続く数章の作業に依拠することになる．なぜなら，個々の思想家がコミュニタリアンであると呼ばれうる意味を確立してはじめて，われわれは 4 人の思想家が同じ（あるいは，少なくとも類似の）意味においてコミュニタリアンであるかどうかを確立できるからである．ロールズ的なリベラリズムに対するかれら個々の批判がもつ妥当性と説得力という問題は，その結論の直後にくる章，つまりわれわれが新しいロールズと呼んでいるものを扱う章において，取り上げられるであろう．そしてその章もまた，この序論に続く数章という作業を前提とすることになる．なぜなら，この数章において確立されるアンチ・リベラリズムという外見が，どの程度まで現実と一致しているのか（コミュニタリアンが批判している見解に，どの程度までロールズは本当にコミットしているのか），ということをその章は評価することになるだろうからである．

　要約しよう．本書のこの第 1 部をなす 4 つの章と結論は，全体として 1 つの完結したものを形成している．なぜならそれらは，本書の議論全体を，一連の明確に定義された段階を経て進めるように企図されているからである．4 つの章は，以下に示す 3 つの問いに対する回答を読者に提供するよう試みるであろう．

第1部への序論

1 　本書の主題に関連する限りにおいて，各々のコミュニタリアンの思想家がもつ主要な主張とはなにか．こうした主張が埋め込まれている，さらに一般的な思想の枠組から，この主張はどのようにして浮かび上がるのか．そして，こうした主張が独自にもっている妥当性の程度は，どのようなものであるのか．

2 　どのような意味において各々の思想家は，コミュニタリアンであるとみなされているのか．

3 　なぜ，各々の思想家はリベラリズムの批判者であるようにみえるのか．

これらの章をもとにして，結論ではそれを分析的に概観したものを提供するつもりだが，それは主として以下の問いに取り組むためにである．

4 　4人のコミュニタリアンは，どの程度まで，1つの首尾一貫した集団を形成しているのか．

こうした問いへの回答を与えられれば，読者は論争の次の段階に進む準備ができるはずである．すなわち，こうしたリベラリズムの批判だとされている主張が，その標的に到達している度合いを測る，ということである．しかしながら，このことは新しいロールズを取り上げる，第5章，第6章の仕事になるであろう．

(山岡龍一訳)

第1章　サンデル：リベラリズムの限界

　コミュニタリアンによるリベラリズム批判の総体を理解したいのなら，マイケル・サンデルの著作の評価から始めざるをえないというのが，明白なことに思える．第1に，1982年にかれの著作，『リベラリズムと正義の限界』が出版されたことこそが，われわれが関心を寄せるこの論争の端緒であった．アラスデア・マッキンタイアがその前年に『美徳なき時代』を出版していたが，サンデルのこの著作こそが「コミュニタリアン」というラベルを最初に引き出し，他の著作家たちをこの旗印の下に，後知恵によって集結させることを成し遂げたものにほかならない．さらに，サンデルの著作は，明示的にジョン・ロールズの作品の批判として構築されている．このように，ロールズを典型的なリベラルとして利用するというわれわれの決定は，コミュニタリアンの原型である思想家の選択を反映したものにほかならない．したがってサンデルが『正義の理論』というテクストの詳細な読解を提示しているのだから，サンデルの立場に関する要約的な解釈を提起することは，同時にサンデル自身がみずからをロールズ的リベラリズムの批判者とみなすそのやり方を明確にするであろう．前者の理解から後者の理解に至るために，推論による飛躍や，観想的な外挿法は必要ない．したがってわれわれは，3つの重要な問いのうちの2つを，同時に処理することができる．明白さにおいてより劣っているかもしれないのは，第3の問いに対する答え，つまり，サンデルの立場がコミュニタリアンのそれであるというときの意味である．だが，このことにしても，サンデルの立場がいかにしてわれわれの提示した問題のアジェンダと関連するのかに関して，簡潔な要約をすることからはじめるなら，さらに明白なものになるであろう．

　サンデルのロールズ批判は，このアジェンダに載せられたほとんどの主題を，なんらかの形で明らかに含んでいる．第1に，ロールズは実質的にというよりむしろ形而上学的に欠陥のある，人格についての構想にコミットしている，と

いうのがサンデルの主張である．つまり，サンデルの考えによると，ロールズの実質的な政治理論は人格の本性に関するある特定の構想を前提としており，その構想は，ある人格がその人のもつ目的に，その目的がその人格の構成要素となる仕方で深く結びついている，という可能性を排除している．そしてこの構想は，望ましくないものというより，妥当性と整合性を欠くもの——道徳的な生に関する魅力を欠いた一形式の推奨というより，道徳的経験の本性に関する誤った描写——である，とサンデルは主張している．第2に，サンデルは以下のような理由でロールズの非社会的な個人主義を非難する．つまり，ロールズにとって共同体感覚 (a sense of community) とは，個人のアイデンティティの構成要素になる可能性をもったものではなく，せいぜいのところ，すべてに先立って個人となっている自己が，その目的にする可能性があるものにしかならない．とりわけ，政治的共同体の善は，せいぜいのところ相互利益のための団体という，よく秩序づけられたシステム（しかもこのシステムの中にいる個人は，なんらかの仕方でこのシステムに対して論理的に先行することになっている）への参加であるにすぎない．第3に，サンデルの主張によれば，道徳的な選択というものをロールズは，選好の恣意的な表現に還元してしまった結果，道徳性に関する客観主義的ではなく主観主義的な見方に，みずからコミットしてしまっている．第4に，そしてここまでの論点が（もし事実なら）このことの証明を助けるのだが，競合する善の構想のあいだで中立的になるとするロールズの主張は，実際のところはみかけよりもずっと妥当性を欠く，とサンデルは示唆している．しかしながらサンデルはさらに第5のそして最後の，しかもわれわれのアジェンダにはない批判を加えている．つまり，ロールズがその著作のある部分において相互主観的な自己の概念に暗黙のうちに依拠している，とサンデルは非難する．この概念は，同じ著作の他の箇所においてロールズがコミットしている，すべてに先だって個人となっている自己という概念と，不整合なのである．

　サンデルの批判にある以上5つの要素のうち，最初の2つこそが，かれがコミュニタリアンであるということの意味を明らかにするものにほかならない．なぜなら，個人はみずからの共同体に構成的な仕方で深く結びつけられている，もしくは結びつけられるようになるのであり，それゆえにその個人の自力だけでは到達できないような，あるタイプの人間的な善に接近する手段を獲得できるのだ，という考えをロールズはみずからの理論の中に置く余地をまったくもたない，というサンデルの信念が，この2つの要素に含意されているからであ

る．だが，まえもって注意を促していたように，もしサンデルの批判の中にある諸要素を十全に理解したいのなら，それはここに提示されたような要約をもってして（たとえそれが読者に，われわれが記述することの詳細を追ううえでの便利なガイドを提供するとしても）理解できるものではない．そのような理解はむしろ，すべてに先だって個人となっている自己，間主観的自己，そして共同体に対する構成的な愛着，といったサンデルの概念が，いったいなにを意味するのかという理解に，かかっている．そしてこのことこそ，本章に委ねられた主要な任務なのである．しかしながら，ロールズの正義論が義務論的なリベラリズムの現代的な事例である，という主張にサンデルの批判は究極的に基礎づけられているのだから，サンデルがいう「義務論」とはなにかをはっきりさせることから，われわれは始めなければならない．

リベラリズムと義務論

　サンデルにとって義務論的リベラリズムとは，正義が他の政治的，道徳的理想に対して優先するという理論であり，それはロールズ自身が，善に対して正が優先する，というスローガンによって簡潔に述べている理論である．すでにみてきたように，このスローガンは以下のような論旨を要約しているとされている．社会とは，それぞれ独自の目的，利益，善の構想をもった多数の人格によって構成されているものなのだから，その最善の配剤は，特定の善の構想をそれ自体としてまったく前提としていない原理によって社会が統治されているときに，達成される．かかる原理が正当化されるのは，こうした原理が社会的厚生の極大化に貢献するから，もしくは善を助長するからではなく，むしろこうした原理が正義の概念（つまり，善の概念に先だって規定され，善の概念から独立している道徳のカテゴリー）に，適合するからである．

　このようにサンデル流に定式化されると，義務論的リベラリズムが正義に対して，2つの異なってはいるが互いに連関する意味で優位性を与えていることがみてとれる．第1に，義務論的リベラリズムは正義に道徳上の優先性を付与しており，他の政治的，社会的価値の要求が正義の要求を凌駕することはけっして容認できない，つまり，個々の市民の権利を他の善や目的のために犠牲とすることはできない，と主張している．第2に，義務論的なリベラリズムは，正義という価値が特権的な正当性をもっている，とみなしている．正が善に優

先するのは，その主張が優位を占めているからだけでなく，その原理が他から独立して導き出されているからである．

　この第2の主張，つまり，道徳の基礎づけまたは道徳原理の導出に関する主張こそ，（サンデルによれば）義務論的リベラリズムを他のさまざまな政治的，道徳的教義から区別するものにほかならない．他の形態のリベラリズムと同様，義務論的なそれは——実質的ないしは第1階の（first-order）倫理的教説として理解されるとき——ある種の義務と禁止にカテゴリカルな優位性を付与している点で，帰結主義とは対照的な関係にある．しかしながら義務論的なリベラリズムは，基礎づけないしはメタ倫理学の水準で，目的論に対して対照的な関係にある点でも特徴づけられる．というのも，義務論的なリベラリズムはその無条件の義務と禁止を，究極的な人間の目標や目的を前提としたり，人間存在にとっての善き生に関する特定の構想を前提としたりすることがない方法で，導出しているからである．

　正義に道徳上の優位性を付与することを，正義に基礎づけ上の優位性を付与することに結びつけることに備わっている魅力には，2種類がある．第1に，正義の基礎づけ上の優位性は，正義の無条件的な道徳上の優位性を，正当化ないしは説明するであろう．つまり正義は，特殊な目標，利益，そして善の構想に対して無条件に特権化されているのだが，それは正義の基礎づけないしは正当化が，こうした諸価値から独立しており，質的に異なっているからである，とリベラルは主張できるようになる．たとえば，もし正義の究極的な基礎づけが，正義の社会的厚生への貢献であるとしてしまうと，正義の優位性は偶有的なものあるいは条件づけられたものであると認めざるをえなくなる．なぜならその場合，正しい行為ではなく不正な行為が社会的厚生に対して最大の貢献をなすような状況では，われわれは不正に行為せざるをえなくなるだろうからである．第2に，もし正義の原理を導出する際に，特定の善の構想が参照されているとすれば，正義の原理に優位性を付与することによって，異なった善の構想を抱いているかもしれない人格に対して，善の構想の1つを強制的に押しつけるという結果が生まれるであろう．したがって，正義の道徳上の優位性を確固たるものとし，かつ同時に非強制的なものとするためには，つぎのようなことをわれわれはする必要があるように思える．すなわち，人間存在によって選び取られた，互いに競合し状況に依存する，多数の目標，利害，目的以外のなにかにおいて，正義の原理を基礎づけるような，正義の原理の導出法を提示す

ることである．

　古典的な義務論的リベラルのなかで最も偉大なカントは，人間主体の本性に関するかれの説明において，このような基礎を提供している．つまり，人格ないしは自己の構想に関するカントの理論こそ，善に対する正の無条件な優位を説明するものにほかならないのだ．カントによれば，人間存在というものは意志を所有しており，その意志を自由に行使することができる．人間存在は，自律的な行為をなすことができる．ほかならぬこの能力こそ（その能力行使の結果ではなく）が，人間存在の尊厳と価値にとって最も根本的なものなのである．なぜなら，これこそが人間を他の動物から区別するものであり，因果論的に決定された自然という領域の上位に人間を価値づけるものだからである．人間存在をして人間という主体にしているまさしくそのものは，その人間存在が選び取り，仕えているところの特殊な目標，利害，善の構想ではなく，むしろこのような決定においてその存在が明白となる，自律的に思考し行為する能力なのだ．いいかえれば，カントによって模範的に示される義務論的な考えにおいて，人間存在にとって最も重要なことは，われわれが選択する目的ではなく，かかる選択行為において前提とされている，選択の能力なのである．そしてこの能力が，それによって支持されるようなあらゆる特定の目的に先だって，規定されねばならないとすれば，人間という主体にとって本当に重要なものは，その目的に先だって規定されていることになる．ようするに，正が善に優先するように，主体が目的に優先するのである．義務論による正義への絶対的な優位性の付与は，義務論による主体への絶対的な優位性の付与に対応する．

　義務論的なリベラリズムの本性に関する，以上のような簡潔な説明を考慮に入れれば，ロールズが義務論的なリベラルである，という主張をすることでサンデルが意図した効果を理解できる．第 1 に，このような特徴づけをすることによって，正義に対して絶対的な道徳上の優位性をロールズが付与しているということに，特別の光が当てられている．

　　正義が社会制度にとって第 1 の徳目であるのは，真理が思想という制度にとって第 1 の徳目であるのと同様である．理論というのは，どれほどそれが洗練され，無駄のないものであっても，もしそれが真理に反するならば，拒絶ないしは修正されなければならない．同様に法律や制度というものは，どれほどそれが効率的で，みごとに整理されたものであっても，もしそれ

が正義に反するならば，改正ないしは廃止されなければならない．……人間の行為にとって第1の徳目であるゆえ，真理と正義は妥協を許さないものなのである（*TJ*, pp. 3-4）．

第2に，正義に対して根源的な優位性をロールズが付与していることが，このような特徴づけによって強調されている．

目的論的な教義によって提起された正と善の関係を，われわれは逆立ちさせるべきであり，正が優先するとみなすべきなのである（*TJ*, p. 560）．

そして第3に，この2種類の優位性をロールズが正義に付与しているのは，人間の人格性にとってなにが根源的なのかに関するかれの構想があるがゆえである，という事実が強調される．特定の善の構想にまったく依拠しない正義の原理によって社会を規制することに対するロールズのコミットメントは，人間存在にとって本当に重要なのは自分自身の善の構想を設定，追求，修正することができるその能力なのだというロールズの考えから，直接に帰結するものなのである．このことは，人びとには自分の能力を保護することに「最高次の利益」がある，というロールズの明示的な主張を反映している．ある国家が市民の生活を規制する際に，人間存在に関する特定の善き生の構想を（その善の追求が他の市民の権利の侵害となるような人びとをしりぞける，ということを超えて）その国家が優遇ないしは冷遇するとすれば，その国家はすべての市民が，いかに生きるべきかを自由に決定するみずからの能力を，十全にかつ平等に行使することを許していないことになる．ようするに，道徳的な人格として理解された人間存在は，最も根源的な意味で目的を自律的に選択する者なのであり，社会は，人格性に関するこの特性をなによりも尊重するような仕方で，組織されなければならないのである．

人格に関するロールズの理論

このように，主体に関するロールズの構想は，われわれが人間存在を処遇する際になにが最も尊重に値するのかに関する主張なのである．それは，実質的な道徳的立場であり，（すでにみてきたように）自分の理論にとって中心的なもの

であるとロールズが公然と認めている立場なのだ．しかしながらサンデルによれば，人間の価値がどこにあるのかに関するこの第1階の倫理的考えが，今度は自己および自己の成り立ちに関するある特定の第2階の理論——この理論に対してロールズはみずからのコミットメントを認めていないのだが——を前提としている．つまり，ロールズの倫理的見解は，人格に関する基礎づけ的な説明，すなわち哲学的人間学を前提としているのである．こうした第2階の説明は，一般に形而上学的であると呼ばれることが多い．それは人びとがどのように処遇されるべきかという主張よりは，むしろ人間の主体性にとって不可欠の本性に関する主張と関連する．つまりその焦点は，自己であることはなにに存するのか，自己はどのようにして形成，固定，拘束されるのか，という問いにおかれている．カントの場合，自己に関する形而上学的見解が，手段としてではなく目的として扱われるべきという絶対的な権利を人間存在は所有しているという，かれの道徳的主張を基礎づけていた．この見解によってかれは叡知界という，人間存在が理性的であるかぎりそこに参与している領域で，時間と空間を超越する領域についての主張に巻き込まれることになる．つまり人間存在は2つの側面をもつ存在であり，それは自然の一部でもあるが，同時に自然を超越する能力を所有している，といった主張である．この高度に論争的で，一見したところ不可解な形而上学的な枠組を，ロールズは回避したいと欲している．だがそれにもかかわらず，サンデルによれば，人間主体の本性とその主体がとりうるアイデンティティの形態に関する，かなり特定される一連の見解に，ロールズはコミットしているのである．その見解は，自己とその目的の関係を，ロールズが描写するその仕方のなかで最も顕わにされている．

　すでにみてきたように，人間存在が自律的に目的を選択する者であるとするロールズ流の力説によって，主体に対してそれがもつ目的を超える絶対的な道徳上の優位性を付与することに，ロールズは導かれている．人間存在において根源的な意味で最も尊重に値するものは，かれらがなす特定の選択ではなく，かれらの目標と目的を選択する能力である．そしてかかる能力は，その能力の行使に先だって規定されなければならないのだから，人間存在において道徳的価値が置かれる場所は，その目的に先だって規定されているとみなされなければならない．しかしながら，サンデルによれば，このような道徳上の優位性の付与は，ロールズによる形而上学的な優位性の付与に伴われているのであり，同時に前者は後者によって説明されるのである．サンデルの主張によると，ロ

ールズにとって自己の本質的な統一とアイデンティティは，自己が選択する目的に先だって規定されたなにかである．この形而上学的な優位性のもつ絶対性こそが，道徳上の優位性のもつ絶対性を説明する．この形而上学的な優位性とはなにか．そしてなぜサンデルは，ロールズがこの形而上学的な優位性にコミットしている，と考えているのだろうか．

サンデルは自分の主張を，道徳的というよりむしろ形而上学的な調子をもった，『正義の理論』からのいくつかの引用のうえに基礎づけている．たとえば，ある箇所においてロールズは「……自己は，それが支持する目的に先行している．たとえ支配的な目的であっても，数多くの可能性のなかから選択されなければならない……」(*TJ*, p. 560) と述べている．換言すれば，主体の目的とは，その主体がそれを選択したがゆえに，その主体の目的なのである．そしておそらく，選択行為がなされるときにはすでに，自己がそこに存在していなければならない．したがって，自己の構成（自己の形やアイデンティティ）は，自己が選択する目的の所産であることはありえない．なぜなら，自己の経験の経過のなかで特定の選択をすることに先だって，自己の統一は確立されるからである．そして以上のことは，ロールズがよろこんで受け入れる帰結であるように思える．「正の優位性が規定されたら，善の構想に関するわれわれの選択は特定の限界の内に枠づけられる，というのが主要な考えである……自己の本質的な統一は，正の構想によってすでに与えられているのだ」(*TJ*, p. 563)．サンデルによれば，このように自己の統一があらかじめ存在するということは，どんなに厳しくその環境によって条件づけられていようとも，個人はつねにみずからの価値と目的に先行し，しかもこの先行性が縮減されることはないということを意味する．その個人の主権的な行為は，そのような環境に依存するのではなく，まえもって保証されているのである．かくして，正に対して善を超える絶対的な優位性をロールズのように付与することに反対すれば，それはたんに道徳的な推論において間違いを犯すだけではない．それは，実質的なレヴェルで道を誤ることになる．つまり，形而上学的なレヴェルで道を誤ること，われわれが人格としてもつ不可欠の本性と矛盾することになるのだ．

　　正義の感覚を他の欲求と比較されるたんなる１つの欲求にすぎない，とみなすような計画に従うという仕方で，われわれの本性を表現するのは，われわれにはできないことである．なぜなら正義の感覚が明らかにしている

のは，人格とはなにか，ということであり，このことに関して譲歩などすれば，自己は自由な統治を手に入れられなくなり，世界の偶然事と偶発事にその支配を譲ることになるからである（*TJ*, p. 575）．

いいかえれば，みずからの目的を自律的に選択するという人間存在がもつ能力は，多くの同様に価値ある能力や特徴のなかのたんなる1つではなく，人間存在のアイデンティティの本質を形づくるものである，とロールズはしばしば主張しているように思える．したがって，人間の自律を尊重することは，人間の生に存する多くの価値のなかのたんなる1つではなく，他の価値をつねに凌駕しなければならない絶対的に根源的な価値である，ということになる．なぜなら，この能力への尊重を欠くということは，人格であることに関する形而上学的に根源的な特徴への尊重を欠くことになるからである．ようするに，正義が第1の徳目であるとしている主体とは，たんに目的を自律的に選択する者であるだけでなく，すべてに先だって個人となっている主体でもある．他のすべての価値に対して正義が絶対的に優先するとしている自己とは，みずからが選択する目的に例外なく先だって，その境界が定められている自己なのである．

原初状態

　すべてに先だって個人となっている自己という，こうした形而上学的な描写は，自律に対してロールズが付与している優位性がもつ絶対性を説明するうえで必要なだけではない．この描写の重要性は，ロールズの正義論の詳細においても明らかにされている．サンデルはこのように考えている．とくに，自己に関するこの描写は，原初状態のきわめて重要な一要素であるし，もちろん，原初状態はみずからの正義論を正当化するというロールズの企図の支柱である．この想像上の構成物を，かれの著作中にあるすべての議論が通過している．もし自己に関するこの形而上学的な描写が，実際に原初状態のなかに埋め込まれているとすれば，この描写は間違いなくロールズ思想の基礎にあることになる．

　原初状態にいる人びとが推論をする際に自分自身とみずからの社会をどのようにみているのか，に関してロールズがある重要な前提を，つまり無知のヴェールとして脚色された，この人びとがもつ知識に負荷された制約以外の前提をもっている，とサンデルは主張する．サンデルによれば，こうしたさらなる前

提は，本質的なものである．なぜなら，原初状態にいる人びとが，自分たちの社会の基礎的な制度がどのように構築されるべきかについて考えているとき，かれらが決定するであろうことがなにかを決めるために，われわれはつぎのような構想がかれらにあるとしなければならないからである．つまり，社会の本性に関する，そしてかれらが社会になにを求めているのかに関するある種の構想，そしてかれらが社会に対して，そして互いに対してどのような関係にあるのかに関するある種の構想がなければならない．

たとえば，こうした前提のいくつかは，正義の徳性を保証する条件（正義の環境）についてロールズがつぎのように要約したとき，明らかになるとされている．「ようするに，互いに利害関係をもたない人びとが，財の穏当な不足という条件の下で，社会的な利益の配分に関して対立する要求を提示するとき，いつでも正義の環境が生じているのだ，といえよう」（TJ, p. 128）．サンデルによれば，正義の原理をもたらすためにコンフリクトの形式と本性をこのように定式化する仕方は，ロールズにつぎのような前提があってはじめて筋の通ったものとなる．つまり，原初状態にある人びとは，社会を相互利益のための共同事業とみなしている，という前提である．というのも，「社会的な利益」に関するロールズの言及において，社会のメンバーであることが個人の利益の源泉であるという構想に，特権的な重要性が与えられているように思えるからである．つまり，人びとが社会的関係に従事する唯一の（あるいは少なくとも主要な）理由は，このような協働以外からは生じえない利益のなかから，個人的な便益を引き出すことである，という考えがここに含意されているように思える．さらにいうならば，原初状態にいる人びとをロールズは，「互いに利害関係をもたない」人びととして描いている．つまり，他の誰かのではなく自分自身の善の構想を促進させることに関心をもつ，そしてこうした目的を促進させるときに，まえもって存在する道徳的紐帯によってそれぞれが拘束されていない人びととして，描いているのである．

ここでも，無知のヴェールの制約についてと同様に，原初状態にいる人びとの属性とされた相互的無関心と既存の道徳的紐帯の欠如についても，それらが現実に生活する人格においても妥当するとロールズは主張しているわけではないことに，サンデルは気づいている．こうした事柄は社会学的な一般化ではなく，原初状態という表象の道具に内蔵された諸前提なのであり，もし無知のヴェールが取り除かれるならば，原初状態にいる人びとが他者への感情や愛情に

よって結ばれていたり，他者の利益の促進を欲していたりすることは，まったく可能なことなのである．ロールズによると，かれの前提にはたんに明晰性，単純性，そして前提として強すぎないという利点があるにすぎない．というのも，相互的無関心ではなく慈愛を前提とすることは「弱い想定のうえに正義の理論を基礎づけるという目標を挫折させるであろう」(*TJ*, p. 149)．しかしながら，このようにこれらの前提を正当化しても，それは不十分だとサンデルはみなしている．相互的無関心という前提と比べて，慈愛という前提のほうが，概念的により問題を含むわけでも，論議を呼ぶわけでもない．そしてより現実的であるという意味で，相互的無関心を前提とするほうがより弱い前提である，というのがロールズの意味するところだとすれば，その場合，道徳的・政治的価値に関するわれわれの確信を検証するとされている表象の道具に，ロールズは論争の余地ある経験的一般化を組み込んでいることになる．サンデルの主張によれば，実際のところこうした前提が，主体に関する，そして主体とその目的の関係とに関するロールズの構想から生まれているがゆえに，かれはこうした前提を原初状態にいる人びとの動機のなかに組み込んでいるのである．

　この主張をサンデルは，以下のように正当化しようと試みている．それぞれが自分自身の善の構想をもつ人びととからなる協働のシステムとして，社会を描くというロールズの描写は，かれが個人の根源的な多数性と別個性 (separateness) を強調する 1 つの方法であることを，サンデルは指摘する．「……独自の目的のシステムをもった別個の人格が多数存在するということは，人間社会にとって本質的な特徴である」(*TJ*, p. 28)．もちろんこのように描写したうえで，ある人格の目的のシステムが，他の人格のそれと重なり合ったり一致したりすることは，まったく可能である．そうでなければ，協働することの基礎が存在しえないことになる．しかしながら，こうした利害の一致はそれ自体，人間社会にとって本質的ないしは根源的な特徴ではない．それどころか，ロールズの定式化によると，それぞれの人格がもつ目的のシステムの別個性こそが本質的なのであり，一方，こうしたシステムのうちのどれかがたまたま重なり合ったとしても，それは実現されることもあればそうでないこともあるといった，幸運な偶然の 1 つなのである．

　ようするに，サンデルによれば，人間存在に関する 2 つの明白な事実に対して，形而上学的に異なった度合いの重要性が付与されている．2 つの事実とは，すべての人格は，多数存在する他の同様の存在者の間にある，1 つの独自な存

在者であるという事実と,ある特定の人格にとっての利益と目標が,他の人格のそれと重なり合ったり一致したりすることがあるという事実である.人格の多数性と別個性が,人間という主体にとって不可欠の本性の一側面であると(他者からの区別をなすこのような別個性を,人格であるとはどういうことかという考えの一部として取り扱うことで)ロールズはみなしている.だが,こうした人格が選択した目的が実際に一致したとしても,それはせいぜい,こうした人格の境遇に関する幸福な事実にすぎないとロールズはみなしているのである.形而上学的にいうと,われわれは第1に独自な個体であり,そのうえでようやく他者との諸関係を形成し,協働的な行為に従事する.したがってこうした諸関係は,われわれが自己を構成する際の不可欠の要素となりえない.サンデルの考えによれば,社会を主として協働のシステムとみなすとき,そのメンバーがみずからの相互利益のためにその社会に参入するとき,かれらはすでに構成された個人であるとみなす考えが,そこに含意されている.かれらが参入するとき,利己的に動機づけられている必要はないが,他者とこのような取り決めをなす以前に,かれらが自己として構成されていることが,不可欠なのである.この意味で,人格の多数性は,人格同士の協同に先行するのである.

　相互的な無関心という前提にも,同様の形而上学的支柱がある,とサンデルは主張する.もちろんそれは,人間という主体は自己利益ないしは利己心によってのみ動機づけられる,という前提ではない.だがそれは,サンデルの主張によると,ある人間主体とその主体がもつ諸々の動機づけ(それが利己的であろうとなかろうと)の間にある関係の形式一般に関する前提である.「かれらの計画によって促進される利益は,利己的な利益であると想定されてはいないが,それはみずからの善の構想が承認に値するとみなしている,ある自己のもつ利益である」(*TJ*, p. 127).すべての利益は,ある個人という主体の利益でなければならない.さらに特定すれば,それはすべてに先だって個人となっている主体の利益でなければならないのである.それは,たんにある個人によって所有されているという意味で,ある個人の利益なのである.この自己のアイデンティティは,こうした目的によって構成されていない.わたしの目的は,つねに〈わたしのもの〉であり,〈わたし〉ではない.サンデルによると,ロールズが前提しているのは,すべての人間存在が個体である,ということだけではない.すべての人間存在は,それが所有するかもしれない目的,欲求または利益に先だって,個人となっている(そのアイデンティティは固定されている)ということも

前提とされている．つまり，自己はその目的に先行するのである．「なににもましてわれわれの本性を顕わにしているのは，われわれの目的ではない」(*TJ*, p. 560)．

ロールズの人格理論にある欠陥

　ロールズの正義の理論と，自律的に目的を選択する者になる能力にこそ，人間存在の道徳的な人格性が存在するというロールズの主張の根底にある哲学的人間学を，サンデルが正確に同定していると考えてみよう．すべてに先だって個人となっているという，このような人格に関する構想に対抗して，サンデルはどのような反論を提示しているのだろうか．結局のところ，この構想は個人の欲求と目的の内容に関して，なんの制約も科していない．ロールズ的な自己は，無知のヴェールが取り除かれるとき，利己的になるのと同じくらい，慈愛に満ちる可能性がある．そしてすべての利益がなんらかの具体的な自己の利益でなければならないということが事実だとしても，すべての利益が利己的なわけではない．

　サンデルによれば，かれがこの問題に関心を寄せる3つの理由がある．第1の理由は，ある人格がもつ目標，意向，目的はつねに，その人格が自分自身に付与することを選択したものである，という考えが，人格についてのロールズの構想に含まれているということである．目標，意向，目的は，その人格の意志の行使によって，その人格に関連づけられている（し，当然，意志の行使によってその人格から分離されることになる）．このような主意主義的な描き方は，われわれとわれわれの目的との関係を特徴づける，唯一可能な方法であるわけではない．たとえば，人間存在が意志行為ではなく認識行為を通じて，みずからの目的に関係することが多い，といえるかもしれない．つまり，自己の明晰化という過程の所産として，ある種の目標や生の計画にみずからを固く結びつけたり，こうした結びつきをより深い自己理解の顕現であるとみなしたりする人間存在がいるかもしれないのである．このような見方によれば，自分自身の目的を確立するということは，達成可能な選択肢のメニューから選択するという問題ではなく，みずからの本当の目的はなにか，もしくはなにであるべきかを発見するという問題になる．そしてその場合，政治と同様道徳においても，わたしの根源的な選好は，選択の条件というよりむしろ自己認識の条件に向けられるこ

とは確実である．ようするに，自己とその目的に関する描き方において，ロールズが主意主義的な力点を置いたことにより，それ以外の選択肢となりうる，道徳，政治思想において長い伝統をもつ力点の置き方が，この描き方からア・プリオリに排除されているのだ．かくして，自己についてのロールズの構想は，この問題に関して中立的でもないし，論争の余地がないわけでもないのである．

サンデルが関心をもつ第2の理由はもっと重要性が高い．そしてそれは，ある人格が，みずからがコミットする目的と自己同一化する仕方を，ロールズがどのように理解しているのか，ということに関連している．もし自己が，すべてに先だって個人となっているとすれば，その場合，ある特定の目的と自己がどれほど緊密に自己同一化しているとしても，その目的はけっしてその自己のアイデンティティの本質的要素とはならない．このような価値や利益を特徴づけるとすれば，わたしという主体ではなく，わたしが求める客体が記述されなければならない．つまり，わたしが目的を選択する以前から，わたしのアイデンティティは固定されており，したがって，〈わたしがなにものであるか〉ということと〈わたしがなにを価値あるものとするか〉ということの間にある一定の距離は，いつも残ることになるしかないのである．

> こうした距離が存在することから生じる帰結に，自己を経験の領域を超えたものにする，自己を傷つきようのないものにする，自己のアイデンティティを一度限りきっぱりと決定してしまう，といったことがある．それなしではわたし自身がなにものなのか理解できなくなるほど深く，なにかにわたしがコミットするということはない．わたしのアイデンティティをその輪郭が乱れるほど激しく揺さぶるような，生の目的と計画の変更など存在しえない．わたしにとってあまりにも本質的なので，もしそこから離れてしまうと，わたしという人格に疑いが生じてしまうような，生の計画など存在しえない．わたしが抱く価値からわたしが独立しているとすれば，いつだってその価値からわたしは離れていることができることになる．一個の道徳的な人格であるという，わたしの公共的なアイデンティティは，たとえ善に関するわたしの構想が「時間の経過によって変化しても，影響を被らない」[1]．

このような自己の構想は，わたし自身の内で互いに競合する複数のアイデン

ティティにわたしが引きつけられる経験をするという仕方で，いくつかの競合する価値のあいだで自己が引き裂かれる可能性を排除している．換言すれば，この構想は自己に関する主体＝内的（intra-subjective）な複数の理解を許さないのである．同様にこの構想は，自己と，その自己がコミットしているあらゆる他者志向の（とくに，あらゆる共同体志向の）目的との関係に関する，ロールズの理解にも制限を加えている．ここにおいてサンデルが看取している問題は，人間存在が他人の善や他者集団の善をみずからの目的ないし目標とするかもしれない可能性を，ロールズの構想がみとめることができないから生じるのではない．この問題が生じるのは，こうした諸目的を自己が抱くにしても，［ロールズの構想にしたがえば］その際の仕方が，それらがある人格の利害以上のものとはなりえない——それらは，せいぜい自己によって所有されるにすぎず，自己にとって不可欠なものにはなりえない——ことを確実にするような仕方でしかありえないからである．かくして，より拡大された主体＝内的な自己理解を呼び覚ますような，他者と共有されている目標や目的，つまり，そのなかでわたしが共同体と自分自身を一致させ，その共同体のメンバーシップを〈自分がなにものであるか〉ということに関して不可欠の要素だと思わせるような目標や目的の可能性を，ロールズは排除してしまっている．

　すると一般的にいうなら，すべてに先だって個人となっている自己というロールズの構想は，自己の境界が個人的コミットメントや，主体＝内的葛藤ないし相互主体的な関係によって破壊されるかもしれないということを示唆するような，自己とその目的やそれを取り巻く状況との関係に関するあらゆる理解を排除してしまうのである．しかしながら，人間の道徳的，政治的な生と経験は，このような仕方でのみ描くことができる事例であふれている．ある大義を中心に据えてみずからの生を築き上げているのだが，その大義が成就できないがゆえにその生の挫折を味わわされている人びとのことを考えてみるだけでよい．つまり，相対立する願望と目的によって，自分自身の意味づけが引き裂かれているような人びとのこと，そして，個人に対してだけでなく，家族，氏族，階級，ネイションに対しても責任を帰属させ，義務を認めるというわれわれの傾向性のことを，考えてみるだけでよいのだ．このことが示唆しているのは，以下のことである．もし自己に関するロールズの構想が，本当にすべてに先だって個人となっている自己の構想であるとすれば，その場合ロールズの構想は，行為主体であること（agency）と自己反省に関するわれわれの基本的で人間的

な経験のいくつかをまったく説明できないし,さらに行為主体であることと自己反省に対するわれわれの基本的で人間的な態度のいくつかをもまったく説明できないことになる.つまりそれは,人間の道徳的な状況と自己理解に関して,すべての領域にわたっては対処することができないのである.

　サンデルが関心をもつ第3の理由は,事実上,かれの第2の憂慮のもっと特殊なヴァージョンである.すなわち,ロールズは自己に関するみずからの構想のために,政治的共同体に関する貧困化した理解にコミットしてしまっている,とサンデルは信じている.ちょうど今われわれがみてきたように,ロールズの考えによると共同体意識 (sense of community) が描いているのは,すべてに先だって個人となった自己が抱く可能性のある目的であり,こうした自己のアイデンティティに不可欠な要素ではない.すると本質的に共同体的な善は,正義の原理によって決定された枠組の範囲内における数ある善のなかの一候補としてのみ,みずからの占める位置をみいだすことになる.したがって,政治の領域においてコミュニタリアン的な目的をたまたま支持することになった個人は,そうした目的をロールズの正義論が定義する秩序ある社会の範囲内においてのみ,支持することができる.こうした人びとは,この秩序ある社会そのものが,自己を構成するものという意味での共同体であるのかどうか,という問いを発することができない.ロールズにとって政治的共同体の善とは,相互利益のための協働という秩序あるシステムへの参加である.その参加者の利益のみならずアイデンティティが問題とされるような,公共的な生の可能性は,サンデルによれば,ロールズによってあらかじめ排除されている.かくして,共有された切望の対象だけでなく主体をも政治的共同体は特定するかもしれない,という考えは,正義に絶対的な優位性を付与する社会から締め出されているのである.こういった考えは,またもや,社会についての弱いないしは論争の余地が少ない想定である,とはとうてい思えない.

　すると,サンデルの考えによれば,自己に関するロールズの構想によって負荷された制限というのは,複合的で意義深いものである.この構想があるため,自己とその目的の間にある意志にもとづく関係以外のものすべてを,ロールズはあらかじめ排除することになっている.つまり,それを採用したり追求したりすると自己と敵対したり自己を変容したりすることになる目的や,共同体の善がこのような種類の構成的な次元にあるかもしれないという可能性はすべて,排除されるのである.このために,自己に関するかれの構想は,人間の道徳的

状況の反省としては，根本的に不適切なものとなっている．そしてその結果，ロールズ的な正義の原理のうえに構築されるいかなる社会も，種々の競合する善の構想の間で，思ったよりはるかに中立的ではない，ということになるのである．

　もちろん，正義の原理にしたがって組織された社会が，その市民によって抱かれている善の構想を排斥する場合もあることを，リベラルは否定しようとしたことはない．そのような社会は，もしそれが履行されれば正義の原理が特定する市民の権利を侵害することになる善の構想を，必然的に，そして明示的に退けるであろう．けれども，こうした排斥が本質的なことになるのは，自律というものが一般的価値として支持される場合である．というのも，こうした排斥だけが，ある市民がみずからの自由を行使したとしても，そのことが同じ自由をすべての市民が行使する権利を妨げないことを保障できるからである．この点において，あらゆる市民の自律はそれが誰であれ，すべての市民の自律を保護するという必要によってのみ，制限されている．この点をのぞけば，リベラルな社会にいる人びとは，自分が気に入ったどんな善の構想をも選択する自由があるし，またその構想にしたがって生きる自由がある．そして，こうした社会の構造や方針は，どんなものであれ善に関する特定の構想に訴えることによって，基礎づけられることも正当化されることもない．なるほど，このことにより，リベラルな社会は互いに競いあう善の構想の間で，最大限に中立を保っているようにみえる．だが，このような中立性へのコミットメントを支持している，自律に対するリベラルな尊重に備わっている絶対性，つまり，リベラリズムが前提としている例外なき正義の優位性は，人格に関するある特定の構想へのコミットメントを前提とすることによってのみ正当化することができる，とサンデルは主張している．そしてこのようなコミットメントからの帰結として，リベラリズムが正当に主張することができる中立性の種類とその程度に関するわれわれの構想が，重大なかたちで変容をこうむるかもしれないのである．

　こうした帰結には，2つの異なった種類がある．第1に，サンデルの主張によれば，政治の領域において（競合する善の構想のあいだで）以上のような程度の中立性にコミットすることは，形而上学の領域において（人間の自己のありかたの本性に関する）驚くべきほど高い程度の，そして驚くべきほど説得力を欠いた種類の非＝中立性に立脚していることになる．そして第2に，こうした形而上学的な非＝中立性は，政治と道徳の領域のなかに密に浸透しているのであり，

またそうした領域のなかに表される中立性の量を実質的に減少させているのである．というのも，リベラルな思考の根底に存在する人格に関する必須の諸前提を明らかにしたのだ，というサンデルの主張がもしも正しいとしたら，想定されているよりもはるかに広い範囲にわたる善の構想が，真にリベラルな社会では実際に排除されることになるであろうからだ．どうしてこうなるのか．それは，すべてに先だって個人となっている，という自己に関する見解は，人格を構成するような価値や計画，共同体への愛着を考慮したり前提としたりする善の構想を，すべて排除してしまうからである．つまり，すべてに先だって個人となっている自己，というのを考慮にいれて築かれた社会というのは，みずからの善の構想をそうした構成的愛着を中心にして構築しているような，したがって人格についてのまったく異なった構想のうえに基礎づけている人びとに対して，住む場所を提供することができないのだ．

　第1に，こうした社会は，政治に関する強度にコミュニタリアンな構想にコミットしている人びと，つまり，ある人格がある特定の政治的共同体のメンバーであるということは構成的な愛着である，すなわちその人の幸福やアイデンティティにとって不可欠の要素であり，たんなる偶然で所有することとなった属性や目標ではないのだ，という構想にコミットしている人びとに対し，住む場所を提供できない．サンデルによれば，ロールズ主義的なポリスは，その市民に対してみずからをつぎのように考えるように強いるであろう．つまり，かれらはある種の相互援助組織への参与者であるのだが，そのことで自分だけの努力では得られない利益を引き出しながらも，その市民仲間とは，それを切断したり変更したりしてしまうとみずからの人格としてのアイデンティティを変えてしまうような絆によって結びつけられてはいない，と考えるように．さらには，政治に関するこうした限定された構想の基礎となっている人格の構想は，非政治的な社会的諸関係（つまり，問題となっている他者がわれわれに対して，市民としてではなく，同じ党の仲間，同じ信仰をもつ仲間，あるいは親族として，立ち現れるような関係）に関するわれわれの理解をゆがめている．たとえば，すべてに先だって個人となっている自己には，みずからの家族のメンバーに対して，構成的な愛着を発展させたり維持したりすることができない．母親がわが子の幸福をみずからの生における主要な目標としていたとしても，そのことは彼女自身のアイデンティティ感覚にとって本質的なものではない（それは〈彼女がなにものであるか〉ということを構成する要素ではなく，せいぜいのところ彼女がたまたまもつに至った

目的の1つである）ことになるであろう．このような非政治的な愛着に対してなんの余地も与えないような自己に関する構想のうえに，ある政治社会が構築されていることが示されたとしたら，その政治社会はそのことによって政治の理想としてのみずからの魅力を失うことになるだろう．そしてそのような政治社会は，こうした他者との非政治的な関係のうえに人間の幸福に関するみずからの構想を基礎づけているような人びとが繁栄できるような，社会の枠組を提供できないかもしれない．ようするに，問題となっている絆が政治的なものであれ，非政治的なものであれ，ロールズの正義論は，他者との関係をみずからの人格としてのアイデンティティを構成するものと理解している人びとに対して，ほとんど活動の余地を与えないように思えるのである．

　サンデルが主張していることは，明白に事実に反するものではない．すなわち，正義がなにを要求しているのかに関するみずからの理解が，以上のような帰結を生み出すことをリベラルたちがまったく気づいてない，という主張ではいないのだ．たとえば，どのようにして家族構造の違いは，子供が向上する機会に影響を与えているのか，というのはリベラルな政治においてお馴染みのトピックである．さらには，こうした帰結を支払われるべき代価とみなすことについて，正当化する根拠をリベラルな理論家はもっている．というのも，その気になればリベラルな理論家は，こうした否定しがたいいくつかの善は，正義というより大きな善や個人の権利の保護のために犠牲とされなければならない，と主張するだろうからである．サンデルの目論見はむしろ，正義の名のもとに要求された犠牲は，リベラルが認めようとするものよりはるかにずっと重要で広範にわたるものであると指摘し，こうした犠牲は究極的にはすべてに先だって個人となっている（つまり形而上学的に非社会的である）人格の構想の名のもとになされており，そうした構想にはそれが支持しているリベラルな道徳的主張がもっていると思われる整合性と魅力が欠けているのだ，と主張することなのである．

　ようするに，サンデルによれば，ロールズ的リベラリズムはある種の形而上学的近視状態に陥っている．ある一連の善の構想が，真にリベラルな社会では繁栄できなくなってしまうであろう．なぜなら，リベラルな正義の原理にある個人主義的で非社会的な形而上学的基礎のために，人間の道徳的経験の多様性を知覚したり承認したりすることができなくなってしまうが，善の構想のなかには，こうした多様性を中心に結晶化され，その真の価値が顕示される一連の

ものが存在するからである．この近視状態が意味しているのは，個人の自律した意志が行使できる範囲を維持し最大化するという，ロールズ的なリベラルの主張が，善に関する価値，計画，構想の範囲，しかもそのなかからその個人が選択をすることを許されているその範囲に対する，強度のそして妥当性を欠く制限という負荷の存在を隠蔽している，ということなのである．公正としての正義の提唱者が主張する第1の徳性は，その形而上学的前提に関するサンデルの検証によって，包囲攻撃されてしまったように思える．

リベラリズムと道徳的主観主義

われわれのもともとの争点のアジェンダには5つの主題ないしは論点があった．ここまでのセクションが論証を試みたのは，リベラリズムに対するサンデルの批判には，これらのうち3つの主題ないしは論点のサンデルなりのヴァージョンが含まれている，ということであった．サンデルによれば，すべてに先だって個人となっている人格という，人格に関する整合性を欠く構想にロールズはコミットしているのであり，それゆえ，われわれの善や目的がわれわれの人格としてのアイデンティティの形成に貢献するその仕方に関して，ロールズはまったく関心をはらっていない．これは，われわれのアジェンダにおける第1の主題の1ヴァージョンである．その結果，人間の社会的ないしは共同体的な善（つまり，人びとによって共有され，それを通じて人びとが他者への構成的な愛着を発展させるような善）がもつ構成的な重要性をロールズは無視しており，したがってロールズはとくに政治的共同体を，構成的な愛着が生じる可能性がある拠点ではなく，互いに無関心な諸個人の間での協働のシステムとみなしている，とサンデルは信じている．これはわれわれのアジェンダにおける第2の主題，つまり非社会的個人主義の主題に関するヴァージョンの1つである．だがこのヴァージョンは，われわれがこのような一般的な呼び名で位置づけた議論に存する2つの主要な要素のうちの，1つにすぎない．というのも，われわれがもつ善の構想についての社会的な起源をロールズは無視しているということ（それは，なんであれ個人的な目的や目標をわれわれが獲得する際に，社会的マトリックスがそれに対してもつ重要性に関する，哲学的，社会学的錯誤であろう）よりむしろ，その内容もしくは焦点が本質的に社会的であるような善の構想に備わっている構成的な重要性に対してロールズがまったく気づいていない，ということ（それは，他者

へのわれわれの結びつきをみずからのアイデンティティの固定化を助けるものとみなすような，特殊な諸目的がもつ真の重要性を認識しそこなうことであろう）が，サンデルの論点だからである．そしてこうした2つの論点を提起することで，競合する善の構想のあいだで最大限の中立性をもつというリベラルの主張に対し，サンデルは疑義を呈している．これは，われわれのアジェンダにおける第5の主題である．

　われわれがみてきたように，リベラルによるこうした過ちの源泉は，人格に関するロールズ的な構想である，とサンデルは考えている．社会と個人の関係に関するロールズ的な見方や，ロールズ的国家がみずからが主張する中立性を実践することに失敗する度合いといったものは，ロールズの中心的な関心にとって，なくても済ますことができるたんなる付加物ではなく，むしろロールズの理論全体を起動させているものがなにかを明らかにするものである．それらは，すべてに先だって個人となっている，構成的な愛着をもつことができない人格という，人格に関するロールズの構想がかれの理論に負荷した顕著な概念的特徴から，帰結するものなのだ．自己に関するこの構想のために，ある個人が自分の目的や善の構想を選択するプロセスについて，ロールズはある特殊な見方——つまり，こうした選択は選好の恣意的な表現である，とみなされるような，そして道徳的判断は一般にまったく主観的なものだ（これは，われわれのアジェンダにおける第4の主題である）と推定しているような見方——をすることになった，とサンデルは考えている．そのように考える理由を，このセクションでわれわれは明らかにしよう．

　リベラルな社会が諸個人に提供している自由を，その諸個人はどのように行使するのか（たとえば，善の構想をどのように選択するのか）という問題をロールズが論じるとき，この問題に関して発揮される合理性の行使に関して，ロールズはつぎのような見方をとっている．

　　ある人格にとって合理的な計画とは，その人が熟慮にもとづく合理性によって（計算の諸原理と整合的な，また合理的選択の諸原理がひとたび確立されたならばそれらの諸原理とも整合的な数々の計画のなかから）選択するであろう計画のことである．その人が注意深い反省を行い，その反省の過程で，関連のある事実すべてに照らしつつ，それらの諸計画を実行したならどうなるかを検討し，そのことにより自分にとっていっそう根本的な願望を最もうまく

実現するような行為の方針を確定したとしよう．合理的な計画とは，そうした反省の結果として決定されるような計画を意味する（TJ, p. 417）．

この願望に関する最後の主張に論点を定め，ここから2つの重要な帰結が生まれるとサンデルは解釈している．第1に，ロールズは熟慮の焦点を自己の願望に制限してしまい，こうした願望の主体として理解される自己について熟慮する余地を残していないように思える．道具的な合理性の基本的な教義（たとえば，ある所与の目的に対して効率性の低い手段よりは高い手段を採用すること）にしたがうことを別にすれば，個人の決定のプロセスがカバーする範囲は，実現可能なさまざまな計画や善，およびそこから予想される帰結を決定すること，そして自分自身のさまざまな願望が存在することを確定し，それらの願望どうしの相対的な強さをも確定することに限られるように思える．もしそうであるなら，この人格による自己反省とは，ある種の内観（introspection）以上のものとはならないことになる．つまり，いかに生きるべきかを決めるにあたって，自分が今もっている欲求と願望の相対的な強度を量るだけでいいことになってしまう．換言すれば，自己がもつ願望や欲求は内省されていても，こうした願望の主体である自己は内省されない．われわれは自分がもつ願望の種類について反省はするが，自分がそうである自己の種類については反省しないのである．自己反省は，われわれが本当はなにものであるか，という問いにまで拡張されない．それはただ，われわれが本当に感じていることはなにか，という問いを含むのみなのである．

サンデルはこうした主張を，人格に関するロールズの構想が所与とされた場合，当然予期されるべき事柄だと考えている．もし自己がすべてに先だって個人となっているとすれば，現在のわれわれという存在の種類は，あらゆる形態の反省や行為主体の働きかけ（agency）からまったく独立して与えられており，反省や行為主体の働きかけによる修正を受け入れないことになる．実際，もしわれわれがもつ目的，目標，そして信念のすべてが，せいぜいのところ自己に備わっている偶然の属性にすぎない（つまりわれわれのアイデンティティにとって必須の特徴ではなく，われわれが所有したり抱いたりしているものである）とすれば，自己の内面に反省すべきものなどなにもないことになりかねない．そうした自己には，構成的な要素が欠けているのである．ロールズにとって主体のアイデンティティが，その主体が選択や熟慮をするときに，問題となることはまったくあ

りえない．なぜなら，そのアイデンティティを定める境界は，そのアイデンティティの変容に貢献する作用の届く範囲を超えているからである．

　願望の相対的な強度を測ることであるという，ロールズによる合理的選択の理解にサンデルが議論の焦点を定める第2の理由はつぎのものである．すなわち，この理解は，サンデルのみるところ，こうした熟慮の最終段階をロールズがたんなる選好の表出の問題にすぎないとみなしていることを示唆しているというのである．この示唆は，『正義の理論』のなかにあるいくつかの見解によって支持されるように思える．たとえば，ロールズによれば上記の合理性原理は，生に関する唯一最善のプランを特定するものではない．したがって「多くのことが決定されないままになっている．……いずれわれわれは，原理からのさらなる教導なしで，どの計画を最もよしとするのかをたんに決めなければならない地点にまで到達する．……われわれは純粋な選好にもとづく選択の範囲を狭めるかもしれないが，それをまったく排除してしまうことはできない．……」(TJ, pp. 449, 551, 552) もし決定が，現存する願望や欲求を秤にかけることだとすれば，生の計画を選択する過程は，本当のところまったく選択の問題ではないことになる，とサンデルは指摘する．つまり，行為主体はただたんに内観し，ある所与の願望の存在を確立し，それにもとづいて行為する——それは心理的な目録をつくることにすぎず，自分が主張する価値や，自分が追求する目標を選択することではない——ことになる．もちろんある人格がもつ目録に関して，第2階の願望が存在すること——つまり，ある行為主体が，みずからの願望についての願望を，たぶん他のものではないこの第1階の願望をもちたいという願望を，自分がもっているのをみいだしうるということ——をロールズは考慮にいれることができよう．だが，この第2の層が状況を本当に変えることはないだろう．というのも，この行為主体が手にしているのは，確立されるべきこの第2階の願望と，評価されるべきその願望の強さという事実にすぎない．つまり，彼女がこの第2階の願望を正当化したり擁護したりする根拠は，それが存在し，力をもつということだけであろうからである．とりわけ彼女は，この第2階の願望を，行為主体としての自分自身のアイデンティティにとって本質的なものだと断言することはできない．というのも，(サンデルによれば) ロールズの考えでは，この行為主体のアイデンティティには構成的な特質が欠けており，したがって特定のある願望がそのアイデンティティにとって必須だとか本質的だといったことは，端的にいって主張できないからである．

第1部　コミュニタリアンのロールズ批判

　ここにいたってサンデルの批判の主眼が，わずかながらもより明確になったはずである．熟慮に関するロールズの考えは，現存する願望と欲求に関する心理的な目録という構想に依拠している．そしてすべてに先だって個人となっているという，人格に関するロールズの構想は，そうした願望や欲求を，自己についての究極的にいって偶然な属性という身分に属せしめているのである．しかし，もし善についてのわたしの構想が，わたしに関するこうした本質的に偶然の事実にもとづいているとすれば，その構想に対するわたしのコミットメントは，こうした事実と同様，価値も妥当性もないことになる．わたしの願望の所産としてそのコミットメントは，こうした事実と同様，偶然性に支配されているし，それゆえ，たまたまある程度の強度でこうした願望や欲求を抱くことになったというまさしくこの事実以上に，より深遠な基礎をもっていない．ようするに，目的や善の構想に関するわたしの選択は恣意的なのである．こうした選択は，わたしの選好を表出してはいるが，そのことほど主観的ではなく，そのこと以上に合理的であるような基礎を与えられていない．サンデルによれば，ロールズはみずからが抱く自己の構想のゆえに，一般的な道徳的懐疑主義の立場に追いやられている．そしてこの立場は，中立性に対するリベラルなコミットメントとうまく適合しているのである．というのも，善に関するどの特定の構想も，他と比べてより合理的な，ないしは客観的な正当性を付与されることがありえないとすれば，なんであれこうした構想に依拠して社会を構築しようと試みるのは馬鹿げたことになるのが当然だからである．善の構想に関する個人の選択をすべて，あたかもそれが個人の選好のたんなる表出であるかのごとく国家は扱うべきだ，とロールズが主張する理由は，サンデルによれば，そうしないことが国家の中立性を侵害するからではない（あるいは，それだけではない）．それは，こうした選択はすべて本当に個人の選好のたんなる表出だと，ロールズが思い込んでいるからにほかならない．「善に関するある構想を，他のどの構想でもなくこの構想を，われわれが抱くということは，道徳的な見地からして有意なことではない．こうした構想を獲得するうえでわれわれは，さまざまな偶然性の影響を受けているのであり，こうした偶然性は，自分の性や階級についての知識をわれわれが［道徳的見地から］排除するに到らせるのと同様の偶然性なのである」[2]．

格差原理

　ここまでに言及されてきた4つのサンデル的な批判は，もし妥当性があるなら，ロールズの理論体系には根本的な欠陥があることを証明するのに十分なほど，それ自身で破壊的なものだ，と思われるかもしれない．だが，サンデルはその批判をさらに先に推し進めたいと願っている．すべてに先だって個人となっているという，自己に関する妥当性を欠きかつ論争的な形而上学的構想を前提としているのと同時に，ロールズの正義論は，もしその原理が妥当なものとみなされたいのなら，別の論点においては自己に関するこれときわめて異なった構想を前提とせざるをえない，とサンデルは主張する．ようするにロールズは，自己に関する2つの互いに矛盾する構想に，まったく同時にコミットしているのだ，とサンデルは論証したいのである．

　もう1つの構想の必要性は，ロールズが格差原理を擁護したとき，最も明白に浮上している．本書の序論でみてきたように，原初状態に参与する人びとによって合意されると想定される，重要な諸原理の1つは，社会的，経済的な不平等は，社会のなかで最も恵まれていないメンバーの利益となるもののみ，許容されるであろうという原理だとロールズは主張する．そのような原理が社会的，経済的資源に関する真に公正な配分を決定する，という主張をつぎのような議論でロールズは擁護する．つまり，社会的，経済的に有利なもの（富，身分，権力）や自然的に有利なもの（才能，能力）をもっている人びとのほうが，そうしたものをもたない人びとよりも多くの利益を得るような社会システムを許容することは，不公正である，というものである．こうした資産——それが社会的であれ，文化的，自然的であれ——は，それを所有する人びとが，それに値する真価をもつような資産ではない．いいかえれば，こうした資産の配分はまったく偶然のことがらであり，したがって道徳的な観点からみて完全に恣意的であり，その正当性はくじ引き以上のものではないのである．優れた知性をもたされるだけの真価がある人など誰もいないのは，裕福な，もしくは有力な家族の一員としての生まれることや，質の高い教育や訓練を授かることに値する真価がある人など，誰もいないのと同様である．「収入や財産の配分を自然的な資産の配分によって決めることを許容する理由などないことは，それを歴史的，社会的な運命によって決めることを許容する理由がないのと同じであ

る」（*TJ*, pp. 73-74）。こうした資産をわたしがもっているとしても，それは恣意的であるのだから，こうしたものを利用することから生じる報酬に対して，自分を正当な所有者だとみなすことは正しくない。そして格差原理は，自然的な素質の配分を共通の資産とみなすという合意を，つまり，結果がどうなろうともこの配分の利益を共有するという合意を，表象しているのである。

　たとえ真価（desert）という観念が，ある個人がもつ資産には適用できないものだとしても，ある種の権原が実際になんらかの役割をはたしている，ということに注目することが重要である。わたしが自分で所有する才能を育成し，それを行使し，その結果社会全体がその成果から便益を受けるかもしれない，ということは一般的な利益にかなうがゆえに，概して社会は，こうした育成に資源とインセンティヴを提供するように組織されている。決められた条件下で適切とされたとき，このように結果として生じる利益のなかに自分の取り分をもつ権原を，わたしは与えられているのだ，と述べることにロールズはまったく異論はない。しかしながらこうした要求は，わたしが所有する徳性にもとづく根源的な権利ではなく，わたしの努力を引き出すように企図された制度によってつくられた正当な期待なのである。こうした要求は協働の計画が存在することを前提としており，そうした制度的取り決めから独立した妥当性をもつことはない。かくしてロールズは，わたしは自分自身の才能の果実に値する真価をもつわけではない，と主張するための，2通りの理由をもっている。すなわち，そうであるためには，わたしは恣意的でない仕方で才能をもっていなければならないし，ほかではなくこの特定の才能に社会は価値をみいだすべきだとするような，制度が存在する以前からある権利をもっていなければならないであろう。しかしこの2つの条件とも，ロールズの考えでは，満たされることはない。

　以上のかたちの議論によって開かれる可能性には，熟慮する価値がある。たとえば，こうした議論は――ロールズが公然とそうしているわけではないが――積極的な差別政策を正当化する際にしばしば利用される，とサンデルは議論の途中で注意を促している。この点に関してドウォーキンは，差別是正措置（affirmative action）によってみずからの権利が侵害されてきた，という主張を，どんな個人であれすることはできない，と論じている[3]。ここでの差別是正措置のプログラムとは，たとえば，ある黒人のメディカル・スクール受験者が，他の不合格となった白人受験者よりも成績が低かったにもかかわらず入学を許

可されるとして，その理由が，誰であれ——黒人だろうと白人だろうと——そもそもメディカル・スクールに入るだけの真価をもつ人などいないからだ，といった事例を含むものだとされている．メディカル・スクールに進むうえで重要な特質を誰がもっているかどうかは幸運の問題であって，したがって端的にいって，そうした特質をもっていることは真価の基礎を構成しない．わたしたちはせいぜい，権原や正当な期待について語ることができるだけである．だが，この両者とも，制度以前からある妥当性などもってはいないし，そうした制度の存在と制度そのものの存在理由から独立して決定されることはありえない．自分がもっている特定の才能や性格（たとえば，知性や医師としての適性）に応じて，メディカル・スクールは入学を許可すべきだ，と要求する権限など誰ももっていない．なぜなら，入学許可のような報酬に値するとみなされる特質がなんであるかは，その制度が奉仕する社会的な目的にとって適切であると考えられる性質にもっぱら依存しているからである．メディカル・スクールの場合，明らかに知性は生命を救うというその目的にとって適切であるが，知性以外のいくらかの特質もまた，この制度が奉仕する他の諸目的にとって適切であろう．そしてメディカル・スクールのような制度を，社会戦略上重要な専門職における黒人の数を増加させるための手段として社会が利用したい，ということがもし決定されたなら，その場合肌の色もまた適切なものとされるのである．白人が排除されるのは［肌の色に対する］軽蔑のゆえではなく，［成績という］もっと馴染み深い基準を正当化するのと同じ種類の道具的な計算のゆえにである．同じように，黒人が受け入れられるのも，肌の色には本質的な価値があるという信念のゆえにではなく，ある条件下において肌の色は社会的に有用な特徴となるという信念のゆえになのである．かくして，差別修正措置のこのような擁護は，ロールズの格差原理の擁護の背後にある，自然的資産，真価，権原の理解に，正確に依拠しているのである．

　サンデルによれば，自然的資産を真価の基礎を提供できないものとするこうしたロールズの考えが，すべてに先だって個人となっている人格の構想にコミットした理論からごく自然に生まれてくることを理解するのに困難はない．この構想によるとわたしがもつ特殊な才能，性格，そして動機というのは，偶然の所産であり，わたし自身にとってまったく非本質的な属性である．つまり，わたしが現在そうであるところの特殊な自己にわたしがなるにあたって，非本質的なのである．こうした自己のアイデンティティは，経験や環境による変容

に対して自己が影響を被らないことによって保全される．もしみずからの才能のようなものによって自己が定義されたり構成されたりしないのなら，こうしたものの変容や喪失によって自己が変容されたり再定義されたりすることはありえない．

　もっと論点を絞るなら，このような才能を共通の資産とみなし，その成果を他者に再配分するという配分の原理は，自己を社会的目標の手段として扱うことで，自己を侵害しているということができない．なぜなら，そこで利用されているのは人格ではなくてその属性だからである．ある才能が真価の基礎となるためには，それが距離をおかない構成的な意味での所有というかたちでわたしが所有するなにものかでなければならない．つまり，たとえば，ある教科においてわたしが高成績に値する真価をもつには，それが人格としてのわたしに関するなんらかの事実のゆえでなければならない．しかし，ロールズの考えでは，そのような事実など存在しない．わたしのアイデンティティにとって本質的な，わたしが所有する属性などないのである．先に述べた意味で有意義な仕方でわたしが所有しているといえるようなものなど存在しないとすれば，わたしに真価の基礎を提供できるようなものなど存在しないことになる．自分の自然的ないしは社会的資質を利用して得た利益を，わたしは享受する真価をもたない．その理由は，こうした資質が恣意的に与えられたからではない．それらが構成的な意味で所有されたものではないからである．

　かくして，格差原理と人格に関するロールズの構想のあいだにある適合性は，たいへん巧みなものにみえる．だが，もしわれわれがサンデルにしたがって，この２つの主張が互いに結びつく仕方をもう少し詳細に検討するならば，ただちに２つの問題が浮かび上がってくる．第１に，自分自身の才能の成果に対して人びとは享受する真価がないというみずからの主張を擁護するために，ロールズは一方に人格を，他方にその才能，性格，能力そして資産をおく，以上のような区別を強調するように強いられている．自己とその所有物とをあまりにもはっきりと区別してしまったので，主体を根源的に肉体から切り離してしまう，というカント的な罠にはまる危険をかれは冒している．ロールズ的な主体は，経験的な諸特徴をまったく剝ぎ取られてしまっているので，その主体がもつ特質のすべての背後に浮遊する，ほとんど抽象的で純粋な意識にほかならないものとなっている．そして，こういった議論には整合性が欠けているように思える．もし格差原理が本当にこのような自己の構想にもとづいているとすれ

ば，こうした議論は格差原理にとって有利なものとはいえない．第2に，自己とその所有物の区別が，みずからの自然的な資産を享受する真価やそうした資産に対する所有を個人がもたないという結論を本当に正当化する，ということをわれわれが認めたとしても，そうした真価や所有を社会がもつという結論をその区別が正当化したことにはならない．結局，われわれの身体の諸部分は，以上のような意味で自然的な資産であり，その配分は道徳的な見地からいえば恣意的である．だが，社会にはそれを再配分する（たとえば，幸運にも両目をもった人から，不幸にも目を1つももっていない人に，眼球を再配分するような）権利がある，とわれわれは考えていない．自然的な資産が帰属するところが共同体の所管だとしたら，それは主体に帰属するのと同様に道徳的な見地からいって偶然で恣意的なことではないだろうか．どうして単純に，こうした資産はまえもっていかなる特定の主体に帰属することもない，とみなさないのだろうか．

　端的にいって，すべてに先だって個人になっているというロールズの個人に関する構想は，格差原理を適切な正当化のないままに放置しているし，人格のあり方に関する整合性を欠いた理解を前提としている，という非難にさらしてしまっている．個人が所有していないし，享受する真価もない資産を，社会が所有し，享受する真価をもつというロールズの想定を，かれが正当化できるかもしれない唯一の方法は，主体に関してまったく異なった構想を利用することである．格差原理のおかげで他者によって利用されるのはわたしの人格ではなくわたしの資産である，ということを理由に格差原理を正当化できるという主張を唱えるかわりにロールズは，「わたしの」資産を分有する人びとを「他者」と呼ぶことが適切である意味を，疑問に付すことができるかもしれない．自己に関する適切な記述には，経験的な意味で単独の個人となった人間存在であること以上の内容がしばしば含まれる，ということをもしロールズが認めるなら，こうした資産は，共通の所有の主体（つまり共同体）に帰属するがゆえに，共有のものなのだと主張することができる．もし1人の個人としてのわたしのアイデンティティが，わたしが共同体のメンバーであるということによって部分的に構成されており，さらにはもしわたしがこの共同体やその仲間の成員たちを，構成的な意味においてみずからと一体化するとすれば，わたしの労働の成果をこの共同体に属する他のメンバーに対して再配分することは，自分とはまったく分離された諸個人の目的にあわせて，自分を手段として利用している，ということにはならない．その場合わたしは課税による財の再配分を，1人の人格

77

としてのわたしの全一性を損なうものとして経験することはないであろう．なぜなら，そのような純粋に個人主義的な反発を超越するのに十分なほど（つまり，自分自身のアイデンティティ感覚に統合されるのに十分なほど）強力な，共同体感覚をわたしはもっているからである．

『正義の理論』のなかにあるいくつかの文章は，以上の問題に関するロールズ自身の思考の傾向について，かれ自身まったく無自覚ではなかったことを示唆している．実際，ある箇所でかれはつぎのように述べている．「結局のところ格差原理は，自然的な才能の配分を共通の資産とみなし，その配分の結果がどうであろうともその利益を共有する，という合意を表象しているのである」(*TJ*, p. 101)．だが，サンデルの主張によれば，自然的な資産をこのような仕方であつかうということは，自己に関する間主観的な構想と共同体に関する構成的な構想に訴えることによってのみ正当化できるのであり，この両構想とも，ロールズは表向きには拒絶しているのである．

原初状態における合意

原初状態の議論に立ち戻り，正義の諸原理に関して人びとが合意に至る仕方をロールズがどのように表象しているのかを検討するならば，自己の間主観的な構想に訴えるという，先にみたのと類似の必要が浮上してくるように思われる．

原初状態というのは，社会的，政治的問題に関するロールズの契約論的アプローチを脚色化した表現である．つまり，かれのいう正義の諸原理は，無知のヴェールの背後においてすべての人が自由に同意することになる原理だ，と定義されている．しかしながら，原初状態は現実に存在する場所ではなくて表象の道具であるように，原初状態における熟慮の所産である契約は，現実のではなく仮説的な契約である．現実の契約と同様に，仮説の契約は契約する当事者の多数性と個別性を前提としており，契約に同意するという行為に含まれる選択の要素を強調する．だが，現実の契約とは違って，ロールズ流の仮説的契約は不公正なものとはなりえない．すなわち，無知のヴェールのおかげで，契約の当事者間には権力や知識の差が生じえないし，仮説的な合意が，ある現実の社会にある（たぶん不公正で強制的な）慣行や取り決めのなかに包含されていることもありえないのだ．かくして，不公正が生じえないような状況にこの契約当

事者たちがいるとすれば，原初状態において達成された合意は純粋な手続き的正義の一例となるであろう．合意の所産はどんなものであれ，純粋にそれが同意されたものであるという事実のゆえに，公正なものなのである．

　サンデルにとって重要な疑問がここで生じる．というのも，もし原初状態が，そこで合意に達したものはすべて公正であることを保証するように構築されているとすれば，原初状態にいる人びとが行使する選択に，いったいどんな余地があるというのだろうか．理論上かれらは，望むならばどんな原理であっても選択できるほど自由であるが，かれらが置かれている状況は，かれらが全員一致で支持するようなある原理のみを，選択することを望むようになることを保証された状況なのである．ロールズが述べているように「これらの原理を受け入れるということは，心理学的な法則や蓋然性の問題として推定されているのではない．とにかく理念的にいって，これらの原理の承認こそ，原初状態の完全なる記述と唯一整合的になる選択である，ということをわたしは明らかにしたい．この議論は結局，厳密に還元的なものになることを目指している」(*TJ*, p. 121)．この言及がもつ含意は広範囲にわたる，とサンデルは主張する．

　第1に，原初状態ではいかなるバーゲニングも不可能だということになる．なぜなら，どんな意味であれバーゲニングがある場合，その当事者間に利害，知識，権力，もしくは選好のうえで，なんらかの差異があることが必然だからである．それなのに無知のヴェールはこうしたことがらを取り去っている．またなんらかの話し合いが人びとのあいだに生じるであろう，と論理的に推定することもできない．というのも，かれらは同じ仕方で推理し，同じ結論を引き出し，互いが互いを区別するような知覚や関心を誰ももっていないからだ．そして，もしバーゲニングや話し合いが不可能だとすれば，合意も不可能である．もしすべての人が同じ仕方で推理し，まったく同じ利害と選好をもっているとすれば，ある結論にすべての人が到達したということを知りたければ，誰か任意の人がその人だけで1つの結論に到達するだけでよいことになる．結局，原初状態において合意をするということは，ある種の条件を遵守するという合意を他者に対して自由意志にもとづいてするということではなく，(たとえば2＋2＝4であることを理解するといった) ある一連の命題の妥当性を承認することなのである．それはわれわれが決定するなにかではなく，われわれが知るようになるなにかであり，また他者との合意ではなく，ある命題に対する同意なのだ．つまりそれは，意志的な意味ではなく認知的な意味での同意なのである．

しかしながら，もし原初状態に関するロールズの本当の強調点が，認知的な意味での同意にあるのなら，原初状態は人格の多数性と個別性を承認するものである，というわれわれが以前に抱いた前提は，いささか軽率なものであったように思えてくる．というのも，無知のヴェールは，ある人を他の人から区別するような，あらゆる特徴を取り去ってしまうからである．そしてこのことが意味するのは，すべての人が似たような仕方で位置づけられている，ということではなく，すべての人がまったく同じ仕方で位置づけられている，ということなのだ．つまり，ある人を他の人から区別する手だてを，われわれはいっさいもてないのである．無知のヴェールの背後には，バーゲニングも話し合いも，合意も存在しない．なぜなら，こういった概念が前提としている人びとの多数性が存在しないからである．無知のヴェールの背後にみいだせるのは，多数の人びとではなく，1人の主体である．つまり，まさしくロールズが表向きには拒絶しているような種類の，間主観的な自己が見出せるのだ．

サンデルはみずからの主張を以下のようにまとめている．

> 原初状態の秘密——そしてその正当化を生む効力の謎——は，そこにいる当事者がなすことではなく，むしろ理解することのなかにある．問題なのは，かれらがなにを選択するかではなく，なにを理解するかであり，なにを決定するかではなく，なにを発見するかである．原初状態において生じていることは，結局のところ契約ではない．それは，ある間主観的存在が，自己意識に到達することなのである[4]．

この引用は，実際にそれが意味している以上に，存在論的にいって思弁的すぎる響きをもつかもしれない．サンデルの本当の主張とは，原初状態とそこにいる人びとに関するロールズの構想（いいかえれば，正義について考察している場合に限ってのわれわれに関するかれの構想）は，非常に強い（実際，構成的な）意味での共同体感覚を包含しているように思える，というものである．みずからの政治共同体のなかでわれわれはすでに互いに結びついているのだ，と自覚してはじめて，無知のヴェールとそれに付随した特性によってわれわれに課された制約を受け入れること，そしてロールズが思い描いているような仕方でこうした制約の範囲内で熟慮するということが，つじつまの合うものとなる．ようするに原初状態を，正義に関する熟慮を表象するように企図された，適切な装置として

受け入れる，という傾向性をわれわれがもつとすれば，それはわれわれを他者と結びつけている道徳的な絆の承認を前提しているように思えるのである．——その絆とは，まさしく，そこではすべての当事者は互いに対して関心をもっていない，と想定されている当の原初状態の•内•部•で•は•，そうしたものを前提したり要求したりしてはいけないとされている種類の絆にほかならない．

　したがって，以上の議論は格差原理に関するサンデルの主張に，ぴったりと対応している．つまり両者においてサンデルは，ロールズの理論の内部に構成的な意味での共同体への依存を見出しているのである．そしてもちろん，われわれの共同体やその共同体内の他のメンバーに対する，このような種類の構成的な愛着こそ，ロールズが表だって認める人格の構想（しかもそれはロールズが自律に絶対的な優先性を付与することを正当化したいなら，依拠しなければならない構想である）が禁じている，とサンデルが考えているものにほかならない．サンデルが述べているように，「その人格にとって正義が最重要でありながら，同時にその人格にとって格差原理が正義の原理であるような，そのような人格にわれわれがなることはありえない」のである[5]．

リベラリズムの限界

　この最後の引用によって，サンデルによるロールズ批判にある5つの主要な要素を分析するという，本章の試みを結論づけることができる．諸目的の選択に先だってすでに個人となっており，あらゆる種類の構成的な社会的ないしは共同体的な愛着をもつことができない，という自己の構想に対してロールズがコミットしていることの立証を試みたのちサンデルは，この一般的なコミットメントが，以下のような諸帰結を生んでいると主張するに到った．つまり，政治的共同体を互いに関心をもたない諸人格による協働のシステムとして構想している，道徳的判断を選好の恣意的な表出として構想している，善に関する競合しあう構想のあいだで中立性を保とうとはするものの，その中立性の度合いを見かけよりもずっと低いものとしている，という主張である．おまけにサンデルは，ロールズ自身の理論がもつ諸特性は，ロールズが表だって表明している自己の構想のもつ諸条件によってまさしくその可能性が否定されている，政治共同体への構成的な愛着の存在を前提している，という非難をつけくわえている．

第1部　コミュニタリアンのロールズ批判

　なぜロールズ的リベラリズムに対するサンデルの批判が「コミュニタリアン」と呼ばれているのか，いまやその理由が明らかになったはずである．すべてに先だって個人になっているという，人格に関するロールズの構想は，なんらかの善や目的といったものへの愛着が，ある人が1つの人格というアイデンティティをもつうえで不可欠なものとなる，といった可能性を排除している．しかし，サンデルがとくに強調しているのは，ロールズの構想はそれゆえに，なんらかの共同体的な善がそのような構成的な役割をはたすかもしれない，という可能性を排除してしまっているということである．とりわけ，この構想のせいでロールズは，政治的共同体を互いに関心を抱かない諸個人の間で相互的に利益をもたらすような便益を創造し配分する組織としてしまい，政治的共同体をこうした諸個人が自己同一化する対象としたり，個人としてのみずからのアイデンティティ感覚を発展させ洗練するうえでの媒体としたりはしない，という考えにコミットしているのだ，とサンデルは強調している．サンデルによれば，ロールズ本人の政治的アイディアのなかで直観的にいって最も魅力的なもののいくつかが，そうした愛着を前提としているとみなすことができる，という事実こそが，政治的共同体に対するこうした構成的な愛着が根本的な重要性をもつことを証明している．そしてこのことはたんに，サンデルが自明だと思っていることを確証しているにすぎない．すなわち，われわれのアイデンティティ感覚は，ある特定の家族，階層，共同体，人民，国民のメンバーとして，ある特殊な歴史を背負うものとして，ある特定の共和国の市民として，自分自身を意識することと不可分のものだということ，そして，われわれは政治的な領域への参加を，みずからを誇らしげに同一化することができるような共同体の諸形態を発展させたり洗練させたりすることで，自己意識を発展させ洗練させるうえでの方法の1つとみなすということ，である．換言すれば，ロールズの理論がもつ制約が明示しているのは「政治がうまくいっているとき，孤立していたら知ることができないような善を，共有のかたちで知ることができる，という可能性をロールズの理論が忘却しているということ」なのだ[6]．

　もちろん以上のことは，ロールズが公然と支持している諸価値——自由と平等という価値——は政治において重要性がないとサンデルがみなしている，という意味ではない．サンデルの危惧が向いているのはむしろ，こうした価値にロールズの理論が排他的に焦点を絞っているその程度であり，こうした価値が両立可能だとするその程度である．なぜなら，サンデルの批判によると，すべ

てに先だって個人となっているという自己の構想にロールズがコミットしているのは，個人の自律，つまり自分自身の善の構想を選択する個人の能力にロールズが絶対的な優位性を付与しているからなのだが，(たとえば格差原理に明白に示されているような) 平等に対するロールズのコミットメントは，かれが表だって認めている自己の構想が禁じているような，構成的な共同体への愛着の可能性をまさしく前提としているからである．ロールズ自身が認めているように，平等に対するかれのコミットメントは，政治共同体内のメンバーの間に友愛の価値が存在しそれが効力をもっていることを前提としている．かれは格差原理を友愛についての，つまり他の市民と同一化し，他の市民に配慮するわれわれの能力についての，1つの「解釈」であるとみなしている (cf. *TJ*, pp. 105ff.)．だが，サンデルによれば，(平等な自由の原理に対してロールズが付与している辞書的な優位性に反映されている) 自由に対するロールズのコミットメントがもつ絶対性のために，このような友愛の価値をかれは——かれが望んでいるように辞書的な意味で下位の位置づけをしたとしても——みずからのものとすることができないのである．ようするに，平等に対して辞書的な意味で第2位の優位性を与えるというロールズのコミットメントは，自由に対して辞書的な意味で第1位の優位性を与えるというかれのコミットメントが脅かしている当のもの——つまり友愛——を前提としているのだ．さらには，平等を別にして，自由を完全に友愛の下位に置くこと (ただ共通の仕方のみで知ることができる善を追求するために，個人の自由を犠牲にすること) は間違っているということに，仮にわれわれのほとんどが同意するとしても，友愛を完全に自由の下位に置くことが同様に間違っているのも確かである．サンデルによれば，自由と友愛の両者を承認するような，なんらかのバランスが達成されなければならない．どちらか1つに絶対的にコミットすることは，政治の領域ではそのような根本的な価値といえども対立に巻き込まれる可能性があり，また実際巻き込まれるのだという事実に対する，最善の対応とはなりえないのである．

　サンデルの批判に関する以上の考察の締めくくりに注目すべき，最も重要なことがらは，たぶん，批判の第5の要素がもつ妥当性に対して，その他の4つの要素がその効力を依存しているその程度である．われわれは『正義の理論』からいくつかの箇所を引用したが，それらは政治共同体を協働的な組織とみなす見解や，道徳的判断を選好の恣意的な表出とみなす見解をロールズが抱いている，ということを示唆する仕方で読むことが可能なように思える．だが，ロ

ールズ的なリベラルはこうした引用箇所を，不明確に表現されたものだとか，ないしはロールズの理論の主要な要素にとってまったく非本質的なものだとして，退けるであろう．サンデルの観点からすれば，こうした却下が誤りであることを示している——つまりこれらの引用箇所はロールズの理論にとって本質的ななにかを表していることを示している——のは，主として，2つの見解とも人格に関するある特殊な構想に対してロールズがコミットしていることの帰結だという事実である．同様に，計画や価値，共同体への構成的な愛着に焦点を合わせるような善の構想を，ロールズの理論は排除している，という主張をサンデルがするうえでの主たる根拠も，すべてに先だって個人となっているものとしてロールズは人格を構想している，というサンデルの主張にある．そして，格差原理に対するロールズのコミットメントはかれの理論における他の要素と矛盾する，という考えは，この要素のなかにすべてに先だって個人となっている人格の構想が含まれる，という主張に依拠している．ようするに，サンデルの批判に対してロールズを擁護する試みはすべて，サンデルがロールズに帰しているこの人格の構想に焦点を合わさなければならないのである．もしサンデルのこの論点が正当化できるなら，サンデルの批判の他の4つの要素は大いに強化されることになるし，もし正当化できないなら，サンデルの批判全体がその基盤を失うことになるであろう．

　したがって解決されなければならない問題は，すべてこの論点に集中することになる．正義に関するロールズの構想は，人格に関するある特定の構想を前提としているのだろうか．そしてもしそうであるなら，それはサンデルが主張しているような構想，つまり，あらゆる目的（とりわけ共同体的ないしは社会的な目的）の獲得に先だって個人となっているという構想なのだろうか．そしてそれは，人格であるということの本性に関する一般的な形而上学的主張として（たとえば，道徳的ないしは形而上学的問題ではなく，政治的な問題に適した人格の構想とは対比的なものとして）機能するものなのだろうか．もしそのような人格の構想にロールズがコミットしていないとすれば，かれのいう自由な社会における市民の自律に対して，かれが絶対的な優位性を付与しているということは，いったいなにによって正当化されているのであろうか．この自律という能力に，人びとが（たんなる高次の，ではなく）最高次の関心を払っている（つまり，いかなる妥協も許さない仕方で，正は善に優先する）というロールズの主張は，他にどんな仕方で擁護できるのだろうか．以上の問いこそ，第5章で提起されるものなので

ある.

註

1 Sandel, *Liberalism and the Limits of Justice*, p. 62. この箇所で引用されているロールズの一節は，'Kantian Constructivism in Moral Theory', pp. 544-55 からのもの．
2 Rawls, 'Fairness to Goodness', p. 537.
3 Dworkin, 'Why Bakke has no Case' in *New York Review of Books*, 10 November 1977, pp. 11-15, reprinted as 'Bakke's Case: Are Quotas Unfair?' を参照．
4 Sandel, *Liberalism and the Limits of Justice*, p. 132.
5 Ibid., p. 178.
6 Ibid., p. 183.

(山岡龍一訳)

第 2 章　マッキンタイア：美徳なき時代の道徳性

　アラスデア・マッキンタイアの（『美徳なき時代』とそれに続く数冊の）著作[1]はサンデルの著作と比べて一般性の水準がはるかに高く，そこに含まれている道徳や文化の歴史の範囲がずっと広い．マッキンタイアの批判的な分析は，今日の政治理論の文献の1つに焦点を絞るのではなく，西洋の道徳的および政治的な文化のさまざまな起源，発展，衰亡に照準を定めている．それゆえ，ロールズ的リベラリズムにかかわると考えられるであろうマッキンタイアの結論のいずれかに実際上の適用性があるとしたら，それはまさにロールズの著作をずっと広く深い文化的な動向や態度のある特定の兆候として読みとることができるかぎりにおいてのことである．とすれば，われわれがマッキンタイアの思想の枠組みについて解釈し説明するときに，そのなかで今日の政治理論との関連が一見明白ではないであろう道徳哲学上の数多くの争点をどうしても検討しなければならないことになるだろう．それはまた，マッキンタイアの著作がいかにしてロールズ的リベラリズムへの批判をなすと考えられるかを示すために，後にわれわれは，先にサンデルに関して行ったよりもはるかに思弁的な度合いの高い考察に携わらなければならないということでもある．他方，マッキンタイアはリベラリズム全般について，またとりわけロールズの著作について多少なりとも言及しているので，われわれの解釈による説明に続く思弁的な考察は，必ずしも具体的な文献にもとづいていないわけではないだろう．また，その解釈にもとづく詳細な説明は，なぜマッキンタイアをコミュニタリアニズムの思想家とみなすことができるのかを立証しようと試みるなら，いかなる場合にも欠かすわけにはいかない．
　とはいえ，われわれが最初にアジェンダとして提示した争点にマッキンタイアの結論が関連する点をあらかじめ示すことによって，かれをリベラリズムにたいするコミュニタリアニズム的な批判者であると読みとることができるとい

87

う主張をマッキンタイアの分析のいかなる要素が支持することになるかについて，もうこの段階で読者に予備的に指摘しておいていいだろう．サンデルと同様，マッキンタイアがリベラリズムを非難するのは，人格についての，魅力に乏しいというよりも整合性のない構想を前提とする点（第1の主題），道徳上の問題における合理性あるいは客観性の可能性に関するある種の懐疑主義に陥っている点（第4の主題）である．くわえて，これもまたサンデルと同様に，かれは，リベラリズムは個人のアイデンティティと統合（integrity）にとっての共同生活の意義を正しく伝えず過小評価しており（第2の主題），また，リベラリズムは人間にとって善い生活とはどのようなものであるかをめぐって対抗している構想の間で，自らが中立的であると主張しているよりも実際にははるかに中立的ではない（第5の主題）と考えている．けれども，これらさまざまな批判が相互にどのように関連しているかをとらえるマッキンタイアの見方は，サンデルの見方とははっきり異なっている．とりわけ，サンデルはリベラリズムの非社会的な個人主義をリベラリズムが自己をあらかじめ個人となっているものととらえていることの結果とみなすのにたいして，マッキンタイアは逆の見方をする——かれは，自己についてのリベラリズムの構想はリベラリズムが個人の道徳生活における共同体の意義をとらえそこなっていることの結果だとみている．そして，ひるがえってこのことは，マッキンタイアがコミュニタリアニズムの思想家であるということの意味が，サンデルがコミュニタリアニズムの思想家であるということとは大きく異なっていることを示している．

　もちろん現時点では，このように2人を比較対照しても理解するのはまだむずかしいだろう．しかし，この比較対照をしておいたのは，率直にいって，これから行われる解釈にもとづく要約のうちで，われわれ本来の目的にとって最も重要であることが後に判明するであろう点に，あらかじめ読者に注意を喚起しておくためである．

今日の道徳性の窮状

　マッキンタイアによれば，今日の道徳的，政治的な文化は混乱した状態にある．かれは『美徳なき時代』を，現代のリベラル・デモクラシーが妊娠中絶の正否，核時代における抑止理論は正当化されうるか否か，真に正義にかなう社会の構造とはなにかといった争点をめぐって対立する道徳的立場をとる人びと

第2章　マッキンタイア：美徳なき時代の道徳性

の間での議論に悩まされていることから説き起こしている．そして，これらの問いに対して広範な人びとの同意を得られるような答は今までのところまったく出現していない．けれども，このことをめぐってマッキンタイアが憂慮しているのは，たんにそうした議論が生じているという事実や，それが結論を得るにいたっていないということではない．かれの懸念は，こうした議論が採っている形式ではまちがいなく議論はけっして合理的な結論に導かれえないという点にある．

　なぜならば，議論の参加者の道徳的な立場が根本的に共約不可能だからである．妊娠中絶の権利の支持者が自分の見解を正当化しようとする場合，かのじょは，自分をその見解へと導くより基礎的で一般的な前提を強調することはもちろんまったく可能である．また，そうした前提は前提で，より根本的な信念や価値へ遡及させることができ，ついにはかのじょの道徳的見解全体を基礎づける諸命題にまで到達する．けれども，そうした真に基礎的な前提がかのじょの反対者の基礎的な前提に対抗してもちだされると，相対的な関係に置かれた両者の価値や妥当性を評価することは不可能であることがわかる．両者の意見は，それぞれの立場の枠内では，かれなりかのじょなりのより根本的な前提から合理的に導き出すことができるのだが，しかしその前提それ自体は相互に共約不可能である．両者はそれぞれ，対立する観点が訴える概念に翻訳することのできない概念に訴える．権利に訴える前提は普遍化可能性や霊魂の観念に訴える前提と対照をなし，この両者の概念を相互に比較して一方の合理的優越性が論証されうるような，両者を包括する枠組みはまったく存在しない．

　この共約不可能性によって，いかなる人の基礎的な前提や枠組みの選択も，彼女の対立者の前提や枠組みに対して正当化することはできないということにならざるをえなくなる．ある枠組みの内部で，結論は前提からとうぜん出てくるが，前提それ自体は定義上基礎づけられていない——前提は合理的な正当化を可能にするものであり，それゆえ，それ自体合理的に正当化したり崩すことはできないのである．したがって，ある前提や枠組みを他の前提や枠組みに対抗するかたちで引き合いに出すのは，合理的な評価にとっては受け入れられない．さらに，もしある人の枠組みの選択が他の枠組みにとって正当化できないのであれば，その人はその枠組みを自分自身にも正当化できない．それは掛け値なしに正当化できない——純粋に個人的な選好の問題になる．

　けれども，こうした今日の道徳的な論争にみられる恣意性の理解は，道徳上

の見解を説明し正当化しようとする人びとが採用している言葉がもつある特徴によって覆い隠されている．というのは，われわれの言説には，なにかを行うことについての個人的な理由と非個人的な理由という対比がつきまとっており，道徳的に要求されていると考えることを行うことについてわれわれが他者に提示する理由は後者の部類に属すからである．個人的な理由の例とは，「わたしはあなたにそうしてほしいからこれを行え」といった類のものであろう．そのようにいうことによって，わたしが望むことについて対話の相手になにか他の理由——たとえばわたしが彼女に権威をふるう立場にあるとか，かのじょがわたしの親戚であるとか——がないかぎり，わたしは対話の相手にわたしが望むことを行うことについてまったく理由を与えていない．非個人的な理由とは，「そうするのがあなたの義務なのだからそれを行え」というようなものであろう．この場合，その行為に与えられた理由が十分な理由であるかどうかは，その話をしている人についての特殊な事実や対話の相手とかのじょとの関係とはまったく無関係である．それは，非個人的な基準，あらゆる人がいかなる環境に置かれ，いかなる願望や欲望を抱いていようとかれらに当てはまる基準が存在することを前提している．ある特定の道徳判断を正当化しようとするとき，通常人びとが訴えるのはこの後者の種類の言葉なのである．

　要するに，マッキンタイアによれば，道徳的な議論の過程が実態として示しているのは個人的な意志とその恣意的な傾倒の衝突であるが，しかしその議論がなされる際の言葉は，それを用いることによってそうした論争を合理的に調停することができるかもしれない非個人的な基準の存在に訴えているのである．情緒主義と呼ばれる道徳哲学の学派によれば，この逆説はかんたんに説明がつく．それによれば，道徳判断の本質とはつねづね，個人の感情や態度を表明し，しかも他者にその感情をあなたの感情に同調させるような仕方で表明することであったし，現在もそうである．とすれば，非個人的な基準に訴える言葉の使用はみせかけであり——それは求められている見解の一致をもたらす効果的な方法の1つにすぎないのである．

　マッキンタイアはくだんの逆説についてのこうした説明は不適切だと考える．この説明は，道徳判断の意味についてのテーゼとして理解されるとするなら，つぎの理由で失敗している．第1に，それは，道徳的言明によって表現された感情の正確な性質を循環に陥らない仕方で説明できない．もしいかなる種類の感情が含まれているかを問うならば，「賛成の感情」といわれても十分ではな

いだろう．なぜなら，賛成には多くの種類がありうるからである．しかし，そうした感情をより詳細に特徴づける唯一のやり方は「道徳的な賛成の感情」とでもすることであろうが，それでは，この分析が説明しようとしていた用語をまた取り入れているにすぎない．第2に，情緒主義は最初から不毛な課題に取り組んでいるように思われる．なぜなら，情緒主義の分析は，(すでにみたように)言語におけるそれらの機能がほかならぬ両者の対照と差異によって規定されている2種の表現を混ぜ合わせているからである．じっさい，情緒主義は個人的な理由づけと非個人的な理由づけの差異をなし崩しにすることによって，意味のうえでの重要な差異と思われるものを無視する．この誤りの理由はマッキンタイアの3番目の批判，すなわち，情緒主義は意味と用法を混同しているという批判にみいだすことができる．情緒主義は文の意味についての理論であるが，感情または態度の表現は，その特徴からすれば，文の意味の機能ではなく，特定の場面についての文の用法の機能である．教師は教室で「7×6＝42！」と叫ぶことによっていらだちを表現しているかもしれないが，そのことは，かれが述べる命題の意味とはなんの関係もない．

　要するに，情緒主義は，道徳的言明の意味についての理論と理解されるならば偽であるが，今日の道徳文化における道徳的言明の用法についての理論と理解されるならば真である．マッキンタイアによれば，長い年月の間に道徳的言明の意味と用法が根底から相違するようになってきたのである．現在，われわれは道徳的言明を自分の根本的に恣意的な感情や態度を表現する仕方として使用しているが，しかしこのような仕方でわれわれが用いている言明の意味には，非個人的な基準が活用されていた歴史上の先行する時代の痕跡が失われずに保たれており，したがって現在のそうした言明の用法は，それらがもはやそこでは通用しない環境のなかにそうした基準を呼びさますことになる．じっさい，現在のわれわれの文化は情緒主義的な文化であるが，それはつねにそうであったわけではないのである．

　『美徳なき時代』の構造を貫いているのはこのような診断である．というのも，それによってマッキンタイアは二重の課題を負っているからである．第1にかれは，今日の文化は情緒主義的な態度と実践に染まってきているというかれの主張を肉付けしなければならない．また第2に，かれはそのような文化の歴史を研究しなければならないが，それは，いかにして文化が情緒主義的になったのかを理解し，またそうすることで，道徳判断がもう1度真の客観性や非

個人性を要求することができるかもしれない状態へと復帰する可能性をみきわめるためである．

情緒主義的な自己

マッキンタイアによれば，

> 道徳哲学は……その特徴として社会学を前提とする．というのは，いかなる道徳哲学も，明白にか暗黙のうちにか，行為者が自分の理由，動機，意図，行為にどのように関係しているかについて，少なくとも概念的な分析を提供するが，そうするさいに一般に，〈こうした概念は現実の社会的世界のうちで具体化されているか，少なくとも具体化することができる〉といった主張を前提としているからである（*AV*, p. 23.［29頁］）．

それゆえ，マッキンタイアは，今日の文化が情緒主義的であると主張するにあたって，この文化はみずからがこの独特な種類の道徳哲学が前提とする社会学と一致するかたちで構造化されている（じっさいある程度はそうである）と理解していると主張することになる．

　情緒主義の社会的内容は，情緒主義が操作的な人間関係と非操作的な人間関係との区別を抹消することの結果として生ずるとマッキンタイアは述べる．情緒主義的な道徳哲学はあらゆる道徳的な議論を，ある党派が別の党派の選好や感情を変えてその別の党派が自分たちの選好や感情と一致するようにしようとする以上のことではないとみなす．そこには，この目的を達成するのに役立つならいかなる手段でも用いるということが含まれている．特定の人物にふさわしい仕方で影響を及ぼすであろう理由と，その人物自身が善いと判断するであろう理由とは，まったく区別されない．自分と話し手との関係がどのようなものであれ，その人物が独力でその妥当性を判断しなければならない純然たる非個人的な基準に訴えるようなことはまったくない．情緒主義は，個人的な理由と非個人的な理由の区別をなし崩しにすることによって，人格を目的として，他に依存せずに正しいと思うことをみきわめることができる合理的な存在として扱う可能性を排除してしまう．そうなると，いかなる道徳的論争も，自分の対話の相手を自分自身の目的にとっての手段として扱おうとする，すなわち，

相手の感情を自分の感情に合わせさせようとすること以外のなにものでもなくなる．

　もし情緒主義的な道徳哲学があらゆる道徳的な議論を操作的な人格相互の関係とみなすのであれば，情緒主義的な社会学は社会的関係それ自体について同じ見方をとるだろう．われわれは，情緒主義者の目を通してみられた社会的世界がどのようなものにみられるかを，マッキンタイアが現代文化の「キャラクター」と呼ぶものに注目することによってみることができる．キャラクターとは，文化のなかに埋め込まれているなんらかの道徳的，形而上学的な思想の象徴となるような仕方で特定の役割と特定の人格のタイプが融合したものである．そして，現代の情緒主義的な文化のキャラクターとは，審美家，経営者，セラピストである．審美家は，社会的世界を自分自身の満足が達成されるための闘技場，快楽を手に入れ，どれだけ費用がかかっても退屈を避けようとする一連の機会とみなす．他者は審美家がこれを達成するための手段なのである．経営者の目的とは，みずからの目的を達成するために，自分のもつ人的および非人的資源を最大限効率的かつ効果的に組織し方向づけることである．しかし経営者は目標そのものを確定したり評価することははっきり避ける．目標は与えられた（市場によって，株主によって，あるいは重役によって与えられた）ものとして扱われる．セラピストの関心はもっぱら神経症の症状を社会的に有用であると思われる目的へと方向づけ直すように変換することにある．経営者と同様に，セラピストの関心は，技術，効率，効果にあり，患者が追求している目的の本質的な価値について評価を下すとか助言するような務めは避ける．要するに，現代のキャラクターたちは，人びとを他者の目的にとっての手段として扱い，目的にかんする問題を結局のところ体系的，合理的，客観的な価値評価を超えたものとして扱う点で一致する．

　現代の個人が自己定義をなんとか仕上げる（とマッキンタイアが主張する）のは，このような役割モデルを参照することによってなのである．この情緒主義的な自己は，そうした自己が抱くいかなる道徳的な見地とも無条件に同一視することはできない．そうした見地を評価するための合理的な基準がない以上，評価されうるものにとっての限界についてのいかなる構想もこの自己にはない——いっさいのものをこの自己が採用した見地からの批判にさらすことが可能であり，その見地それ自体もその批判にさらされる．かくして，道徳的行為者であることとは，行為者が巻き込まれているいっさいの状況から身を退いているこ

とであり，行為者がもっているであろうあらゆる特性から距離を置いていることであり，それらすべてをいかなる社会的な特殊性からも離れた，純粋に普遍的で抽象的な見地からの判断に従わせることである．道徳的行為者であるための能力は，自己が採用するいかなる社会的な役割や実践のなかよりも，自己のなかにある．道徳的判断力の所有と行使は，負荷を負わされていない自己 (unencumbered self) のうちにのみみいだすことができるのである．

　さらなる帰結として，この自己がとるいかなる道徳的な態度や立場にしても，結局のところ恣意的で純粋に個人的な選好の表現とみなさざるをえない．そうした態度や立場は合理的な基準によって正当化することができないので，それらを採用する人にとっての唯一の正当化となるのは，かのじょがそうするように自由に選択したという事実である．ここには，自己のその目的との関係を純粋に主意主義的なものとみなすということが含まれている．また，そこには自己のある立場や目的から別の立場や目的への推移を本質的に恣意的な過程とみなすことも含まれる．そのような人には歴史があるとはいえない．そうなると，かのじょの道徳的立場を通じての，また人生を通じての動静について理解可能な物語を語る方法は存在しない——かのじょの自己理解の発展や陶冶にかんする語りの筋道はまったく存在しない．

　したがって，情緒主義の社会的内容に寄り添い，そこから分泌されている現代の自己は，じっさいのところ，それがもついかなる社会的な化身や特性からも切り離されたまま固定されている，または束ねられているのであって，合理的な歴史を欠いている．この自己のアイデンティティは，いかなる特定の時点でも，また長い年月をとってみても，その態度，特性，人生の物語のうえに固定されたり，それらに依存することはない．また，その人格もその歴史も，この自己の実体の一部であることはない．それどころか，この実体は抽象的で幽霊のような性格を帯びている．

　より一般化していうならば，自己についてのこうした情緒主義的な構想は，もちろん，サンデルがロールズに起因するというあらかじめ個人となっているものとしての人格の構想に著しく類似している．マッキンタイアは，議論のこの段階では，リベラリズム全般やことさらロールズにはっきり言及していないが，しかしそのような言及はのちほどたしかになされる．そして，現代の文化についてのマッキンタイアの分析とその分析のうえに組み立てられている批判が，サンデルによるリベラリズムの分析ならびに批判に一致するとサンデルの

読者がみなすであろう理由は容易に理解されよう．マッキンタイアにとって，今日の形態のリベラリズムはかれが診断し治療しようとしている情緒主義の病状の延長線上にある症状にほかならないことは明らかであろう．ロールズ的な自己は情緒主義的な自己のバージョンの1つなのである．

啓蒙主義のプロジェクト

　マッキンタイアの見解によれば，情緒主義的な自己が，そしてそれに見合ったかたちでの道徳的論争の恣意的な個人的意志の抗争への衰退がはじめて明確に認められたのは，啓蒙主義のあいだにおいてであった．より詳しくいうならば，現代の文化の情緒主義的な運命が確定されたのは，道徳性についての合理的な正当化を提供しようという啓蒙主義のプロジェクトが失敗したときだったとマッキンタイアは主張する．キルケゴール，カント，ディドロ，ヒューム，スミスの試みはおしなべて不成功に終わった．かれらの試みはそれぞれ独自のかたちをとっていたが，マッキンタイアは，かれらの試みが失敗した理由はどのケースでも同じだと確信している．

　これらの哲学者たちは，かれらが正当化しようとする道徳性の本性や内容について，みな驚くほど一致していた．婚姻や家族が道徳の根底をなす構造であることは誰も否定しなかったし，約束を守ることや正義が侵すべからざる価値であることを否定するものもいなかった．さらに，かれらはみな，そうした道徳性の合理的な正当化がとるであろう形式について大まかに一致していた．その決定的な前提は，人間本性のなんらかの特徴を描き出すことであり，道徳性の規則は，そうした本性をもつ存在が受け入れることができるであろうようなものとして正当化されよう．問題なのは，かれらが正当化しようとしていた道徳的規則が考案された歴史的，文化的な文脈のなかでは，その規則の機能は，その規則を継承したものの非常に異なる環境に住んでいた人びとが想像した機能とは非常に異なっていたという点であった．

　そうした規則は，中世を支配し，アリストテレスとともに始まったより広範な道徳体系の内部で発展したものであった．この枠組みのなかには，〈たまたまそうであるような人間〉と〈もしみずからの本質的な本性を実現したならば可能であるような人間〉との，はっきりしたきわめて重要な区別がある．そして，倫理学は人間がいかにして前者から後者への移行を行うかを理解できるよ

95

うにする学問であるとみなされる．このことが前提としているのは，潜在的なものと，その現実における達成との区別（ドングリを樫の木と，あるいは子猫を猫と関係づけるためにわれわれが行っている種類の区別）であり，人間本性の真の目的または達成がいかなるものであるのかということについての説明である．つまり，それは人間本性を当初は倫理学の教えとは相違しているものとみるのであって，だからそれが潜在的なものを達成する（その目的［テロス］に到達する）までに，経験をつうじての変容と実践理性の後見が必要だとみなすのである．

けれども，そうなると道徳性をつくりあげる教えは，教化されていない人間本性の構想およびその本性がなんらかの意味をもつためのテロスすなわち目的の両方を必要とすることになる．それらは，人びとが〈もしそのテロスを実現したならば可能である人間本性〉を達成するのを，すなわちその人間本性を現在の状態から新しい状態へともたらすのを助けることを意図しているのである．しかし，さきに挙げた啓蒙主義の哲学者たちは（理由はさまざまだが）人間のテロスの観念をもっておらず，またしたがって，たまたま現にある人間本性がより高次の，あるいはより達成された状態とは相違していたり，一致していないという意識をまったくもっていなかった．この観念を棄てたことによって，かれらには古い道徳体系のなかにあった2つの要素が残されたが，これら相互の関係がまったく不分明になることは避けられなかった．というのは，かれらが正当化しようとしていた道徳的な指令は，たまたまそうであるものとしての人間本性と，その教化されていない状態において折り合いをつけるよりも，人間本性を変更し，改良し，改革するよう意図されていた以上，そうした道徳的な指令をほかならぬその現在の状態から演繹したり，さもなければそれらを現在の状態の特徴に関係づけることによって正当化するのは，まったく不可能であろうからである．じっさい，このように理解された人間本性は道徳性の指令に服従しない強い傾向をもつというほうが，はるかにありそうなことである．マッキンタイアはそれをつぎのように述べている．

　　……18世紀の道徳哲学者たちがとりくんだのは，もともと不成功が避けられないプロジェクトであった．というのは，たしかにかれらは人間本性についての特定の理解のなかで自分たちの道徳的信念の合理的な基礎をみいだそうとしたのだが，その反面，明らかに互いに食い違うように構想され

た，一方でひと揃いの道徳的指令を，他方で人間本性についてのある概念を継承したからである．……かれらは，思考と行動に関するかつては首尾一貫していた枠組みから，一貫性を欠いたその諸断片を継承したのである．しかも，自分自身の特殊な歴史的・文化的な状況を認知しなかったために，みずからに課した仕事の，不可能でドン・キホーテ的な性格を認知できなかったのだ（*AV*, p. 55［69頁］）．

人間のテロスについてのマッキンタイアの考えはつぎのようにいいあらわすことができるだろう．かれはこの概念を，合理的に正当化可能な，いいかえれば客観的な企てとして理解される道徳性にとって決定的に重要だとみなしている．なぜなら，それのみが事実についての言明から価値あるいは義務についての言明へ——「である」から「べし」へ——の直接的な移行を認めることができるからである．われわれは〈ナイフが切れない〉という知識から〈これは悪いナイフである〉という結論へ，〈それは鋭利でバランスが均等である〉という事実から〈それは良いナイフである〉という判断へ，ただちに移ることができる．なぜなら，われわれは，ナイフがものを切るための道具であることを知っている——いいかえれば，われわれは，そうしたものの目的または目標（テロス）を知っているからである．このように，機能や目的にかんする概念は評価的な判断を一種の事実言明に変換する．というのは，その場合にはそうした判断は，なんらかの特定の特性を事実の問題としてもつと判断されるものからただちに出てくるからである．もし人間本性をテロスをもつものと考えるなら，「である」から「べし」への同じような直接的な移行を行うことができる．なぜなら，人間本性の達成された，いいかえれば最終的な状態についてのわれわれの理解からすれば，そのテロスの発展と実現に貢献する性格上の特徴なり行動パターンと，貢献しないものとを区別したうえで，後者を「悪」，前者を「善」とみなすことができるからである．それゆえ，われわれは道徳判断を事実判断の一種ともみることができるだろう．

だから，テロスの概念をもう一度導入することは，その内容に関して合理的または客観的であるといえる人生の一局面としての道徳性の意味を復興しようとするいかなる試みにとっても決定的に重要であろうと思われる．もちろん，このような人間の見方はアリストテレス倫理学の中心にあるものだが，マッキンタイアによれば，それはアリストテレス倫理学よりももっと古い．

それは，［ギリシアの］古典的伝統の理論家たちが表現しているさまざまな形態の社会生活に根ざしている．というのは，その伝統によるならば，人間であることは各々それ自身の意味や目的をもつひと揃いの役割——ある家族の一員，市民，兵士，哲学者，神のしもべ——を満たすことであるのだからである．「人間」が機能概念であることをやめるのは，それらすべての役割に先立ち，それらを離れた個人として人間が考えられるときだけなのである（*AV*, 58f. [73頁]）．

もしある人を農民であると思うならば，かれはその役割からしてなんらかの目的や目標をもっていると考えられ，かれは——飼っている動物，かれの穀物，同僚の農民や仲間の市民との関係において——いかにふるまうべきかという問いに答えられるが，これらはかれが果たすべき課題である機能についてのわれわれの理解からただちに引き出される．そうすると，マッキンタイアにとって，人間のテロスの概念によって道徳性に合理性をもう一度導入するのは，抽象的で幽霊のような情緒主義的な自己を拒絶し，人はその社会的，文化的，歴史的な環境のなかに必然的に巻き込まれており，それによって定義されるものとみなすことによってのみ実現されうるのである．これら3つの要素（事実判断としての道徳判断，人間のテロス，負荷を負った自己）は，古代ギリシア人の道徳的な理解にとって中心的なものであったし，近代に残された道徳性の首尾一貫しない諸断片にとって根源的かつ意味付与的な文脈を形成していた．だから，現代の文化のなかでそのような枠組みをいかにして再建するかについてマッキンタイアが助言を求めるのは，この文脈にたいしてなのである．

アリストテレスと徳

　アリストテレスの倫理学体系はホメロス的世界にたいする反応であるが，このホメロス的世界においては，個人は，明確に定義され高度に決定された社会構造のなかでかれらが占めている地位によって，固定した役割や身分をもつとみなされていた．その結果，ある個人がある状況でいかにふるまわなければならないかの知識は，かれらの役割についての知識からただちに出てきた．役割を知っていれば，かれとの関係が親族，家，社会の同じ階層秩序のなかで占める地位によって規定されている他者に対して，かれがいかなる恩恵を被ってお

り，またかれがそうした他者にいかなる恩恵を与えているかがわれわれにはわかる．徳の概念は，この世界では，人に責務として課されている義務を実行するのを可能ならしめ，かれがそうした義務を果たすさいの行為のなかで明らかになる，性格の卓越性を意味する用語として出現する．さらに，かれがいかにふるまわなければならないかを知っているとき，かれが占めている役割を知っているとき，ホメロス的な個人は自分が誰であるかを知っているのである．そうした役割を拒否するとかそうした役割から自分自身を引き離そうという考えは意味をなしえなかった．なぜなら，それはかれのアイデンティティを棄てるに等しかったからである．かくして，正しい行為は個人のアイデンティティからただちに出てきたのであり，また，アイデンティティが個人の社会的役割によって定義されている以上，ホメロス的社会では道徳性と社会構造とは同一のものといってよかった．言葉をかえていうと，情緒主義的な自己はまったく自己ではなく，評価の問題は（社会的）事実の問題なのである．

　アリストテレスはみずからをホメロス的伝統のなかにいるものと理解している．いま述べた点がかれの倫理学的探求に枠組みを提供しているが，しかしそれはこの探求にとって格好の型を用意しているというより，アリストテレスがその地勢についてかれ独特の著しく異なった地図を描くための道標をかたちづくっている．たとえば，アリストテレスは徳の概念や道徳性の概念を特定の社会的役割とのいかなる密接な結びつきからも切り離すが，しかしいかなる役割からのあらゆる結びつきからも切り離すわけではない．かれにとって，重要な役割とは「王」や「息子」よりも「人間」の役割なのである．人間は，かれらをなんらかの目的や目標に向かわせる固有の本性をもつものと理解されている．そして，徳は，かれらにそうした人間固有のテロスへ突き動かすことを可能にする性格の卓越性である．けれども，そうした徳は，たんに個々に挙げることのできる最終状態を達成する手段の１つであるにとどまらない．

　　というのは，人間にとっての善を構成するものは，最善の状態で生きられる完全な人生であり，徳の行使はそうした生を確保するためのたんなる予備的実践ではなく，その人生にとって必要で中心的な部分なのである．したがってわれわれは，あらかじめ徳に言及しておかなければ，人間にとっての善を十分に特徴づけることはできないのだ（*AV*, p. 149 ［182-183頁］）．

そのうえ，アリストテレスが理解するような徳は政治的共同体の外では行使しえないのである．徳が完全な人間生活のなかで発展し手段となるためには，そのような生活が，ポリスのなかで，善き生活を生きるという共通のプロジェクトにその全員が携わっている他者と一緒に最後まで生きられることが必要である．都市国家がもつ物質的，文化的な資源だけが，このプロジェクトの実施を可能にする．また，勇気，忠誠，友愛といった徳は，そうした共同体がそれ自身を維持するための枠組みをなす諸条件と，共同体における人びとがめざしている生き方の本質的な部分の両方をかたちづくっている．これが，アリストテレス的人間は必然的に政治的動物であるということの意味である．

マッキンタイアのアリストテレス解釈のこのひどく手短な要約は，もしわれわれがアリストテレス倫理学の構想について，とりわけ徳に与えられた中心的な役割と善き生活を生きるための共同体的文脈の必要性について，再構築されたバージョンを提供しようというマッキンタイアの試みを理解しようとするのであれば，きわめて重要なテーマを明確にしている．けれども，現代の道徳性に対する指令はアリストテレスを大幅に構築し直したバージョンでなければならないとマッキンタイアが考える理由は（少なくとも）主に2つある．第1に，人間のテロスについてのアリストテレス自身の理解は，かれの形而上学的な生物学に依存していたのであり，そうした科学の原型にとどまる理論はいまではまったく信じられない——実際，啓蒙主義のほかならぬ人間のテロスという観念にたいする拒絶は，ひとつには，この理論が被った不評によって説明された．したがって，マッキンタイアはそうした人間本性についての目的論的な理解がそのような形而上学的前提に依拠せずとも正当化され必然的なものとされることを示さなければならない．第2に，アリストテレスは道徳性にとってポリスが本質的な役割をもつことを非常に強調するが，アテナイ都市国家は歴史的に，あるいは文化的にみて，特殊な生活形態であり，20世紀に甦らせることはおそらく不可能である．だからマッキンタイアは道徳性における共同体の概念をまったくユートピア的な社会的，政治的な変化を前提とせずに訴える方法をみいださなければならない．

かれの再構築はこの両方の難問に取り組むにあたって3つの中心的概念——実践の概念，人生の物語的統一性の概念，伝統の概念——を採用する．とくに実践の概念と伝統の概念は，のちにみられるように，その性質からして本質的に社会的であり，これら3つすべてが合わさって，徳の概念が中心的な場を保

ちつづけるような道徳性についての合理的な枠組みを提供することが意図されている．これら3つの概念を順番にみていくことにしよう．

実践の概念

マッキンタイアによれば，実践とは

> ……首尾一貫した複雑な形態の，社会的に確立された協力的な人間活動である．それを通してその活動形態に内的な善が実現されるが，それは，その活動形態にふさわしい，またその活動を部分的に規定している，卓越性の基準を達成しようと努めるからなのである．その結果，卓越性を達成する人間の諸力と，関連する目的と善についての人間の考えは，体系的に拡張される（*AV*, p. 187 [230頁]）．

これには明晰にされなければならない点が数多くある．しかし，そこに含まれているものにはかなり明らかなものもある．たとえば，この定義にもとづくならば，三目並べは実践ではない（複雑さが十分でない）が，チェスは実践である．ボールを蹴るのは実践ではない（が，フットボールを行うという実践の構成要素ではあるだろう）．カブを植えることは実践ではない（複雑さが十分でない，あるいは自己満足的である）が，カブを栽培するのは実践である．

定義のなかにある他の用語の意味，とりわけ実践にとって内的な善の観念の意味はずっとわかりにくい．内的な善とは，実践そのもの以外のいかなる活動に携わることによっても達成できない善である．外的な善とは，なんらかの実践に参加することから引き出すことのできる善であるが，それは他の実践に参加することからも引き出すことができる．チェスを例にとってみよう．権力，名声，富はチェスに卓越することを通じて達成されうるが，他の仕方によっても達成できる——それらは実践に固有なものではない——ので，外的な善である．これにたいして，チェスをすることによって達成することのできるある種のきわめて特別な種類の分析的技術，戦略的想像力，競技での集中力はその実践にとって内的である．というのは，それらは他の仕方では達成できないからである．内的な善を欠いているいかなる活動も実践とみなすことはできない．だから，そうした内的な善はマッキンタイアの徳の第1の定義の支柱なのであ

る．

> 徳とは，獲得された人間の性質であり，その所有と行使によって，われわれは実践にとって内的な善を達成することができるようになるし，その欠如によって，われわれはそうした善の達成を効果的に妨げられるのである (*AV*, p. 191 [234頁])．

それゆえ，この定義は徳の所有と行使を実践への参加に結びつけているのである．また，マッキンタイアの定義によれば広い範囲のものが実践とみなされるが，それらのうちのどのようなものに参加するにしても，それは否応なく特定の性格をもつことになるだろう．第1に，実践への参加には，その時の実践においてはたらいている基準やパラダイムの権威を受け入れることが必要である．チェスの例にこだわろう．このゲームにわたしよりも精通した人による修正を受け入れ，特定の試合や特定の選手をチェスの卓越性の模範的なものとみなすのでなければ，わたしは自分がプレーするなかでチェスの卓越性の最もささやかなあり方すらまったく望むことができないのだから，チェスの内的な善を達成することは望みえない．要するに，わたしは自分独自の選好，好み，態度を，一般に広くその実践を規定している共同の基準や権威に従わせなければならないのである．

マッキンタイアの実践の観念がもつこの特徴は，かれがある種の保守主義に肩入れしていること，ある実践の内部の現状についての批判はまったく認められないという見解に与していることを示すと考えられてきた．しかし，これはかれの立場についての誤解である．というのは，実践に参入するにはわたしの個人的選好をそこで一般に行われている基準に服従させることが求められるからといって，参入したのちに，実践をしている他の人びとからなる共同体によってなされたあらゆる判断をわたしは疑問を抱くことなく受け入れなければならないということにはならないからである．そうした判断がしばしば論駁されるものであり，根本的なレヴェルで論駁されることもあることをマッキンタイアは喜んで認める．なんといっても実践には歴史があり，その内部でその模範や基準の参加者による受け止め方（および内的な善の受け止め方）が変化していくのであるから，そうした論駁はそのような変化の原動力なのである．要は，そのような論駁は一定の拘束に従うものだということである．

第2章　マッキンタイア：美徳なき時代の道徳性

　たとえば，カパブランカ［訳注1］はカルポフ［訳注2］よりもすぐれたチェス選手であったと断言するだけでは十分ではないだろう．なぜなら，そのような判断はいかなるものであれ，その実践を支配しその一部を構成している基準や模範を参照することによって正当化できなければならないからである．たとえば，カルポフの終盤での戦いぶりにはある種のなめらかさが欠けており，かれは試合の山場で怖じ気づくことがままあり，最良の試合でも一番よいときのカパブランカに比べると発揮された戦略的想像力は非常に限られている，とわたしはいわざるをえない．もちろん，わたしの対話の相手はそれに賛同せず，カパブランカの想像力は，1946年のパリでの試合などで示されたように，訓練が十分でないというかもしれない．われわれ2人ともどうしても見解の相違を解消できないということもあるだろう．しかし，われわれの論争は，その進み方に論理がある以上，合理的な論争であるといえよう．すなわち，われわれの判断の相違に理由をつけ，論駁していく過程は，妥当性についてのある種の共有された規範に支配されている．われわれはカルポフの戦略的想像力の限界については見解が一致しないかもしれないが，かれが偉大なチェス選手であるという主張をみきわめるうえでそうした想像力がきわめて重要だという点では一致する．われわれはカルポフと比べてカパブランカの地位がどうであるかについて見解が一致しないかもしれないが，カルポフが偉大なチェス選手であるという主張はカパブランカのような選手たちを尺度にして検討されなければならないという点では一致する．

　同じことは，実践のなかでそうした実践の方向や自己理解を変えようとする参加者の側の試みであればどんなものについてもあてはまる．そうした批評は過激であるかもしれないが，しかしそれでもやはりその実践の模範や基準のどれかを参照せざるをえない．さもないと，そもそもチェス批評の1つであるとは認識されえないのである．ある選手が戦略的想像力，分析的技術，競技での集中力のすべてを欠いていることは認めたものの，その選手は新しい種類のチェスの天才であるとあくまでも主張する人が誰かいたとしても，その人は偉大なチェス選手についてのまったく別の構想を明らかにしようとしているのではないだろう——かれはチェスの実践における完全なる無能力を示していることになるだろう．いいかえれば，実践の基準は，模範として偉大であるとみなされる選手や試合と相俟って，道理にかなった論証がなされ見解の一致が出現しうる（もちろん，一致が保証されているわけではないが）ような枠組みを提供する．

103

第1部　コミュニタリアンのロールズ批判

その枠組みそれ自体は変化にさらされるが，一挙に変化するわけではないし，改革者の気に入るようなかたちで変わるわけでもない．というのは，その枠組みは実践を構成するのに一役買っているのであって，したがってそれをまるごと拒否するのは，その軌道における変化というよりもその実践の全面的な抹消になるであろうからである．革命的な批評家ですら参加者でなければならないのである．

　それゆえ，実践の内部での判断は純粋に主観的なものや恣意的なものとみなすことはできない．そうした判断は情緒主義的な分析には与えられえないのである．チェスにおける卓越性の業績と自分がみなしたいものを，まったく抽象的な，究極の基準を欠いた仕方で決定することなど，個人には不可能である．彼女は，チェス競技におけるある特定の徳を他の徳よりも重要視すると決めることはできるが，なにか古くからある人間の性格上の特徴を急に引っ張り出して，それをそうした重要な徳に変換することはできない．彼女は，仲間である実践への参加者が下したあらゆる判断に同意するように強制されることはないとはいえ，なにがそうした判断にとって重要な根拠とみなされるのか，あるいは彼女が訴えようとする根拠に関連する反応や反撃とみなされるのはなんであるかを，自分ひとりで決定することはできない．見解の一致をみた論証の様式や共有された重要性の基準からなるこうした枠組みのおかげで，われわれは純粋に個人的な選好の表現を超越した判断の客観性や非個人性を達成できるのである．

　したがって，このように共有されたプロジェクトへ参加し，このように共通にまた歴史的に規定された基準を受け入れることが，人間の価値判断が情緒主義の脅威を免れているような生の形式へと，個人を導き入れるのである．そのうえ，実践が多数かつ多種多様であり，したがってまた内的な善や徳もきわめて多様でありうるという事実は，人生における価値あるものについてのマッキンタイアの構想に含まれる健全な多元主義を指し示している．けれども，ほかでもない実践についてのその多元性のおかげで，懸念も生じてくる．というのは，もしある実践の内部では価値についての疑問が恣意的ではない仕方で解決できるとしても，さまざまな実践そのものの相対的な価値についての疑問はどうなるのか．きわめて多くの実践が存在するという事実があるなら，ある個人が同時にいくつかの実践に参加するということもおおいにありうることで，そうなればそれらが彼女に課する要求が葛藤に陥るのは避けがたいであろう．チ

ェスのグランド・マスターになるための実践の要求は，よい親や配偶者になれという要求と葛藤に陥るであろうし，芸術家の生活の要求はスポーツウーマンの要求と葛藤に陥るであろう．しかし，どの要求が優越すべきかという問いに合理的または客観的な解答を与えることのできる包括的な枠組みを提供できる実践は1つもない．とすれば，忠誠の対象を恣意的に保持したり放棄したりすることは避けられないように思われる．要するに，マッキンタイアは，こうした忠誠の競い合いが，徳ある生活を壊すおそれを直視せざるをえない．これに対する答えが，人生の物語的統一性についてのかれの説明である．

人生の物語的統一性

　人間の行動は，たんに身体の一連の動きと理解することはできない．そもそもそのような動きが行為とみなされるためには，われわれはそうした動きを，身体を動かす人びとの人格がもつ意図，欲望，目的との関連のなかで性格づけなければならない（なされたことは意図的ではなかったと述べるだけであっても，そうした性格づけは行なわれている）．そして，もしそうした意図を理解することができたら，われわれはそれをマッキンタイアがいう行為の舞台に関連づけなければならない．かれは自宅の庭に穴を掘る男の例を挙げている．そのような行為は，庭の冬支度を準備しようというかれの意図の結果であると，さもなければ妻を喜ばせたいというかれの欲望の結果であると説明することによって理解可能にされうる．前者の場合，この行為は庭付き世帯という特定のタイプの舞台に関連しており，後者の場合はある結婚という舞台および歴史に関連している．もちろん，いかなる行動の断片も同時に複数の舞台に関連しているだろう．たとえば穴掘りは，それについてのわたしの説明が引き合いに出している舞台の両方に埋め込むことができるだろう．また，もし行為者がなにをしているのかを正確に知りたかったら，われわれは，かれにとってはこれらの舞台のうちのどちらが優先されるのかをわかっておく必要があるだろう．たとえば，もし自分が庭で穴掘りをしていて家のなかにいないことが妻をいらいらさせたのにかれが気づいたら，その行為をしつづけただろうか．いいかえれば，われわれは穴掘りについてのかれの短期的な意図を，かれと妻の相互関係を，そして結婚と庭にかんするかれの長期的な意図を確認する必要があるだろう．つまり，われわれは行為者の歴史を，それが属している舞台の歴史に関連づけているので

ある．
　そうすると，行為を理解できるようにすることは，行為を行為者の人生と行為が生じる舞台の歴史のなかのエピソードとして把握するという問題であるように思われる．われわれはその行為を，入れ子状に重なった物語の集まりのもう1つの部分とみなすようになる．言葉をかえていうなら，ある種の物語的な歴史は人間の行為を特徴づける基礎的なジャンルなのである．このことは，われわれが他者の行為を特徴づけること，われわれ自身の行為を特徴づけることの，いずれにもあてはまる．われわれがいま行っていることについての説明を提供するにさいして，われわれはそれを自分の意図に関連づけ，そうすることによってそれを自分の人生の物語のなかでさらにつけ加えられたエピソードという観点のもとで提示する．これが，われわれの人生の短期的および長期的な期間のいずれもが文学作品にふさわしい言葉で特徴づけることができるし，じっさい特徴づけられているという事実によって説明されることである．会話に始まり，チェスの試合，求愛，ゼミナールをへて結婚や仕事にいたる出来事は，すべてドラマのかたちをとりうる．それらは，始まり，中間，終わりがあり，ドラマティックなどんでん返しや土壇場での処刑延期にさらされ，浮き沈みがあり，脱線して脇道にそれ，ジャンル（悲劇，喜劇，笑劇）に属す．そのような型にはまらないと，出来事は，参加している人びとと観察している人びとのいずれにもよそよそしい感じを与えて理解不可能となる．行為は基本的に歴史的な性格をもっているので，われわれの人生は，われわれが登場人物にして著者のいずれでもある物語が演じられているのである．人格とは歴史から抽象化された登場人物なのである．
　もちろん，われわれは必ずしも全権をもった著者ではない．われわれは他者のドラマのなかでは脇役的な登場人物であり，われわれの行為が行われざるをえない舞台はわれわれが据え付けたのではない仕方で作られてきたのであり，現にそうなっている．そして未来はつねに結局のところ予測不可能である．けれども，そのような束縛や予測不可能性があるとはいえ，われわれの人生の物語的な形式はそれらに（形而上学的な生物学に訴えることなく）ある種の目的論的な性格を与えるのである．

　　われわれが自分の人生を生き抜くのは，個人的にも相互の関係においても，
　　分かち合うことのできる未来についてのなんらかの考えに照らされてであ

る．その未来とは，いくつかの可能性はわれわれに前進するように促すが，他の可能性はわれわれを受けつけないような，またある可能性はすでに締め出されているが，他のものはおそらく不可避になると思われるような，そうした未来である．じっさい，なんらかの未来のイメージによって形成されていない現在というものは存在しない．そして未来のイメージとはつねにテロスの——あるいは多様な目的や目標の——かたちで現前していて，それに向かって現在の時点でわれわれは進んでいるか進み損ねているかいずれかなのだ．それゆえ，予測不可能性と目的論は人生を構成するものとして共存している．虚構の物語のなかの登場人物のように，われわれはなにがつぎに起こるか知らないが，それにもかかわらずわれわれの人生は，未来に向けて投影されるある種のかたちをもっている．……個人的［および社会的］な生の物語が理解可能な仕方で継続しうるとすれば——いずれのタイプの物語も理解不可能な状態へと陥ることはあるが——，どうしたらその物語は継続しうるかに関しての束縛が存在すること，およびそれらの束縛の内部にあってはその継続が可能な無限定に多くの仕方が存在すること，この２つがつねにいえるのだ（*AV*, 215f. ［264頁］）．

この物語の形式こそが，相異なる実践の要求の衝突について合理的な選択を試みられるようにする枠組みを提供する．じっさい，マッキンタイアは，チェスにより多くの時間を費やすか家族と過ごすことにより多くの時間を費やすかを決めようとしている人にこのようにいっている．「これを，あたかもチェスそれ自体が家族生活それ自体よりも時間を費やす価値があるかどうかを決めなければならないかのように，真空のなかで行われる選択と考えてはならない．これは特定の人物がその特定の人生の特定の段階で行っている選択なのである——その人生では，あなたが例外的なチェスの能力をもっており，しかもあなたの結婚は断末魔にあることが明らかであるかもしれない．あるいは，かつてのチェスへのとりつかれたかのような傾倒を，満足は与えてくれるものの結局のところさほど重要ではない脇道へと，あなたの結婚生活の年月が変容させてきたことが明らかであるかもしれない．自分に『どの内的な善が最良か』と問うのではなく，むしろ『わたしにとって最も重要なのはどれか』とか『わたしの人生が発展させ始めた形態や形式を取り入れ維持するのはどの決定だろうか』と問いたまえ．自分に『わたしはほんとうは誰なのか——チェス選手なの

か，それとも配偶者なのか』と問うのだ．この観点の移動によってあなたがなすべき唯一の正しいことがみえてくるわけでは必ずしもないだろうが，そうなるかもしれない．また，たとえそうならなくても，より良い選択肢とより悪い選択肢をあなたとあなたを知る誰かの両方が識別できる文脈を提供してくれるのだ．おそらくあなたの決定は，正しいとか間違っているとはっきりと思われるところにはけっして至らないだろうし，そこに至るのはおそらくあとから振り返ってみた場合だけだろう．しかし，この決定の結果としてあなたの人生がとった形（その統一性，深さ，整合性）こそが，そのような視野の明晰さを可能にするものにほかならないだろう」．

　もちろん，このようなジレンマに「わたしはどうしたら自分の人生の物語的統一性を最もよく生き抜くことができるだろうか？」と問うことによって取り組むよう促すとき，マッキンタイアが論じているのは，この疑問を問うこと自体が，出てくる場合もあれば出てこない場合もあるその都度の解答と少なくとも同じだけ，個人が人間にとっての善き生を生きることに成功するうえで重要だということである．この問いを体系的に問い，言葉と行いによってそれに答えようとすることは，道徳的な生活に統一性――善の物語的探求の統一性――を与える．というのは，そのような探求に乗り出すとは，われわれに生活のなかで他のさまざまな善を命令し，われわれが徳についての理解を拡張できるようにするような，善き生活についての構想の探求に乗り出すことだからである．しかし，その探求がめざす目標は探求そのものから切り離されない．なぜなら，その目標が最終的に理解されうるのは，ほかならぬ探求の進路のなかにおいて，およびそうしたプロジェクトを脅かす出来事を切り抜けていく進路のなかにおいて以外にはないからである．

　探求がそれに携わる人を自分自身についても探求しているものについても教育するからこそ，マッキンタイアは人間にとっての善き生活を人間にとっての善き生活を探し求めるのに費やされる生活と定義することができるのであり，この定義の核心部分に空虚な循環を放置していることをとがめられないのである．さあそこでマッキンタイアは第2の，改訂された徳の定義を提出することができる．

　　それゆえ，徳は，実践を維持しそれらに内的な善を達成することを可能にするだけでなく，善そのものを求める重要な探求のなかでわれわれを支え

てくれる性向として理解されるべきである．それらの性向こそ，われわれが遭遇する害悪，危険，誘惑，動転を乗り越えさせてくれ，増大する自己認識と増大する善の認識とを与えてくれるのである（AV, p. 219［269頁］）．

伝統の概念

　もちろん，善き生活へのこの探求のかたちはあらゆる場所であらゆる個人にとって同じわけではない．まず，実践の歴史的特殊性からすれば，アテナイ人の一般意志にとっての善き生活は中世の修道女や17世紀の農民のそれとは同じではないだろうということになる．

　　しかしそれは，生活する社会環境が個人によってさまざまであるというだけではなく，われわれはみな特定の社会的アイデンティティの担い手として自分の環境に働きかけるということもである．わたしは誰かの息子か娘であり，別の誰かの従兄弟か叔父である．わたしはこのあるいはあの都市の市民であり，特定のギルド，職業団体の一員である．わたしはこの部族，あの氏族，この民族に属している．したがって，わたしにとって善いことは，これらの役割を生きている者にとっての善であるはずである．そういう者としてわたしは，わたしの家族，わたしの都市，わたしの部族，わたしの民族の過去から，負債と遺産，正当な期待と責務をいろいろ相続しているのである．これらはわたしの人生の所与となり，わたしの道徳の出発点となっている．わたしの人生に独特の道徳的特性を与えるものの一部はこういうものである（AV, p. 220［269-270頁］）．

　この引用文に述べられていることが自己についてのマッキンタイアの物語的構想とぴったり一致するのはじっさい明らかである．かれは，歴史的アイデンティティをもつことと社会的アイデンティティをもつことが同時に起こると主張している．この考えは，人はそうしたアイデンティティに逆らえないということではない．むしろそれは，人がそうしたアイデンティティに逆らうときにその人はそのアイデンティティを認める１つのやり方を採用しているということであり，そして逆らったのちにも，人はそれ以前とまったく同様に特定の一揃いの環境のなかにいるだろうということである．情緒主義的な自己にたいして

は失礼ながら，人間それ自体だけにしかあてはまらない真に抽象的で普遍的な原理の領域をみつけだす方法は存在しないのである．かくして，マッキンタイアは，われわれを自分の人生の，けっしてまるごとの主権をもつのではない著者たらしめるものの中心的な部分を強調している．そうしたものこそが，その内部で物語をいかに先へ進めていくかについてわれわれがよりましな決定を下すこともあれば，まずい決定を下すこともある，1つの織物にして枠組みを提供しているのである．

　この社会的な相続財産の中心的な部分の1つは，人がマッキンタイアのいうところの伝統の成員になることであろう．伝統は一揃いの実践によって構成されており，それらの重要性と価値を理解する様式である．それは，そうした実践が形成され世代を超えて伝承される媒体である．伝統はまずもって宗教的または道徳的（たとえばカトリック信仰やヒューマニズム），政治的（たとえばマルクス主義），経済的（たとえば特定の同業者や専門職，労働組合や製造業），美的（たとえば文学や絵画の様式），あるいは地理的（たとえば特定の家，村，地域の歴史や文化にもとづいての具体化）なものであろう．そうした伝統のなかに埋め込まれた共同の理解は，覇権主義的なものでも静態的なものでもない．反対に，健全な伝統のなかでは，そうした理解はいかなる時でも，また時を超えて，たえざる論争の主題であるだろう．だから，制度（たとえば教会，大学，病院，農場）がそうした伝統の担い手であるならば，その共同生活は，善き教会，善き大学，善き病院，善き農場とはなんであろうかをめぐる，絶えることのない議論をもその一部として構成されるであろう．この議論はその伝統の最良の自己理解によって束縛されているが，それを前進させることは数限りないやり方で可能なのである．

　人びとが部分的には伝統の成員であることによって個人となったものと理解されなければならないのであれば，そのかぎりで人びとの人生の歴史は，人間にとっての善き生活についての歴史的，社会的に拡張された議論という大きな物語のなかに埋め込まれていよう．あらゆることのなかで最も重要なのは，善への探求をいかにして追求するかについて合理的な決定を行う個人の資源をこの背景が決定するであろうということである．というのも，個人が善き生活を生きようという自分固有の努力を評価し批判するのは，その伝統のそれ自身についての（その伝統の実践と，そうした実践が評価され批判されるやり方の両方についての）最良の理解の観点からのことであろうからである．人間にとっての善き生活の構想を発展させる一環として，そうした構想を打ち立て拡張しようという

みずからの試みそのものをいかに評価し批判するかについての構想を発展させることがある．そして，善き生活の構想が修正され定義し直されてもよいのとまったく同じように，そうした改訂が正当化され理解可能にされる基準それ自体も，いつ作り直されてもよいのである．あらゆる個人がみずから参画できる，あるいは参画しなければならない実践的な理性の行使に関して，脱歴史的で無時間的に適用可能な様式が存在するという見解は，内的な善の普遍的に適用可能な評価や自己の無時間的な本質が存在するという考えと同様に，マッキンタイアにとっては理解を絶するものである．

　けれども，マッキンタイアによる道徳性の再構築のこの第3段階にいたって，われわれはまさに実践に関して生じた相対主義の懸念に頭を悩ますことになるようだ．というのは，今日の文化は伝統の多元性を含んでおり，われわれはそのうちの1つに生まれ落ちるとしても，そのなかに留まるか，それともそこを離れて他の伝統を求めるかの決定を合理的な決定とみなすことができるのは，ある伝統の相対的な妥当性を，それと対抗する伝統と比較しながら評価するなんらかの仕方が存在するかぎりにおいてのことである．しかしながら，実践的推論のありうべき構想が伝統に特有のものしかないなら，われわれはそうした構想の1つに依拠して対抗する構想には疑問を提起しないか，それとも複数の伝統の間で（基準がないので）恣意的な決定を強いられるかのいずれかにならざるをえない．

　『誰の正義？いかなる合理性？』では，マッキンタイアはこの懸念を静めようとする．伝統の相対的な価値や妥当性は，それが認識論的な危機に遭遇したときに，その反応の仕方を検討することで解決できるとかれはいう．いかなる伝統も，それ自体の内的な評価の基準というものをもっている．すなわち，その伝統は善についてのみずからの教義や構想の自己理解を前進させたり深化させたりしているのか，それともそうではなくて，それまでに達成されたものを乗り越えようとして失敗したり，課題として残されていた数多くの未解決の問題を減らせないことがわかるのか，そうした程度を評価する基準をもっている．ある伝統が後者の極に向かいつつある——不毛な紛争や延々と続く古臭い決まり文句で引き裂かれることによって——ならば，それは認識論的な危機にある．この危機を克服できるのは，新しい一揃いの概念か古い教義や思想の新しい綜合を，いいかえればつぎの3つの条件をみたす枠組を発展させることができる場合だけである．すなわちそれは，それによってこの伝統が，第1に決着のつ

いていない問題を解決し，第2にそれらの問題はどのようにして生じ，なぜそれまで解決されなかったのかを説明し，しかも第3に古い綜合と新しい綜合の間の根本的な連続性を示すような仕方でそうすることができるような枠組である．

　このような概念のうえでの革新的な綜合を内的に入手できる可能性はけっして保証されていないが，妥当な，あるいは合理的な解決のためにそれを必要とする危機の可能性を免れることのできる伝統は1つもない．だから，ある伝統が衰退するだけでなく，そのような危機の結果として決定的に破綻するかもしれないということはありうる．けれども，それとは違って，伝統の支持者がそのような危機を経験して，内部からそれを乗り越えることができないときに，それに対抗する伝統が，この危機的な問題の解決を可能にするとともに，なぜこの危機が出現したかの説明を提供もするような——それも危機に瀕している伝統の基準に照らして——概念や理論を構築するための資源をもっていることに気づくかもしれない．もちろん，このような解決や説明はその伝統の古い綜合とは連続しない．しかし，そのことは，危機に瀕している伝統にたいして，それに対抗する伝統が合理的な優越性を打ち立てたことを確証しているにほかならない．危機に瀕している伝統の支持者たちは，自分固有の基準にたいするみずからのコミットメントのゆえに，合理性の点で，また真理にたいするその請求という点で，よその伝統のほうが優越することを認めなければならない．

　もし読者がこのような危機に対処する，あるいは対処しそこねている伝統の個別的な実例をより詳しく調べることに関心がおありなら，『誰の正義？いかなる合理性？』が，とりわけアクィナスによるキリスト教とアリストテレス主義との綜合に関心を集中しつつ，豊富な歴史的情報を提供してくれる．もちろん，こうした歴史的なエピソードに関するマッキンタイア独特の解釈には，「認識論的な危機」というかれの一般的な観念と同様に，多くの議論の余地がある．しかし，われわれはここでこうした問題についてもっとつっこんで探るだけの余裕はない．われわれの関心にとって最も重要なのは，マッキンタイアの観点からすればかれは，さまざまな伝統がそれぞれ1つの全体として合理的な評価に開かれていることを立証するのに必要な資源をもっているという点である．「伝統が回復されるか，あるいは回復に失敗するかは，認識論的な危機にたいする反応における，それらの適合性や非適合性という点にかかっている[2]」．そして，危機が存在しないときには，仮定からして，いかなる伝統の

いかなる成員もその伝統への忠誠を疑問視する十分な理由はまったく存在せず，その内部で連続する理由だけがあることになる．

マッキンタイアとリベラリズム

　マッキンタイアが実践，人生の物語的統一性，伝統という相互に関連する概念に置いた中心的な重みは，少なくともかれが根本的にコミュニタリアニズムの思想家であることを明らかにするはずである．というのは，かれの見解によれば，まさに道徳的，政治的な価値評価の領域での合理性と客観性を維持する可能性は，個人と他の個人との議論を，すべてを包み込みしかも入れ子状に組み合わせるような本質的に社会的な基盤の内部に位置づけることにかかっているからである．このことは，共同体の概念に，サンデルの著作におけるよりもはるかに広く，より決定的な役割を与える．サンデルの見解では，自己を構成する愛着を目的へと発展させる個人の可能性についてリベラリズムは洞察を欠いていたために，人間的善の重要な種類の１つ——内容において強く共同的であり，したがって共同体にたいする自己を構成する愛着をつうじてのみ達成されうるような種類——をしかるべく認知できないことになった．しかし，マッキンタイアの見解では，自分の共同体に本質的に愛着を抱くことができるし現に抱いてもいる仕方を認識できないということは，いかなる種類の人間的な善（内容的に共同体的であるにせよないにせよ）を達成するにも必要な環境についての整合的な説明を与えることができないことにならざるをえなくなる．というのも，そのような自己を構成する共同体的な枠組がなければ，合理的あるいは理解可能な企てとしての道徳性の観念そのものが消失するからである．

　けれども，われわれの目的にとって重要なのは，一般にリベラリズムが，とりわけロールズ的リベラリズムがはたしてマッキンタイアの行うコミュニタリアニズム的な要求を無視したり拒否していると読むことができるか，あるいはそう読むべきなのか，という問題である．マッキンタイアはなぜ，リベラリズムは——たとえば情緒主義と対比して——自分の批判の正当な標的であると考えるのか．要するに，かれはリベラリズムがなぜ，いかなる点で，情緒主義の一種あるいは変種であると考えるのか．

　われわれはすでに，われわれが当初争点として掲げたアジェンダの５つの項目のうちの４つについて，マッキンタイアはリベラリズムを批判していると主

張した．かれはまず，リベラルたちは，自己を負荷なきものとする情緒主義的な様式という整合性を欠く構想を担いでおり，また——その結果として——そのような自己によってなされる道徳判断は本質的に恣意的で主観的であり，合理的または客観的な正当化をすることができないという見解に肩入れしていると非難する．明らかにかれは『美徳なき時代』においてこの2つの批判はリベラリズム全般にあてはまると考えており，したがっておそらくロールズの正義の理論もまたこの批判には耐えられないと考えているにちがいない．しかし，かれはこの主張を支持する文献上の証拠をほとんど挙げていない．それゆえ，ロールズの批判者としてマッキンタイアを担ぎ出したい人は，ここでマッキンタイアのこれら2つの批判がサンデルの批判と並行しているという事実を利用しなければならないだろう．言葉をかえていうなら，コミュニタリアンならばとうぜん，自己をすべてに先だって個人となっているものとするロールズ的リベラリズムの構想の存在とその意義についてのサンデルが行った原典にもとづく詳細な論証は，ロールズがマッキンタイアの批判の砲火を浴びているのだと結論づける大きな理由になると論じるだろう．マッキンタイアのいう情緒主義の負荷なき自己とサンデルのいうすべてに先だって個人となっている自己はきわめて似ているので，かれらは一蓮托生なのだ．もしロールズが後者に該当することを示すことができるならば，前者に該当すると考えることができる．また，もし後者に該当しないことを示すことができるならば，前者に該当するとは考えられない．

　この章の冒頭で注意したように，マッキンタイアとサンデルはいずれもリベラリズムをその人格についての構想や道徳的主観主義の片棒を担いでいる点に関して批判しているが，もちろん，リベラリズムがこれらの見解に荷担する理由をどう診断するかで，かれらの間には相違がある．サンデルにとって，人格についてのリベラリズムの構想はその道徳，政治理論のあり方を特徴づける特性であり，その道徳的主観主義への荷担はそうした構想への固執の結果である．しかしマッキンタイアにとっては，人格についての構想と道徳的主観主義への荷担はいずれも，より根底的なリベラリズムの洞察の欠如，すなわち，あらゆる道徳思想の客観性と人間のアイデンティティの統合を維持するうえでの共同体の重要性を理解し受け入れる能力がリベラリズムにはないことの結果である．要するに，マッキンタイアによる最初の2つの批判を完全に理解すれば，われわれは第3の告発——リベラリズムは本質的に政治と道徳性の点で非社会的な

個人主義の一種であるという主張——へと導かれる．しかし，この点でも，かれのリベラリズムへの攻撃はサンデルのそれとは異なっている．というのは，非社会主義という見出し語のもとでは，リベラリズムはその内容が社会的あるいは共同体的である人間的善（政治的なものも非政治的なものも）の重要性に盲目であるというところにサンデルはその非難をとどめているが，これに対してマッキンタイアの見解は，リベラリズムは，一般にあらゆる人間的な善または目的（内容に関して共同体的であろうがなかろうが）がその起源を社会的な基盤のうちにもっている——あらゆる人間的善は重なり合った共同の実践や伝統の枠組に由来する——ことを近代が理解できないことの政治的な反映だというものである．そしてマッキンタイアはこの点でまさに，ロールズの政治の構想と政治理論はかれマッキンタイアの攻撃に対して脆弱であるとはっきり論じようとしているのである．

　ロールズがこの非社会的個人主義の政治的変奏を推奨していることをマッキンタイアが非難する理由は，ロールズの議論における原初状態の役割，なかんずくこの表象の装置が社会契約の現代版であるという事実にあると思われる．この表象の装置は，社会の構造を，すでになんらかの利害関係をもっている人びとがそれをめぐって集まり，そして自分自身についての自発的に課された無知に由来するその他の特定の諸条件のもとで交渉を繰り広げることができるようなものと考えるよう，われわれに促している．

> ロールズ……にとって，社会は諸個人から成り立っており，各個人は独自の利害関係をもっているので，寄り集まって生の共通の諸規則を定式化する必要がある．……かくして個人が……第1で，社会は第2である．そして個人の利害の確認は，諸個人を結ぶいかなる道徳的あるいは社会的な絆の構築にも先立ち，それとは独立である（*AV*, p. 250 [305頁]）．

このようにマッキンタイアの主張は，正義を考えるための表象の適切な装置として原初状態を想定することによってロールズは，社会への参入は理念的には，あらかじめ利害関係をもち，「これらの他者とともにいかなる種類の社会契約を結ぶのがわたしにとって理に適っているか」と問う，合理的な個人の自発的な行為と考えるべきだという見解を表明しているというものである．このような見解は，マッキンタイアの主張では，つぎの可能性を完全に排除するであろ

う．すなわち社会が，その第1次的な絆が人間にとっての善およびその共同体の善の両方について共有された理解であり，その内部で個人は自分の第1次的な利害関係をそうした善に照らして確認するような共同体である，あるいは社会がそうした共同体であるかもしれない可能性を，完全に排除するであろう．マッキンタイアの考えでは，ロールズはこうした可能性を思い描くことすらできない．それは，マッキンタイアがロールズの明白な前提と呼ぶもののせいである．「人間にとって善き生活とはなにかについてわれわれは他者と意見が一致しないことを予期しなければならないのであり，したがって，善き生活についてわれわれがもつであろういかなる理解も，われわれの正義の原理の定式化からは排除しなければならない」(*AV*, p. 250 [305頁])．

しかし，もちろん，マッキンタイアの視点からすれば，ほかでもなくロールズが正義についてのわれわれの熟慮からはっきりと排除するような善についての共有された共同的理解を立証し維持することによってのみ，われわれはそうした熟慮がたどる進路になんらかの合理性や客観性を与えることができるのである．というのも，われわれが社会的な徳や社会的な不正義についての合理的な判断を下すための基礎を提供できるのは，共有された善を追求するに際して共同体の共通の課題との関連で真価の概念を導入することによる以外にはないからである．このような真価の概念のための余地を創り出す強力な社会的絆を欠いている点で，われわれ全員が同意する正義の構想を展開するというロールズの課題は失敗を運命づけられるのだとマッキンタイアはいう．また，競合する基本的前提（たとえばノズィックの権原原理）に対抗して，ニーズに関する平等の原理がもつとする重要性を正当化することがロールズにはできないが，そのことは共同の基盤を奪われたときにそうした問題に襲いかかる共約不可能性を例証するものにほかならないとマッキンタイアは断言する．

したがって，マッキンタイアにとって，ロールズの非社会的個人主義は，ロールズがみずからの正義の理論に必要な合理的基礎づけを与えることができず，したがってかれの理論は社会のなかでの政治的合意の実質を形成すること——いいかえれば，みずからの政治的な理論化の作業において，いかなる特定の善についての構想を引き合いに出すことも禁じるようにかれにしむける真空そのものを満たすこと——ができないことを請け合うものなのである．かくして，マッキンタイアはロールズを個人主義的な政治思想の長い伝統に結びつける．この伝統においては，あたかも「……われわれは他の諸個人の一団といっしょ

に難破して無人島に打ち上げられたかのようである．各人はわたしにとっても他のすべての人にとっても見知らぬ人である」(AV, p. 233 [305頁]) かのようである．この性格づけがロールズの立場をどこまで正確に映し出しているか，またそれがどこまでロールズの立場を戯画化したにすぎないか，といった問いには，少なくとも建て前からいえば第5章まで解答は与えられないだろう．しかし，この段階でも，マッキンタイアがまったく説明していないと思われることのなかで指摘しておく価値のあることがある．序章で示唆したように，たしかに原初状態の構造は，ロールズが個人を非常に強調する，しかも，その個人にとってのさまざまな社会的構造はかれまたはかのじょが自由に同意したと考えられうるものであることを非常に強調することを示している．だがそれは，必ずしもなにか時系列的あるいは論理的な意味で個人が社会に先行する主張を体現しているわけではないし，したがって善についての諸個人の構想が起源において必ずしも社会的ではないという主張を体現してもいない．それは原初状態という表象の装置，正義についての1つの考え方として意図されている．その考え方によると，すでに社会のなかにいる人びとは，自分の社会的アイデンティティについてのある種の情報を無視するのではあるが，しかし自分がじっさいに社会の成員としての資格を剝奪されているのに，にもかかわらず現に携わっている種類の思考が相変わらず可能であるなどと想像する必要はない．それゆえ，原初状態は少なくとも，社会を本質的にいかなる社会的な絆も欠いた諸個人の集合として表象しようとする試みではなく，むしろまさに，われわれに固有のリベラルな社会をまとめ上げるさまざまな絆を構成する，個人の第1次的な利害関係についての共通の想定を表象しようという試みであると考えられよう．要するに，ロールズは原初状態を，われわれの政治的共同体が市民の自由と平等に与えている高度な重要性を反映するように設計したのであろう．とりわけ，かれが特定の善の構想を排除するのは，(マッキンタイアの用語で表現するとすれば) 人間にとっての善き生活とはなにかという問いを，その問いにたいする特定の解答を国家が差別することなしに，自由に探し求める能力にわれわれが与えている重要性を反映するように設計されたということであろう．

　この問題はのちにいくつかの章でもっと詳しく取り上げることにするが，しかしそれがここで提起されるに値するのは，マッキンタイアの側がこの可能性を理解したことで，『美徳なき時代』の刊行と『誰の正義？いかなる合理性？』の刊行の間の7年間にかれのリベラリズムへの攻撃の根本的な方向性が変わる

ことになったらしいからである．『美徳なき時代』では，すでにみたように，マッキンタイアは，リベラリズムはその前提が道徳性と人間のアイデンティティがもつ真の本性と源泉を理解できない，したがってほんとうはそもそも純然たる道徳的な立場とは考えられない思想のあり方として扱っている．けれども，『誰の正義？いかなる合理性？』では，マッキンタイアのリベラリズム解釈とリベラリズム批判ははるかに詳細な歴史的視界のなかに位置づけられ，かれは今日のリベラリズムがじっさい真正かつ実行可能な道徳的，政治的伝統であると主張することでこの本を締めくくっている．もちろん，だからといってマッキンタイアが，リベラリズムをかたちづくることになる諸要素についてなにかもっと夢中になっているというわけではない．むしろ，いまやリベラリズムにたいするかれの批判は，もっぱら，伝統に拘束されたリベラリズムの本性は，善についての対抗している構想の間でそれが見かけほど中立的ではありえないと請け合うことを示唆するかたちをとる．これは，もちろん，かれの第4のリベラリズム批判であり，われわれが当初アジェンダとして掲げた争点のうち，5番目の主題のバージョンの1つである．

　マッキンタイアが語るのは，伝統を超越する道徳性を発展させようという啓蒙主義の試みに歴史的起源をもつ道徳的伝統についての話である．かれはリベラルな政治理論を，個人が純粋に普遍的な，伝統から独立した規範に訴えることによって伝統の偶然性や特殊性からみずからを解放しうる社会秩序を創設するという，歴史的なプロジェクトの一部と位置づける．リベラリズムの要求は当初，合理的に正当化可能な同一の原理への同意のおかげで，善き生活について違いの大きい，両立しがたいさまざまな構想を支持する人びとが，同じ社会のなかでともに平和に生活することが可能になるであろうような，政治的，法的，経済的な枠組みを提供しようというものであった．けれども，マッキンタイアによれば，この目標は共同体の生活をある特定の善の構想にしたがって作り直そうとするいかなる試みをも禁止するということを含んでいた．

　　そしてもちろん，この制限は，リベラルな個人主義も実は善についての固有の明白な構想をもっており，政治的，法的，社会的，文化的にそれを押しつけることも，そうするだけの力がある場合にはつねにしてきたことを含んでいる．しかもそれだけではなく，そうすることによって，対抗する善の構想にたいするリベラルな個人主義の寛容さが公的な場において厳し

く制約されたことも含んでいるのである[3]．

〈善についてのこの固有の明白な構想〉という表現にマッキンタイアが含めているもの，またロールズのような今日この伝統を代表する人びとのなかに位置づけようと主張しているものは，つぎのような要素である．すなわち，正義にかなった秩序（本質的に手続き的な秩序）についての他と区別された構想，そのような秩序の内部で許される実践的推論の様式（道徳的信念を純粋に個人的な選好の表現として扱うような様式）についての他と区別された構想，そして人間にとっての善き生活（多種多様な善が追求されるが，それぞれの善はそれ自身の領域にふさわしく，なんらかの全体的な統一性を生活に与えるような全体的な善をまったく伴わない生活）についての他と区別された構想である．ロールズの立場が，これらの要素の3つ目のものを含むと考えるのは驚くべきことであると思われるかもしれない．しかしマッキンタイアは，それが正しいことを確証するくだりを『正義の理論』から引用している．「自己の数ある目標が均質ではない（heterogeneous）がゆえに，人間的な善は均質ではない．われわれの目標のすべてを1つの目的に服従させるのは，厳密にいえば，合理的な選択の原理を侵犯するわけではないが……われわれにはやはり非合理か，あるいはおそらく狂気のような印象を与える．自己が傷つけられるのである」（*TJ*, p. 554）．そのうえ，マッキンタイアにとって，これらの要素はロールズの理論のような理論のうちに存在するだけではない．それらは一揃いの特定の社会的，法的，文化的な制度——他と区別されたリベラルな社会秩序の制度——という媒体を通じて具体化され，議論され，推進される．言葉をかえていうと，合理的であるかぎりいかなる人間でも受け入れることのできる，伝統から独立した原理に道徳性を基礎づけようという試みとして（カントや他の人びととともに）始まったものは，もう1つの道徳的伝統を創造し永続化することをもって終わったのである．すなわち，「リベラルな理論が最もよく理解されるのは，伝統から独立した合理性をみいだそうという試みとしてではまったくなく，それ自体歴史的に発展してきたし，現に発展しつつある，一連の社会制度や活動の形式として，すなわち，1つの伝統の声としてなのである」[4]．

けれども，リベラルな政治理論家にかれらはある特定の政治的伝統の支持者なのだと告げることは，一見したところ，リベラルな政治理論家にたいするラディカルな批判とは正反対のものであるように思われる．マッキンタイア自身

第1部　コミュニタリアンのロールズ批判

のいうところによるなら，ある伝統を代表するのはなんらかの評価を下す立場をとることの避けがたい帰結であり，だからそれは欠点とみなすことはできない．また，今日のリベラルな理論家が（たとえばかれらの歴史上の祖先とは対照的に），他と区別されたリベラルな政治秩序を不断に維持することが最優先の目標であると告げられてびっくりするところを想像するのは難しい．序章でみたように，ロールズのようなリベラルが対抗している善についての構想の間で中立であると主張するときには，リベラリズムと他の種類の政治との間で中立であるといっているはずはない．また，かれらは，それを追求することが他の市民が自由に自分自身の善の構想を追求する平等な権利に干渉するようないかなる善の構想も禁止するであろうことを，けっして否定してこなかった．かれらがはっきりと主張するのは，国家の政策や行為――たとえそれらが非中立的な効果をもつことが避けられないとしても――を擁護するなんらかの善の構想に訴えることを禁止する，正当化の中立性である．要するに，リベラリズムの中立性にたいするマッキンタイアの批判は，それが述べられている極端なかたちで大まじめに受け止めることはできないように思われる．なぜなら，そうした言明はリベラルな人びとがリベラルであることを咎めるのに等しいと思われるからである．

　それにもかかわらず，かれの主張する論点にもいくらかの真理が含まれているかもしれない．第1に，今日のリベラルな政治理論家たちはかねがね，自分たちがリベラリズムを出発点としてそこから始めていることを知っていたといってまったくかまわないが，しかしその事実は，今日の社会の多くの人びとにとってはそれほど明らかではなかったであろう．多くの人びとがリベラリズムについて真っ先に知っていることとはなにかといえば，それは他でもなく，対抗している善の構想の間でリベラリズムが主張する中立性である可能性が高いのである．みずからが主張する中立性と寛容がほんとうはどの程度のものであるかをリベラリズムが認めるのはつじつまが合わないことではないだろう．しかし，そのように認めることが，アカデミズムの外部の人びとが抱いている社会的イデオロギーとしてのリベラリズムの魅力についての見解を変えることになっても無理もないだろう．

　リベラルな伝統を他から区別する，国家の行為を正当化するために善についての構想を採用することの明確な拒否が，もちろん，政治の領域の内部だけに通用するものであることを認めるなら，第2のささやかな真理が出現する．個

第2章 マッキンタイア：美徳なき時代の道徳性

人には，生のその他の領域でそうした構想にしたがって生きる完全な自由がある．いいかえれば，政治的な事柄と非政治的な事柄との，公的な道徳性の領域と私的な道徳性の領域との裂け目は，リベラルな思想にとって中心的である．しかしマッキンタイアの新アリストテレス主義はこの裂け目を拒否する．マッキンタイアの新アリストテレス主義は，人間の善き生活についてのわれわれの理解と実行をその内部で発展させることができる根本的な舞台としての政治的共同体の構想に基礎をおいており，だからこそ政治を，リベラリズムであれば私的な道徳性の領域に制限してしまうようなさまざまな考慮ともっとしっかり統合する．しかもマッキンタイアの立場は，この問題に異論を唱える唯一の立場ではない．われわれはここで，多くの宗教思想の伝統を思い出すことができるかもしれないのである．

このことがはっきりさせるのは，政治的領域と私的領域の分離を確立し維持するのは，伝統に固有の思想の1つだということである．それはそれ自体真に論争を呼ぶべき問題なのである．そしてマッキンタイアによれば，論敵に対抗してそれを正当化し擁護することは，実践的推論について，またより一般的に人生についてのリベラリズム特有の構想に依拠することを含むであろう．それはリベラルな道徳的伝統一般のなかにある広範な他の要素への依拠を含んでいるだろう．もしこの主張が正当化できるならば，リベラルな政治秩序を維持しようとするいかなる試みも，マッキンタイア自身の立場に劣らず，人間の善き生活についての一般的な構想への訴えかけに依拠していることになるだろう．要するに，リベラルな人びとが，自分の政治の構想についてきまって要求する中立性は，見かけよりもあまり重要ではないのかもしれないのである．

もちろん，この批判が，先にふれた他の3つの批判ともどもリベラリズム一般に，またことさらロールズに妥当すると考えるべきかどうかは，のちの章に残しておかなければならない問題である．しかし少なくとも，なぜマッキンタイアはロールズがかれの標的の範囲にいると考えるのかは，より明確にしておくべきだろう．しかしながら，かれの立場についてのわれわれの議論を締めくくるに先だって，リベラルな政治の理論化の作業にたいするマッキンタイアの多様な批判から，まさになにが出てくるとかれ自身は考えるのかを明らかにすることが文句なく重要である．とりわけ，おそらく驚くべきことであるが，マッキンタイアは今日の西側の国民国家のレヴェルでは，新アリストテレス主義的な政治の構想をふたたび導入することを提唱してはいないという点が強調さ

第1部　コミュニタリアンのロールズ批判

れなければならない．

　すでにみたように，マッキンタイアはたしかに，現代社会に適用可能な正義の理論を構築しようというロールズのプロジェクトは失敗に終わらざるをえないと信じている．なぜなら，共同体がそれに荷担する共有された善の構想がないところには，いかなる整合的なかたちの政治的共同体も確立されえないからであるし，またロールズの理論は明らかになにかそうした構想に依拠するのを避けているからである．けれども，マッキンタイアは，この問題はそうした善の構想を今日の政治的な理論化の作業にふたたび導入するだけで解決するとは考えない．というのは，そのような理論は国民国家のレヴェルにおける政治制度を問題としているのであり，マッキンタイアもまた近代の国民国家に固有の性格が，そのレヴェルで共有された善の構想を導入しようといういかなる試みも，益よりもはるかに大きな害（たとえば全体主義的な悪やその他の悪）をもたらすであろうと信じている．この点で，マッキンタイアは，政府はなんらかの共有された人間的善の見解を表明すべきだとするアメリカやその他の地域の今日のコミュニタリアニズムの思想家たちに反して，リベラルな理論家の側につく．かれがいうように，この論争は「わたし自身の見地からすれば，リベラルがつねに正しかった争点に関してコミュニタリアンがリベラルを攻撃してきた[5]」論争なのである．

　けれども，マッキンタイアがここから引き出す結論は，人間的善について共有された構想はそもそも政治においてなんら役割を演じるべきではない，というものではない．そうではなくて，善について共有された見解がなければいかなる適切な政治もありえないのであるから，国民国家よりももっと小さくてより地域的な形態の共同体に焦点をずらすのが政治にとってふさわしいのであり，そのなかでそうした共有された見解は抑圧や官僚制的な無能化を被ることなく確立され維持されうる，というのがマッキンタイアの結論である．かれにとって，「純粋にアリストテレス主義的なポリスの構想は……どちらかといえば小規模な地方の政治的団体のかたちをとる必要がある．そして実践にもとづく形態のアリストテレス的共同体が現代世界のなかで生成したとき，それはつねに小規模で地域的なものであり，それ以外ではありえないだろう」[6]．ニューファンドランド沿岸の漁村，大学，病院や教会——これらはマッキンタイアが真正な，道徳的に申し分なく内容があって人間的に充実し，政治的相互行為の形態にとって唯一ふさわしい場所とみなす共同体である[7]．言葉をかえていうな

第 2 章　マッキンタイア：美徳なき時代の道徳性

ら，リベラリズムの政治的な理論化の作業に対するかれの批判は，その焦点には重要な移動があったにもかかわらず，『美徳なき時代』に染み込んでいた，現代の道徳的文化についてのほとんど黙示録的な見通しを依然として固守している．かれには同書の結びの言葉——われわれが最も必要としているのは，もう1人の聖ベネディクトゥスの，範型とすべき地域的で実践にもとづく共同体の礎を築く人の到来である，いいかえればわれわれを道徳についての暗い時代から導き出すべき誰かの到来である——から退くいかなる理由もみえていないのである．

註

1　われわれの考察にとって関連のある三つの著作は，*After Virtue*（以下，*AV*），*Whose Justice? Which Rationality?* および *Three Rival Versions of Moral Enquiry* である．
2　MacIntyre, *Whose Justice?*, p. 366.
3　Ibid., p. 366.
4　Ibid., p. 345.
5　A. Macintyre, 'A Partial Response to my Critics', in *After MacIntyre*, eds J. Horton and S. Mendus (Oxford: Polity Press, 1994), p. 302.
6　Ibid., p. 302.
7　Ibid., p. 303.

［訳注1］　カパブランカ（Capablanca, Jose Raul 1888-1942）．チェス選手．キューバ，ハバナの生まれ．コロンビア大学で工学を学ぶ．1909年にニューヨークのマンハッタン・クラブでアメリカ・チャンピオンのマーシャルに勝って注目される．1921年世界選手権を獲得．1929年にアリョーリンに敗退するが，その後もトーナメントで活躍した．
［訳注2］　カルポフ（Karpov, Anatolij Jevgen'jevich 1951-）．チェス選手．ロシア，ズラトウストの生まれ．元世界チャンピオンのミハイル・ボトヴィニンクの訓練を受け，1969年に世界ジュニア・チャンピオンとなる．1975年，ボビー・フィッシャーがタイトル防衛戦を辞退したため，不戦勝で世界チャンピオンとなり，1985年カスパロフに敗れるまでタイトルを守った．

（山田正行訳）

第3章 テイラー：リベラルな自己の源泉

　サンデルとは違い，マッキンタイアと同じように，政治理論の領域におけるテイラーの仕事は[1]，西洋の道徳文化ならびに政治文化の展開をプラトンからポストモダニズムまで網羅した分析的な記述に組み込まれている[2]．そこではリベラリズムは，テイラーにとって唯一の関心の的というよりはむしろ，まずもって近代文化の主要な構成要素の1つとしての役割を果たしている．とはいえしかし，そこではロールズはちらりとしか顔を見せない．しかも，サンデルともマッキンタイアとも違い，テイラーにはリベラリズムそれ自体を拒否するつもりはない．それどころかテイラーは，リベラリズムの主だった主張のなかにはとくと真剣に考慮するに足るだけのものがあると考えている――ただし，そうした主張を解き明かしたり擁護したりする際の誤ったやり方や矛盾したやり方から，それらの主張が引き離されうる場合にかぎってではあるが．それゆえ，われわれがまずもって問わねばならないのは，ロールズ流のリベラリズムが，そのようにリベラルな諸価値を誤ったやり方で擁護する類のものとみなされるかどうかということである．そしてこの問いは，いったいテイラーがどんな誤りや矛盾を取り除きたがっているのか――たいていは道徳的な評価の形式と範囲に関係した誤りだが――をある程度まで詳細に画定することによってのみ答えられる．ようするに，テイラーの仕事がロールズ批判の素材を供給できるものかどうかを見きわめられるようになるには，道徳哲学の一見したところきわめて抽象的な論点と思われることがらをめぐってテイラーが行っている探究を，まずはあとづけてみなければならないのである．

　とはいえ少なくとも，テイラーがコミュニタリアンの立場からリベラリズムへの批判を構築してきたとかれの多くの読者に思わしめてきたその思想の枠組の主要な側面については，［テイラーが行っている探究をあとづけるのに］先だって述べることができる．テイラーがコミュニタリアンの立場からリベラリズムへ

の批判を構築してきたという印象は，人間に関するテイラーのつぎのような見解にもとづいている．すなわち，人間とは自己解釈をする動物であり，人格としての自分のアイデンティティが，自分の帰属する言語共同体を基盤としてそこから導き出される善の構想への方向づけと愛着とに依存している生き物にほかならない，という見解である．かりにそうしたコミュニタリアン的な人間観が正しいとするなら，なるほど，人格の概念をすべてに先立って個人となっているものとして形づくり，そして／あるいは，人びとの抱く目的が必然的に社会に由来することに目をふさいできた政治理論の矛盾がはっきりと示される——つまり，本書のそもそものアジェンダのうち第1と第2のテーマが解き明かされる——ことになろう．そしてテイラーの仕事のもう1つの側面は，かれのつぎのような見解である．すなわち，道徳的判断と直観はその本質上，合理的に解明したり明晰にしたりできるものであるという見解，ただしそうした解明や明晰化のプロセスでは，これまた共同体から導き出される根本的でひろい範囲にわたる評価の枠組を引き合いに出すことが必要になるという見解である．これらの主張からは，テイラーが道徳的主観主義なり道徳的懐疑主義にはどんなかたちのものであれ反対であり（本書のアジェンダに挙げられた第4のテーマ），善についての希薄な理論にしか依拠しないと主張するどんな政治理論にも深い疑いを抱いている（第5のテーマ）ことがうかがえる．しかしながら，テイラーの見解がはたして重んずるに足るだけのものかどうかを判断するには，続いてかれの見解をもっと詳しく検証しなければならない．

道徳的直観の地位

　テイラーによれば，われわれの日常的でひろく共有されている道徳的直観——たとえば他者の尊厳が侵されたとき，本能的に戦慄と同情とを感じるところに現れる他者の価値と尊厳への敬意——には2つの側面がある．一方では，そうした道徳的直観は根本的なものであり，なにかの風味に吐き気をもよおすのと同じように純粋に本能的なものであると思われる．他方では道徳的直観は，それをあらわにさせるものについての説明のうちに明晰化することができる．すなわち，そうした道徳的直観を表明する行為者はたいてい，人間のなにがそのような反応を至当とするのか，あるいは人間のなにがそのような反応に値するのかを説明することができる．たとえばわれわれは，人間が敬意を払うに値

する尊厳を有しているのは人間が神の子だからであるとか，合理的に目的を選択する者だからであると主張する．いいかえれば，われわれは自分の直観を，人間についてのある特定の存在論を展開することで明晰化するのである．

　こうした道徳的直観の第2の側面にあっては，道徳的直観はなにかの風味に吐き気をもよおしたり喜びを感じたりするような盲目的な反応からきっぱりと区別される．この点をおさえることがとても重要である．後者の場合，われわれはそこに明晰化されるべきものや立証されるべきものを認めたりなどしない．誰かがウォッカの味に吐き気をもよおしたとしても，かれに向かってその吐き気について説明するよう求めたり，君の反応は浅はかだと説きつけようとしたりすることは問題にもならない．物の性質と［それに対する］反応との関係は，事実そうであるというだけのものでしかない．道徳的直観の場合，われわれは与えられた対象がもつ性質にやはり反応しはするが，しかしそこでは対象の性質が，その対象をそうした反応に値する（meriting）ものとしてしるしづけている．この場合には，その対象に関するわれわれの応答のふさわしさが問題になる．すなわち，われわれの反応が正しいかどうかや，最も適切なものであるかどうかについて推論し，議論する余地が出てくるとともに，われわれの間で反応が一致していないことを非難する余地が出てくる．ようするに，われわれは道徳的直観をめぐる議論では，所与となっている反応からは独立した基準をもつ対象について記述しているのであって，テイラーがいうところの「強い評価」——所与の欲求や選好からは独立している基準，［それゆえ］われわれをしてそれらの欲求や選好の価値を評価できるようにする基準にしたがった正邪の識別——の事例を扱っているのである．

　そういうわけで実のところ，われわれの道徳的直観はその対象からわれわれに差し出される要求を暗黙のうちに認めているのであり，さきにふれたさまざまな存在論的説明はそのような要求を明晰化しようとするものにほかならない．さらにまた，それらの存在論的説明はけっして，［道徳的］反応それ自体の妥当性に関して真に客観的な理解に到達すべきだとしたら捨て去られねばならないような，そうしたお飾りのレトリックとはみなされえない．というのも，［存在論的］説明と［道徳的］反応とは内的に関連しているからである．［存在論的］説明の術語が，［道徳的］反応の特質や同一性を細部にわたって明らかにする．すなわち，［道徳的］反応に値する対象の性質を特徴づける際に，［存在論的］説明の術語がその反応はなにに対する反応であるかを細部にわたって明らかにし，

そうやってわれわれに，それがどんな反応であるのかを精確に告げ知らせてゆくのである．存在論的説明を放擲してしまえば，［道徳的反応に関して］議論する余地はまったくなくなるだろう．なぜなら存在論的説明の術語は，道徳的反応に関する議論にとって可能な唯一の術語だからである．したがって，そうした術語なしで済まそうとすればわれわれは，自分が精確にはなにについて議論しているのかを見失い，［道徳的］反応を吐き気という反応とさして違いのないものに——両者がさして違わないと示すよりもむしろ——変質させてしまうことになろう．道徳的成長がわれわれに，自分の［道徳的］反応のうちあるものは抑制し，あるいは改め，そして他のものは発展させるよう命じることはあろうが，しかしけっして，［道徳的］反応からすっかり身を引いて考えるよう命じることはありえない．すなわち［道徳的］反応とは，「世界へとわれわれが接近する様式，存在論的な要求が認識可能でもあれば合理的に議論もされ，取捨選択もされうる世界へとわれわれが接近する様式」(SS, p. 8) なのである．

　テイラーは，道徳的直観と道徳的思考には一般に３つの軸があると考える．第１の軸は他の人間との関係——他の人間の価値と尊厳についての感覚，自分が他の人間に負っているものについての感覚——にかかわる．第２の軸はわれわれが抱く人間一般にとっての善き生の構想——豊かな，あるいは活き活きとした人間の生はなにに存するかについての感覚——にかかわる．そして第３の軸は，われわれ自身の尊厳や地位の感覚——他者の敬意を喚起する特質，喚起しない特質についての感覚——にかかわる．これら３つの軸はどれも人間の本性ないし地位に関するなんらかの構想を前提にしているがゆえに，道徳的直観を系統立てて明晰化するこうした方法は，存在論的説明がそのような明晰化に欠くことのできない部分であるという点を強調する．その方法はまた，それら３つの軸を中心にして展開される道徳の枠組には必然的に強い評価の概念がともなうことを明らかにする．たとえば，人間にとって善き生というものがあるとして，ではどのような生が善いといえるのかと自問する者は，いま抱いている欲求にしたがえば自分がその問いに誤った答えを与え，生を無駄にするか，さもなければ台無しにしてしまいかねないことがよくわかっている．いいかえれば，どんな道徳の枠組にもきわめて重要な質的区別が一揃い組み込まれていて，そうした質的区別の内部で判断を下すときには，なるほど行為や生活様式，感情の波のなかにはずっとたやすく手に入るものもあるけれども，それらとは比較にならないほど高い価値をもった行為や生活様式，感情の波があるのだと

いう感覚がともなっているのである．そのような目的には，われわれがふつう抱く欲求や目的と同じ尺度では測れない価値ないし望ましさがある．それらの目的は，たんに量的にみていっそう望ましいのではない．それどころか質的に異なった地位を，われわれの敬意と賞賛，そして畏怖の念を喚起する地位を有しているのである．

　テイラーの主張はつぎのようになる．どのような道徳的思考の体系も，こうした強い評価に——たとえ暗黙のうちにでしかなくとも——コミットするのを避けるわけにはゆかない．というのも，もし強い評価にコミットしないとしたら，それはどのような倫理も形づくらないからである．とりわけ功利主義のような［道徳的思考の］体系は，ごくふつうの人間的な満足の価値を誤って貶めたり否定したりしたとして，英雄倫理や禁欲の理念といった長い伝統をもつ道徳体系を弾劾して悦に入っているが，それ自身（テイラーの論じるところによれば）そうしたごくふつうの満足を手に入れる種々の様式を区別するのに余念がない．ありふれた人間の生のなかでも不合理な生や疎外された生，あるいは隷従させられた生——いいかえれば，道具的な理性の意義を無視したり抑圧したりする生——は，功利主義者からすれば賞賛すべき生とも，価値のある生，より高貴な生ともみなされえなかった．もっと一般的にいうならば，われわれがすることはどんなことであれ受け入れることができるという観念が擁護できないのは，それがけっして人間の尊厳についての構想の理解可能な基礎となりえないからにほかならない．いいかえれば，われわれの道徳的応答によって形づくられる世界にあっては，強い評価は免れようのないものなのである．

道徳空間における自己

　ここまでテイラーは，われわれの道徳的反応はある種の存在論的説明を前提にしていると論じてきた．さきに概説した３つの軸にそって［道徳の］枠組を明晰化するのでなければ，なにがわれわれの道徳的反応を意味あるものにするのかを説明することはできない，というわけである．このことがすでに，道徳的主観主義——ここで道徳的主観主義とは，道徳的直観と道徳的反応はその本質からして選好の恣意的な表現にすぎないという主張として理解される——を拒否する強力な理由を提供するものとなっている．というのも，道徳的主観主義のそうした主張は，われわれの直観を道徳的な直観として提示するかぎりは

その直観の根拠を明晰化しなければならない責任があるというのに，そのような責任を認めようとはしないからである．テイラーの議論はここから，以下のことを示すべく企図されたつぎの段階に入る．すなわち，人間にとってそうした道徳的直観を発展させ，維持し，明晰化することは，そうしないで済ませようにも簡単にはできないこと，あるいは想像すらできないことであって，それというのも道徳上の議論において前提とされている評価の枠組が，われわれのもっている人格の概念においても前提とされているからである．テイラーによれば，そうした枠組が具体的に表現している強くて質的な区別を放擲してしまえば，われわれは人間の活動を了解することができなくなってしまう．

> しかもこのことは，人間についての偶然的に真である心理学的事実，つまり，例外的にすぐれた個人やニュー・タイプには，あるいは［あらゆるものから］超然として［あらゆるものを］客観視する超人には当てはまらないのだといつかある時点で判明しうるかもしれないような，そうした類の心理学的事実としていわれているのではない．それどころかここで主張されているのは，そのように強く限定された地平のなかで生きることが人間の活動（agency）にとって構成的であるということであり，そうした限界を踏み越えてその外へ出ることは，われわれが欠けたところのない人格性と認めるもの，つまり，損なわれていない人格性と認めるものの埒外へ出てゆくのにひとしいということなのである（SS, p. 27）．

テイラーがいわんとしているのは，「わたしとはなにものなのか」を知るうえで，「わたしはどこにいるのか」を知ることが欠かせない要素になっているということである．すなわち，その内部にあってこそわたしが，あれやこれやの問題ごとになにに価値がありなにが善であるか，あるいはなにがなすに値するかを決めることのできる地平があり，わたしのアイデンティティは，そうした地平を提供するさまざまなコミットメントや同一化を通じて規定されるのである．教会や政党へのコミットメントを通じて，あるいはある民族や階級の，ないしは部族の一員であることをもって自分のアイデンティティを規定する人びとは，たんに自分たちがある価値なり考えなりに強い愛着を感じているといっているのではない．かれらがいわんとしているのは，そうした同一化がある評価の枠組を，すなわち，それなくしてはつぎからつぎへと行く手にひろがる

ものごとがかれらにとってどんな意義をもっているかもはやわからなくなってしまうような評価の枠組を，それなくしては途方に暮れてしまうような評価の枠組を提供しているということにほかならない．したがって道徳上の方向づけは，われわれ自身のアイデンティティの感覚にとってなくてはならない要素なのである．

　しかし，なぜこうでなくてはならないのか．テイラーはつぎのように主張する．「あなたはなにものなのか」という問いかけが発せられるのは，対話者の社会において相手が対話の可能性をもった者であることを知るためである．そしてわれわれはその問いかけに，自分の名前や他者との関係性（「ジョンの姉妹です」），社会的な役割（「大統領です」），コミットメント（「無政府主義者です」「ケベック人です」等々））を伝えることで答える．それゆえ，この問いかけの対象になりうる資格をもつ者とは，それぞれに自分自身の観点なり役割なりをもっている他者たちのなかにあってそのひと自身の観点なり役割なりをもつ者――みずから語ることのできる者――である．しかし，「あなたはなにものなのか」といった問いかけに答えられるということ，それもみずから答えられるということは，自分がどこにいるかを知っている――自分が答えたいことを知っている――ということであり，そしてそれはある程度まで，自分の根本的な道徳上の方向づけを知っているかどうかにかかってくる．どんな［道徳の］枠組からも離れてしまった行為者がいたとしたら，その行為者は恐るべきアイデンティティの危機に陥って，種々の根本的な問題に関して自分がどこにいるかを知りえず，したがってそれらの問題にみずから答えることもできないだろう．また，こうした［道徳の枠組の］不在をなんらかの欠如として経験しないとしたら，その行為者は驚くべき［人格の］解離に，すなわち，われわれがふつう浅薄さと評する範囲をはるかに越えた病理的な状態に陥るだろう．アイデンティティとは自分にとってなにが重要であり，なにが重要でないかの規定を可能にするものであるがゆえに，強い評価抜きではそもそも存在のしようがない．それゆえたんなる事実上の選好，さして強くは価値づけられていない選好によって規定されるアイデンティティという概念は矛盾したものとなる．

　したがって，道徳の枠組をもつももたぬも任意であるという観念は根本的に誤っている．道徳上の方向づけを避けることはできない．なぜなら，［道徳の］枠組によって答えが与えられる問いかけ自体，避けることのできないものだからである．

……［道徳上の］方向づけについて語るには，空間のなかでひとが自分の進路を見出す場合との類比が前提となる．道徳の空間のなかで進む方向を見出す，あるいは見失うといった表現でわれわれの置かれている境遇を理解するということは，［道徳の］枠組が規定しようとする空間が存在論的に基礎をなすと考えることである．［その際に］論点となるのは，その空間において自分の方位を見出すことができるのはいったいどのような枠組規定を通じてか，ということである．いいかえれば，われわれは人間という行為者が問いかけの空間のなかに存在していることを基礎にすえている．そしてそうした問いかけとは，われわれの枠組規定が答えとなるような問いかけであり，そのなかにあってこそ自分がどこにいるのかを知り，ものごとが自分にとってどのような意味をもつのかを知るようになる，そのような地平を提供するものなのである（SS, p. 29）．

　自分の方位を見出すというとき，それはわたしが空間のなかで行うことであり，そしてその空間はわたしからも，またその空間のなかで自分の方向を見定めるのにうまくいくかいかないかということからも独立して存在する．こうしてテイラーによる空間のメタファーは，道徳の枠組によって答えを与えられる問いかけが客観的な地位をもつことを，すなわち，物理的空間それ自体と同じくそうした問いかけが規定する空間もまた，人間のこしらえた虚構などではないという事実を明らかにする．上下左右の感覚を発達させることが，人間に課せられた任意の務めと考えられるような人間の生など想像できないのと同じく，道徳の空間におけるその方位の問題を提起しない人間の生もまた，想像することはできないのである．

自己と自己解釈

　人間のアイデンティティと，人間が道徳の枠組をもちそれを展開することとの関係についてテイラーが主張していることを要約するなら，たとえばつぎのように述べられるだろう．すなわち，人間にあっては自己のアイデンティティは，そのひとが自分の人生において出会うさまざまな対象なり状況がもつ意味や重要性に関する自己の感覚とかたく結びつき，またその一部をそうした感覚によって構成されている，と．さて問題となっていることがらをこのように表現し

直すと，テイラーが『自己の源泉』で展開している見解が，ほぼ20年前に「解釈と人間科学」と題された論文で表明されていた根本的な観念にもとづいていることがいっそうはっきりとわかるようになる．その観念とは，人間は自己解釈をする動物である，つまり，自己解釈から切り離してしまえばその本性とアイデンティティを明瞭に把握できなくなる存在であると考えられねばならない，というものであった．テイラーのこの観念といましがた検討したかれの主張がどのように関係しているのか，これはもっと詳しく見てみるに値する．

　テイラーは「解釈と人間科学」という初期の論文で，人間の行動の特徴を明らかにしようとするどのような試みにあっても意味の概念がきわめて重要な位置を占めると指摘する．その際に考えられているのは，たとえば恐ろしい状況やわくわくする将来の見通しについて話をするときのように，そのひとにとってなんらかの意味をもつ状況や行為，要求，期待について語る場合である．われわれの行為はふつう目的によって特徴づけられ，その目的は欲求や思考，情動と関係づけて追求され，また説明される．しかし，われわれがそれらの目標や感情なり情動を記述する語は同時に，行為者にとって状況がもつ意味を記述するために用いられる言語でもある．そうした意味（「恐ろしい」「わくわくする」）を定義する語彙は，感情（「恐怖」「希望」）を記述する語彙とも，また目標（「安全」「所有」）を記述する語彙とも密接に結びついている．

　それだけではない．これら3つの語彙はとても密接に関連しているので，そのうちの1つについて理解しようにもそれが他の語彙とどう関連しているかを把握しないことにははじまらない．テイラーの言葉を借りるなら，これら3つの語彙は解釈学的循環を形づくっているのである．たとえば恥という情動は，われわれを否応なくある種の状況（「恥ずべき」状況や「屈辱的な」状況）とそれに対するある種の反応（恥じ入る，手で顔を覆う，等々）へと差し向ける．この情動がほかならぬ恥として認識されるには，それが上のような状況と結びつき，そういったタイプの所作を引きおこすことが不可欠である．しかし恥ずべき状況とは，まさに恥ずかしいという感情を呼びおこすからこそそれと認識されうるものであるし，その所作が目指すところもまた同様に，経験される感情と関連づけることなしには理解されえない——くだんの「恥じ入る」所作は，わたしの恥を覆い隠そうとする所作であって，武装した敵から追われているときにふさわしい所作ではない．

　したがって道徳的反応の場合と同じように，広い範囲にわたる人間のさまざ

まな感情と行為もまた（吐き気のような）盲目的な現象などではなく，その状況にふさわしいものでありえたりありえなかったりする．われわれは，他のひとにいわせればかならずしも恥ずべきではないようなことがらに恥を感じもすれば，誰が見ても恥ずべき状況なのにとんちんかんな対応をすることもある．とはいえもっと重要なことは，人間の感情と目的を特徴づけようとすれば——したがって，そのひとそのひとのアイデンティティを特徴づけようとすれば——それは，行為者が自分はいまこういう状況にあると感じているその状況の意味なり重要性を特徴づけるのに用いる語彙から切り離せないということである．そしてそうであるとすれば，人間の行動それ自体も（そもそも欲求や感情，情動，目的といった背景に関連づけないことには行為として理解できない以上），その行為の生起する状況が当の行為者にとってもつ意味の視点からしか特徴づけられないことになる．

　この点についてテイラーは，われわれがある状況を経験しそこに見出す意味を特徴づけるのに用いる語彙というものは，意味論の領域にあってはじめて，つまり，［相互に］関連しあいつつ対照をなす諸概念の組合せの部分としてはじめて，特別な意義をもつようになることに注意をうながす．意味論の領域にあるそれぞれの語は，当の領域の他の語との間にある対照関係からその意味を引き出してくる．たとえばある状況を「恐ろしい」と描写するにも，わたしの語彙のなかで手に入る対照関係のうちに「肝をつぶすような」とか「厄介な」とか，あるいは「どぎまぎする」，「身の危険を感じる」，「むかつく」といった語が含まれているかいないかによって，その意味するところは違ってくる．利用できる対照関係の領域がひろがればひろがるほど，ある語を他の語と対照的なものとして選ぶことで作りだされる区別はいっそう洗練されたものになり，その結果1つ1つの語はますます固有の意義をもつようになる．したがって同じ語を使うにしても，それを2つの異なる意味論の領域にまたがって使う場合や，意味論の領域に［別の］新しい語を導入した前と後とでは，その語の意味に変化が起こってくる．そしてそのことが今度は，当の語で特徴づけられる状況を経験したときそこに見出される意味に変化をもたらし，さらにはそうした状況と内的に関連している感情や目的にまで変化をもたらすのである．

　このことの意味をもっと一般的に表現するなら，ある行為者が自分はいまこういう状況にあると感じているその状況の意義は，したがってまた，その行為者が抱く情動や目標の意味と性質は，それらを特徴づける際にその行為者が利

用できる語彙の範囲と構造によって決定されるということである．もしも行為者に語彙が不足していて，恥に特徴的な状況，感情，所作の循環が欠けているとしたら，その行為者は［恥ずべき状況にあっても］恥を感じることができない．また恥という感情の性質そのものも，行為者の語彙が埋め込まれている意味論の領域がどれほどの広がりをもっているか——なにと対照をなすものとして恥なのか——によって変わってくる．もとより，感情と利用できる語彙との関係は単純なものではない．たんに語彙とそれに先立つ感情とがしっくり対応しているかそうでないかということが問題ではないのであって，それというのもわれわれがよく経験するように，われわれの感情生活は，より洗練された語彙に出会うことでより洗練されたものになるからである．他方，われわれの感情生活をそうやって洗練されたものにしようとすることが問題なのでもない．というのも，他者にせよわれわれ自身にせよ，［なにをもって「洗練された」とするのかについて］どんな定義も強要することはできないからであり，われわれが嬉々として送る「洗練された感情生活」であっても，虚偽を秘め自己欺瞞に満ち，誤った考えに凝り固まっていると判断されることがありうるからである．だがそれにもかかわらず，こうした背中合わせの誤謬を避けるためにどれほど注意深くなければならないとしても，あるひとの内面の生活と，そのひとが自分の内面の生活を特徴づけたり解釈したりする際に利用できる語彙との間の関係が深いものであることは，依然として真実である．

テイラーはこの分析からつぎのような結論を導き出す．

> この分析のとおりであるとしたら，われわれは人間を自己解釈する動物と考えなければならない．人間はそうであるほかないのであって，それというのも人間にとっては，人間が行う解釈から独立した意味の体系などというものは存在しないからであり，一方が他方に編み込まれているからである．しかしそれならば，われわれが解釈するテクストは，解釈されたことがらと異質なものではないことになる．なぜなら，解釈されたことがらはそれ自体が1つの解釈だからである．それは経験のうちに見出される意味についての自己解釈であり，その自己解釈が，経験のうちに意味が成り立つ一因となっている．別のいい方をするなら，われわれがそこに首尾一貫性を見出そうとする当のもの自体が，部分的には自己解釈によって成り立っているのである[3]．

この一節は，それなりに明確な論点をおおげさにしすぎているように思われないでもない．ともあれテイラーのいわんとしているのはこういうことである．すなわち，行為者であるとは自分の置かれている状況を一定の意味の視点から経験することであり，それは一種の原‐解釈 (proto-interpretation) と考えられるものなのだが，その原‐解釈は他方で，それによって行為者がそうした意味を生きている当の言語を通じて解釈され形づくられている．さらに，もしこのことが恥や恐れといった感情なり反応について根本的な次元で真実だとするならば，ひとが自分自身の性格や善き生の構想に関して，また人間性の構想に関してもつ感覚の次元にはもっとよくあてはまるだろう．ようするに，ひとのアイデンティティは——特定の個人としても典型的な行為者としても——部分的に（ことによると主として），内面化された自己解釈から成り立っているのである．あるいは，テイラーが最新の著作で述べているところにしたがうならば，自己のアイデンティティは，生のなかで出会う対象や状況に対してその自己がもつ意義や意味の感覚に結びついているのである．

自己と共同体

　人間とはその本性とアイデンティティが変わりようのない類の存在であり，したがって人間に関して提供されるどのような記述や解釈にもとらわれずに人間の手で研究することができる存在であると考えるような自己の概念に対して，テイラーが反対の立場をとっているのは——かれ自身がどんなふうに述べているにせよ——明らかである．科学的研究の対象とは違って，ひとが行う自己解釈を捨象してひととはなにかと問うことは，根本的に見当違いの問いを立てることなのである．

> われわれは有機体であるような仕方で自己であるのではない．いいかえれば，心臓や肝臓があるのと同じようにして自己があるのではない．なるほど，われわれはそうした臓器をそなえた生命体であり，そのことはわれわれの自己理解や自己解釈とも，あるいはものごとがわれわれにとってもつ意味とも無関係である．しかしわれわれが自己であるのは，われわれがある問いかけの空間に参入するかぎりにおいてであり，善への方向づけを探し求め見出すかぎりにおいてなのである (SS, p. 34).

第3章　テイラー：リベラルな自己の源泉

　そしてテイラーにしてみれば，自己と自己解釈との間にあるこうした欠くことのできない関係には必然的に，自己と他の自己との間にある同じように欠くことのできない関係——共同体との関係——がともなう．これについては二通りの仕方で了解できる．第1に，自己解釈との出会いとは，その自己解釈を具体的に表現する語彙との出会いの問題であり，そしてテイラーによれば，言語は，言語共同体のなかにしか存在しない．第2に，わたしの自己定義が「わたしとはなにものなのか」という問いかけへの答えと考えられるならば，またこうした問いかけは，そもそも話し手どうしのやりとりのなかで意味をもつのだとすれば，わたしは自分と他の自己との関係を定義することによってしか，つまり，家族の系譜や社会空間のなかで，あるいは愛する者たちとの親密な関係のなかで自分がどんな位置から語っているのかをはっきりさせることによってしか，自分がなにものであるかを定義できないことになる．こうして，ひとは他の自己の間でのみ自己であることが，問題を眺める2つの仕方のいずれからも必然的に帰結するのである．

　しかもこの2つの見解は互いに結びついている．一方でテイラーは，言語の手ほどきについて，それはわれわれを養い育てる人びとの間で始終交わされる会話への参入の問題であると主張する．わたしが最初に学ぶ言葉の意味は，わたしとわたしの話し相手の双方にとってその言葉がもつ意味だからである．しかしそうした会話は，そもそもなにかについての会話であり，話し手双方にとってそのなにかがもつ意義を特徴づける役割を果たす．したがって，わたしが怒りとはなにか，愛とはなにか，不安とはなにかといったことを学ぶには，われわれにとって——つまり，われわれの共同体を作り上げている関係性の網の目のなかで特定の役割なり地位を有する人びとにとって——そうしたことがらがどんな意義をもつのか，他者と経験を共有するほかないのである．

　もちろん，わたしは成長するにつれて自己理解や生に関する理解を革新し，自分の家族や生育環境とは鋭く対立する自己理解や生に関する理解を発展させてゆくかもしれない．この点，テイラーの立場には変化や批判を反動的に排除するところは微塵もない．しかし，そうしたさまざまな革新が，われわれに共有された言語に根ざすかたちでしか生じえないものであり，またそれらの革新がどのような意義をもつかは，他者の見解や構想と——たとえ鋭い対立でしかなくとも——関係づけられなければおよそ理解できないということを，テイラーはとりわけ強調しようとする．われわれは自分がなにをいわんとしているか

知っているというまさにその確信は，実際に交わされる人間の対話者との会話——たとえそれが想像上の会話やありうべき会話でしかなくとも——に依拠しているというわけである．

> これは，人間はひとりきりでは自己たりえないという意味である．わたしは対話者との関係においてしか自己ではない．その関係のあり方は，1つにはわたしが自己の定義を獲得するのに欠かせなかった話し相手たちとの関係という形をとり，またもう1つには，わたしが自己理解の言語をこれからも手にし続けるうえでいま決定的に重要な話し相手たちとの関係という形をとる——そして当然のことながら，この2種類［の関係］が重なり合う場合もあるだろう．自己は，わたしが「対話の網の目」と呼ぶもののなかにしか存在しないのである（SS, p. 36）．

ようするに，あるひとのアイデンティティを十全な形で定義すればふつう，そこには道徳的なことがらや精神的なことがらに関するそのひとの姿勢だけでなく，［そのアイデンティティのありようにとって］決定的な共同体との関係が含まれるということである．そしてこれこそは，人間の全一性とアイデンティティとを，テイラーいうところのアトミズムの術語でもって理解しようとする試みがどれも矛盾している理由，すなわち，社会がなくとも人間はなお人間的であるだろうというふうに，社会をすべてに先だって個人となっているアトムのたんなる集合体とみなそうとする試みがどれも矛盾している理由にほかならない．本書のアジェンダにあげられた第2の項目のところで，2つの主な潮流を区別しておいたが，その視点からすればテイラーの見解はそもそも，実質的に非社会的な個人主義に反対するというよりもむしろ，哲学的に非社会的な個人主義に反対する立場にかれを位置づけるものである．人びとが自己解釈をする動物であるなら，なるほど，だからといって共同体的な色彩の濃い内容をもった善の構想に一番の重要性を与える必要はないが，しかしかれらの自己解釈は，かれらの抱くありとあらゆる善の構想の起源が必然的に社会的であり，したがってかれら自身の起源もまた必然的に社会的であることを承認できるようでなければならない．「わたしとはなにものなのか」という問いかけに対するさきの答えが家族関係に，もしくはある文化なり伝統の，あるいは民族の一員であることに言及したのは偶然ではない．自分自身をアメリカ人やケベック人とアイ

デンティファイすることは，自分がどんな位置から語っているのか，また誰に向かって語っているのかをアイデンティファイするのになくてはならない部分である——すなわち，自己解釈にとってなくてはならないものなのである．

方向づけと物語

　これまでのところわれわれが示そうとしてきたのは，人間は自己解釈をする動物であるという人間観がテイラーをして，ある個人と共同体との関係はその個人のアイデンティティにとって構成的であるという見解にコミットさせることの大きな意味であった．それを受けて次に，大筋においてコミュニタリアン的な思考の枠組からテイラーが，どのようにして人間の自己性（selfhood）の本質に関するその他の特定の結論にいたるのか——そうした特定の結論についてはすでにテイラー以外の共同体論の思想家たち（とりわけマッキンタイア）によっても展開されているのを見たが——を論証しなければならない．

　はじめのほうで見たように，テイラーには，問いかけの空間のなかで自分の位置を見定める手段として道徳の枠組を語る傾向があって，その場合，当の空間はそのなかで自分の方位を見つけ出す能力がわれわれにあるかないかといった事情とは無関係に存在しているということが含意されていた．そしてこのことは，人間には物理的空間のなかで方位を定める必要があるのと同じく，人間に関する存在論の根幹をなす一側面であった．さてわれわれはいまや，空間のなかでの方向づけというこのメタファーがもつもう１つのきわめて重要な含意に目を向けなければならない．そのもう１つの含意は，方向づけには２つの側面があるという事実に，すなわち，自分の位置を見失うという事態が起こりうる場合には二通りあるという事実に由来する．われわれには自分の周囲の地勢がどうなっているか皆目わからないことがある．手元に地図がなく，大きな目印になるものもそれらの位置関係もわからない場合などがそうだろう．あるいは地図をもっていたとしても，その地図のどこに自分がいるのかわからないということもありうる．これとの類比でいうならば，善に関する方向づけの場合にも，質的にすぐれたものをかたどるなんらかの枠組だけでなく，そうした［質的にすぐれているがゆえに］評価の目印になるものとの関係において自分がどこにいるのかわかっていることが必要になる．そして，ある質的な区別によって規定された空間のなかで自分を位置づけることが行為者であることの根幹を

なすならば、それらの質的な区別との関係において自分がどこにいるのかということが重要になってこざるをえない。「このうえなく重要な意味をもつものの空間では方向づけなしに動き回ることができないとすれば、われわれは自分がその空間のどこに位置するのかつねに気にかけざるをえない」(SS, p. 42) のである。［人間には］善に対する構成的な愛着が可能でありまた重要でもあるという推定とあいまって、テイラーのこうした指摘は実にサンデル的な響きがする。テイラーが主張するのは、われわれの精神的な方向づけを規定する善とはそれによってわれわれが自分の生の価値をはかろうとする善であり（テイラーいうところの第2の軸）、自分の生の価値や有意味性への関心は、そうした善との関係において自分がどのように状況づけられ、あるいは位置づけられているのか——そうした善に手が届いているのかいないのか、そうした善に関して自分は正しい位置にあるのかどうか——についての関心と考えるのが一番よいということである。そして空間のメタファーがさらに示唆するように、このことがわれわれにとって問題となる場合、そこには2つの異なった意味がありうる。第1に、自分はそれらの善にどれくらい近づいているのか——わたしの生は自分がいつも心にかけている家庭内の調和や自分が目指している芸術上の到達点をどの程度まで表現し、また形にしているか——と自問する場合がある。第2に、そもそも自分が正しい方向に向かっているとわかっているかどうかを問う場合がある——願ってやまない家庭内の調和にはまだ程遠いところにいるとしても、その善に対する基本的な姿勢とコミットメントが、つまりその善に焦点を合わせて生きるという自分の決定が着実に実を結んでいるかどうかは、すくなくとも知ることができる。

　いいかえれば、われわれのような存在にとっては自分がどこにいるかだけでなく、自分がどこに向かおうとしているのかも問題になるということである。そして、われわれの生の動いてゆく方向がわれわれにとって重要なのは、われわれの生が方向をもつもの——動くもの——であるからにほかならない。テイラーは結果として、マッキンタイアの仕事の中心的なテーマを繰り返すことになる。すなわち、わたしの善の感覚、質的な区別の感覚は、つぎつぎに展開してゆく物語としての生に関するわたしの理解と編み合わされなければならないという考えである。わたしは道徳的な問いかけの空間のなかで自分の位置を見定めなければならないが、その空間は、首尾一貫した物語しか答えられないような問いかけからなるさらに大きな空間の一部なのである。「わたしはなにも

のなのか」という問いかけに答えるには，自分がどうして今あるような者になったのか，そして自分はどこに行こうとしているのかという問いかけに答える必要がある．すなわち，善への方向づけの概念と生の物語的統一もしくは「探求」的構造の概念は，互いに他を含みつつ内的に連関しているといえよう．

> わたしの主張の基礎にあるのは，これまで論じてきたようなアイデンティティのさまざまな条件の間には密接な関係があるというテーゼ，いいかえれば，人間の生を意味あるものにするさまざまな条件は互いに密接に結びついているというテーゼである．このことは次のようにも表現できるだろう——われわれは自分を善へと向かわせずにはいられないがゆえに，したがってまた，その善に関連づけて自分の位置を見きわめ，そうして自分の生の方向を決めるほかはないがゆえに，われわれは好むと好まざるとにかかわらず自分の生を物語の形で，つまり「探求」として理解しなければならないのだ，と．あるいは 2 番目の点から出発することも可能だろう．すなわち，われわれが自分の位置を善との関係で決めなければならないことから，われわれは善への方向づけなしには存在できないがゆえに，自分の人生を物語において了解しなければならないのだ，と．どちらの側からにせよわたしは，それらさまざまな条件は同一の現実からなる相互に関連しあった事実であると，いいかえれば，人間が活動するうえで免れることのできない構造上の必要条件にほかならないと考える（*SS,* pp. 51-52）．

最高次の善と実践理性にもとづく推論

　ところで本章の冒頭では，テイラーが反対するのは道徳的主観主義だけではないし，負荷なき自己やすべてに先だって個人となっている自己だけでもなく，あるタイプの非社会的な個人主義だけでもないと述べた．［実際これまでにみたように］かれはまた，わざわざ人間の善に関する希薄な理論のほかにあれこれと引き合いに出さずとも特定の道徳原理なり政治原理は擁護できる，とする観念にも攻撃を加えていた．さて最初の 3 つの主張についてはその根拠を吟味したので，これで 4 つ目の主張をさらに詳しく吟味できる．ここではとりわけ，テイラーにおける最高次の善（hypergood）の概念を解明しなければならない．

　なぜ最高次の善の概念が問題になるかといえば，行為者のアイデンティティ

にとって善の構想が重要であることを確証したのちにテイラーが，人間の生には多くの善があって，しかもそれらはときとして（いや実にしばしば）ぶつかり合うことをあらためて指摘し，そうやって事態を込み入ったものにするからである．そしてその結果，つぎのようなことになる——個人はさまざまな善を自分の生において追い求めるに値する善として承認するが，誰にしてもそれらの善をランクづけする必要がでてくる．そこから場合によっては，そのうちの1つの善を他の善に比して最も重要性が高い善とみなすにいたるだろう．たとえば自己表現には価値がある，正義にも価値がある，神の礼拝にも家族生活にも価値があると考えるひとがいたとして，そのひとがそのなかの1つ——神の礼拝としておこう——を最も重要だとみなす場合である．こうした個人は，さまざまな質的区別や道徳の枠組のいずれにも承認を与える一方で，最も重要だとみなす道徳の枠組とそれ以外のすべての枠組との間には質的な断絶があることも承認する．ようするにその個人は，それ自体としては下位の質的区別によって規定されるさまざまな善を分節するために，それらの善をさらに高位の質的区別にかけているのである．そしてこのように高位にある善を，テイラーは最高次の善と呼ぶ．

　最高次の善はたいてい衝突の原因となる．その理由は誰の目にも明らかで，というのも最高次の善にあっては，みずからが低いランクに割り振る［他のさまざまな］善に対して結局のところ寛容ではないことが前提になっているからである．とはいえさらに興味深いのは，［新しい］最高次の善が一般に，それよりも先にあった妥当性の低い見解に歴史上とって代わるところからその姿を現すことである．すなわち最高次の善は，一段高い道徳意識への歩みとして現れるのである．たとえば，ひとはみなひとしく敬意をはらわれるべきであるという原理は，今日では多くの人びとに最高次の善と考えられている．だがそうした人びとには，その原理がいつでも優位を占めていたわけではなく，それよりも先にあったもっと適用範囲の狭い倫理に徐々にとって代わってゆくプロセス，旧い倫理と衝突しながら発展してゆくプロセスを通じて現れたことがわかっているし，その原理が今日もなお，他の倫理への挑戦を通じて（たとえばさまざまな両性の間の関係について）新たな適用の可能性を見出し続けていることもわかっている．そうした価値の再評価（transvaluation）——かつては最高次の善にほかならないとみなされた善の全面的な廃棄——は，その本質からして葛藤に満ちたものなのである．

このような価値の再評価について吟味すると，当然のことながら実践理性をめぐる問題が提起される．つまりこういうことである．いまここにある最高次の善がその優位を確立したのは，ある文化がかつて優位にあった倫理を離れてその善へと向かっていったからであるとしても，いったいどうすればその移行はもっともであるとか合理的であると確信できるのか．かつて優位にあった善は新しい善よりも適用範囲が狭いとか価値が低いといった判断は，新たな最高次の善という枠組の内部から下されるほかはないというのに，なぜそのような判断を受け入れるべきなのか．テイラーによると，ほかならぬこうした懸念を引き起こす最高次の善の特徴が，その懸念を解消する方法も明らかにしてくれる．というのも，人間の実践理性がまさにそうした状況に対処するようにできているからである——実践理性とは，移行における実践的な推論なのである．

実践理性が立証しようとするのは，ある見解についてそれが絶対に正しいということではなく，他の見解よりもすぐれているということである．それを実践理性は，Aという見解からBという見解へと移行するところから生まれる認識の増大を論証することで果たす．われわれはそうした認識の増大を，AからBへの移動でAの矛盾やAの拠って立つ混乱が解消されるのを示したり，あるいは，Aが排除している事実や隠蔽している事実のなかに重要なものがあるのを認めたりといった方法で論証することができる．

合理性についてのこうした描写は，マッキンタイアのそれを彷彿とさせる．マッキンタイアによれば，ある道徳の伝統がその合理性や妥当性を他の伝統に対してどこまで擁護できるかは，その道徳の伝統が認識論上の危機にどこまで対処できるかによるのであった．それゆえ，テイラーがこうした論証形式の起源を伝記体の物語に求めているのがわかっても驚くにはあたらない．

> われわれがある見解に関してそれはすぐれていると確信するのは，われわれが誤謬の縮減として，したがって認識の増大として理解するようなある移行を経たからである．わたしは［あるとき］自分がルサンチマンと愛の関係について混乱していたと気づく．あるいは，時とともに深まってゆく愛というものがあることに気づく．だがそう気づくまでは，そんなことは思いもよらなかったのだ．しかしだからといって，われわれは議論しないわけではないし，議論できないわけでもない．自分は道徳的に成長したという確信に，他人から異議が差し挟まれることはありうる．その確信は結

局のところ幻想であるかもしれない．そこでわれわれは議論する．そしてその場合の議論とは，わたしが生きているところのものをめぐる解釈の争いなのである（SS, p. 72）．

したがってテイラーは，ある最高次の善から別の最高次の善へと移行した結果——個人のレベルにおいてであれ文化のレベルにおいてであれ——道徳的な成長がもたらされるという主張には争う余地がないとか，そうした主張は誰もが納得すること請け合いであるなどといおうとしているのではない．テイラーがいわんとしているのは，ある最高次の善が道徳的にすぐれているかどうかを判断する基準で，それ自体なんらかの道徳の枠組を前提にしていないものはないし，またありえないということである．個人のものの見方はすべて，そのひとがどのような道徳的直観をもち，自分の道徳的直観を根拠づける際にどうやって明晰化して，どのような考慮から道徳的に動かされるのかによって規定されるし，また規定されざるをえない．こうしたことを捨象してしまうなら，そのひとが道徳的な客観性に達することはない．つまりそのひとは，いかなる道徳の議論も理解できなくなってしまう．道徳的な行為者が納得させられるとすれば，それはそのひとの道徳上の経験に関する読みが変更される場合だけ，それもとりわけそのひとの生の物語に関する読みが，つまりそのひとが生き抜いてきた（あるいはそうやって生きるのを拒んできた）［生の］移行に関する読みが変更される場合だけである．たとえわたしの道徳の枠組が神——わたしの道徳上の経験を無限に超越している存在——への信仰に基礎づけられているとしても，その信仰にわたしが合理的な確信を抱くことができるのは，その信仰自体が，わたしの道徳上の経験を視野に入れた熟慮に基礎づけられている場合だけなのである．

　結局のところ，実践理性にもとづく推論とは移行に関する推論であるというテイラーの主張は，実践理性にもとづく推論による評価はどれも善の構想を引き合いに出さないわけにはゆかなくなるという主張にひとしい．道徳上の特定の決定や見解が合理的であるかないかは，そのひと自身の具体的な道徳上の経験と直観に，そしてそうした経験や直観が前提とする善の構想に関係づけることによってしか評定されえない．またこのことは，競合するさまざまな善を上からランクづけすることにもつながるだろう．それゆえある行為者の合理性は，実質的な（*substantive*）見地から，そのひとの答えが正しいか正しくないかにそ

くして判断されることになるだろう．合理的であるとはまさに，正しく理解す
͘͘͘
るということである．したがって，人間の活動および道徳と善の構想との深い
関係を把握することなしには人間の活動および道徳の本性を把握できないよう
に，活動の担い手である行為者（agents）によって遂行される道徳的な推論の
本性もまた，それが同じようにして［善の構想に］負っていることを評価するこ
となしには把握できないのである．

　しかしながら，現代倫理学の理論の多くは，実践理性にもとづく推論に関し
て実質的な構想よりも手続的な構想に固執する．現代倫理学の諸理論にあって
は行為者の合理性は，そのひとが出した答えの正しさと関係づけるよりもむし
ろ，そのひとの思考の道筋と関係づけることによって評定される．そこでは合
理性とは，正しい手続を遵守するかどうかの問題なのである．こうしたアプロ
ーチは必然的に，善の構想から出番を奪うことになる．なぜなら，一定のスタ
イルなり方法の遵守という視点から実践理性にもとづく推論の価値を定義しな
おすならば，実践理性にもとづく推論の価値は，その推論によって選ばれた善
の構想の実質的な価値とはまったく無関係に評定されうるし，また評定されな
ければならないことになるからである．テイラーの視座からすればそこから，
そのような実践的合理性の構想には2つの問題が生じてくる．第1に，そうし
た教説はどれも，倫理において合理性に関する判断を下そうとすればそこには
免れようのない結びつき——実践的合理性の評価と価値や善を引き合いに出す
こととの結びつき——があるのを，表向きには否定せざるをえない羽目に陥る．
第2に，それにもかかわらずその教説は，そうした判断を下すなんらかの方法
——道徳上の決定や見解が合理的であるかないかを評定するなんらかの方法
——を作り上げるがゆえに，表向きの約束とは裏腹にその教説自体が，ある一
定の価値なり善なりを引き合いに出さざるをえなくなる．

　手続的な構想の場合，そうした価値を暴露するのは難しいことではない．推
論の結果よりも推論のスタイルなり方法を強調するのは，他のなにものにもま
して行為者自身の欲求や意志を優先する1つのやり方であり，それによって自
由で自律的な選択の重要性が際立たせられる．しかもそれは，自然のなかにで
あれ宇宙のなかにであれ客観的な秩序などというものが存在することを暗に否
定している．なぜならそうした秩序は，ある善の構想は正しくて他の善の構想
は間違っていると裁決を下し，そうやってわれわれを実践理性についての実質
的な構想に引き入れるものだからである．道徳における合理性の手続的な構想

は，さまざまな主体が各自の生き方だけでなく，自分の生の価値を吟味するのに用いる基準をも自由に選ぶような，そうした脱魔術化された宇宙を念頭に作り上げられている．ようするに手続的な合理性の構想は，サンデルとマッキンタイアが（呼び方こそ違うものの）主たる標的として狙いをつけたその価値を，すなわち，モダニティという最高次の善を奉じているのである．

しかしながらテイラーの見解では，こうした実質的な価値へのコミットメントこそは，手続的な合理性の構想を唱える人びとが自分たちの理論の要請にしたがって否定し，抑圧せざるをえなくなっている当のものにほかならない．もしかれらが自分の奉じる価値を守るべきだとしたら，かれらは実践的な合理性の追求と獲得が，他の［合理性の］追求に比べて優先されることを請け合わねばならない．しかもそうすることができるのは，道徳の領域が人間の生における他の側面よりも優先されることをはっきり肯定する場合だけである．ところが，やはり表向きは善の構想を引き合いに出すのに反発するために，なぜ自分たちがそうした［道徳の領域の］優先性をはっきり肯定するのかどうにも説明できなくなってしまう．というのも，［道徳の領域の］優先性を肯定してしまうと，それまで手続を強調してきたのが，すべては結局のところ実質に関する議論次第であることに変わってしまうからである．ようするにテイラーによれば，手続的理性の主唱者たちはディレンマに直面することになる．かれらは理由も説明できないままに道徳的なるものの領域を分離しなければならない．絶対的な境界線のその絶対性を説明できないままに，しかし境界線は守らなければならないのである．

> かれらは自由や利他主義，普遍主義といった力強いことこのうえない道徳の理念につき動かされているように見える．これらの理念は道徳文化の中枢にある道徳的熱望に，すなわち，道徳文化に特有の最高次の善に属している．それでいてしかし，これらの理念が理論家たちを駆り立ててゆく先にあるものといえば，そうした善をあらかた否定することなのである．理論家たちは実際のこととして奇妙な自家撞着に陥っている．ほかでもなくかれらをつき動かすその善が，かれらにそうした善をことごとく否定するよう仕向け，あるいはそうした善から本来の性質を奪うよう仕向ける．かれらには［理論の］成り立ちからして，もっと深いところにある自分の思考の源について真実を語ることができないのである（SS, p. 88）．

第3章　テイラー：リベラルな自己の源泉

正の優位

　テイラーのみるところでは，実践理性にもとづいた推論に関して手続的な構想を唱える人びとが気づく実際上の自家撞着はまた，道徳および政治の理論をたてる際に，善に対する絶対的な優位を正に与える人びとが否応なしにたどる運命でもある．そしていうまでもなくこの論点こそは，こうした一見したところ抽象的な道徳哲学上の論点が『正義の理論』への関心と通じ合うようになる地点にほかならない．功利主義や他の帰結主義の諸理論に対して拒否の姿勢を示そうとしてのことならば，正に優位を与えることはまったくもって正当であるし，また実際に必要なことでもある．というのもその場合，正に優位を与えることが意味しているのはただ，道徳は結果の視点だけから了解されるべきではなく本質的な価値や義務といった概念も含むべきだという，第1階の実質的主張だからである．だがそれはまた，ある特定の第2階の倫理学上の見解を予示するものとしても利用されうる．そうした文脈でいえば，正に優位を与えることで示されているのは，功利主義が基礎をおく欲求充足という同質的な善の拒否ではなく，むしろあらゆる善の構想に関する妥当性の拒否なり切り下げである．実際，正に優位を与えるということは，質的区別——それはテイラーが論じるところではおよそどんな道徳観の説明からも切り離しえないものである——などいっさい引き合いに出さない道徳観に賛成の論陣を張ろうとすることなのである．

　テイラーはここでロールズを例に出す．ロールズ流の正義の理論はどのような特定の善の構想にも依拠していないと考えられている．というのも，もしなにか特定の善の構想に依拠しているとしたら，ロールズ流の正義の理論が擁護する社会制度は実際には，そのもとで暮らしているすべての人びとにそうした特定の善の構想を押しつけることになり，人びとの自律性が侵害されることになるからである．とはいえ，ロールズ流の正義の理論から出てくる正義の諸原理を評価しようとするのなら，われわれの道徳的直観に照らして評価するのでなければならない——これはロールズも認めるように，かれの反省的均衡という方法になくてはならないものである．そして，そのような道徳的直観の根底にありまたあるはずの［道徳の］枠組と存在論的説明を明晰化しようとするのなら——いいかえれば，道徳的直観に関して実践理性にもとづいた推論を遂行

しようとするのなら——，善に関するきわめて実質的な理論を事細かに説明し始めなければならなくなるだろう．たとえそうはしないとしても，正義の諸原理を擁護するにあたっては，複雑にして洗練された善の感覚に依拠していなければならない．したがって，そのような善の構想はいっさい重要ではないという，ロールズが自分のプロジェクトを理解するうえで絶対にはずせない主張は，抑圧や否認を示す一例にすぎない．

テイラーは自分の主張を次のようにまとめる．

> 「善」が帰結主義の理論の第1目標を意味するなら，つまり正が，そうした目的のための手段としてもつ意義だけから決められるなら，なるほど正は善よりも基底的でありうると主張すべきだろう．しかし，ここでの議論における意味で「善」を用いるなら，つまり善が，質的区別によって高い価値をもつものとして選び出されるすべてのものを意味するなら，事実は逆だといえるだろう．すなわち，善はある意味つねに正よりも基底的であって，……善とはその明晰化を通じて，正を定義する諸規則の核心を示すものなのである (SS, p. 89)．

いいかえれば，実践理性にもとづいた推論の手続的な構想と正の義務論的な構想の両方に関してテイラーが主張しているのは，善についての希薄な理論しか引き合いに出してはならないという表向きの禁令は矛盾に陥るのを避けられないということである．ひろい範囲にわたる根本的な質的区別は，善についての濃厚な理論を構成するのに役立つが，われわれにはそうした質的区別をしないで済ますことはできない．というのも，そうした質的区別がないとしたら，道徳的直観が命じたり，賞賛すべきものとして提示したりする行為や感情の道徳的な核心を明晰化する方法が，われわれにはないことになるからである．なるほど，日々の道徳生活にあっては質的区別というものがいつも歴然とした形で，あるいははっきりした形で明晰化されているとはかぎらないだろう．しかし，質的区別が明晰化されるべく存在していないとしたら——あるいは質的区別に拠って立つことを禁じられるとしたら——，われわれは道徳として理解できるものがなに1つないまま置き去りにされることになる．そのときわれわれの道徳的直観からは，それを吐き気のようなありのままの反応と区別する特徴が，しかも認識可能な自己のアイデンティティにも，認識可能な人間の生の物

語的統一にもなくてはならない特徴が欠けてしまう．アイデンティティからも生の物語的統一からも，善の構想との関係がすべて欠けてしまうことになるのである．

テイラーと，ロールズに対するコミュニタリアン的な批判

　テイラーはこれまで吟味してきたような見解を提示しながらも，善に対する正の優位を論ずるとき以外に批判の対象としてはっきりロールズを名指すことはない．むしろテイラーは自分の立場を，自然主義や功利主義といったはるかに一般的で，ずっと幅をきかせている一連のさまざまな文化的思想に対立する立場と規定していて，現代政治学の特定の理論家などにかかずらわるより他にもっと大切な仕事があるのだといいたげである．それにもかかわらずテイラーは，リベラリズムに対するコミュニタリアンの批判に加わっているとみなされている．本節の目的はそうした理解の妥当性を吟味することにある．

　第1に，テイラーの仕事と前の各章で吟味した著作家たちの仕事の間に，真の家族的類似があることは明白である．もっと正確にいうなら，テイラーの一般的な結論と，サンデルおよび（より顕著には）マッキンタイアの一般的な結論との間に示される収斂の度合いが著しい．サンデルともマッキンタイアとも同じように，テイラーもまた，善へのコミットメントなり方向づけは自己のアイデンティティになくてはならないものであるとか，自己のアイデンティティを構成するものであると主張する．さらにテイラーは，マッキンタイアと同じように，人間の生は物語形式の視点——善へと向かってゆく（もしくは善から離れてゆく）個人の歩みの物語という視点——からしか理解できないという．加えてテイラーは——まるでマッキンタイアそのひとのように——こう論じる．すなわち，合理的な営為としての道徳という考えからして，人間とその生についての上のような見解を前提にしている．それというのも物語形式の視点だけが，つねに具体的な道徳の経験と特定の道徳の枠組とに根ざしているはずの，移行における推論としての実践理性にもとづいた推論に関して，実質的な構想を閉め出さずにおくことができるからである，と．そして当然のことながらテイラーは，つぎのように（またもやマッキンタイアと同じように）論じてかれの結論とする——善の構想などなくても構わないと主張したり，さまざまな善の構想の間にあって中立であると主張したりする道徳理論や政治理論もいずれみな，自

分が実際上の自家撞着に巻き込まれていて，価値へのコミットメントに，しかも，ある程度の一般性を主張してそれまで表向き禁じてきた種類のコミットメントに，依存せざるをえないことに気づくだろう．

さらに，こうした個別の見解の根底にあってそれらを1つに束ねているものとして，道徳の枠組と自己に関する本質的にコミュニタリアン的な構想をテイラーのうちに認めることができる．ただしその構想は，サンデルのよりもマッキンタイアの構想のほうにはるかによく似ている．というのもテイラーの考えでは，道徳の構想にせよ自己とその物語的統一の構想にせよ，そして実践理性にもとづいた推論の構想にせよ，およそ適切な構想というものは，道徳の枠組や質的区別の根本的な重要性を認めなければならないからである．しかもそうした［道徳の］枠組はどれも，その本質からしておのずと共同体的なものである．つまりそうした枠組は，言語共同体の一員であることを通じてはじめて確立されうるものであり，維持され，また獲得されうるものなのである．これは非社会的個人主義にとってずしりとこたえる攻撃になるが，しかしそれは，現実のさまざまな非社会的個人主義に対してよりもむしろ，哲学上のさまざまな非社会的個人主義に対しての攻撃となる．というのもそれは結局のところ，道徳理論と政治理論が，共同体色の濃厚な内容をもつ善の構想の意義を無視したり抑圧したりするのを非難するというよりも，あらゆる善の構想と自己の構想が社会的基盤に依存しているのを無視したり抑圧したりするのを非難することになるからである．この点でもテイラーが親和的なのは，サンデルよりもむしろマッキンタイアである．そしていうまでもなく，テイラーにおけるこうしたコミュニタリアン的な節回しは，結局はかれの自己の構想からもたらされている．なぜなら，人間が自己解釈する動物であり，しかも人間が自己解釈するための言語と経験の源泉は他の自己たちからなる共同体の文脈のなかにしか見出されえないとすれば，テイラーは，共同体が人間の活動と自己性にとって構造的な前提条件であるという見解をとるほかないからである．

さてしかし，ロールズ流のリベラリズムにはテイラーのコミュニタリアン的な批判があてはまる――ロールズはこれまで見たような論点のどれ1つとして承認することができない――という主張を正当化するのはなんであろうか．ここで，そもそも本書のアジェンダにどのようにしてテイラーの批判を位置づけていたか，思い返してみるのも無駄なことではあるまい．本章の冒頭で触れたように，人間の自己性に関するテイラーの構想は，負荷なき自己や具体性なき

自己の構想にコミットするすべての政治理論（第1のテーマ）にも，また哲学上の非社会的個人主義のいくつか（第2のテーマ）やある種の道徳的主観主義（第4のテーマ）にも，そして，善の実在論など引き合いに出さずとも済むとするすべての主張（第5のテーマ）にも，どの主張にもあてはめられる批判を生み出すような構想になっている．この第4と第5の論点を別にすれば，ロールズが提出している理論はこれらの誤りを典型的に示しているとテイラーが明確に主張したことは一度もない．それゆえ，われわれが立てたテーマのなかでもはじめの3つの項目については，かりにテイラーがロールズの批判者とみなされうるとしても，それはサンデルとマッキンタイアが，ロールズは負荷なき自己という自己観なり情緒主義者の自己観にコミットしている，つまり，自己は目的の選択と共同体への参加に先だって個人となっているとみなす自己観にコミットしていると確信する点で正しいとした場合にかぎられると思われる．そのような自己のアイデンティティは善の構想の選択に依存せず，その生の過程には物語的な論理がない．またそうした自己の実践理性にもとづく推論には，合理性の資格はかけらもない．しかもそうした自己観にコミットする者はみな，なんらかの形のアトミズムや非社会的個人主義にコミットしているように思われる．なぜなら，すべてに先だって個人となっている自己というものは，自分が一員であるかもしれないどんな社会にも論理的に先だっていて，それゆえどんな社会とも本質的に無関係であることになるからである．ようするに，このような構想にコミットする理論は，本書のアジェンダにあげられたはじめの3つの項目でテイラーが展開した議論に照らせば，どこからでも格好の攻撃対象になる．そしてそこまで攻撃されやすいのは，自己性の本質に関して根本的に非コミュニタリアン的な理解をとっているせいである．しかし注意しなければならないのは，テイラーの仕事が，そうした自己の構想こそはロールズが実際にコミットしている，もしくはコミットしているはずの構想であるという主張を支持するものではなく，また支持しようとするものでもないということである．

　テイラーの仕事が現にはっきり支持しているのは，ロールズとてある特定の自己の構想にコミットしないわけにはゆかないというもっと穏当な結論である．というのもテイラーによれば，いかなる道徳理論も政治理論も，表には出てこない一連の質的区別と，人間本性に関する存在論的説明とに依拠しているはずだからである．道徳理論が道徳上の論争への寄与を認められようとするなら，道徳理論は善の感覚に依拠するであろうし，その善の感覚は明晰化できるもの

でなければならない．そして，そうした明晰化を果たそうとすればつねに，人間のなにが，人間はその理論の要求するように処遇されるべきだという結論へと必然的に導くのか，それを説明しようとしなければならなくなる．したがってテイラーの論点は，人格の正しい処遇に関するどんな理論にも人格についてのなんらかの構想が必要だというようなつまらない論点ではない．テイラーの主張とは，そうした理論が擁護されうるのはただ，その理論家に人間の本性と人間の生の価値に関するきわめて一般的な構想を実質的に是認する覚悟がある場合だけでしかないという，もっと強烈な二段構えの主張なのである．してみるとテイラーは，ロールズが自分の理論に反対する者たちとこうした根本的な次元で闘うのを拒否するなら，かれは道徳上の論争のアリーナから完全に身を退かねばならないという結論を支持しているようにもみえる．そこには妥協の余地などないかのようである．ロールズの人格の構想は，あるいはサンデルが考えているようなものではないかもしれないが，それでもなおロールズは，人間に関する特定の存在論に依拠しないわけにはゆかないのである．

　また，実践理性にもとづいた推論の手続的な構想に対するテイラーの批判を，ロールズはまともにくらうことになるという考えもあるかもしれない．なぜならロールズ流の公正としての正義は，原初状態において遂行される推論の所産として提示されるからである．しかも原初状態では，特定の善の構想に関する知識に依拠することは認められていない．それどころか，熟慮する際に一定の原理と禁令を遵守することが，その熟慮の結果の妥当性を保証すると考えられている．ようするに，純粋に手続的な正義の構想が問題なのである．しかしながら，そのせいでロールズがテイラーに批判されやすくなると考えるのは誤っている．しかもそれは，テイラーが読者に向かって避けるようはっきりと忠告している誤りである (cf. SS, p. 87, n. 60)．それがなぜ誤りかといえば，なるほど原初状態における推論は手続的だが，原初状態とそこでの制約を社会正義に関する問いにふさわしいものとして受け入れるようわれわれを導く推論は，手続的ではないからである．それどころかロールズによれば，原初状態における推論が純粋に手続的な形のものに限定されるのは，そうすることが一定の実質的な善——とりわけ，すべての市民の自由と平等の尊重というわれわれの関心を反映している善——を守るのに必要であるからにほかならない．それゆえ，手続的な正義の構想を擁護する試みのうちに，それも［ロールズではなく］他の試みのうちにテイラーが突きとめたような実際上の自家撞着に，ロールズ自身も

第3章　テイラー：リベラルな自己の源泉

巻き込まれているとは考えられないのである．

　こうしてわれわれのもとには，まさにテイラーそのひとの手になるロールズに向けた唯一真っ向からの批判——本書のアジェンダにあげられた第5の項目に関連した批判——が残ることになる．はじめのほうで見たように，テイラーの仕事のなかでロールズがはっきり姿を現すのは，善に対する正の優位——テイラーにおいてはこの原理は，ロールズ流のリベラリズムが具体的に表現しているのは善についての「希薄な」理論にしか依存しない正義という考えである，という主張と等価にみなされている——を支持する理論家としてだけであった．そしてテイラーはこう論じる——正の優位を受け入れる根拠が十分に明晰化されれば，それらの根拠がきわめて実質的な善の感覚を構成していることが，すなわち，そこでは一連の質的区別が人間性に関する特定の存在論的説明と結びついて1つになっているような，そうした実質的な善の感覚を構成していることが知られるだろう．

　この批判が行き着く先は，ロールズ流のリベラリズムが競合するさまざまな善の構想の間で中立的でありたいと願っても，けっして思うようにはいかないという主張である．正に割り振られた善に対する絶対的な優位には，ロールズが自律という価値に割り振る絶対的な優位が反映されている．善に対する正の絶対的な優位には，自律がロールズ流の最高次の善であることが映し出されているのである．最高次の善に依拠することは本来，どんな道徳理論にとっても欠点にはならない．それはむしろ決まりごとのようなものである．そしてテイラーは，リベラルな最高次の善がおおいに魅力的であることを喜んで認める．しかし，道徳的な評価と道徳上の論争の本性に関するテイラーの議論にしたがえば，リベラルたちが，自分たちは人間にとっての善き生と人間性とに関する評価の前提については——かれらの理論に反対する者たちとは違って——最小限の道具立てでやっていると主張し，そうやってかれらの奉ずるさまざまな価値を擁護しようとするのは，たんなる自己欺瞞でしかない．実際テイラーは，つぎのようなマッキンタイアの議論に大筋で同意する．すなわち，政治的な生の領域を組織化する正しい方法に関するリベラリズムの主張——人間にとっての善き生の構想を政治のなかで引き合いに出すのを禁じることによって，もっとひろい意味で理解される倫理や道徳の領域から政治的な生の領域を切り離す——を擁護するには，リベラリズムは，大きなひろがりをもつリベラルな倫理の伝統——リベラルな政治の構想はその一部でしかない——を作り上げている

人間の善の構想と，人間に関する一般的な存在論とに頼らなければならないのである．

　リベラルな政治理論のルーツはひろい範囲にわたっているのだというこの主張には，リベラルな政治の実践についての主張が対応している．というのも，テイラーは同時に，人間を市民として完全に自律した状態で発展させ，保護し，持続させるという目標には，リベラルな政治システムの維持よりももっと多くのことが必要になる，すなわち，これこそがリベラルな社会にほかならないという社会を持続させることが必要になる，と主張するからである．人間を自己解釈する動物として理解すれば当然そうなるだろう．なぜなら，自己解釈する動物というものは，自律的に目的を選び取る者としての人間に関する構想を具体的に表現し，また前提にしているような諸制度と文化をもつ社会のなかでしか，自律的に目的を選び取る者たりえないからである．さもなければ自己解釈する動物には，自分は自律的に目的を選び取る者だというふうに解釈するための概念的な拠り所も，そのような人間であるための概念的な拠り所も手に入らない．それゆえに，現代のリベラルでデモクラティックな社会の諸制度とさまざまな実践——たとえば交渉や契約，道徳や政治の問題をめぐる公的な論争，投票システム，大学といった制度や実践——が，つぎのような状態を確保するうえで絶対になくてはならないのである．その状態とはすなわち，社会の成員が，自分たちはみずからの意思で個人と個人の関係を取り結ぶ者であり，それぞれに他の諸個人とは異なるアイデンティティをもっていて，各自の善の構想を自律的に選び取り，かつ修正することのできる者であると考え，そしてそういう者になってゆく状態にほかならない．

　いいかえれば，人間的な行為者と認められる存在はみな意思をもっていなければならず，またその意思を行使できるのでなければならないというのは自明の真理かもしれないが，自分はその最奥の最も本質的な部分において自律的に目的を選び取る者であると解釈することは，人間という身分に必要な条件ではない．そうしたことが起こるのは——ともかくも起こるとすればそれは——リベラルと呼ぶにふさわしい社会的基盤においてだけである．そしてこのことから，2つの重要な結論が導かれる．第1に，リベラリズムのように個人主義的な政治の伝統は，すなわち，一定の自由と平等に対する1人1人の人間の権利に重きをおく政治の伝統は，それら諸権利を保護することへの関心を表現するにしても，それら諸権利を下から支えている社会構造をも同時に保護する必要

性を無視したり，そのような必要性と矛盾したりする形でそうした関心を表現してはいけないことになる．たとえばリベラルたちが，個人主義的な諸価値を具体的に表現する諸制度やさまざまな手続を純粋な手段の問題として，たんに諸個人が自分を他者から守るための手段として提示するとしたらどうだろうか．かえってかれらは，それらの諸制度なくしてはそもそも手段を行使することができなくなるというのに，それら諸制度に対して共有されている忠誠の感覚を弱めてしまうことになるかもしれない．そしてその結果，かれらが後押ししてつくろうとしている社会は結束力を失ってしまうだろう．ようするに，内容としては個人的としかいいようのない価値や善にコミットしている者にしても，それらの個人主義的な価値を下から支えている共同体の構造を守ることについては，知らぬ顔をしてはならないのである[4]．

　われわれが導き出すことのできる第2の結論は，リベラルが守ろうとして力を注いでいる共同体の構造をわれわれの社会生活全般に浸透している要素と見るかどうかで変わってくる．大学であるとか交渉の作法，公的論争の様式といったものは，そうした言葉をかなりひろい意味で理解してはじめて「政治的」構造にみえてくる．しかしもしそのように理解するならば，リベラルな政治理論を，政党政治の範囲をはるかに越えて適用される諸価値に頼らなくともそれに対して賛成の議論ができる理論であるとする提示の仕方も，また，おおむねリベラルとみなせる社会秩序の一部としてではなく，別な形で実現に移せる理論であるとする提示の仕方も，どちらもリベラルな政治理論に対する誤解を招きかねない．いいかえれば，政治においてはロールズ流のリベラリズムは，人間の善に関するきわめて特殊な構想を具体的に表現している社会の確立と存続に向けた，もっと一般的なプロジェクトの一構成要素としてでなければ擁護できないかもしれないということである．テイラーは，このことがロールズ流の自己解釈に重大な変化をもたらすと考えている．テイラーが正しいとすれば，このようにみずからの限界を画定する方式をとることで，ロールズ流のリベラリズムはそのアイデンティティを改変してゆくことになるだろう．ロールズ流のリベラリズムの自己変革というわけである．また，たとえテイラーがロールズの自己理解に関して誤っていたとしても，それにもかかわらず，リベラルの中立性とは本当のところどれほどのものなのかというこの論点がもっと広範囲で正しく認識されるとき，現代社会に生きる多くの人びとの心を占めているリベラリズムのイメージは，大きく変わってゆくことになるのかもしれない．

第1部　コミュニタリアンのロールズ批判

註

1　政治理論の領域へのテイラーの最も重要な貢献は，かれの *Philosophical Papers* という二巻本にみいだせる．
2　この記述はかれの最新の著書 *Sources of the Self*（以下 *SS*）にある．
3　Taylor, 'Interpretation and the Sciences of Man'.（ページは1985年版を参照）
4　これはテイラーがアトミズムに対して抱く懸念の核心にある論点であり，またロールズ流のリベラリズムに対するサンデルの批判に関して，テイラー自身が論文 'Cross-Purposes' で行った分析の核心にある論点でもある．

（田中智彦訳）

第4章 ウォルツァー：正義と抽象

　ロールズ的なリベラリズムに対するマイケル・ウォルツァーの批判は，すでに考察してきた他の3人のコミュニタリアンの思想家による批判とは，かなり異なったレベルで設定されている．サンデルとは違って，ウォルツァーは，主にロールズの人格の構想を批判することに関心を払わない．またマッキンタイアやテイラーとは違って，そこからリベラリズム一般に対する，とりわけロールズに対する一定の批判が導き出されうるような，西洋文化の包括的な歴史的説明を提示することにもウォルツァーは関心がない．むしろ『正義の諸領域』において提起されたかれの立場は，政治理論の任務に適した方法論は何かという問いに焦点を合わせているのである．つまり，ウォルツァーが知りたいのは，正義の理論を構築し，擁護することにひとはいかに取り組むべきであるのかということなのである．具体的にいえば，正義の理論は財［または善］（goods）を配分する原理を明確化しようとするわけであるが，そうした財をわれわれはいかに理解すべきかということにウォルツァーは焦点を合わせているのである．またウォルツァーは，かれがロールズの理論のなかに認めるこの問題についての理解に対して攻撃を加えている．

　ウォルツァーの議論の本質は，かれのつぎの主張からえられるであろう．すなわち，「さまざまな異なる社会的財は，異なる行為主体によって，異なる手続きにしたがって，異なる理由で配分されるべきである．これらすべての差異は，社会的財自体についての異なる理解——それは歴史的，文化的な特殊主義（particularism）の避けることのできない産物である——に由来する」（*SJ*, p. 6）．最初にわれわれは，この短い引用が，相互に区別される議論の2つの要素を含んでいるのを示すべきであろう．一方で，「さまざまな異なる社会的財は異なる理由で配分されるべきである」という実質的な要求がある．われわれはそれを理論の「差異化された実体」という呼び名で言及するつもりである．これこ

そ，さまざまな異なる財は，それぞれの内部では特定の配分の取り決めが適切であるような異なる配分の領域を構成し，正義は自律的な配分にあるという，その著作のタイトルに含まれる考えである．それによれば，たとえばヘルスケアのような財の配分は，その財に特有の原理にしたがい，まったく別の領域に属することが適切である貨幣のような財によって買収されることはない．他方で，こうした差異は「社会的財それ自体の」異なる「理解」に由来し，そのような理解は「歴史的，文化的な特殊主義の避けることのできない所産である」という実に明確な論点がある．われわれはこれを，理論の「特殊主義的方法論」と呼ぶ．これは，いかに特定の財が配分されるべきかを見極める方法が，これらの財が当の特定の文化のなかでいかに理解されているかを見極めることにあるという考えである．この最後の文が示しているように，またわれわれがこの章でみていくように，ウォルツァーは相互に区別される2つの種類の特殊性（個別性）ないし特異性を主張して，相互に区別される2つの種類の抽象化を批判する．政治理論家は，配分の原理は財に特有の原理でなければならないこと，そして財に特有の原理は文化に特有の原理でなければならないということの2つを認識すべきであるが，ロールズは両方の点において不十分だと考えられるのである．

　ウォルツァーのリベラリズム批判がわれわれの争点のアジェンダにどう位置づけられるべきかを示すものこそ，かれの特殊主義的方法論なのである．というのも，正義の原理は文化に特有のものでなければならないという考えは，普遍性への主張（アジェンダの3番目の主題）を体現しているどのような政治理論に対しても必然的に敵意を伴っているからである．さらに，サンデルと同じくウォルツァーも，ロールズのリベラリズムがその方法論における特殊主義の点で不十分であるという自己の主張を正当化するために，ロールズの理論に対して注意深く明確な議論を提示している．それゆえ，われわれは，ウォルツァーの著作がいかなる意味でロールズ批判として意図されているかを，ただその作品の解説的な要約を通じてはっきりと説明することができる．それほど明確ではないのは，ウォルツァーの批判が，われわれの考察してきた他の著作家たちとどのくらい共通点をもっているかである．とりわけ，かれの著作は，人格に対してではなく，財に対して関心が向けられている．つまり，かれはみずからが批判しているロールズの理論化の諸側面の基礎をなす人格の概念についてはなにも言及せずに，むしろ，ある財が，それが配分されるべき人に対してもって

いる意味に焦点を当てているのである．このことは，ウォルツァーのアプローチが，われわれがコミュニタリアンの批判に特有の関心であると主張してきた共同体との関係における個人の自由の強調よりも，ロールズのリベラリズムの配分的な側面に関心があると見なされるということを示唆している．にもかかわらず，われわれがみていくように，財とその配分のための適切な原理へとウォルツァーの合わせた焦点は，実際のところ，価値の貯蔵庫としての共同体の重要性についての，それゆえ潜在的に個人に対する共同体の優先性についての要求を含んでいる．またかれの批判の鍵となる要素は，人格の構想に，また人格の利益になるもの，あるいは人格にとっての善い状態（well-being）を構成するものについての構想に，より直接的に関係づけられるような用語で述べ直すことができる．さらに，それは，ウォルツァーが異議を唱えている配分の問題に対するロールズのアプローチの前提が，実際には，政治の領域において善の構想を求めることに対するかれの禁止のなかに典型的に示されているように，個人の自由に対するロールズの明確な関心の結果であることも明らかにするであろう．

　予備的な方向づけはこのくらいにして，つぎにわれわれは，方法論的抽象へのウォルツァーの批判から始めて，その批判の主要な要素の輪郭を描写しなければならない．

ロールズの方法論的抽象

　ウォルツァーは，政治理論家は文化的な個別性や差異によって構成されたコンテクストを超えることを求めるべきではないというその主張において最も際立っている．かれはそれをつぎのように述べている．

> わたくしの議論はラディカルに特殊主義である．自分の住んでいる社会的世界から，いくらかでも大きな距離をおくことに成功したなどと主張するつもりは，わたくしにはない．哲学的な企てを始める1つのやり方は——おそらくこれが元来のやり方なのだが——洞窟を出て，都市を去り，山に登り，自分のために客観的，普遍的な立脚点を……築くことである．その場合ひとは遠く離れたところから日常生活の地形を描くので，その地形はそれに特有の輪郭を失い，一般的な形をとることになる．しかしわたくし

は，洞窟の中に，都市の中に，地面の上に立つつもりである．哲学するもう1つの方法は，自分の仲間の市民たちに向けて，わたくしたちが共有しているさまざまな意味の世界を解釈することなのである (SJ, p. xiv)．

自分が住んでいる社会から自己を引き離し，文化の偶然性を越えた視点から社会を評価するよりも，むしろ哲学者はその文化を構成するこれらの共有された「さまざまな意味」を表現すべきなのである．

ウォルツァーがここで標的としているのは，ロールズのような理論であることは明白である．『正義の理論』だけではなく，かれが批判を向ける構造的な特徴を共有しているハーバーマスやアッカマンの著作にも言及しながら[1]，かれは，今日の配分的正義のシステムは，「もし理想的に合理的な男女が，財の抽象的なセットを目の前にして偏りなしに，すなわち自分自身の状況についてはなにも知らず，特殊主義的な要求をすることは禁じられたうえで選択するよう強いられたならば，選択するであろうシステムとして描かれるのが普通である」と述べている (SJ, p. 5)．とりわけロールズの場合，これは明らかである．というのも，正義が原理にもとづいた配分を要求するのは，「基本財（または基本善）」だからである．それは，

> 合理的な人間が，他のなにを欲しようとも欲すると想定されるものである．個人の合理的計画が詳細にどうであるかに関係なく，かれにとって，それがより少ないよりも，より多い方が好ましいさまざまなものがあると仮定される．ひとは一般に，こうした財をより多くもつならば，自分の意図することを成し遂げ，自分の目的とすること——それがなんであれ——を促進するのにそれだけよく成功すると確信することができる．基本的な社会的財とは，それらを広いカテゴリーで示すならば，権利と自由，機会と権力，および所得と富である (TJ, p. 92)．

序章におけるロールズの理論の紹介は，どうしてかれが，そのように一般化された，ないし抽象化された構想に訴えたのかを明らかにしたはずである．原初状態における人びとは，善についての個別の構想についての知識が否定され，むしろ「合理的な人生計画の首尾よい遂行」として定義した「善についての希薄な理論」によって動機づけられなければならない (TJ, p. 433)．「中立性」と

いう言葉に伴う数々の困難をめぐって適切な警告をしたうえでならば，われわれは，基本財の要点は，それらがある意味で人びとが実際に作り出し，追求する，善についてのさまざまな構想の間で中立を保つ点にあるといってもよいだろう．ロールズはそれをつぎのように述べている．

> わたくしは，これらの財が合理的な人生計画の構成と遂行にとって一般的に必要であるので，他のなにが欲せられようとこれらの財を欲することは合理的であると想定する．原初状態にいる人びとは善についてのこの構想を受け入れると仮定され，それゆえかれらは，自分たちがより大きな自由と機会を望み，そして自分たちの目的を達成するためのいっそう広範な手段を望むのを当然と考える（TJ, p. 433）．

つまり，特殊性を取り除くことは，ロールズの理論が関わる財の理解にとっては本質的なことである．なぜならそれは，財が配分されるべき人びとの自律性を確保するために，かれが課した，善についての個別の構想を取り去るためには，不可欠な一側面だからである．ここでは，配分の問題が個人の自由の問題に接合しており，しかもその接合の仕方は，配分の問題に関するウォルツァーの批判が個人の自由の問題とも関連をもつものとして解釈されうることを確証している．いいかえれば，見かけとは違って，財［の理解］にもとづくウォルツァーのロールズ批判は，その他の3人のコミュニタリアンによる自律性に焦点を当てたリベラリズム批判から決して遠くはないのである．

しかしながら，これまでのところわれわれは，ロールズが，方法論的抽象をめぐるウォルツァーの批判の標的になりうると考えるための理由を指摘しただけにすぎない．われわれは，ウォルツァーがそのような抽象の何が有害だと考えているのかという問いを探求することさえ始めていない．社会正義の問いは，重要な財についての特殊主義的な要求を最小限にとどめるという条件のもとで考察されるべきであると示唆することのいったい何が悪いのであろうか．

問題は，［方法論的抽象によっても］ただ1つの結論には到達しないだろうということではない．というのも，もし適切な制約を受けるのであれば，合理的な人びとは特定の配分システムを選択するであろうということを，ウォルツァーは認めているからである．また，「合理的」かつ「偏りのない」結論は現に実際の生活を送っている人びとにそぐわないので，利益の特殊性がそうした結論

を無視するように人びとを向かわせるであろうというのが問題なのでもない．ウォルツァーによれば，人びとが公共的な善のために自分自身の特殊な利益をわきに置くことは可能である．むしろこのアプローチの欠陥は，それが利益の特殊性とは別の種類の特殊性への関心を欠いていることである．

> 問題は，歴史，文化，メンバーシップの特殊主義に関係している．たとえ人びとが偏りなしということにコミットしているとしても，政治的共同体のメンバーたちの心に最も生じそうな問いは，これこれの種類の普遍化の条件のもとでは，合理的な個人であればなにを選択するであろうか，という問いではなく，わたくしたちが現にいまおかれているような状況におかれ，1つの文化を共有し，そしてそれを共有し続けるということを心に決めている，わたくしたちのような個人であればなにを選択するであろうか，という問いである．そして，これは，わたくしたちは普通の生活の過程で，これまでにいかなる選択を行ってきたのか，わたくしたちは（現実に）いかなる理解を分かちもっているのか，という問いへと容易に転換される問いである（SJ, p. 5）．

自分たち自身のことを，そして自分たちが生きる社会的世界を構成している財を，必然的に「濃密な」文化を背負った仕方で構想する人びとが，みずからの社会における財の配分を支配する原理について考えるときになると，その文化の特殊性を無視し，「合理性」という「希薄な」構想を採用すべきだとされることに，いったいどんな理由があるというのであろうか．ロールズの理論が要求する抽象とは，ウォルツァーにとっては，人びとがすでに行ってきた選択，配分されるべき財についてのかれらの文化それ自体の特殊な理解のなかに体現されている選択への無関心を含んでいる．いまやわれわれが検証しなければならないのは，そのような無関心を批判するためのウォルツァーの根拠である．

方法論的抽象に抗して：概念的な議論

ウォルツァーが提供する最初の議論は，それがまさに善の構想についてのかれの分析から導き出されているという点で，純粋に概念的なかたちをとっている．かれの財の理論についての冒頭の命題は，「配分的正義が関わるすべての

財は，社会的財である」と述べられており，かれのアプローチ全体を支えているのは，ここでの「社会的」という言葉のもつさまざまな意味合いである．とりわけその力は，財がもっている意味と価値は，それらがその共同体の財であるところの共同体そのものから生み出されていると主張することにある．一方において，財は素朴で「自然」な意味をもってはいない．つまりそれらは，解釈と理解の過程を通じてのみ，いいかえれば「構想と創造」を通じてのみ意義を獲得する．他方において，その過程は常にしかも必然的に社会的な過程であって，個人的なものではない．「孤立した人には，財の意味を理解したり，それらの財を好ましいものとして受け取ったり，好ましくないものとして受け取ったりする理由を理解することはほとんどできないであろう」(*SJ*, pp. 7-8)．ここにわれわれは，テイラーにおいて，またある程度はマッキンタイアにおいてもすでにみたような，概念および言語に固有の社会的本質を指摘するコミュニタリアン的な思想を，ウォルツァーもかれなりの仕方で応用しているのをみいだす．さまざまな財というものは，それらに付随した意味をもって世界に到来するのではない．あるいはもしそうであるとしても，それはそれらの財が他のどんな仕方にも還元されえない社会的な仕方で構想され創造されたものだからである．

　もし財の意味が，必然的に社会的なものであるなら，それらは異なる社会で異なる意味をもつであろう．パンのように，一見したところ前-解釈的（pre-interpretive）な，基礎的な財を取り上げることにしよう．ここにあるのは確かに，その「意味」が社会的ないし文化的な構築の問題ではなく，生物学的な必然性の問題であるような財である．だがウォルツァーにとってはそうではない．つまり「パンは命の糧であり，キリストの体であり，安息日の象徴であり，歓待の手段等々なのである」(*SJ*, p. 8)．もしパンが配分的に危機に陥ったとすると，最初に挙げられた命の糧としてのパンの使用が優先されることがありうるかもしれないが，このことさえも確かではない．栄養のためのパンの使用とその宗教的な使用との間にどのような対立があるにせよ，それが文句なしに宗教的な使用に有利なように解決されうるような文化を容易に想像することができる．われわれはまた，ひょっとしたら，自分たちの子供に医学的治療を受けさせるくらいならば，むしろ子供の死を見とどけたいと思うような仕方で，ヘルスケアの意味，および神の意志の意味を理解する宗教団体を考えることができるかもしれない．同じ「もの」が異なる文化にとってはまったく違ったものを

意味しうるのである．

　こうした意味の文化的依存性をめぐって，ウォルツァーにとって最も重要なのは，財の意味とそれが配分されるべき方法の理解とは相伴っているということ，したがって，後者は前者と同じように，本質的に社会的だということである．ウォルツァーはつぎのように述べている．

　　財の移動を決定するのは財の意味である．配分の基準と取り決めは，財自体に固有なものではなく，社会的財に固有なものである．もしわたくしたちが，それがなんであるかを，すなわちそれが財である人びとにとってそれがなにを意味するのかを理解するなら，わたくしたちはそれがどのようにして，誰によって，どのような理由で配分されるべきかを理解する．あらゆる配分は，問題となっている財の社会的な意味との関係において，正しいか正しくないかのどちらかなのである（*SJ*, pp. 8-9）．

　1つの事例がこの論点をより明確にするだろう．ヘルスケアという社会的な財を取り上げてみよう．ウォルツァー主義者であれば，わたしたちの社会では，ヘルスケアがなんであるかを理解している（つまり，その社会的意味を把握している）者は誰でも，その第1の目的，あるいはその本質的な目的は，病気の治癒と身体的な善い状態の回復と維持にあることが知っているであろうと主張することができる．まさにここからは，この特定の社会的財がある特定の仕方で，つまりそれを必要とする人びと，病気がちで健康を損なっている人びとに対して配分されるべきであるという理解が直接的に導き出されるのである．およそこの点が理解できない者は，端的にいってこの特定の財の意味を把握することができない．そして，特定のヘルスケア・システムが設立されつつある場合に，実際の政治的，社会的な制約が，上記の理解とは別の考慮すべき問題を浮かび上がらせるであろうと議論することは可能であるかもしれないが，その場合でも議論の責任は，すでに財それ自体の意味に内在している原理以外の配分原理を導入したいと望む人びとのほうに課されるのである．

　ロールズのアプローチの難点は明らかであるように思われる．すなわち，「すべての道徳的・物質的世界にわたって考えられるような基本財ないし基礎的な財の単一のセットなど存在しない——言い換えれば，そのようなセットというものは，特定の配分について考える際にはほとんど役に立たないであろう

くらいに，きわめて抽象的な観点から考えられなければならないであろう」(*SJ*, p. 8)．社会正義の問いは，基本財をめぐって生じるのではない．そうした問いは，特定の社会における，特定のしばしば根本的に異なる意味をもつ，特定の財について生じるのである．しかし，ロールズの正義の原理は基本財の配分に適用されるように意図されており，それゆえそれらの原理は，特定の社会における特定の財に対して有効に適用されるのを不可能にする程の抽象性を有するだろう．ロールズの原理は，基本財の考え自体と同じように，そうした財に対して疎遠で不明瞭な関係しかもたないだろう．しかしながら，もし最初に必要とされる詳細な注意が，こうした特定の財の社会的な意味に対して払われるのであれば，そのときそれらはすでに特定の配分原理を包含しているとみなされるであろう．そして，財の意味こそがおよそどんな正義の理論もその分析と議論を始めなければならない地点であるとすれば，その意味の本質的な側面である配分の原理もまた，同じようにその財の正しい配分についての考察の不可避的な出発点であり，本質的な基準なのである．ようするに，あらゆる人間的な財がもつ社会的意味の特殊性は，ロールズの正義の原理を生み出す方法論的抽象はその原理を役に立たないものか余計なものにするであろう，ということを必然的に含意すると思われる．

方法論的抽象に抗して：デモクラシーによる議論

　方法論的抽象に反対する概念的な議論は，『正義の諸領域』におけるウォルツァーのアプローチにとって重要であるけれども，そこにはより実質的な議論が働いていると考える根拠がある．たとえば，その書物の終わりから2番目のページでウォルツァーは「正義の理論の基礎となる，ある精神的態度がある．……わたくしたちはそれを，人類のもつさまざまな意見に対するしかるべき尊敬として考えることができる」(*SJ*, p. 320) と述べている．ここでウォルツァーが懸念しているのは，以下のことであるように思われる．すなわち，社会的意味からの離脱 (detachment) を求め，かつ哲学者がその成員であるところの特定の共同体からの離脱を求める種類の政治哲学は，具体的な問題に適用不可能な正義の原理に至るばかりでなく，特定の財についての現在の社会的意味に体現されているような，哲学者の同胞である市民の意見に，適切な重みを与えることもできないであろうということである．そしてこの点で，その種の政治哲

学はそれ自体が非デモクラシー的であるか，あるいは少なくとも非デモクラシー的に適用される傾向があるという意味を明らかにするであろう．

『正義の諸領域』に2年ほど先立つ論文における[2]ウォルツァーの議論をより完全な形で紹介しておくことにより，われわれは，ウォルツァーが哲学に非デモクラシー的な意味合いを与えるのも，哲学が真理を目指すという事実に基づくからであるということを理解することができるのである．というのも，「真理」に到達するために，哲学者はかれに固有の時間と環境から，つまりその文化において受け入れられている特定の思考様式から自己を離脱させなければならず，そうした偶然性を超えて客観的な観点へと到達しなければならないのである．ウォルツァーはつぎのように指摘している．そしてそこでのかれの言葉使いは，またしてもロールズとハーバーマスが標的であることを明らかにしている．

> 哲学者が通常追求する真理は，普遍的で永遠のものであり，それらはなんらかの現実的で歴史的な共同体の内側から見いだされることはありそうもない．そこで哲学者の引き下がりとなる．すなわちかれは，ありふれたものが保証してくれることを断たなければならない．……それでは，いかなる種類の場所へとかれは引き下がるのであろうか．今日，最も多くの場合，哲学者は自分で……かつての同胞市民たちがもっていた特殊な性格も，意見やコミットメントも，いっさいもっていない人間の住む理想の国家を構築する．かれは「原初状態」ないし「理想的な発話状態」における完全な集会を想像するのである……[3]．

ウォルツァーの立場からすると，「哲学者はいかなる観念の共同体の市民でもない」[4]というヴィトゲンシュタインの見解を真摯に受けとめること，原初状態への哲学者の引き下がりは，自分が属する政治共同体の他の成員がもつたんなる意見よりも優れた，「真理」としての地位を自分の結論に与えるような種類の立脚点に到達するために，市民としての役割を背後に置き去ろうとする試みを表すことになる．

しかしながら，デモクラシーは真理に関わるものではない．デモクラティックな統治を正当化するのは，〈正しさ〉がデモクラシー以外の手段（たとえば哲学的な議論）によって到達されたものとして理解されるところで，正しい決定

を生み出すことではなく，むしろデモクラティックな統治を正当化するのは，それが一般市民の意志を体現した決定を生み出すことなのである．支配への人民の権利要求は，かれらが真理を認識していることに依拠するのではなく，かれらが誰であるかに依拠する．すなわち，自分たちで法を作る場合には，もっぱら自由を享受しつつ法に服することができる市民であることに依拠するのである．「デモクラティックな見解によれば，たとえ市民がまちがって法を作るとしても，市民が法を作ることは正しい」[5]．法は人民の意志の関数であるべきなのであって，理性の関数であるべきではないがゆえに，哲学者が理性にコミットしていることは問題をはらむことになるおそれがあるのである．

ところで，たとえ自分の同胞市民たちの意見からの英雄的な離脱を哲学者に求めさせるような，哲学者の役割についての理解を受け入れるにしても，そこからただちに，真理を求める哲学者はデモクラティックなプロセスを転覆しようと努めているにちがいないという帰結がでてくるわけではない．もし哲学者が正しい精神にのっとって議論を提示し，かれの仕事に照らしながら人民がかれら自身の結論を改めるようにたんに誘いかけるだけであれば，そこにはなんの問題もない．「少なくとも，出版の際には，かれはまったくのデモクラットである．つまりかれの本は人民に対する贈り物なのである」[6]．ウォルツァーは，哲学的に「客観的な」思考の帰結が必然的に不適切であると考えているわけでもない．かれは，普遍的な真理を実現する渇望が，それによって特定の共同体がみずからを改善しうるようなものであることを疑ってはいない．むしろかれが懸念するのは，哲学者は，みずからの結論に対して，かれが同胞市民の意見に認めるのとは異なった地位を要求するだろうということ，そして市民たちの意見がみずからの結論のいくつか，もしくはすべてに対して反対することに気づいたなら，デモクラティックなアリーナを迂回して，みずからの結論を直接的に法として制定させようとするだろうということなのである．

ここにおいてウォルツァーの議論は明らかに，アメリカ合衆国で実践されているような司法審査の教説に狙いを定めている．アメリカにおいて憲法は，人びとに一定の権利を与える一方，その憲法を解釈する任務と，さらに立法が人びとの権利を侵害しないことを保障するために立法を審査する任務を，司法に委ねている．そのような手続きの反デモクラティックな傾向は明らかであろう．実際のところ，さまざまな権利について最も適切に理解できるのは，それらを多数者の意志（あるいは，もっと論争的にいえば，共同体の意志）に対抗して個人を

保護する手段として理解する場合である．権利を正当化するのに，デモクラシーへのみずからのコミットメントを根拠づけるのと同一の諸価値に訴え，それによってデモクラシーと権利の緊張関係を解消しようと試みることは可能かもしれない[7]．だがいずれにせよ，憲法上の諸権利とそれらを保障しようとする司法審査の教説の基本的な機能は，まさにデモクラティックな意志への制約として働いていることは明らかである．ウォルツァーが懸念しているのは，哲学者が，憲法を解釈することがその任務である裁判官に向かって，超然とした推論によって人びとが広範な諸権利のリストをもつことが証明されると説得するだろうということである．「個人としての人びとに対して裁判官が与える権利が多くなればなるほど，意思決定の集合体としての人民の自由は少なくなる」のであるから[8]，これはデモクラシーの転覆である．実際のところウォルツァーによれば，この哲学的な権利のリストは，それが法律上の差別と政治的迫害への禁止を越えて拡大されるやいなや，かれが「デモクラティックな空間」と名づけているものへの根本的な侵害であるような司法活動を招くことになるのである．

　哲学者の離脱することの要点は全体として，かれがみずからの共同体の特殊性を超越しうる観点に到達することにあるがゆえに，そしてさまざまな共同体は，それぞれが到達する解答において異なっているがゆえに，哲学者の政治的な成功は，「結果として多元的な真理に対して単一の真理を強制し」[9]，市民自身の「伝統や慣習，そして期待」[10]によって構成された文化的差異を踏みにじるということになるであろう．さらに，デモクラシーの原理といっそう密接に結びついていることであるが，

> 人民が価値を置くのは，かれらの経験からのおなじみの所産だけでなく，経験それ自体，つまりその所産が生み出される過程でもある．そしてかれらには，抽象的な男女の仮説的な経験がかれら自身の歴史に対して優先するのはいったいなぜであるかを理解するのは困難であろう．……かれらが真理よりも政治を選択するのはもっともであるし，もしその選択がなされたならば，今度はその選択が多元性を促進するであろう．その成員たちがみずからの制度と法を形づくるどのような歴史的共同体も，普遍的ではない，特殊な生活様式を必然的に生み出すであろう．その特殊性は，外側からのみ，そして内部の政治過程を抑圧することによってのみ打ち負かされ

うるのである[11]．

したがって，デモクラティックな空間を哲学の干渉から自由にするための議論は，それと同時に，単一性に対する多元主義の議論であり，普遍性に対する特殊性の議論なのである．

　明らかに，個人の諸権利が人民の意志を制約するのはどの程度まで許されるべきかという実質的な争点は，あまりにも広範で，それゆえこの文脈では満足のいくやり方で取り組むことはできない．われわれの目的にとって重要なのは，またウォルツァーの『正義の諸領域』にとって中心的であるような種類の議論に向けてわれわれを連れ戻すものは，「人類のもつさまざまな意見に対するしかるべき尊敬」を支持する議論は，広範な個人の諸権利の法への組み込みに反対する議論とは異なるという見解である．前者の議論は後者の議論よりもはるかに一般的なものであり，後者は前者の特殊な一例にすぎない．というのも，哲学者がしかるべき尊敬を払うよう促されるであろう意見のなかには，権利を侵害する政策を含意する意見とは別の意見も含まれていることは明らかだからである．

　この区別が重要なのは，この初期の論文でウォルツァーは，実際にはロールズの2つの別の側面に対して——ウォルツァーはそれらを一緒にしているのではあるが——反論を加えているのだということをそれが明らかにするからである．一方で，ウォルツァーが嫌うのは，文化的な特殊性に耳を傾けないこと一般であり，同胞市民の「慣習，伝統，期待」を超越しようとする試みである．他方で，かれが反論するときの特別の焦点は，そのように文化的特殊性に耳を傾けないことが，権利の語彙によって枠づけされた政治理論へと帰着し，さらにそうした理論が今度は人民の意思決定のための空間を限定することに役立つことになる道筋に合わされている．議論のこれら2つの筋はいずれも，ロールズが共同体の重要性を認識していないという非難の観点から定式化されうるが，そうした非難がもつ力は，2つの場合で重要な違いがある．第1の場合では，普遍的な見地と単一の正しい解答を追求しようとする点で，ロールズは特定の共同体の価値や実践に対してふさわしい重要性を与えていないことが問題である．ここでの問題は共同体の重要性を無視する，普遍性への疑わしい要求である．第2の場合にはむしろ，ロールズが明確化した特定の理論が，それ自体を正義と権利の理論として枠づけするときに，共同体よりも個人に優先性を与え

ることが問題である．ここでの問題は，共同体にとって敵であるリベラルな枠組なのである．

『正義の諸領域』に流れ込み，かつコミュニタリアン的な批判に対するウォルツァーならではの貢献の一部をなしているのは，議論の第2の筋よりも第1の筋のほうである．というのも，われわれが述べてきたように，かれの立場の斬新さは，個人とその共同体の関係という標準的な問題構成に焦点を合わせるのではなく，それとはかなり異なった，それらを配分することが正義の理論の目的であるさまざまな財についてわれわれがどのように考えるべきかという争点に焦点を合わせているからである．異なった文化の社会的世界をともに構成しているのは，異なった財と，その配分の原理である．ウォルツァーがとりわけ注意を払って指摘するのは，異なった文化がそうした財と配分の原理を理解する仕方は，多種多様だということである．正義の理論はこうした理解に忠実でなければならないというのがウォルツァーの主張なのである．ここで言われている「［忠実でなければ］ならない」という要請のもつ力は，一部は，本質的に概念的なものであることはすでにみてきた．つまり，これらの理解に対して忠実でないということは，そのひとの理論が役に立たないと宣告することである．いまわれわれは，この「［忠実でなければ］ならない」の力が実質的なものでもあることを理解できる．すなわち，そうしないならば反デモクラティックになってしまい，これらの理解が帰せられる人びとを尊重しないことになってしまうからこそ，これらの理論に忠実でなければならないのである．

2つに分かれたウォルツァーの方法論的批判についてことのほか興味深いのは，かれがその批判を人格についての一般的な構想の言葉によって表現するのを好んでいるかに思われる場合もあるということである．たとえば，かれは以下のようなレトリカルな問題を立てている．

> いかなる特性のゆえに，わたくしたちは互いに平等なのであろうか．わたくしの議論にとっては，1つの特性がとりわけ中心的である．わたくしたちは（わたくしたちのすべてが）文化を作り出す生き物である．すなわちわたくしたちは，いくつもの意味ある世界を作り出し，そこに住まうのである．それらの世界がもつ，社会的財についての理解に関しては，世界を等級づけ順序づけて並べるやり方など存在しないのであるから，わたくしたちが現実の男女を正しく扱うのは，かれら／かのじょらが作りだした特殊

な創造物を尊重することによってである．そして現実の男女が正義を要求し，専制に抵抗するのは，かれら／かのじょの間にある社会的財の意味を主張することによってである．正義とは，立場，名誉，仕事といった，共有された生活様式を形づくるありとあらゆる事柄についての固有の理解の中に根をもつものなのである．そうした理解を踏みにじるのは（つねに）不正に振る舞うことである（*SJ*, p. 314）．

いいかえれば，ウォルツァーが人びとに関して重要だと考えているのは，人びとのもつ「意味ある世界を作り出し，そこに住まう」能力，自然の世界や手つかずの物体に意味や価値を与える能力である——この見方は人間を自己解釈的な動物とするテイラーの考えと類似している．この主張のなにがコミュニタリアン的であるのか，人びとが創造する世界が「社会的」であるという主張によって意味されているものはなにかといえば，それは意味と価値は不可避的に共同体的なものであり，一人ぼっちで行為する個人によっては創造されえないという事実である．したがって，リベラルたちが，人びとの高次の関心を，善の構想を作り出し，修正し，追求する個人の能力にあると同定するところで，ウォルツァーは，むしろそうしたプロセスが本質的に共同体的なものである文化的構築物に必然的に寄生しているという論点へとわれわれの注意を向けさせるのである．

　もちろん，すでに指摘したように，ウォルツァーがロールズの理論に見出した普遍性への疑わしい要求——もしロールズのリベラリズムに対するウォルツァーの方法論的な批判が（それがどのような言葉で述べられようとも）成功しうるのであれば，そうした要求はロールズの理論のなかにあるに違いない——は，現実のものというよりも，むしろ見かけ上のものであるかもしれない．そしてこの示唆は，ロールズの理論のその他の側面に当てはまるのと同様に，その理論の財についての理解にも当てはまる．実際われわれは，新しいロールズについて論じる章で，かれの基本財の構想が，考えられているほどには抽象的でも普遍的でもないことを主張するであろう．さしあたっては，政治理論におけるウォルツァーの方法論的特殊主義の主張のなかで，2つに分離した議論の筋が収斂することを確立したので，われわれは，この方法論的なアプローチに浴びせられると思われる，反論と難点のいくつかを考察することができる．

第1部　コミュニタリアンのロールズ批判

社会的意味の相対性

　方法論的抽象に反対するウォルツァーの議論によって提起された根本的な争点は，「あらゆる配分は，問題となっている財の社会的な意味との関係において，正しいか正しくないかのどちらかである」(SJ, p. 9) というかれの主張に要約されるように，相対主義についての争点である．この相対主義は，それにもとづいてわれわれが別の文化の社会的な意味を批判することができるいかなる基盤も存在しないことを意味するのであろうか．われわれ自身の配分の実践を擁護し，他の社会の配分の実践を拒否するときに，われわれが訴えることのできる文化を超えた基準は存在しないのであろうか．あるいは，それにもとづいてわれわれがみずからの社会において慣習的な財の理解を批判することができるような基盤は存在しないのであろうか．社会批判者としての政治理論家が本領を発揮する場所は存在しないのか．ウォルツァーの提示するような方法論の適用から生じる政治理論は，必然的に保守的であり，ひょっとしたら「社会的意味」が内容においてそれ自体イデオロギーであると見ることさえできずに，権力と搾取の諸関係を隠蔽し，なおかつ正当化することに役立つのであろうか．もしこれらのことが相対主義の含意するものであれば，それらは受け入れられるのであろうか，それともむしろわれわれは，これほど多くの直観に反する主張を含まないであろうような別の方法論的アプローチを探求すべきなのであろうか．ここには，ウォルツァーの所説を解釈するうえでの重大な問い（「ウォルツァーの立場は正確にはどんな立場なのか」）と，議論そのものについての重大な問い（「その議論は維持できるのか」）が存在する．そしてわれわれは前者の問いに集中するので，相対主義についての議論の，賛成の側および反対の側からなされうる動きの種類については，それらを簡単に述べる以上のことは求めないことにする[12]．

　ウォルツァーの立場に，重大な相対主義的要素があるというのは疑いえない．「正義は社会的意味に対して相対的である．……無限な数のあり得る文化，宗教，政治的な取り決め，地理的な条件，等々によって形づくられる，無限に可能な数の生活が存在する．所与の社会は，その社会の実質的な生活がある特定の仕方で——すなわち成員たちの共有された理解に忠実な仕方で——営まれているならば，正しいのである」(SJ, pp. 312-313)．ウォルツァー自身が使用して

いる極端な事例を取り上げて，明確に規定されたカースト制をもった社会について考えることにしよう．そこでは，宗教的な純潔さの見地からみたある者の地位——この地位自体はその人の出自と血統の関数である——が，その他のさまざまな財にアクセスする権利を決定する．その制度の支えとなる社会的意味が真に共有されているかぎり，正義はそれらの意味に忠実であることに存する．それらの意味が，われわれがもつ，あらゆる人間の平等な地位についての信念，機会の平等への個人の権利についての信念にどれほど反していようとも，それどころかいくつかの特定の財（たとえばヘルスケアや教育）の配分にかかわる基準（たとえばニーズや能力）についてのわれわれの信念に反していようとも，われわれは相対主義の立場を採用しなければならない．その立場は，正義は社会的意味の内部にあり，したがってはなはだしく不平等な財の配分や，われわれが重要であると考えている基準にはほとんどないしまったく重要性を与えない配分であっても，それが正しいと告げるのである．ウォルツァーが述べるところによれば，「社会的意味が統合され階層化されている社会においては，正義は不平等を助けることになるであろう」(*SJ*, p. 313)．

カースト社会の事例は，社会的な意味を尊重せよというウォルツァーの一般的な方法論上の命令と，かれがわれわれの社会について行っているより具体的な主張（それらの主張についてはのちほど検討する），すなわち，異なる財は異なる理由にしたがって配分されるべきであるという主張との区別をとりわけ明確にする．というのも，カースト社会に関して重要な点は，それらの意味が区別されていないということだからである．むしろ，「……そのシステムはさまざまな意味の異常な統合によって構成されている．名声，富，知識，公職，職業，食物，衣服，さらには会話という社会的財さえも，すべてが階層制の身体的な規律と知的な規律に服しているのである．そして階層制はそれ自体，儀式的規則正しさという単一の価値によって決定されているのであり……さまざまな社会的な意味は，重なり合い凝集しているのである」(*SJ*, p. 27)．いいかえれば，ウォルツァーの理論は，われわれにとっては配分原理の差異化を含意するが，これはたんに，かれがわれわれの社会的意味をそのような差異化にコミットさせるものとして解釈しているからにすぎない．カースト社会においては，事情はまったく違ったものとなるであろう．もちろんウォルツァーは，カースト社会にゆきわたっている体系的な不平等を支持する意味が，実際には共有されていないかもしれないこと，また実際にカースト制の下位の人びとは，怒りと憤

激を感じているかもしれないことを十分に認識することができる．その場合，正義はそのような人びとの理解に対しても注意を払うよう要求するであろう．というのも，「社会的意味は調和的であるとは限らない」のであって，「その枠内で配分が議論される知的な構造だけを提供する」こともあるからである（SJ, pp. 313-314）．しかしその際に，批判のための基礎は依然として「ローカル」なものであり，社会それ自体の内部にあって，なんらかの外的で普遍的な原理に訴えるものではない．つまり，その意味が社会のすべての成員によって支持されるのであれば，そのとき批判へのいかなる基盤も存在しないことになるであろう．

　『正義の諸領域』であからさまに支持されている極端な相対主義は，多くの批判を招いた．そしてかれの最近の著作である『解釈としての社会批判』，『批評家の仲間』，『濃厚さか希薄さか』でウォルツァーは，特殊性や文化的意味に注意を払わなければならないというみずからの方法論的な主張が，ラディカルな社会批判の可能性を否定することにみずからをコミットさせるものではない，ということを明らかにしようとしてきた．正しく理解されるならば，かれの議論が目論んでいるのは，社会批判それ自体の拒否ではなく，むしろ社会批判が適切に表明され提示される仕方についての，特定のモデルの拒否なのである．重要なのは，そのような批判が「内的」な，あるいは「関係をもった」ものでなければならず，それがその批判を向けようとする文化に対する関係を承認しつつ，その批判自体をその文化からまったく切り離された外的で普遍的な地点から生じるものとして提示しないということである．そして，われわれの根本的な道徳的信念が他の文化の諸実践を拒絶するようにわれわれを導く場合には，たとえわれわれが，そうした文化を実践しているひとたちにとってはほとんど意味をなさない原理に訴えなければならないとしても，それらがそれら自身の意味に忠実であることをわれわれが妨げることは正当化されうるであろう．

　自分自身の文化の観点からは，社会的な意味の解釈としての政治理論は，ラディカルな社会批判の可能性と矛盾しないだけでなく，なんらかの仕方でそれを誘引する．たとえ社会的意味とは「支配階級の観念」[13]であるというマルクスの主張を認めるにしても，これらの観念は批判的な戦略の余地を必ず残すような種類のものである．あらゆる支配階級はみずからを普遍的な階級として提示せざるをえないというマルクスの観察が，批判を永続的な可能性としている．

支配者たちのこの自己表象は，知識人たちによって精緻に仕上げられる．かれらの仕事は弁明的なものであるが，この弁解は，将来の社会批判者に人質を差し出すような類のものである．それは，支配者たちがそれに従って行動しはしないような基準を設定する……．これらの基準それ自体は，支配階級の利益を体現していると言いうるかもしれないが，それはただ普遍主義の偽装の内側においてでしかない．それらはまた，下層階級の利益も体現しているのであり，そうでなければその偽装は説得的ではないであろう．イデオロギーは，その成功の条件として，普遍性へと懸命に向かうのである[14]．

イタリアの思想家アントニオ・グラムシは，この「関係をもった」ものとしての社会批判という理解を最初に明確化したマルクス主義者である．従属する諸集団に対するヘゲモニー——知的で道徳的な指導——を確立するために，支配階級はこうした集団に対してなんらかの犠牲を捧げなければならず，それゆえに支配的な観念は不可避的に矛盾をはらむであろうということを論じながら，グラムシはラディカルな批判者に「旧来のイデオロギーの諸要素がもっていた相対的な重みを区別し，変化させるプロセス」を開始せよと促す．「以前は二次的で従属的であったものが……いまや一次的なものと見なされ，新たなイデオロギー的かつ理論的な複合体の中核となるのである」[15]．レーニンやボルシェビキたちの場合，かれらの理論的な枠組みは，その枠組みを用いてかれらが描いた社会に対してほとんど，ないしまったく内的な関係をもっていなかった．かれらとは対照的にグラムシの社会批判は，すでにその文化のなかにある観念を改めて明確化し，それまでたんに潜在的であったものを前面に押し出すものとして理解することができる．

　ウォルツァーの議論のとりわけこの部分から見えてくるものは，かれが「社会的意味」を解釈の余地があり，無限に解釈を受けるものとみなしているということである．どのような具体的な文化も，異なった，相互に矛盾しさえする多様な概念の流れを包含しているであろう．それらをできるかぎり一貫した全体として明確化することが政治理論家の任務なのである．社会的意味はけっして閉ざされたものではなく，弁明者にも，批判者にも等しく資源を提供すると思われる．このことが今度は，政治理論家の任務が，その社会におけるさまざまな財の意味をたんに「読み上げる」よりも，もっと創造的ないし能動的なも

のであることを示唆しており，それはまた，意味解釈にもとづいた方法論を保守的であると決めてかからなくてもすむ仕方を明らかにするのである．政治理論家の任務についてのこのような理解は，ある解釈を他の解釈よりもよいものにするのはなんであるかをめぐって，通常は文学の研究と結びつけられる難しい争点――すなわち，弁明者と批判者によってもたらされる，異なる解釈の間で，われわれはいかなる基準によって選択を下すべきなのであろうか――を生じさせる一方で，少なくとも政治理論家を，たんに社会やその既存の慣行を鏡のようにありのままに映し出す以上のことに巻き込むのである．たとえば，家事および育児が女性たちによって無給でなされる善（よいこと）であるというわれわれの社会にゆきわたった一般的な理解があるかもしれないが，しかし批判者は，それに代わりうる配分原理を示すような，われわれの文化の内部にある，平等に基礎をもつ別の議論の流れを指摘することができる．そして，もしわれわれが自分たちの現在の慣行を変更するならば，われわれは自分たちの社会的意味に全体としてはいっそう忠実であることになるのだと示唆することもできる．

　またウォルツァーは，われわれ自身の価値を引き合いに出して異なる文化を批判する可能性を否定することにコミットしているわけでもない．すでに『正義の諸領域』でも，カースト制を支持する教説を信じている人びとに対して，その教説が実際には誤りであると説得を試みることはわれわれにとって完全に適切であるとウォルツァーははっきりと述べている．このことはまた，かれの相対主義が，他の文化の社会的な意味をわれわれが評価し，判断できる基盤をいっさい取り除いてしまうほど極端ではないことを示している．禁止されるのは，他の文化を説得してその文化の理解を変えようとする試みではなく，理解を変えることなしにそれらの文化を踏み躙ることなのである．おそらくここにわれわれは，ウォルツァーの立場を弱めることにはなっても，しかしそれを妥当と思われるものにする読み方を確認することができる．あなたがある人に対して物事を違うふうにみるようにと説得する場合には，あなたがその相手にとって理解可能であること，その相手にとってあなたの説得がなんらかの意味をなすということが，必要条件だと思われるであろう．しかしその場合，「社会的意味」が理解可能性の境界を定めるものだと理解されるならば，あなたの批判は相手本人の文化に含まれる社会的意味に訴えかけることが必要なのは明らかである．もし誰かに，その人が現在もっている信念のうえにはけっして位置

第4章　ウォルツァー：正義と抽象

づけることのできないような価値システムを説得しようと試みるなら，あなたは端的にいって相手に対して意味をなさないであろうし，意味のないことを口走っているようにみえるであろう．この特定の解釈はウォルツァーの主張を，興味を引くにはあまりにも弱いものにしてしまうと思われるかもしれない．というのもこの解釈ではウォルツァーの主張は，ひとは相手の理解する言語を語ることなしにその相手の心を変えることはできないという考えに還元されてしまうからである．しかしたとえそう考えるにしても，説得に成功するチャンスは，相手の文化のなかにすでに存在している観念に訴えることができる程度と密接に関係するであろうと考えるのは，きわめて妥当であると思われる．批判者は，たんに相手に理解されるためだけにでもきわめて弱い意味で「関係をもって」いなければならないが，現実に人びとの心を変えようとするには，いっそう強力な強度な種類の関係が要求されるということはおおいにありうるだろう．

　さらにまた，『解釈としての社会批判』でウォルツァーは，説得の試みや，したがって他の文化に潜在している理解に訴える試みが失敗した場合でさえ，別の文化の慣行に介入することを正当化するための根拠がなおも存在しうることを示唆している．というのも，そこでかれは「一種の最小限の普遍的な道徳律コード」16を提案しているからである．ここにいう最小限の普遍的な道徳律コードとは，濃密に構成された道徳文化に対して，ちょうどホテルの一室が一軒の家に対してあるような関係に立っている．それは，ひとがいかに生きるべきかを知るために必要なものを詳しく説明するには，あまりにも希薄で乏しい基礎的な枠組みを構成するにすぎないが，しかしそれにもかかわらず共有される意味に対する文化を超えた拘束として存立するのである．そのような最小限のコードは，その妥当性を，それが普遍的に生じてくるか，あるいは普遍的に発見されるという事実から得ているがゆえに，それを尊重しない社会は必然的に稀にみる例外であるにちがいない．しかし，現にそうである場合，他の社会はその違反を防ぐために介入することが正当化されうるであろう．

　　中央アメリカにおけるスペイン人たちの例を考えてみよう．かれらはあるときにはカトリックを擁護し，あるときには自然法だけを擁護した．たしかに，かれらは，自然法についてカトリック的に理解していたが，しかし，例えば人間を生け贄にすることに対して，それがカトリックの正統な教義

に反するからというのではなく,「自然に反する」として反対したのは,いっそう正しいことであったであろう.アステカ人にはおそらく分からなかったであろうが,しかもその議論は,キリストの血と身体についてなされる（正餐式に関する）議論と同じほど外在的であったのではなかった（そしてそれは,おそらく,生け贄の犠牲者たちの,確信ではないとしても,感情に関係をもっていたであろう）17.

最後の2つの節が示唆しているように,おそらくは,最小限のコードのある痕跡がアステカ族の文化に見いだされたはずであり,また必ずしもその社会の成員すべてが,人間を生け贄にするという慣行に具現されていた理解を実際に共有していたわけではなかったであろう.そしてそのかぎりにおいて,社会批判者はみずからを,その時には従属的であった,その文化内部の構成要素に訴えかけているとみなすことができたであろう.しかし,この引用箇所でそうした考えはそれほど重要ではない.というのも,明らかにウォルツァーは,ここでは自然法と理解されている,最小限のコードの名における介入は,どうであれ正当化されるであろうと考えているからである.もしわれわれが,根本的な価値が異質の文化の成員によって侵害されていると感じるならば,その場合には,その侵害者がわれわれの理由を理解できないときでさえ,その侵害を防ごうと行動することがわれわれにとって道徳的に正当化される.社会的な意味が尽き果てて,われわれ自身を相手に理解可能にするための基盤が手に入らないところでは,もはやわれわれは説得を試みることができない.しかしそれにもかかわらず,いくつかの場合には,争点となっている問題の深刻さが介入を正当化するであろう.

さらに,ウォルツァーのアプローチに潜在しているが,かれによっては述べられていない,可能な文化を超えた原理がもう1つ存在している.かれはそれを最小限の基準の一部とみなしていないと思われるが,にもかかわらずそれは,たとえ他の文化自体の自己理解に関連づけることができないとしても,われわれが他の文化を正当に批判することができるかもしれないような基盤を与えていると思われる.上記においてわれわれは,意味に基礎をもつウォルツァーの方法論の根底にある原理の1つが,すべての人びとの意見に対するしかるべき尊敬にあったということを強調した.この尊敬こそ,たんに既存の社会的意味を覆すことによる社会変革ではなく,説得による社会変革を唱導するように,

すなわち批判が理解されることと成功することの両方に必要な条件として，批判と批判される文化のあいだのある程度の内在性を必然的に含むようなプロセスによる社会変革を唱導するように，ウォルツァーを導くものにほかならない．ウォルツァーのレトリカルな疑問を思い出しておこう．「いかなる特性によって，わたくしたちは互いに平等なのであろうか．わたくしの議論にはとりわけひとつの特性が中心にある．わたくしたちは（わたくしたちのすべては）文化を作り出す生き物である．わたくしたちは意味ある世界を作り出し，そこに住まうのである」(*SJ*, p. 314)．かれの理論の相対主義的な要素へと通じている，文化の特殊性への尊敬を根拠づけるのは，われわれはすべて平等に文化を創造する生き物だという原理である．そうであるなら，われわれは，他の文化がものごとを行なう仕方に対するわれわれの尊敬は，それ自身はこの原理を承認しない他の文化に対してまで適用される必要はないと考えることができるであろう．もしある社会が，それによって人びとが生きる文化的な構築物を創造することを，人びとに対して平等に認めることをしないとすれば，その場合にウォルツァーの議論を駆り立てている理念は，抑制ではなく介入を正当化しているように思える．

　もちろん，この示唆は多くの難しい問題を提起する．いかにしてわれわれは，ある集団の人びとが文化の構築の過程から排除されているかどうか知ることができるのであろうか．インドの不可触民の人びとに対して起こったのはまさにこの排除であったというのは，カースト制の妥当と思われる分析ではないのではないか．あるいはそれは，イスラム原理主義の共同体で女性に対して起こったことであるというのは，そうではないのではないか．われわれは，排除されているのではないかとわれわれが疑っている人びとに向かって，かれら自身は何を考えているのかと尋ねることはできないように思われる．なぜなら，かれらが自分たちの立場を容認したり支持したりするとしても，それはかれらが排除されていないことの証拠として解釈されることも，そうではなくてかれらが，その構築から自分たちが排除されてきたアイデンティティを，どれほど強く内面化してきたかという程度の大きさを証明するものとして解釈されることも，どちらも可能だからである．われわれには，文化の創造の過程において平等の地位を与えられた人びとが，自分たちに従属的な地位を与える文化を創造することなどけっしてないだろうと考えたり，また劣ったものとみなされる人びとは，その創造の過程から排除されてきたにちがいないと疑ったりする傾向があ

るだろう．しかし，ひょっとするとこのような傾向は，ウォルツァーの反普遍主義と文化的特殊性に対する尊敬がまさしく避けようとしてきた仕方で，人びとが何をなすのが理性にかなっているのかに関して，われわれ自身の構想を誤ってそして不正に適用することであるかもしれない．

　それが相対主義の問題によって提起されるあらゆる難点を解決することはほとんどありえないにしても，少なくともウォルツァーが文化を超えた批判原理を示唆してはいること．そして同時に，われわれが主題としているアジェンダからするならばとりわけ興味深い点であるが，その批判原理が人格についてのある構想に存していることはたしかであるように思われる．この章の最初でわれわれは，リベラルとコミュニタリアンの論争へのウォルツァーの貢献は，それが人格よりも財に焦点を合わせている点で他と区別されると述べた．このことは依然として妥当なのであるが，しかしかれの理論は人びとに関して何が重要であるのかについてのある特定の理解を前提としていると解釈しうることを，ここで強調することは価値がある．

　この最後の考察にどのようなメリットがあるにせよ，ウォルツァーの後期の著作の証言が示唆しているのは，『正義の諸領域』における相対主義的な構成要素から，かれの批判者たちによって引き出されたより極端な帰結のいくつかは，かれの社会的意味への訴えによって意図されてはいなかったし，論理的に内包されてもいなかったということである．それどころか，この訴えから現れてくるものがなにかあるとすれば，それは，異質な文化を尊敬することと，政治的な議論が起こったときには，力よりも説得に優先性を与えることの必要性に対する，非の打ちどころがないほどリベラルな強調である——すなわち，寛容が真に根本的な事柄に対する活動を麻痺させるのを許すことなしに，寛容のための空間を創造する試みなのである．そして，こうした条件を付したとしてもなお，社会的意味の優先性に対するウォルツァー本来の強調は薄められてはいない．つまり，ロールズの方法論的抽象は，ロールズの正義の原理を適用不可能性へと陥らせるという概念的な議論と，その方法論的抽象はデモクラティックな諸価値を尊重しないことに帰着するという実質的な議論とは，そのまま残っているのである．

第 4 章　ウォルツァー：正義と抽象

複合的平等

　いまやわれわれは，ウォルツァーが採用する特殊主義的な方法論から，かれがその方法論を現代社会へと適用する際に明らかとなる正義の積極的な理論（「差異化された実体」の理論）へと移ることができる．ウォルツァーの議論のこの実質的な要素についてわれわれはすでに「さまざまな異なる社会的財は異なる理由で［配分されるべきである］」という要素として言及しておいたが，それは比較的直截的な要素であり，それゆえ，われわれの紹介もそれに応じて簡潔であることができる．
　われわれの社会において生産され，配分される財の社会的意味についてのウォルツァーの解釈によれば，それらの意味は相互に異なる．そして，

> さまざまな意味がそれぞれ他と異なるときには，配分はそれぞれ自律的でなければならない．どの社会的財ないし財のセットも，その中ではある一定の基準と取り決めだけが適切である，いわば 1 つの配分の領域を構成する．貨幣は，聖職の領域の中では不適切であり，他の領域からの侵入である．そして，敬虔さは，市場が一般に理解されてきたところによれば，市場の中では利益をもたらさないであろう（SJ, p. 10）．

聖職の領域で貨幣を持ち込むことが間違っているのは，それが問題となっている 2 つの財の社会的意味に反しているという点である．そしてこのことがこれまで議論してきた方法論的な考察とどのように関係しているのかは明らかなはずである．文化的特殊性に対する尊重は，ある共同体がその財を理解する仕方への注意を要求するのであり，そのような理解は，それらの財が配分される仕方に対するさまざまな含意を伴っている．もしある財が，それとは区別された意味をもつ別の財と交換されるならば，このことは複雑に絡み合った文化的構築物への侵害なのである．
　それゆえ，財はそれ自体の意味に応じて配分されるべきだという関心にはもちろん変化はないが，ウォルツァーの理論の要点は，1 つ 1 つ考察された財の配分に対してよりも，むしろ複数の財の間の交換の防止に対して焦点を合わせたものなのである．したがって，乱暴ないい方をすれば，資本主義社会のどこ

第1部　コミュニタリアンのロールズ批判

が不正であるかというと，それは貨幣の不平等な配分であるというよりは，むしろ本来ならば異なる配分上の領域に属する，ヘルスケアや教育のような財を，貨幣がその所有者にもたらすことができるという事実なのである．ウォルツァーの用語法でいえば，誤っているのは，貨幣が「支配的な」(dominant) 財であるということ，つまり他の財を「専制君主のように支配する」ということにある．そして，貨幣と他の財との交換の防止よりも，むしろ貨幣の平等な配分に焦点を合わせることの間違いは，「複合的」平等ではなくて「単一なる」平等を追求することにある．

われわれは，「支配」(dominance) と「独占」(monopoly) というウォルツァーの区分から始めて，これらの用語の意味を明確にすることにしよう．

> わたくしは，ある財について，それをもっている個人が，それをもっているがゆえに，広い範囲のその他の財を思うままにすることができるなら，それを支配的と呼ぶ．ただ一人の男性もしくは女性，すなわち価値の世界における君主——あるいは男性もしくは女性の集団，すなわち寡頭支配者たち——がすべての競争相手を制して首尾よくそれを保持することができるときにはいつも，それは独占される．支配は，さまざまな社会的財の用い方について，それらの本来的な意味によって限定されないような，あるいはそれ自体のイメージのなかでそれらの意味を形づくるような用い方を言い表す．独占は，社会的財の用い方について，それらの支配を巧みに利用するためにそれらを所有し，あるいは管理する用い方を言い表す (*SJ*, pp. 10-11)．

この区別によりウォルツァーは，正義のための2種類の要求を対比することが可能になる．第1に，支配的な財は，それがなんであれ，平等に，あるいは少なくともより広範囲に共有されるようになるために，再配分されるべきであるという要求がある（これは，独占は不正だということになる）．第2に，あらゆる社会的財の自律的な配分のために道が開かれるべきだという要求がある（これは，支配が不正だということになる）．ウォルツァーの議論は，前者よりも後者，すなわちなんであれたまたま支配的である財の平等な配分よりも，むしろ各々の財に特有の意味と合致した，自律的な財の配分を支持しているのである．

独占と支配との区分は，「単一なる」平等と「複合的」平等というもう1つ

の区分に帰着する．すなわち，「あらゆるものが売りに出され，すべての市民が他の市民と同額の貨幣をもっているような社会を想像していただきたい．わたしはこのような社会を「単一なる平等の体制」と名づける．平等は［この体制では］，それが社会的財の全範囲へと広がるまで，転換過程を通じて多元化される」(SJ, p. 14)．ここでは１つの財――貨幣――が支配的であり，その財は平等に配分されている．このことがウォルツァーにとって問題なのは，その平等が不安定だということにある．というのも，平等な出発点からの自由な交換は，ただちに新しい不平等へと帰着するからであり，また時間を超えて単一なる平等を維持する唯一の手段は，危険なまでに強力な国家（つまり，独占の兆候を十分に断ち切り，支配の形態を抑圧するほどに強力な国家）となるであろうからである．そのときその国家は，新しい競争の的となるであろう．

　しかし，もし単一なる平等が存続可能でないのなら，それは平等そのものが手に入らないことを意味するのであろうか．まったくそうではないであろう．われわれはむしろ，複合的平等の観点から考察すべきなのである．

> 　わたくしは，わたくしたちは支配の縮減に焦点を合わせるべきであると主張したいと思う――独占の解体ないし抑制にではなく，あるいは主としてそれにではなく．わたくしたちは，特定の財が交換可能である範囲を狭め，配分の領域の自律性を擁護することは何を意味するのだろうかということを考えてみる必要がある……．
> 　その中では異なるさまざまな社会的善が――国家の絶えざる干渉を阻んで，それらが現にそうであり，またつねにそうであり続けるであろうように――独占的に保持されているが，いかなる特定の財も一般的に交換可能ではない社会をいま想像してみよう……これは複合的な平等社会である．多くの小さな不平等は存在するであろうが，不平等は交換過程を通じて倍加されることはないであろう．それはまた，配分の自律性が，男性および女性のさまざまな異なる集団によって保持される，多様なローカルな独占を生み出す傾向があるがゆえに，さまざまな異なる財にまたがって足し合わされることもないであろう (SJ, p. 17)．

このような観点からすると，間違っているのは不平等それ自体ではなくて――「独占は領域の内部では不適切ではない」(SJ, p. 19)――，ウォルツァーが「専

制」(tyranny) と呼ぶもの，つまり配分の各々の領域にとって内在的な，他の領域のそれと区別された配分原理を無視することである．複合的平等の体制は

> 専制の正反対である．それは，支配が不可能であるような一連の関係を確立する．形式的な言い方をすれば，複合的平等は，1つの領域における，あるいは1つの社会的財に関する，いかなる市民の立場も，ある他の領域における，ある他の財に関するかれの立場によって弱められることはあり得ないことを意味する．例えば，市民 X は，市民 Y よりも有利な政治的職務に選ばれるかもしれない．そのとき政治の領域では，かれら2人は不平等になるであろう．しかし，他のいかなる領域においても，X の職務が，かれに Y よりも有利な立場に基づくなんらかの利益——より質の高い医療介護，かれの子供たちのためのよりよい学校へのアクセス，起業の機会など——を与えることはないというかぎりにおいて，かれらは一般的に不平等になることはない (*SJ*, pp. 19-20)．

つまり，正義を達成するための方法は，財の間の防壁を油断なく巡視しながら，それらの意味が別々であり，したがってそれらを公正に配分するための原理も別々であるさまざまな財の間の，交換を防止することなのである[18]．

　ウォルツァーは一般的な配分原理の拒否に方法論上コミットしている以上，「いかなる社会的財 X も，財 X の意味に関係なく，たんに別の財 Y を所有している人びとに，かれらが財 Y を所有しているからという理由だけで配分されるべきではない」(*SJ*, p. 20) と述べながらかれが最終的に結論づける配分原理が，「修正可能な」(open-ended) ものであることは驚くに値しない．そうした原理の力は，われわれの関心を，さまざまな財がさまざまな社会において実際に理解される仕方についての研究へと向けさせる．そして，もしわれわれに特有の関心がわれわれ自身の社会における正義におかれているのならば，その力はわれわれの注意をわれわれ自身の社会的意味の解釈に向かわせるのである．『正義の諸領域』の大部分は，まさにこれら2つの任務を果たすことから成り立っており，ウォルツァーが正義について考えるためのかれの特殊主義的なアプローチを擁護する仕方は，抽象的な議論によるのと同じほどに，具体的な描写にもよっている．さまざまな文化が，その文化が創造し配分する財を理解するきわめて多様な仕方をウォルツァーは色彩豊かに描き出し，そして貨幣や教育か

ら重労働といった多くの財をめぐるわれわれ自身の社会的意味の適切な解釈が，われわれを一定の配分原理へとコミットさせると説得的に論じている．かれの立場の強みが，文化および財に特定された詳細な説明にあるはずだというのは，もちろんウォルツァーの望むことであるが，しかしその強みは本章で要求されているような種類の要約には役立たない．読者は，そのアプローチが抽象的な形式で提示されたときにはその妥当性を疑うとしても，その特殊主義的な例証によってもっとうまく説得されるかもしれない．読者はその本のより中心的な章を読むべきであろう．というのも，それこそが確かに，ウォルツァーが読者を説得したいと望んでいる仕方だからである．

　正義についてのウォルツァーの実質的な考えによって提起された批判的な争点のいくつかの考察へと移行するまえに，これらの考えに関してさらに2つの考察をつけ加えておくことは有益だろう．第1に，われわれはそれらの実質的な考えと，ウォルツァーの議論の方法論のもつ2つの構成要素との間の関連をみることができるはずである．正義とは，各々の財がそれ自体の領域に特有の原理にしたがって配分されることを要求するのであり，その原理はその財の社会的意味の解釈を通して発見される．ある財がその他の財を支配し，その他の財の意味を侵害するのであれば，その社会は専制的である．というのも，そのことによってその社会は，財について構想する人びとの意見を，すなわち財にその意味をはじめて付与する，必然的に社会的な文化創造の過程を，しかるべく尊重していないからである．修正可能な配分原理と，それが含意する複合的平等の体制は，それらのみが社会的意味に適切な重要性を与えるがゆえに，すでに議論された方法論的命令を遵守しつつ正義にいたる唯一のアプローチなのである．

　第2に，なぜウォルツァーがロールズの基本財の構想を拒否しなければならなかったのかが，いまやより明白になるはずである．というのも，われわれがすでにみたように，一見するとロールズの試みは文化を超えて適用されうる「基本財」の一覧表を提案しようとするものであったが，それは文化的な差異を尊重しないだけでなく，財を意味のないものにしてしまう，意味の捨象を求めるからである．また，ロールズは一見すると一連の異なった財を単一の一覧表にまとめてしまっているが，このようなまとめ方は，ロールズ自身の文化のような単一の文化に関してさえも，さまざまな財はさまざまな理由で配分されるべきであるという事実を無視している．ウォルツァーにとっては，原初状態

にある人びとが，さまざまな財をいかに配分するかについて，それらの財をお互いに区別する意味を無視しながら考えることが有益であろうという考え全体が，根本的な誤りへと通じているのである．

複合的平等の望ましさ

　異なる財は異なる理由で配分されるべきであるという考え，そしてその意味が区別されている財の間での交換を防止すべきであるという考えは，直観的にはおおきな説得力をもっている．われわれの社会が認めない特有の交換がある．たとえばわれわれは，人びとが投票権や政治的な職務を売買することを認めない．同様に，それらがあまりにも重要であり，素朴な消費財とは質的に異なるがゆえに，それらは支払い能力に応じて配分されるべきではないとみなす傾向をもつ財もいくつか存在する．教育や医療介護などがそうである．金持ちがより優れた速い車を購入する力をもっていることよりも，金持ちがより優れた迅速なヘルスケアを金で買う力をもっていることのほうに，いっそう多くの不正なものがあるとわれわれが感じるのは，ありそうなことである．もちろん，われわれが共有する社会的意味の解釈を通じて実質的な結論を導き出したというウォルツァーの主張を考慮に入れると，もしかれの結論が一見したところ一定の妥当性をもってさえいないとしたら，そのほうが驚きであろう．重要なのは，最初はそのように妥当にみえたとしても，それが批判的分析に耐えられるかどうかである．そこでそうした分析を試みることにしよう．また同時に，個人がみずからの資源を用いてなにをなすかをめぐって個人が自分自身の選択をする自由をもつことの価値をむしろ指摘するような議論に対して，ウォルツァーの立場がどのように関係するかを考察することによって，ウォルツァーの立場がコミュニタリアン的なものとして理解されうる意味合いも示唆することにしよう．

　［複合的平等の望ましさについての］この種の議論にアプローチするための1つの方法は，そもそも資源の平等な配分が存するとしたら，異なる財の間の交換についてわれわれがもつかもしれない悩みのうち，どれだけ多くが消滅するであろうかを考えることである．すべての者が同じ量の貨幣をもっていると想定しよう．それでもなおわれわれは，人びとがヘルスケアを買うために貨幣を用いることについて，どこか間違っている点があると感じるであろうか．人びとが

第4章　ウォルツァー：正義と抽象

みずからの資源をいかに振り分けるべきかを決定するのは，かれらしだいではないのか．もし人びとが，医療保険に入るよりも，むしろ贅沢な休日を過ごしたり，あるいは衛星テレビの受信アンテナを購入したりするほうを好むのであれば，これがかれらの決断であるとみてよいだろう．もしわれわれがそうではないと考えるならば，そのように考えさせるのは，ヘルスケアは金銭によって購われるべきではないことを要求する，ヘルスケアの社会的意味をめぐるなにごとかであろうか．おそらくそうではない．むしろそれは，人びとは医療処置に対して平等なアクセスをもつべきであるという関心，そして現在の不平等な貨幣の配分はこれに反しているという関心である．あるいは，言葉をかえていうならば，購買力の不平等な配分は，ヘルスケアの配分が個人の自由な選択を反映せずに，裕福な人びとに有利なように歪められていることを意味するであろうという関心である．資源の平等という状況においては，ヘルスケアの配分は，人びとがかれらの貨幣をどのように使いたいかに関する個人の選択を真に反映しており，そこには平等なアクセスが存在するであろう．その場合，この種の［財と財の間の］交換を認めることは，原則としてなんら間違ってはいないように思われるであろう．

　この議論は本質的にいって，個人のもつ自分自身で選択を下す自由についての議論であるが，それはより極端な事例に拡張されることもできる．われわれは，人びとがお金のために腎臓を売ることが認められるべきではないと考える傾向にある．しかし，ある特定の個人が腎臓よりも一定量の貨幣を好み，別の個人が貨幣よりも腎臓を好むのであれば，われわれはいかなる理由で，かれらがそれぞれしたがっていることをするのを止めさせなければならないのであろうか．われわれの直観的な応答は，実際には自分の腎臓を売ることを自由に選択することなど誰にもできるはずはないのであって，その人は自暴自棄になっており，貧困やそれに類する境遇によって，本当はしたくないことをするように強いられているに違いないと考えることである．経験的にいうと，これが圧倒的に事実であることに疑いの余地はない．しかしわれわれはつぎのような状況を考えることもできるだろう．すでに不満のない暮らしをしている人が，腎臓を売ることによって，生涯にわたってずっと欲しがっていたスタインウェイのピアノを自分のために買うのに十分なだけのさらに多くのお金を獲得できるとしよう．もしそれがその人の選択であるのなら，どうして防げられるべきなのであろうか．

187

第1部　コミュニタリアンのロールズ批判

　われわれは、そのような問いには答えがないと示唆するつもりはない。個人の自由と自由市場の関係は、非常に大きな争点である。自由市場に懐疑の目を向ける人びとには、駆使できる多くの論点がある。ある選択が「自由」なものであるためには、選択する者は十分な情報をもたなければならないのではないか。諸個人には自分が病気になることの本当の可能性を正確に見積もる能力がなく、そのためかれらはそうしたほうが合理的であるよりは安い保険にしか入らないであろうという根拠にもとづいて、ヘルスケアを市場から取り除くのを正当化できるかもしれない。このことは、選択はそれが「合理的」であるときにのみ、自由であるということを意味するのだろうか[19]。そしてその場合、何が合理的であり、なにがそうでないかを決めるのは誰なのか。それとも、個人によって自由に選択された数々の選択が積み重なって、誰も望んでいない、意図せざる結果を生み出すことになるということが事実なのだろうか。もしそうであるなら、ここでふたたび個人の自由に対する制限が正当化されうるであろう。これらは、市場を擁護する主張および市場に反対する主張を十全に評価するうえで中心的な問いのうちの、ほんのいくつかにすぎないし、われわれはここでこれらの問いを探求することもできない。われわれが提示したと期待しうるのは、異なる意味をもつ財の間での交換を封鎖すべきであるというウォルツァーの命令が、自分がもっているものを用いてしたいことをする個人の自由に対する抑制を含むことになるということだけである。

　われわれは市場に特定の形を与え条件づけるための仕方を選択できるし、異なる種類のリベラルが、かれらの政治理論においてさまざまな異なる役割を市場に与えているのを認識することは重要である。しかしどのような仕方を選択したとしても、リベラリズムと市場の関連の一般的な形態は明白なはずである。人びとはみずからの生をいかに生きるかについてみずからの選択を下す自由をもつべきであるという考えは、自由な交換にもとづく経済システムとうまく結びつく。それどころか、市場が価格を需要と供給の関数として決定する仕方は、特定の財の価値をめぐるいかなる実質的な判断も含んではいないという大きな長所をもっており、むしろその仕方は、経済においてさまざまな人びとによってそれらの財に認められる相対的な価値を反映するにすぎないと主張する、より洗練された議論が存在している。市場がそのように働くとして、なおかつ資源の平等な配分という仮説的な前提にふたたび立つことにするならば、ある意味で自由市場は、少なくともリベラルな思想におけるいくつかの流れにとって

中心的であることをすでにみておいた，あの反完成主義的な要素を，ひょっとするとさまざまな善の構想の間でのあの中立性さえも，体現しているとみなしうるのである[20]．

　ウォルツァーの実質的な議論がコミュニタリアン的としかいいようがないと考えられうるのはどんな意味においてかも，いまや理解される．異なる配分原理の自律性という名のもとでの，自由な交換——ノズィックにならっていえば[21]，同意している成人どうしの間の自発的な行為と名づけうるもの——の防止は，問題となる財の「社会的意味」の名において，個人の選択を無効にすることを含む．このことは，ここでの「社会的なもの」の力は，それらの意味が必然的に共同体的に創造され構想されたものであるということを想起させずにはおかないがゆえに，個人よりも共同体を明らかに優先することを意味する．ウォルツァーはあからさまにつぎのように述べている．かれがわれわれに尊重するように熱心に勧める「人類の意見」とは，「あれこれの個人がもつ意見ではない．個人の意見には無愛想な扱いがふさわしい場合もありうる．わたくしがいいたいのは，もっと深遠な意見である．すなわち，個人の心のなかにあり，個人の思考によって形づくられもする，われわれの共同生活を構成する社会的意味についての反省であるような意見である」(SJ, p. 320)．自分自身の生を追求する個人の自由を保障することに関心があるリベラルにとって，このような意見は漠然として役に立たないと思われるかもしれない．とりわけその文化における財の社会的意味がなんであるかについて，実際には相当の不一致があると考えられるのならば，なおさらそう思われるであろう．それどころか，のちの章で展開するであろう考察をさらに先取りするならば，つぎのようにも考えられる．リベラリズムについての説得力ある考え方は，リベラリズムを，人びとがいかにその生を過ごすべきか，あるいは特定の財がいかに配分されるべきかについて，人びとが同意しないという事実によってまさに特徴づけられるような状況への応答としてみなすことではないのだろうか．そしてこうした同意の不在こそが，現代の高度な産業社会についての正確な経験的描写ではないだろうか．そのような環境においては，人びとがいかにみずからの生を過ごし，みずからの資源をいかに扱うかについて，自由に決心すべきであるという教説はとりわけ説得的であるように思われるし，反完成主義の国家と自由な市場は，その教説を体現した社会制度であると考えられるかもしれないのである．

第1部　コミュニタリアンのロールズ批判

ウォルツァー対ロールズ

　正義についてのウォルツァーの実質的な理論のいくつかの側面にわれわれがどのような不安をもつにせよ，ロールズ的なリベラリズムへのコミュニタリアン的批判者としてウォルツァーが選ばれたことが，社会的正義一般について理論化する際にふさわしい方法論についてのかれの議論により多くを負っているのは明白である．この点でかれの批判は，まさにわれわれの争点のアジェンダの第3の項目に該当する．というのも，ウォルツァーは一般に，政治理論が適用されなければならない文脈がもつ，文化的な特殊性に注意を払わないような政治理論の試みの様式にはどんなものであれ批判を加えるのであり，かれがロールズのなかに認めているのはまさにこうした様式だからである．簡単にいえば，ロールズの基本財についての主張と，その結果としてかれの結論が一見したところ普遍的な射程をもつようにみえるということが，正義についてのいかなる理論も，その配分が問題とされる財がもつ特殊な社会的意味の注意深い読解に基礎づけられなければならないというウォルツァーの要求と衝突するのである．そうしないかぎり正義の理論は，デモクラシーの価値を尊重することも，社会の具体的状況において有効であることもできなくなる危険を冒すことになるとウォルツァーは警告する．このようなロールズの反特殊主義という外見が，現実と一致するかどうかは，われわれが次章に委ねる問題である．
　ウォルツァーのとりわけ方法論にかかわる批判にコミュニタリアン的な偏向を与えているものは，それが社会的意味に対して割り当てる中心的な場所である．すなわちかれの批判によれば，財の配分は，それらの財に特有の意味を把握することなしには決定されないのであり，そしてそれらの意味は本性上社会的である——それらの意味は，いかなる個人の思想や行為によってでもなく，むしろ共同体とそのさまざまな実践および諸制度によって構築され，派生し，維持される．したがって，ウォルツァーの仕事は，個人の共同体に対する関係，共同体的な枠組みの重要性，そして共同体の実践と制度に固有の価値といったものに関して一定の構想を前提としており，それはまさに，ウォルツァーをマッキンタイアやテイラーの仕事と緊密に提携させる．最も顕著なのは，文化を創造する生き物としてのウォルツァーの人間観が，人間は自己解釈的な生き物であるというテイラーの主張を強く思い出させることである．

しかしながら，つぎの点は指摘する価値があるだろう．ウォルツァーのロールズ批判は，かれがリベラリズムそれ自体に反対であることを含意しない．あるいは少なくとも，典型的にリベラルな政治的思考がもついくつかの中心的な構成要素に敵対的であることを意味しない．ウォルツァーは，デモクラシーの過程を甚だしく侵害するような仕方で，法において個人の権利を神聖化することを強調しすぎる政治理論には明確に反対する．また，基本財に対するロールズの強調が，競合する善の構想の間で最大限に中立的であろうとするリベラルに一般的な試みの表明であるかぎり，ウォルツァーはそのような試みには反対する．他方で，政治理論家は社会的意味の特殊性に注意を払うべきであるというウォルツァーの要求は，異質な文化に対する寛容と尊敬の価値へのコミットメントを反映しているが，これは申し分なくリベラルな価値である．そしてリベラルな理念と価値が，われわれの社会の制度と実践に浸透しているかぎりにおいて，われわれにとっての財または善が現に帯びている社会的意味に対するウォルツァーの尊重が，リベラルであると認識できる結論に到達するのはもっともなことであろう．結局のところ，財の間の交換を防止することへのウォルツァーの強調が，個人の自由に絶対的な優先性を与えるロールズの試みと対立するようにみえるとしても，さまざまな領域の分離という一般的な考えは，きわめてリベラルな血統をもっている．結局のところ，教会と国家，経済と政治，さらに一般的には私的なものと公的なものの分離を熱心に主張するのは，リベラルだからである[22]．この点において，ウォルツァーの例は，前章においてテイラーについて指摘した論点を補強している．すなわち，リベラリズムに対するコミュニタリアン的批判者であることは，リベラリズムとリベラルな価値の全面的な拒絶を必然的に内包するわけではけっしてないのである．

註

1 Habermas, *Legitimation Crisis*; Ackerman, *Social Justice and the Liberal State*.
2 Walzer, 'Philosophy and Democracy'.
3 Ibid., pp. 388-389.
4 Wittgenstein, Zettel, no. 455.
5 Walzer, 'Philosophy and Democracy', p. 386.
6 Ibid., p. 389.
7 Dworkin, 'Rights as Trumps'ではそのように議論されている．
8 Walzer, 'Philosophy and Democracy', p. 391.

第1部　コミュニタリアンのロールズ批判

9　Ibid., p. 393.
10　Ibid., p. 394.
11　Ibid., p. 395.
12　Dworkin, 'What Justice Isn't', はウォルツァーの相対主義に対する明らかな反対の表明である。これは, *New York Review of Books*, 14 April 1983 に掲載された記事のリプリントであり, 読者はまた同誌の 21 July 1983, pp. 43-46 におけるウォルツァーとドゥオーキンの一連のやりとりにも関心をもつであろう。
13　Marx, *The German Ideology*, p. 64.
14　Walzer, *Interpretation and Social Criticism*, p. 41.
15　Gramsci, *Selections from the Prison Notebooks*, p. 195.
16　Walzer, *Interpretation and Social Criticism*, p. 24.
17　Ibid., p. 45.
18　ウォルツァーのこのヴィジョンは, Swift, 'The Sociology of Complex Equality' において社会学的なパースペクティブから評価されている。
19　自由の概念が理解されてきたさまざまな仕方, とりわけ合理性の概念に対するその関係を考察している古典的なエッセイは, Berlin, 'Two Concepts of Liberty' である。
20　ここでは, すでに序章でそうしたのと同じように, われわれはドゥオーキンの 'What is Equality?' のアプローチを大いに簡略化した。このアプローチをわれわれは第9章でより詳細に考察する。
21　Cf. Nozick, *Anarchy, State and Utopia*, p. 163.
22　この論点についてのより完全な議論のためには, Walzer, 'Liberalism and the Art of Separation' を見よ。

（佐藤正志・山口正樹訳）

結論的要約

　いまやわれわれは，リベラリズムのコミュニタリアン的批判に対して貢献したと思われる論者たちのそれぞれを考察した．しかし，かれらの見解を要約し，なぜかれらがロールズ的なリベラリズムと対立すると考えられるかを説明し，さらに各々の論者が「コミュニタリアン」というラベルに値しうる意味を解明するという仕事は，多くの複雑で詳細な論点をカバーすることを含んでいた．それゆえ，この題材について回顧的な概略を示すことが好ましいと思われる．それは，「コミュニタリアンたちはいったいどの程度一貫した集団を形成しているのか」という問いに対する答えを提供するとも考えられるだろう．そうした一貫性は――そもそも一貫性があるとして――2つの水準で，すなわち，かれら4人のリベラリズム批判は相関的であるかどうかという水準と，かれらは同じ意味において「コミュニタリアン」であるかという水準で明らかになるであろう．最初の水準から始めてかれらを順番に考察する．

家族的類似性：リベラリズム批判

　この問題を取り扱うには，本書をそこから始めた争点のアジェンダを中心にして議論を組み立てることができればもっとも都合がよい．議論は以下のような形式を取る．アジェンダ上にある5つの項目それぞれのもとで，われわれは，4人のコミュニタリアンのうちでロールズに帰せられた見解に反対する見解を展開したのは誰なのか，また4人のうちでロールズは自分たちとは反対の見解を保持していると明白に論じているのは誰なのかを特定するつもりである．

人格の構想

ここでの焦点は，すべてに先だって個人となっている負荷のない人格の構想に，すなわち，諸個人がかれらの選択された目的，価値，善の構想，そして共同体に対して発展させる愛着が，かれら自身のアイデンティティを構成する部分となる可能性の余地を認めないような構想にある．サンデル，マッキンタイア，そしてテイラーが展開する人格についての見解は，この人格の構想を掘り崩そうと試みている．さらにサンデルとマッキンタイアは，ロールズがこの構想にコミットしていると明示的に論じている．

非社会的個人主義

2つの分離されうる争点が，この項目に入る．すなわち，個人の目的，価値，そしてアイデンティティ（その内容にかかわらず）といったものはどれも，かのじょが成員であるところのより広範囲の共同体から独立して存在すると考えられうると想定する，哲学的な誤りと，その内容ないし焦点が本性上共同体的なものである，特殊な人間的財または善の数々（とりわけ政治共同体の財または善）の真の意義を認めないという，実質的な誤りとである．マッキンタイアとテイラーは，非社会的個人主義の哲学的な説明を掘り崩そうとする議論を展開し，またマッキンタイアは，ロールズがそれにコミットしていると明示的に論じている．サンデルは，非社会的個人主義の実質的なヴァージョンに反対する議論を展開しており，ロールズはそれにコミットしていると明示的に論じている．

普遍主義

ここでの争点は，ロールズの正義の理論が，正義という理論化の主題がもつ文化特殊性に注意を払うことなしに，普遍的かつ文化横断的に適用されるよう意図されているかどうかである．ウォルツァーは，政治理論についての普遍主義的構想をどんなものでも掘り崩そうと試みる見解を展開する．かれはまた，ロールズはそうした構想にコミットしていると明示的に論じている．

主観主義か・客観主義か

　ここでの議論の焦点は，個人の目的，価値，そして善の構想の選択は，恣意的な選好の表現であり，そうした選択に対する合理的な正当化は本質的に不可能だという見解である．マッキンタイアとテイラーは，この立場を掘り崩そうと試みる見解を展開する．そしてサンデルとマッキンタイアは，ロールズがこの立場にコミットしていると明示的に論じている．

反完成主義と中立性

　この項目のもとでのコミュニタリアンの批判は，ロールズの正義の理論が，競合する善の構想の間で，思ったほど中立的ではないということである．政治的なアリーナに善の「濃密な」構想を呼び出すのを禁止する理論は，その理論を擁護する際にそれ自体がまさにそうした構想の1つに依拠せざるをえない．そしてその理論を実行することから生じるであろうリベラルな社会は，その市民によって抱かれている善の構想であっても，すべての市民の自律を保護する必要によって明示的に是認される以外の仕方で抱かれているものに対しては，差別的な取り扱いをするかもしれない．この批判の異なるヴァージョンが，サンデル，マッキンタイア，そしてテイラーによって展開され，ロールズに対して向けられている．

　コミュニタリアンの批判を要約する以上の方法は，2つの重要な論点をきわめて明白にする．第1に，コミュニタリアンの名前の分布が示唆しているように，コミュニタリアン的批判の3番目のものは，他の4つの批判が互いに密接に関連しあっているのと比べると，それら4つに対してごくわずかの関連しかもたない．ウォルツァーがロールズ的なリベラリズムと結びつける方法論的抽象に対するかれの批判は，他の3人の批判者によって直接的には支持されていない．そしてロールズの人格の構想，非社会的個人主義，道徳的主観主義，善の構想の不十分な中立性への主張に対するかれら3人の反論に並行するものは，ウォルツァーの著作のなかに見いだされない．この理由はいまや明白であろう．これまでの各章で強調したように，すべてに先だって個人となっている人格の構想にコミットする者は誰でも，なんらかのヴァージョンの非社会的個人主義および道徳的主観主

義を擁護するにいたる傾向にあり，さらにその結果として，道徳的かつ政治的な思考において強い意味で中立的でない一連の前提に依拠することになるであろう．しかしこれらの個人主義や主観主義についての信念は，政治理論を展開する方法についての特定の構想を必然的に含むわけではないし，それによって必然的に含まれるわけでもない．乱暴ないい方をすれば，前者のいくつかの信念が特定するのは理論の実質的な内容であり，後者の方法についての構想が特定するのはその理論の射程である．そして，あるひとの理論が普遍的な適用をもつべきかどうかという問いは，その理論の内容からかなりの程度（完全ではないとしても）独立しているのである．

　第2に，3人の批判者からなる主要なグループにかぎっていうと，［かれらによって］われわれにより多く与えられているのは，かれらが反論している見解に対して反対するための理由であって，そうした見解をとくにロールズに対して，あるいはリベラリズム一般に対して帰属させるための理由はそれほど多く与えられていないということが明らかである．サンデル，マッキンタイア，テイラーは全員，ロールズに帰せられてきた見解に対立するようにかれらを導く立場を展開したが，そうした見解をロールズに帰することの正当性をどれほど擁護しているかという点では，マッキンタイアと比べるとサンデルのほうがより多く擁護しており，テイラーと比べるとマッキンタイアのほうがより多く擁護している．これが意味しているのは，ロールズへの攻撃として理解されてきたコミュニタリアンによる攻撃の重点のほとんどが，本書第1部の第1章と第2章で論じられたテクスト上の分析と解釈に依存しているということである．もしそこでの分析と解釈が擁護されうるならば，そのときロールズは相互に支持しあういくつもの批判にさらされることになる．しかし，われわれが考察してきた題材の多くは，誤りであると推定された見解を掘り崩すという一般的な任務に捧げられていたのであって，その見解がロールズのものであることを正当化するというもっと特定の任務に捧げられている度合いは低かったのである．

家族的類似性：批判者のコミュニタリアニズム

　この問いにアプローチする最善の方法は，リベラリズムの批判者の各々が「コミュニタリアン」であるとみなされてきた意味をわれわれが想起し，

そしてかれらの間の類似性と差異を照らし出すことである．

サンデル

　サンデルのコミュニタリアニズムは，すべてに先だって個人となっている自己の構想が排除していると思われる，1つの可能性を復権させようとするかれの関心において明白である．そのような自己が，その目的の選択に先だって，その選択から独立して与えられる統合をもっているかぎり，選択された目的に対して，部分的ないし全体的にその自己のアイデンティティを構成するような愛着を発展させることはその自己には不可能である．サンデルがおおいに（それだけを排他的にではないが）強調している，そうした構成的愛着の一類型は，自己がその成員であるところの1つまたは複数の共同体への愛着であり，とりわけ政治的な共同体への愛着である．

マッキンタイア

　共同体への個人の関係をめぐるマッキンタイアの説明にしたがえば，人格について，また合理的な企図として理解された道徳性について一貫した説明を与えようとするどのような試みも，さまざまな実践や伝統といった本質的に社会的な現象への個人の参加について言及しなければならない．ここでは，共同体の成員であることは，ある1つの種類の人間的善に対して本質的であるだけでなく，どのような種類の人間的善を達成する可能性にとっても必要不可欠な部分をなしている．

テイラー

　テイラーは，道徳性について，実践理性について，そして人格についてのいかなる適切な構想も，質的な枠組に訴えなければならないが，そうした質的な枠組は言語共同体の成員であることを通じてのみ確立され，維持され，獲得されうると論じる．人間が自己解釈的な動物であり，自己解釈のために必要な言語が本質的に社会的な現象であるなら，そのとき共同体は，人間が行為すること（道徳的に行為することを含めて）の構造的な前提条件である．

ウォルツァー

　ウォルツァーにとって，いかなる正義の理論もそのために配分の原理を確立しなければならない財または善の意味——それゆえ財または善の本性そのもの——は，そのなかでそれらが創造され，磨かれ，利用される，特殊的で幅広い変化に富む社会的，文化的な文脈から独立して把握されえない．それらの意味は社会的であるがゆえに，正義が焦点を合わせる財は社会的な財である．そしてその帰結として，政治理論を展開するという営みと，ほかならぬ社会正義という概念そのものが，両方とも，個々の共同体の枠組に埋め込まれており，かつその枠組に相関的なものとして理解されなければならないのである．

　これら4つのきわめて濃縮された簡潔な要約を中心にして回顧的な総括を組み立てるとすれば，その仕事を考察してきた4人のリベラリズム批判者たちが，共同体の概念を3つのかなり異なる仕方で利用しているのを一目でみることができる．マッキンタイアとテイラーは，共同体への言及を人間の自己について，行為することについて，そして実践理性についてのいかなる説明にも必要不可欠な部分とみなすことで，そうした利用の仕方の1つを体現している．しかるにサンデルの主張ははるかに限定されており，共同体に対する構成的愛着は，人間的な善の1つの重要な種類であるという見解にいたるのみである．そしてウォルツァーは，正義についての——しかもその際に，正義の主体というよりも正義の対象についての——実践的推論の適切な説明を与えるためにのみ，共同体に訴える．こうした観点から，われわれは，マッキンタイアとテイラーがもっとも完全なコミュニタリアンであり，サンデルとウォルツァーは，コミュニタリアニズムという中心的な類型の，焦点において異なり，範囲においてより制限される2つの変種の実例を示しているといえるかもしれない．

　しかしながら，この一見したかぎりでの多様性の外見は誤解に通じかねない．というのも，4人のコミュニタリアンはすべて，自分の仕事をある特定の，共同体を志向した人格の構想のうえに基礎づけている点で同じだと論じることができるからである．マッキンタイアとテイラーの場合にこのことは明らかである．すなわち，人間を言語共同体における自己解釈的

な動物であるとするテイラーの根本的な見解は，人間は実践と伝統によって自分たちに伝えられた概念や基準によってのみ，みずからを人格としてまた道徳的な行為者として理解することができるとするマッキンタイアの新アリストテレス主義によく似ている．第4章で示唆したように，政治理論を展開する方法に関するウォルツァーの仕事の多くも，よく似た仕方で，人間は本質的に文化を創造しかつ文化に住まう生き物であるというかれの見解に拠っている．そして共同体への構成的愛着の可能性を救い出し，再度強調しようとするサンデルの関心は，人間のアイデンティティが，かれらが成員である大小の共同体への居住と同一化とにどれほど密接に結びつけられているかを照らし出す仕方として，容易に解釈しなおすことができる．この観点からすると，4人のコミュニタリアンはすべて，自分たちが創造し，維持し，居住する，文化と言語の共同体に対して不可避的に結びついているものとしての人間の構想を中心にして，統一されるのである．

　かれらのコミュニタリアニズムをこのように人格の構想を中心にして特徴づけることは，かれらのコミュニタリアニズムをかれらのロールズ批判と密接に関係づけるという，さらなる長所をもっている．というのも，すでに示したように，非社会的個人主義，道徳的主観主義，善の構想の不十分な中立性のゆえにロールズを批判する論拠の大部分が，すべてに先だって個人となっている人格の構想をかれの仕事に帰属させることに依拠しているからである．そのような人格の構想が，コミュニタリアンたちの仕事を支えているとわれわれが主張してきた人格の構想に対して，根本的に対立するのは明らかである．というのも，もし自己がすべてに先だって個人となっているならば，その場合には共同体に対する構成的愛着を発展させる可能性は排除されてしまい，共同体の枠組みを創造し，そこに居住し，それを維持することが人の自己にとって必要不可欠な一部であるという考えが適切に受け入れられることはありえない．もちろんまた，互いに競合する人格の構想に関してリベラルとコミュニタリアンが根本的に対立しているのをみてとることは，リベラルとコミュニタリアンの論争において，ロールズが1つの人格の構想にコミットしているという非難がもつ中心的な役割を強調する．というのも，もしこの非難が有効でないのならば，その場合にはそれ以外の推定されたロールズ批判の多くも，有効ではないだろうからである．

しかしながら，もしわれわれが，より抽象的な，あるいはなにが優先されるかという価値に注意を向けた仕方でリベラルとコミュニタリアンの議論を特徴づけたいのならば，そのときわれわれは思い切って以下のような定式化をできるだろう．すべてに先だって個人となっている人格の形而上学的な構想にロールズがコミットしていると考えるサンデルの根本的な理由は，そう考えることで，ロールズが個人の自律の保護に置く絶対的な優先性が説明されるということである．この意味において，それゆえ，サンデルが人格についてのその構想に帰する役割は，リベラルな枠組における自律の優先性についてのかれの見方を反映している．そしてもちろん，文化を創造し，文化に住まうものとしての人格の構想を展開することからの重要な帰結の１つは，個人が他の人間と協調しつつ行為することによってのみ行使することができる能力に置かれる強調である．文化と社会は人間の共同体の創造である．ということは，それらは個人を基礎にしては創造されえないし，維持されえないのであり，そしてそれらが供給する，人間が自己であり行為者であることの非常に本質的な源泉は，人びとの共同体によって人びとに伝えられるのである．こうして，コミュニタリアンの人格の構想は，個人の共同体への必然的な依存が及ぶ程度と範囲とを強調することによって，個人の自律へのリベラルの古典的な強調に反対するのである．

この定式化が示唆することは，リベラルとコミュニタリアンのあいだのこのように異なった強調点の置きどころの間には，単調な対立ないし矛盾があるとはかぎらないということである．より具体的にいえば，個人はどのような点でかれまたはかのじょの共同体から自律したものとして考えられるべきではないかについてのコミュニタリアンの強調は，個人の自律が人間的な善としてまったく切り捨てられたり，全面的に格下げされたりすべきだということを論理的に内包するわけではない．むしろその強調は，リベラルが自律という善に割り当てがちな優先順位の絶対性と，射程の普遍性とを疑問に付すことを意図されている．すなわちそれは，自律という善の優先性と範囲がともに修正され，あるいは制約されるべきであると示唆するのに役立つのである．このことが，すべてのコミュニタリアンのうちでマッキンタイアのみが，一般的な道徳的伝統としてのリベラリズムに明示的かつ無条件的に敵対している理由である．テイラーは，その伝統の

全体を攻撃するというよりも，リベラリズムを擁護する一定の仕方を攻撃することに明らかに関心があり，ウォルツァーの方法論的な忠告の多くは，それらに付随する強いリベラルな響きをもちあわせている．そしてサンデルは，リベラリズムが限界をもつことを示唆することにだけ明示的に関心がある．この意味で，コミュニタリアンのリベラリズム批判は，サンデル的な言葉使いによって考えられうるであろう．すなわちその批判は，自律のもつ魅力と価値の限界を確定しようとする試みであって，その魅力と価値をいっさい否定する試みではないのである．

（佐藤正志・山口正樹訳）

第 2 部
コミュニタリアンの批判に対するロールズの応答

第 2 部への序論

　ロールズのリベラリズム，すなわち公正としての正義の構想とそれが主張するさまざまな理論上の前提と含意は，異なってはいるが互いに関連した多様なコミュニタリアン的批判の標的となってきた．このことはすでにみてきたとおりである．いまや浮かび上がってくる疑問は，これらの批判はその標的を正確に捕捉していたのかという点についてのものである．コミュニタリアンたちが攻撃する当のものを，ロールズは信じているのか．ロールズ的なリベラリズムが，負荷を欠いた，すべてに先だって個人となっている人格の構想や，個人を社会に先行するものとみなす見解や，道徳的なコミットメントは主観的な選好の表明以上のものではないとする考えにコミットしているというのは本当であろうか．方法論的な見地からいえば，ロールズは不適切なほどに普遍的で抽象的な正義の構想を求めているのであろうか．かれのリベラリズムはそれが主張するよりも濃密な善の構想に本当は依拠しているのであろうか．

　これらの疑問に答えることは，少なくとも 3 つの章を必要とするだろう．というのも，ロールズがかれの 2 冊目の書物——『政治的リベラリズム』——を出版し，そのなかでかれが，本人も認めるとおり，みずからの立場を『正義の理論』とは違った仕方で提示しているという事実のおかげで，問題は単純とはいえないものになっているからである．公正としての正義はいまや，ほかのヴァージョンとは区別された，政治的なヴァージョンのリベラリズムとして理解されるべきである．かれの述べるところでは，

　　包括的教説と政治的構想の間の区別は残念ながら『正義の理論』には
　　欠けている．そして，公正としての正義の構造と実質的な内容のほと
　　んどすべてが……変化しないままで，政治的構想として考えられた公

正としての正義の構想に切り換えられると私は信じているが，しかしその見解全体についての理解は重要な点で転換したのである（*PL*, p. 177）．

政治的なものへのこの転換に含まれているものがなんであるかを説明することが，第2部の最初の章の課題である．この引用が示唆するように，変化したのは公正としての正義の構想そのものではなくて，その構想をわれわれが理解すべき仕方，すなわちその地位，それが依拠しているそれ以外の見解，それを支える議論のかたちといったものである．ようするに，それはどのような種類の理論なのかということが変化したのである．この変化は当然，コミュニタリアンたちが攻撃の焦点を合わせてきたのと同じ種類の理論をロールズはもはや提唱してはいないことを含意する．この事実は，その攻撃の正確さを測定するどんな試みも必然的に複雑化させる．

　2番目の章では，つぎの点を示そうと試みる．すなわち，［公正としての正義の構想が］他と区別された意味での政治的な構想であるという主張こそが，われわれがアウトラインを描いてきたコミュニタリアンの反論のいくつかに対して応答するための資源をロールズの立場に与える．実際，本書の構成は，後期ロールズをコミュニタリアン的な批判に照らして解読することは啓発的であるというわれわれの判断を反映している．この文脈では，つぎの2つの但し書きをつけておくことが重要である．第1に，ロールズ自身の見解では，かれの立場のさまざまな変更はコミュニタリアン（あるいはその他の論者たち）によって提起された批判への応答ではなくて，むしろ『正義の理論』の議論に内在していたある問題から始まり，そしてすべてその問題の解決から生じたというものであるが，われわれはこの見解を論駁しようとは思わない．われわれの関心は伝記的なものではなくて，分析的なものである．コミュニタリアン的批判がそうした変化を動機づけたことをロールズは否定しているわけであるが，少なくともわれわれにとっては，このことは問題でない．問題なのは，ロールズの変化がその批判とどのように関係しているかである．しかしながらわれわれは［第2に］，ロールズがコミュニタリアンの反論に応答しうるための資源を手に入れたのは，他と区別された意味での政治的なリベラリズムの構想へとかれが立場を転換することによってのみであったと論じるわけでもない——いくつか

第 2 部への序論

の資源は『正義の理論』でもすでに手に入れることができたのをわれわれはみるであろう[1]．けれども，ロールズの応答のうちからかれの立場の転換に依存しているものと依存していないものを識別するという課題は，そうした変化が結局のところなにかについて一定の理解をえたのちにはじめて果たされうる．

　もちろん，以上のことを論じただけでは，政治的なものへのロールズの転換が——したがってまたその転換が可能にした批判への応答が——支持されうるものかどうかという問題が残される．これは 3 番目の章の問題である．ロールズの政治的リベラリズムの本質を明らかにし，政治的リベラリズムとコミュニタリアン的批判の関係を考察したうえでわれわれは，その立場が批判的な評価に耐えうるかどうかを探求する仕事に向かう．読者が本書のこの第 2 部を通じてわれわれについてきてくれたならば，われわれがつぎのように論じていることを見出すだろう．すなわち，ロールズが現在そう理解してもらいたいと望んでいるかれのリベラリズムは，それがもともと定式化されていたほどにはコミュニタリアン的批判を受けやすくはない．それどころか，ロールズのリベラリズムそのものが，十分にコミュニタリアン的な考えを含んでいるのである．けれども，現在のような姿のロールズの理論がコミュニタリアン的反論のいくつかを回避しているとしても，そのことはいくつかの主張に依拠することではじめて成り立っており，それらの主張自体には疑いの余地がある．

註

[1] コミュニタリアンによるリベラリズムの批判は，ほとんど全面的にリベラリズムの誤解にもとづいているという見解として，S. Caney, 'Liberalism and Communitarianism: A Misconceived Debate' を参照．われわれの 'Liberalism and Communitarianism: Whose Misconception?' はこの見解に応答したものであり，さらにそれに対する Caney の応答が続いている．

（谷澤正嗣訳）

第5章　ロールズの政治的リベラリズム

　ロールズの『政治的リベラリズム』は，長大かつ複雑，そして難解な書物である．この最初の解説のための章において，この書物の鍵となる考えについて最低限の概略以上のものを提供することは，われわれの狙いではない．かれの全般的なヴィジョンについて一定の理解を読者に与えるだけで十分であって，ある解釈を他の解釈よりも微細な点で優れたものとするのに必要となる定式化の詳細については，あまり多くの注意を向けなかった．われわれの提示がスケッチ風であることを心配する人びとは，続く２つの章で事柄が複雑になってゆくことを知って安心するかもしれない．そこではさらなる解説へと入ってゆくが，その解説はまず，ロールズの立場とコミュニタリアンによる批判との関係を定めるために必要であり，続いて，リベラリズムに関するたんに政治的な構想を提示しているに過ぎないという，かれの決定的に重要な主張が，実際に支持しうるものであるか否かを考察するために必要である．したがって，章ごとに描写の深さと細かさを高めてゆきながら，ゆっくりと進むのが最善であると考える．しかし当然のことながら，解釈の問題はこの最初の段階においてさえ避けられないことは認識している．ロールズのジグソー・ピースの相異なる部分は何通りもの組み合わせ方が可能であることを読者は想起してほしい．時にそれらはロールズ自身によってさえ，さまざまに異なるやり方ではめ込まれているように思われる——1970年代から80年代にかけて発表されたさまざまな公刊論文を経た何段階もの長旅ののちに，かれはようやく最近の言明に到達したのであるが，この組み合わせの多様さはおそらく，かれのこの道程を反映している．

　一般的にいってわれわれは，『政治的リベラリズム』と『正義の理論』の正確な関係という，興味をそそるもののひどくやっかいな争点に拘泥するのは避けたいと思う．しかしこの争点の１つの側面は，最初から明確にしておくのに

十分値するほど重要である．ロールズは，かれの政治的リベラリズムを1つの一般的構想とみなしており，『正義の理論』でかれが提示した特定の正義の理論と無条件で同じものとはみなしていない．かれにとって，「『公正としての正義』とはリベラルな政治的構想の一例に過ぎない．公正としての正義に特有の内容はそうした見解を定義づけるようなものではない」(PL, p. 226)．人びとはロールズが提唱するリベラリズムの種類については同意するが，にもかかわらずそれが含意する内容については同意しないかもしれない．実際にロールズも，そのような不一致が起こることは避けられないし，望ましくさえあると考えている．しかしながらかれは，リベラルな政治的構想としての要件を満たすためには，いかなる理論も一定の基本的な特徴を公正としての正義と共有していなければならない，と確かに考えている——政治的なリベラルが意見を異にする最大限の余地が存在するように思われるのは，配分の問題をめぐってであるが，この問題をわれわれは慎重に選んで無視してきた．そして，ロールズは明らかに，自分の後期のプロジェクトが，1971年に打ち出された特定の理論のより完全な正当化と理解をもたらすとみているので，われわれはそのような仕方でかれの後期のプロジェクトを提示するつもりである．

かくして，これら2冊の書物で提唱されている立場の関係は，混乱を招く可能性を秘めている．一方で，あるひとが他のリベラリズムと区別された政治的なリベラリズムというブランドを擁護する議論を受け入れながら，しかし公正としての正義を受け入れないことがありうる．おそらくその人は，『政治的リベラリズム』によって設定された受容可能性の条件に『正義の理論』は適合していないと考えるからであろう．他方で，公正としての正義の実質に惹きつけられてきたが，政治的なものへのロールズの移行はその正当化の力の弱体化を含むと考え，この移行を認めない人びともいる．したがって，ある人びとは後期ロールズを受け入れるが初期ロールズを受け入れず，他の人びとは後期に反対して初期を擁護する．そして，これらすべてのことが，ロールズ自身が前期と後期の両方を妥当で，かつ一方が他方を支えるとみなすその文脈のなかで起こっているのである．

どのように政治的なのか

ロールズは，公正としての正義が，『正義の理論』におけるその提示の仕方

ゆえに，1つの包括的な道徳教説に埋め込まれているように見えるかも知れないことを認めているが，そのうえでつぎのことを強く主張している．すなわち，公正としての正義は包括的な道徳教説ではなく，むしろ1つの政治的構想として意図されたものだということである．そしてかれは，われわれがみてきたように，このことがかれの理論が理解されるべき仕方にある重大な差異を生み出すのを認めている．したがって，われわれの最初の仕事は，かれがそれを「政治的」と呼ぶことでなにを意味するのか，そしてこのことがかれの最初の書物が推奨した読みといかにして区別されるのか，これらの点をみてとることでなくてはならないことは明らかである．

　最も簡潔なところで，正義の政治的構想を他のものと区別する特徴はつぎの3つである．

　　［第1に］その構想が社会の基本構造にのみ適用されるように組み立てられ，その主要な政治的，社会的，経済的諸制度が社会的協働という1つの統一された企図として組み立てられていること．［第2に］それよりも包括的ないかなる宗教的ないし哲学的教説からも独立に，それが提示されていること．［第3に］そして，あるデモクラティックな社会の公共的な政治文化に潜在すると目される根本的な諸理念の観点から，それが作り上げられていることである (PL, p. 223).

本節ではこれら3つの特徴を順番に紐解いてゆこうと思う．ただし，なぜロールズがこれらの意味において「政治的な」構想を欲したのかという決定的に重要な争点は，のちほどまで措いておくことにする．2つの問いは密接に関連しているのであるが，ロールズにとってある構想を政治的なものにするのはなにかをみるほうが，なぜかれがそのような構想を求めたのかをみるよりも簡単である．この簡単なほうから始めることにしよう．

　そこで第1の論点は，その理論は特殊な主題，つまりロールズが「基本構造」と呼ぶものに適用すべく意図されているということである．ここで本質的な論点は，公正としての正義の構想がその射程において一般的なものであるべく意図されていないことである．つまり，それはあらゆる状況において正義が要求するものをわれわれに語るとは想定されていないのであり，あらゆる制度が，もし正しくあろうとすれば，どのように組織されなければならないかを語

るとも想定されていない．ロールズの理論の正義の2原理は，社会の基本的な政治的，社会的，経済的諸制度に対して，きわめて特定化されたかたちで適用されるのであって，基本構造に属さない団体，たとえば教会や大学，病院などが，それぞれが関心をもつ財または善をどのように正しく配分するのかという問題については，公正としての正義は沈黙している．これら基本構想とは別の形式の結社も正義の2原理から生じた諸々の拘束を受けなければならず，その結果として，たとえば良心の自由は，宗教が異端者を火刑に処さず，ただ破門することのみを要求する．しかしその一方で，これらの団体がもつ相異なる形式がそれぞれ特別な狙いと目的をもつことは，それらの内部ではきわめて相異なる正義の原理が適用されうることを意味している．

したがって，この構想が政治的であるところの第1の側面は，その射程あるいは主題である．この構想は政治的な領域――通常の用語法におけるように，政治的のみならず主要な社会的，経済的諸制度を包含するものとして広く理解されるかぎりにおいて――に特定して適用される．第2の側面は，どちらかといえばむしろ，われわれがその地位と呼ぶものにかかわる．ある正義の政治的構想が「それよりも包括的ないかなる宗教的ないし哲学的教説からも独立に提示され」うるという考えは，われわれを後期ロールズ思想の中核へと導く．

ここでのかれの論点は，公正としての正義というかれの構想に組み込まれているさまざまな主張，原初状態という思考実験と，そこから導出される正義の諸原理に体現されている数々の考えは，人びとが一般的に，つまり政治的および私的行為において，その人生をどのように送るべきかについての，あらゆる論点にまでゆきわたった主張には，どんなものであれ依拠しない，ということである．たとえば，1つの包括的な道徳教説として，功利主義は生活の全側面においてなにをなすべきかをその信奉者たちに示すと考えられるのが普通である．これとは対照的に，ロールズの政治的構想は，道徳的，宗教的ないし哲学的な諸々の価値や理想に関するいかなる特定の包括的見解からも独立して，そしてそれらを前提とせずに，自立することを意図しているのである．われわれはすでに，このことが『正義の理論』における理論の提示の仕方からの移行，つまりロールズが十分に認める用意があるところの移行であることを指摘しておいた．『正義の理論』でかれは，公正としての正義は包括的な，あるいは部分的に包括的な教説とみなされることを認めている．公正としての正義が，実際にはいかなる包括的教説にも依拠しておらず，自立的（freestanding）かつ特

殊政治的な構想として提示されうるということ，このことはロールズにとって非常に重要である．それが重要である理由はまもなく論じられるであろう．ロールズによれば，原初状態の特徴づけのなかに組み込まれている諸々の道徳的な主張を，人びとが抱く最高次の関心の特定を含めて受け入れるために，いかなる特定の包括的な道徳的理想にもコミットする必要はないのである．

　かれの構想が政治的である第3の側面，これをわれわれはその構想の方法ないし源泉にかかわるものとして考えてよいのであるが，それはつぎのようなものである．すなわち，「それが，あるデモクラティックな社会の公共的な政治文化に潜在すると目される根本的な諸理念の用語から作り上げられている」ということである．公正としての正義は，ある特定の包括的理想を作り上げるものとして理解されるべきではない．むしろ，われわれの社会の主要な制度とその解釈に関する公共的な伝統に埋め込まれているがゆえに，暗に共有されていると見なすことができる諸々の直観的な理念を体系的に分節化するものとして，つまり整合的なパターンに「まとめ上げる」ものとして理解されるべきなのである．この構想が，非常に異なった政治文化をもつ他の社会にまで拡大可能であるかという問いは，目下の問いとは別のものである．

自由で平等な市民たちによる公正な協働システムとしての社会

　なぜロールズは，かれの正義の構想が，先ほど大まかに述べたような仕方で「政治的」であることを欲するべきなのだろうか．この重要な問題に移る前に，公正としての正義のさまざまな特徴が，この性格づけと果たしてどのように合致するのかということを手短に説明することが助けとなるかもしれない．ここで鍵となる論点，しかも政治的なものが具えるこれら3つの特徴がその論点からみた場合に相互に関係しあっている論点は，2つの段階を踏んで表現できる．第1に，原初状態──みてきたように，それは公正としての正義の中核にあるさまざまな，実質的かつ規範的な主張を体現するものとみなすことができる──は，社会は自由で平等と考えられる市民たちによる1つの公正な協働の企図とみなされるべきである，という考えを提示するよう意図されている．原初状態は，われわれが「自由で平等な市民の代表者たちが，その下で社会の基本構造に関する社会的協働の条件を特定すべきところの公正な諸条件」(*PL*, pp. 25-26) とみなすものをモデル化する．第2に，まさにその考え，つまりわれわれが社会とそのメンバーをどのようにみなすべきかに関するその理解そのもの

が，つぎのように捉えられる．すなわち，その考えは基本構造に関する諸問題とのみ関連するものであって，われわれの政治文化に潜在しており，いかなる包括的な理想の妥当性をも前提としない考えであると捉えられるのである．ロールズがいうところでは，「公正としての正義の根底にあって，全体を組織化する理念——この理念の内部で他の基本的な諸理念が体系的に結びつけられる——は，1つの世代からつぎの世代へと続く1つの公正な協働システムとしての社会の理念である．われわれは，あるデモクラティックな社会の公共的文化に潜在するこの理念を提示することから出発する」(*PL*, p. 13)．したがって原初状態は，包括的な道徳的，宗教的あるいは哲学的な教説ではなく，社会と人格についての，他と区別された政治的な構想がもっている規範的な主張をモデル化するのである．

これらの主張がロールズに，コミュニタリアンの反論と和解し，あるいはそれを論駁するための手段を提供する仕方を，次章で考察するだろう．しかし現段階でも，いかなる種類の転向によってロールズがその手段を利用できるようになったのかを指摘することは，大いに役立つだろう．たとえばつぎの主張の意義を考えてみよう．それは，原初状態によってモデル化される人格の構想は，市民としての人格に関するものであり，善に関する一連のさまざまな包括的構想を抱く人びとによって，政治的な文脈にふさわしいものとして肯定されうる，という主張である．最初に提示されたときには，この理論はあたかも，〈あなたは，いわば，人びとについてなにが重要かについてのリベラルな理解に徹底的にコミットせざるをえない，すなわち人びとの本質についてのある主張にコミットせざるをえない〉というふうにみえた．しかしいまやロールズはつぎのように主張している．すなわち，市民としての人びとに関するリベラルの構想，つまり，原初状態によって表象される意味において人びとを自由で平等とみなす構想を——それよりも完全なあるいは包括的な意味においてリベラルであることなしに——支持しうると主張している．善の構想を形成し，修正し，そして合理的に追求する能力，つまり，原初状態において合意へと向かう当事者たちに属する最高次の関心事が政治において重要であると考えるにあたって，人は自律や個別性を，カントやミルの流儀において包括的な道徳的，哲学的理想とみなす必要がないのである．

第 5 章　ロールズの政治的リベラリズム

なぜ政治的なのか

　ロールズがかれの正義の構想を政治的なものとして読ませる，その意味を理解することを目指して，ここまでいくらかの道のりを歩んできた．しかしわれわれは，みずからの理論が政治に特定化された性質をもつことにロールズがこだわる理由はなにかという問いを，いまだ切り出してはいない．上記の3つの特徴をそなえた構想を探究する動機はなにかという争点は，もはや避けることができない．
　これは一筋縄では行かない問題である．ロールズ自身は，政治的なものへのかれの移行を，主としてつぎのことの承認に動機づけられたものとして述べている．すなわち，公正としての正義は，あるいは他のいかなるリベラルな構想も，もしそれが『正義の理論』において提示されているような包括的な哲学的構想の妥当性に依拠しているとすれば，安定的ではないか，すくなくとも正しい仕方で安定的ではないということである．ロールズの見解では，デモクラティックな社会のメンバーが善に関する多様な包括的構想を信奉することは不可避である．そして，みずからが唯一真なる包括的教説であると主張するようなリベラリズムには，真に正義にかなった，よく秩序づけられた社会という，ロールズの構想の一部分であるような種類の社会的な安定性を提供できないことになる．これは，かれの理論の「政治的」側面が，コミュニタリアンの批判に動機づけられたものであるというよりも，むしろ理論内部の1つの問題に対する解決として着手されたことを意味する．
　しかしながら，ロールズ自身の説明においてさえも，かれの理論の政治的側面が安定性の問題に対する1つの解決を提供しているということに，この政治的側面の重要性が尽きているわけではけっしてないことは明らかである．ロールズは『政治的リベラリズム』の序論で，「この変化は続いて他の多くの変化を余儀なくさせ，以前は必要とされなかった一群の考えを要求する」(*PL*, p. xvii) ことを認めている．そしてこの著作でかれは，みずからの議論を適切なかたちで提示するには2段階の進行を必要とし，安定性の問題は2番目にくる，と繰り返し主張している．

　　公正としての正義は2つの段階を踏んで最もうまく提示される．最初の

215

段階では，それは基本構造のための自立した政治的（だが，もちろん道徳的な）構想として作り上げられる．これをうまく処理し，その内容——その正義の原理と理念——を暫定的に手にしてはじめて，われわれは公正としての正義が十分に安定しているか否かという問題を，第2の段階において取り上げることができるのである（PL, pp. 140-141）．

ロールズの理論が「政治的」であることの必要性が最初に明らかになったのは，理論が安定的であることにかれが配慮することによってだろう．しかし，その理論が1つの自立した見解，「正義の政治的構想に関する，まずもって基本構造に適用され，そして政治的正義と公共的理性という2種類の政治的価値を分節化するところの説明」（PL, p. 64）であるという考えは，第1の段階で入ってきていることが明らかであり，はじめからその内容を知らせているのである．

　政治的なものへの［ロールズの］転向が厳密にはなにを含むのかをめぐっては，多くの意見の相違が存在してきた．そして第7章で示唆するように，『政治的リベラリズム』におけるロールズ自身の説明も2，3の重大な困難を抱えている．それはあたかもかれの思考が依然として転向の最中であり，同書で提唱されている立場が，相異なる両立しない種類の議論の筋を不幸にも含んでいるかのようである．こうしたことすべてが明快な解説を非常に難しくしているが，その最善の試みは以下のかたちをとるであろう．出発点は，正義の政治的構想へのロールズの関心を動機づけるものを示すことである．その動機づけは，かれが「理性にかなった多元性の事実」と呼ぶものによって特徴づけられるある社会のメンバーに対して，その構想が公共的に正当化できることの重要性にある．このことは，かれの重要な理念である公共的理性と，かれが政治的構成主義の手法を採用した理由とを説明する仕事にわれわれを引き込むであろう．自分の構想が公共的な仕方で正当化されうるのをロールズが欲するのはなぜなのかと問うことで，われわれはリベラルな正統性原理に対するかれのコミットメント——このコミットメントが，いくつかの外見上の疑いにもかかわらず，どれほどまでにかれを首尾一貫してリベラルたらしめているかを強調しながら——を指摘するであろう．しかるのち，安定性の問題がこの説明とうまく適合する仕方について考察を続ける．その際に，みずからの理論が上述の2つの段階を踏むことで最もうまく提示されるというロールズの主張がなにを意味しているのかを説明することに最善を尽くすが，それら2つの段階が同時に起こっ

ているようにみえることの意味も強調するつもりである．

公共的な正当化可能性と公共的理性

　ロールズは，すでに特定された3つの意味で政治的であるような正義の構想を探求している．その理由は，かれがある社会の全メンバー──多様な，相互に衝突するさまざまな包括的な見解を是認する──に対して公共的に正当化しうるようななにかを欲しているからである．ロールズによれば，現代のデモクラティックな社会が，両立不可能ではあるがそれぞれ理性的で包括的な宗教的，哲学的，道徳的教説を含むのは避けられないことである．これは，いずれ過ぎ去ってしまうようなたんなる歴史状況ではなく，むしろ「立憲的で民主的な体制という自由な制度の枠内において人間理性を行使した場合の通常の帰結」(PL, p. xvi) である．これこそが，ロールズにとって，「理性にかなった多元性の事実」である．それが理性にかなった多元性であるのは，以下の意味においてである．すなわち，それはたんに自己や階級の利害関心の結果でもなく，人びとが限られた視野から世界を観る傾向の結果でもない．そしてそれは合理性の不在や論理的な誤りにのみ帰することもできない．日常の道徳的，政治的な生活のなかで，推論と判断の能力を良心的かつ正確に行使する人びとでさえも，そのような包括的な問いについては，合意を獲得することを妨げるような，除去できない諸々の障害に直面するのである．これらの障害とは，ロールズが「判断の重荷」と呼ぶものである．それらは以下のような諸要素を含んでいる．すなわち，問題となっている事例に関係する証拠が複雑かつ衝突すること．与えられたどの証拠におかれた強調点も論争可能であること．われわれの抱く概念が曖昧であり，ハード・ケースになりやすいこと．そして，われわれの判断が，われわれの個人的な道徳的経験の歩み全体によって，はかりしれないほどに，しかし決定的に，かつ相異なるかたちで影響を受けていることである．これら不一致の源泉（自己利益や非合理性，身勝手さのようなものではなく）は，関係するすべての当事者たちが完全に理性的であることと両立する．それゆえ，人間の推論と判断が自由な（すなわち，これら判断の重荷を，強制によって，さもなければ強制ほど直接的でないその他の形態の不当な影響力の行使によって克服してしまうのを禁じるような）制度の枠内で行使される場合には，理性的な包括的教説の多元性を支持することは，避けることのできない結果なのである．

　これらの主張によって提起された諸々の争点を，われわれは第7章でいくら

か詳しく探求する．さしあたって現在の問題は，複数の包括的教説をめぐって市民たちが不可避的に，かつ理性的なかたちで意見を異にするであろうというロールズの見解と組み合わされたとき，公共的な正当化可能性こそが，ロールズの正義の構想が自立的であることを決定的に重要にするという点を理解することである．理性にかなった多元性というこの事実を所与とすると，単一の包括的教説を支持するいかなる構想も他の諸々の構想と必然的に衝突し，それら代替的な見解にそれぞれきわめて理性にかなったかたちでコミットする市民たちが合意を遂げる可能性を排除してしまうのである．またわれわれは，政治的なもののもう1つの特徴がこれまでの議論にいかにしてうまくあてはまるかも理解できなければならない．公共的な政治文化に潜在する諸々の直観的な理念を探求するという方法が意味をなすのは，市民たち自身が抱く特定の包括的な見解がいかなるものであろうと，それら直観的な理念はすべての市民によって暗黙のうちに共有されており，すべての市民に利用できるとみなされうるからである．ロールズはつぎのように表現している．

> 公正としての正義は，理性にかなった多元性の事実を所与として，政治的正義の問いにおける公共的な正当化の基盤を解明するという狙いをもつ．正当化は他者に向けられるものなので，それはなにが共通して支持されるか，あるいは支持されうるかという問いから生じる．それゆえわれわれは，公共的な政治文化に暗黙のうちに共有されている諸々の根本的な理念から出発する．それらの理念から，判断における自由で理性的な合意を獲得することができるような，1つの政治的構想を展開させることを希望して……(*PL*, pp. 100-101)．

すでに，ロールズが社会の構想を自由で平等な市民たちの公正な協働の企図，つまり，原初状態によってモデル化された1つの構想──ちょうど「共有された根本的な理念」といったもの──とみなしていることを指摘した．かくして，それはロールズにとって，理性にかなった多元性の事実，つまり相互に衝突し，共約不可能な諸々の包括的教説にかれらがコミットするであろうという事実にもかかわらず，社会の成員すべてに対して正当化できるなにものかである，ということになる．

いまや，諸々の論争的な主張，すなわちある特定の包括的構想の妥当性を前

提とする主張を避けたいという希望と，無知のヴェールと原初状態によって表象される理由の排除との関係を理解することができるはずである．原初状態にいる人びとが善に関する自分たちの特定の包括的構想を知るのを否定することで，ロールズは，正義について考える場合，それら包括的構想に訴えるのは不適切であるという考えを表明している．ここでロールズに特徴的なこととして指摘すべきは，これらの理由の排除と，公共的に正当化されうる正義の構想への願望とが結びついている点である．そのような正義の構想はロールズのいう「公共的理性」にのみ訴えることで正当化され，その私的かつ非政治的な生活においてきわめて相異なる諸々の道徳的，宗教的，哲学的信念にコミットする市民たちが受け入れうるものであるとされる．

　ある社会の基本構造と仕組が，その全成員に対して，かれらが抱いている善についての特定の包括的構想がどんなものであるかにかかわらず，正当化できなければならないとしよう．その場合には，そうした正当化そのものが正しく依拠しうる議論の種類には，厳密な制約が課せられなければならない．そしてそれらの制約が結果的に，諸々の根本的な政治的争点について決定を下すためのあらゆる可能な理由の集合の内側にある，きわめてはっきりと他から区別された部分集合を特定することになる——その部分集合が，公共的理性の領域なのである．かくして公共的理性は，つぎの3つの意味で公共的である．それが公共的な役割における（いいかえれば，市民としての）人格がそなえる理性であること．その主題が公共の善［または財］と根本的な正義の問題であること．そして，その本性と内容が公共的なものである（いいかえれば，明白なかたちで公共的に利用可能な諸々の理念や原理にもとづいている）ことである．

　そうすると，公共的理性（reason）は他の種類の推論（reasoning）と対比されることになる．われわれが，教会，大学あるいは家族といった，非政治的な結社のメンバーとしての資格でかかわる場合の熟慮というものは，すべて（それが政治的な問いに関係する場合でさえ），公共的理性によって課されるのとは非常に異なる種類の制約をもつであろう．なぜならそうした熟慮は，それぞれ特定の結社の関心にふさわしい，きわめて相異なる種類の制限と考慮によって決定されるだろうからである（もちろんすべての熟慮は，それなくしてはレトリックやたんなる説得と区別できないであろう，推論上の諸原理と証拠に関する諸規則への依拠を共有しているであろうが）．それらの推論の仕方は，ある意味で公共的でないものとして考えられうる．しかし，それらを私的（private）なものと考えてはならない．

というのも，当該結社の仲間である成員たちの観点からすれば，それらの推論の仕方は完全に公共的なものだからである．ロールズにとって——カントにとっても同様に——，私的な理性といったものは存在しない．ただ，仲間の市民としての観点から，公共的でない推論の仕方があるのみである．

しかしながら，公共的なフォーラムにおいて，われわれが敢えて仲間の市民たち——市民社会のなかでわれわれと同じ結社に参加しているとはかぎらない市民たち——に議論を挑む場合，政治的な領域にふさわしい推論の仕方，すなわち公共的理性の制約を尊重しなければならない．そしてロールズによれば，これと同じ拘束が，政治上の職務にある人びとに対しても，また裁判官——事実上，政府の公職者であるとロールズは考えている——に対しても，特別な仕方で適用される．それは議会で発言する議員たちや，また行政権力を行使する人びとの公共的な意見表明と行為にも適用される．そして，特別な効力をともなって，それは司法，とりわけ立憲的デモクラシーの下で司法審査権をそなえた最高裁判所に適用される．というのも，そのような裁判所における裁判官たちは，自分たちが下した決定すべてを，憲法およびそれに関連する諸々の法令と先例に対するかれらの理解に鑑みて説明しなければならないからである．ここにおいて，アメリカの政治的，法的システムをロールズがよく知っていることが表立ってくる．それゆえロールズは，最高裁判所はその特別な役割によって「公共的理性の範例」となる (*PL*, p. 216)，と宣言するにいたる．しかし，司法，立法，行政に政治権力を分割するアメリカのシステムに追随しない諸々の社会においてさえ，公共的理性の制約は，強制的な国家権力の行使に関する諸々の討論と決定に対して，依然としてあてはまる．なぜならそれらの制約は，そうした討論と決定にかかわるさまざまな考慮すべき問題のうち，仲間の市民たちが合意すると理性的に期待しうる問題と，それが期待できない問題との区別を反映しているからである．したがってわれわれは，公共的理性に関するロールズの議論を，公共的な正当化可能性の制約へのかれの根本的な関心に強力な表現を与える1つの仕方として考えることができる．

政治的構成主義

この公共的な正当化可能性の制約への根本的な関心こそが，ロールズが政治的リベラリズムを提示する際に，みずからが「政治的構成主義」と呼ぶところの政治的理論構成の方法に依拠していることを強調するようにロールズを導く．

この方法によってかれはつぎのことを意味している．すなわち，かれは政治的正義の構想を，ある構成手続きの帰結として表現したということである——その手続きにおいては，[まず]人格と社会に関する一定の基本的な，純粋に政治的な構想が，正義にかなった立憲的体制という構想を生み出すのに使われる．しかるのちにこの立憲的体制の構想が，われわれの政治的な努力を導くために用いられるようになる．かれが「合理的な直観主義者たち」に分類する理論家とは異なり，ロールズは，この手続きから出現する正義の諸原理が，道徳的諸原理や諸価値に関する1つの独立して存在する秩序を形成するとか，あるいは，人間は一種の知覚ないし直観（理論的反省によって補われるところの）によってそれらの原理や価値を認知するとは想定しない．しかしながら，政治的構成主義者はこれら合理的直観主義者たちの主張を否定しないし，かれらが誤っていると含意する見解を肯定することもない．とりわけ，政治的構成主義者は，道徳的（政治的なものを含む）諸原理と諸価値が，人間の実践理性の行使によって実際に構築され創造されること（ロールズが「カント的な道徳構成主義」と呼ぶものが仮定すること）を想定しない．政治的構成主義は，純粋に政治的な諸原理にみずからを限定し，そして，それらの原理はただ，あたかもそれらが構成手続きの帰結であるかのように提示され，理解されるとのみ想定する．したがって政治的構成主義は，それらの原理が人間とその合理的諸能力によって現実に構築されるということを，否定も肯定もしないのである．

ようするに，ロールズが政治的構成主義を採用する理由は，それが政治的な理論を展開する1つの方法であり，その方法の権威が，道徳的，政治的諸価値の本性について，われわれがある特定の論争的な形而上学的な教説を受け入れることに依拠しない，というところにある．

> 理性にかなった多元性の事実を所与とすると，いかなる道徳的権威——それが聖典であろうと，直観であろうと——についても，市民たちは合意することができない．また道徳的諸価値の命じるものや，一部の人びとが自然法とみなすものの命令についても合意しない．そこでわれわれは，社会的協働の公正な条件を特定するための，ある構成主義的な見解を採用する……．この手続きが正しく定式化された場合，市民たちは，かれらのそれぞれ理性的な包括的教説に沿う，社会的協働の諸原理と諸構想を，受け入れることができるはずである．(PL, p. 97)

いいかえれば，政治的構成主義は，道徳的，政治的価値の本性をめぐる継続中の形而上学的論争の帰結に可能なかぎり左右されないやり方で，正義の諸原理を表現する．政治的構成主義は，結果として，きわめて相異なるさまざまな形而上学的見解と両立するような，正義の諸原理を提示する1つの仕方を提供することになる．というのもそのような包括的教説それぞれの視点からすれば，政治的構成主義は価値の本性についての完全な物語のようなものをなんら語ってはいないが，かといって政治的構成主義は，その完全な物語と衝突するようなものをなにも仮定してはいないからである．ロールズによる政治的理論展開の方法は，かくして結果的に，公共的に正当化できる．かれの構成手続きにおいて援用された素材（人格と社会に関する一定の構想）は，純粋に政治的であり，そして手続きそれ自体は，可能なかぎりほとんどの論争的な形而上学的問いについての答えを前提としないからである．それゆえロールズは，つぎのように期待しても理性にかなっているといえる．すなわち，構成主義の方法を用いることから帰結する政治的な正義の構想は，いかなる理性的な包括的教説に固執する人びとによっても是認されるであろう，と期待できるのである．

リベラルな政治的理想

　われわれはこれまで，ロールズが，みずからの構想が公共的に正当化できる，あるいは公共的理性に訴えることで正当化できると主張することの意味に肉付けを施してきた．そして，この主張とかれの政治的構成主義の方法との関係を明らかにしてきた．［しかし］そもそもかれが，自分の理論が公共的に正当化できることを欲するのは，いったいなぜであろうか．

　ロールズの体系が複雑で，かつ洗練されたものであるにもかかわらず，この鍵となる問いに対する答えは驚くほどシンプルである．根本的な事柄について行われる政治的な討論を公共的理性の領域に制限し，諸々の論争的な真理を原初状態から排除し，公共的な政治文化に潜在する諸々の根本的な直観的理念に訴えることを正当化するのは，

　　以下のようなリベラルな政治的理想である．すなわち，政治権力は，ひとつの集合体としての自由で平等な市民たちに属する強制的な権力であるから，この権力は，憲法上の本質的事項や基本的正義の問題がかかっている場合には，すべての市民が，かれらに共通する人間理性の光において是認

することを期待しても理にかなっているような仕方でのみ，行使されるべきである（*PL*, pp. 139-140）．

　公共的な正当化可能性に対する関心，すでに概略を示した３つの特徴をそなえた正義の構想を探求する根本的な理由は，リベラル・デモクラシーにおける政治権力の本性に関する直截かつ実質的な１つの道徳的構想から導き出される．リベラル・デモクラシーの社会では，政治権力は自由で平等な市民たちによって共同で保持される．そして一部の人びとが，すべての人が受け入れられる理由に訴えて正当化することができないようなやり方で，他者に対してその権力を使用することは誤りである．理性にかなった多元性の事実，つまり相異なり，かつ衝突しあうが，しかし判断の重荷に服しているという意味で理性的である（したがって，理性にかなった仕方で合意に至ることのない）包括的教説が多元的なかたちで恒常的に存在することを所与とすると，そのような構想は，特定の教説の真理性ないし誤謬を前提とすることはできない．むしろ，公共的な正当化可能性が達成されるべきであるなら，この構想がただ公共的理性にのみ，つまり公共的な政治文化に潜在する諸理念にのみ訴えていることが重要なのである．自由かつ平等な市民たちによる協働に関する公正な企図としての社会という理念，つまり原初状態によってモデル化される理念は，この条件を満たすものである．

　こうした議論の流れがもつ，互いに関連する２つの特徴はとりわけ指摘するに値する．というのも，これら２つの特徴が組み合わされるとき，誤解につながる傾向があったからである．第１の特徴は，この議論の流れが，徹底的なほどにリベラルである，あるいは終始一貫しているほどにリベラルであるという点である．公共的な正当化可能性という目標は，政治の本性についても，また個人と国家の適切な関係についても，他の理解とは区別されるリベラルな理解を前提としているのである．第２の特徴は，自由で平等なものとしての人格の構想は，それゆえ，なにほどか二重の役割を演じるという事実である．その構想は，公共的に正当化可能な正義の構想を探求すべくロールズを導いたものであり，しかも，まさにその探求を行うべく公共的な政治文化に向かったときに，かれが見いだしたものでもある．

　ロールズの立場が一貫してリベラルな諸前提に基礎づけられていることは，先に引用した一節においてすでにみたが，この点は非常に重要なので，繰り返

しをいとわず，さらなる引用を行うことが望ましい．強制的な政治権力は１つの集合体としての自由で平等な市民たちに属する権力であるということ，ならびに理性にかなった多元性の事実を所与として，ロールズはつぎのように問うている．

> 根本的な問いが賭けられているときに，市民たちが投票によって強制的な政治権力をお互いに対して適切なかたちで行使しうるのはどのような場合であろうか．あるいは，その権力の行使が自由で平等な他者に対して正当化できるものであるべきならば，われわれはどのような原理と理念に照らしてそれを行使しなければならないのだろうか．この問いに対して政治的リベラリズムはつぎのように答える．われわれの権力行使が適切でありしたがって正当化できるのは，その権力が１つの憲法にしたがって行使される場合だけである．その憲法とは，その本質的事項を，理性的かつ合理的であるとして受け入れることのできる原理と理想に照らして市民たちすべてが是認することを期待しても理にかなっているようなものでなければならない．これがリベラルな正統性の原理である (PL, p. 217)．

ここにロールズ理論の否定しようもなくリベラルな本質がある．かれのアプローチの中核にはあるのは，政治的な関係と，ある体制を正統とするものとに関する，明らかにリベラルな１つの構想である．ロールズをして，公共的な政治文化に潜在する諸理念から［理論を］作り上げるようにかれを拘束する方法論を信奉することへと導いたものはなにかといえば，それは個人と国家の適切な関係についての，他の理解とは区別されるリベラルな理解なのである．そしてその理解をかれ自身は，市民としてわれわれは自由で平等であり，理性的で合理的である，という主張によって定式化している．かくしてかれの理論は，まさにその根底からしてリベラルなのである．

　なぜこの点を強調する必要があるのか．その理由は，一部の人びとの目にはロールズが自分の理論がリベラルであることを否定しているように映ってきたという点にある．すなわち，あたかもロールズ本人が，自分の理論は，たまたまリベラルである公共的な政治文化のなかにみいだされる理念を明確化する理論であるという点でリベラルであることは認めるが，それ以外のなんらかの点でリベラルであることをいっさい否定しようと試みているように映ったのであ

る．このような見かけは，自由で平等な存在としての市民というリベラルな構想によって演じられる，二重の役割から来るものである．ついさきほどみたように，一方でこの構想は，そもそも公共的な正当化可能性を追求すべくロールズを導くものである．他方，それはまた公共的な政治文化——公共的に正当化可能な構想を求めるにあたって，かれはこの政治文化に議論を限定している——の内容の一部でもある．実のところ，本章のはじめのほうで，自由で平等な市民としての人びとという理念をわれわれが最初に導入した仕方は，この第2の仕方にほかならない．すなわちその理念がかれの理論のなかに入ってきて，原初状態によってモデル化されるのは，それが公共的な政治文化に潜在しているからである．したがって，これまで誤解が存在してきたとしても驚くにはあたらない．というのも，人びとを自由で平等な市民とみなす理解は，「公共的な正当化可能性を追求するようにロールズを導いた当のもの」と，「その追求によって公共的に正当化されうるもの」の，どちらでもあるからである．人はいかなる包括的教説の妥当性も前提とすることなく公正としての正義に到達できると主張するにあたって（部分的にはサンデルのような批判者たちに応答しながら），ロールズは後者の点を，つまり自由で平等な市民としての人格の構想は公共的文化だけから導出されうるという点を強調するために多大な労力を費やしてきた．そして先にみたように，このことによって，人格のこの構想がロールズの理論に入ってくるのはもっぱらその理由のみによるのであって，ロールズがこの構想にコミットしているからではまったくない，という印象を与えることがありうる．［けれども］ひとたびわれわれが，公共的に正当化可能なもの，つまりわれわれの公共的な政治文化の内容にロールズが重要性を与える理由は，このことがリベラルな政治的理想（いいかえれば正統性の原理）に対するかれの根本的なコミットメントに由来するからだということをみてとれば，われわれの政治文化がリベラルであるという理由でのみロールズの理論をリベラルとみなす誘惑に駆られることはないであろう．ロールズが公共的な正当化可能性と公共的理性を強調することは，本質的にリベラルな諸前提と自分との関係を否認することを示唆するどころか，まさしくそれらリベラルな諸前提の表明なのである．

したがってある意味では，ロールズの政治的リベラリズムの存続可能性は幸運な一致に依拠しており，その成功はかなり幅の狭いものであるといえる．自由で平等な市民として人びとを理解することを前提としたリベラルな政治的理

想が，政治的領域を支配するための諸原理の公共的な正当化可能性に対するコミットメントを達成しようとするならば，人びとについてのその理解自体が，理性にかなった論争の的となりうるような，なんらかの特定の包括的教説に依拠するのではなくて，むしろ公共的に正当化されうること——つまりその理解が公共的な政治文化の1つの構成要素をなしていること——，これこそが本質的に必要な事柄である．その理解が政治的正統性に課す基準は，その理解がそれ自体公共的である場合にのみ，満たされうるものである．ここにどれほどの幸運が含意されているかをみてとるには，公共的に正当化可能なものが，ロールズを公共的な正当化可能性の探求へと導いた人格の構想以外のなにかであるような社会について考えてみるだけでよい．そのような社会では，諸々の政治制度がロールズのリベラリズムの理想を完全に満たすことは不可能である．というのも，そのような社会では，ロールズのリベラリズムがそれら政治制度のために設定している正当化の基準を満たすことができないからである．

安定性の役割

　政治的なものへのロールズの移行についてのわれわれの説明は，これまでのところ，安定性に関する考察にはなんら言及していない．公共的理性の領域，そして公共的な政治文化に潜在する共有された理念の蓄積へとロールズを導くもの，それは，これまで概観してきたリベラルな政治的理想である．しかしわれわれは，次の点もみておいた．すなわちロールズ本人は，公正としての正義というかれの構想が，『正義の理論』においてなされたように，ある包括的教説の一部分として提示された場合には，その構想は安定的でないであろうと認識することが，この移行をはじめて必要ならしめたとみなしている．そうであるとすれば，われわれは解説のなかでなんらかの誤りを犯してはいないだろうか．誤りを犯してはいない理由をみるためには，ロールズが確保しようと配慮している安定性の種類を説明する必要がある．この説明は容易である．しかし，みずからの理論は2つの段階を踏むことで最もうまく提示されるというかれの主張が意味をなすようにするという残余の問題が残る．この主張によると，［最初の段階で］正義の構想の内容が暫定的に手に入ったあとで，［第2段階で］はじめて安定性の問題が生じるとされる．

　みずからの構想が安定的であるべきことに対するロールズの配慮は，その構想が不毛であることを避けたいというかれのたんなる願望ではない．われわれ

にとって，みずからの政治的思考を2つの部分から組み立てることはきわめて一般的なことである．われわれはまず，社会がどのようにあるべきかについて考え，続いてその狙いが実際に実現可能かどうか，もし可能ならどのようにしてなのか，について考える．このようなやり方は，ロールズがみずからの政治的思考を組み立てるやり方ではない．かれは，それが実現できないという理由で不毛であることがあとになって判るような正義の構想を避けることには，それ自体としては関心がない．

> 安定性の問題は，ある構想を拒絶する他者に対して——あたかもここでの課題は，ひとたびわれわれがその構想をよいものだと確信した場合に，その構想を［他者に］押し付けるやり方をみいだすことにあるかのように——必要とあれば実行可能な制裁によってその構想を共有させ，その構想にしたがって行為させることに関する問題ではない．むしろ公正としての正義は，市民各々の理性に訴えることによって，それ自体の枠組みの内部で説明されたものとして，適切な方法で支持を勝ち取ることができなければ，そもそも理性にかなっていないのである……．政治的正統性に関する構想というものは，正当化の公共的な基礎をその狙いとしており，公共的理性に，それゆえ理性的で合理的であると目される自由で平等な市民に，訴えかけるのである (*PL*, p. 143-144)．

もちろんこれは，安定性という争点を，ロールズのヴィジョンの中心に存するリベラルな政治的理想をわれわれが提示したのと同一の用語で表現したものである．ロールズはつぎのようにいう．

> 公正としての正義に要求される安定性の種類は，それがリベラルな政治的見解であることに……もとづいている．つまり，理性的で合理的であると同時に自由で平等である市民たちが受容可能であることを狙った見解，それゆえかれらの公共的理性に向けて語りかける見解である (*PL*, p. 143)．

こうしてみると，ロールズの理論が求めている安定性は，かれが公共的な正当化可能性を求める理由をわれわれが最初に提示した際に，その観点に立っていた構想，すなわち正統性の構想と一致することになる．正統性に関するリベ

ラルな理想をロールズの理論が満たすことが，つまり，それが自立した構想として，いかなる包括的教説からも独立して，公共的理性にのみ訴えることで提示しされうるということが，いったいなんのために重要なのかといえば，それは正しい，リベラルな仕方においてその理論が安定しうるためなのである．

　はじめにわれわれは，ロールズの議論の核心を，安定性の問いに言及しない仕方で提示した．この提示の仕方は，まさにかれ自身の主張を真面目に受け取っていると解されることもできる．すなわちかれの主張では，公正としての正義は2つの段階を踏んで説明するのが最善であり，安定性の問題は正義の諸原理が——それらの原理は第1段階において自立したものとして，そして政治的正義と公共的理性の諸価値を明確化したものとして提示される——すでに手元にある場合にのみ生じる．しかしながら，かれが追求した安定性の種類は市民と公共的理性の構想に言及しており，かれによる提示の第1段階で正義の政治的構想はほかでもなくこれら市民と公共的理性の構想の観点から明確化されるのであるから——すなわち，第1段階のあとで暫定的に手元にあるために正義の構想が満たさなければならない条件は，正しい仕方で安定的であるためにそれが満たさねばならない条件と，同一であると思われるから——かれが繰り返し2段階の提示を力説することは，あまり役に立たないと思われるのである．

　そうした力説ぶりを理解する最善の仕方について，つぎのように示唆したい．そのような力説ぶりは，安定性に対するかれの配慮はかれの理論を間違った仕方で政治的なものにしてしまう，という心配を和らげることにとりわけ配慮していると理解すればよいのである．1985年の論文「公正としての正義——形而上学的ではなく政治的な——」は，これらの争点をまとめた有名な論文集に収められているために広く読まれているが[1]，この論文でロールズは，かれの理論のねらいが実践的（practical）であることの意味を強調している．そしてこの強調は，重合的コンセンサスの理念をはじめて論文一本の長さを費やして提示した論文とあいまって[2]，ロールズの理論をたんにプラグマティックなものとして——あたかもかれの課題がたんに紛争の回避であり，なんであれ人びとがその差異にもかかわらず合意できるものを特定することであるかのように——理解するよう一部の人を導いたのである．みずからの理論を2つの段階を踏んで提示することに固執するのが最善であるとロールズが考えたのは，われわれの考えでは，このプラグマティックな読みがどれほど誤解にもとづいているのかを強調するためである．

ロールズにとっては，安定性に関係する２つの区別された問いが存在する．第１の問いは，正義にかなった制度の下で育った人びとは，かれらがその制度にしたがうための，通常の場合に十分なだけの正義の感覚を獲得するであろうか，というものである．これに対してかれは肯定的な答えを与えるが，その答えはかれが「道徳心理学」と呼ぶものに依拠している．この道徳心理学とは，究極的には，理性的な人びとは市民であることについてのリベラルな理想を実現しようと欲するであろう，という主張に訴えるものである．第２の問いは，諸々の包括的教説について人びとが合意しないことを所与としたとき，かれの政治的構想はそれら諸教説の重合的コンセンサスの焦点になりうるのだろうか，というものである．いいかえれば，多様な，かつ衝突しあう複数の包括的教説を唱道する人びとが，それにもかかわらず，同じ正義の政治的構想を肯定する点では１つになることができるのであろうか，という問いである．

　われわれは次章で，人びとにはそれが可能であるとロールズが考える理由を吟味する．かなり大まかにいえば，それらの理由はかれが抱くつぎの２つの信念に支えられている．第１に，かれの政治的構想によって表現される政治的諸価値は，通常の場合，人びとの包括的教説——それによってかれらは衝突するに至るのだが——をかたちづくる，非政治的諸価値にまさるほどに大きいという信念である．そして第２に，それらの政治的価値が圧倒的な重みをもつという判断について同意しない人は，どんな人であれ理性的でないという信念である．しかし本章の目的のためには，重合的コンセンサスによってロールズが考えているのは，つぎのような状況であることをみてとるのが重要である．すなわち，市民たちがかれら自身の包括的教説を基礎として同一の政治的構想を肯定する点で１つになる状況を，ロールズは考えているのである．このことは，重合的コンセンサスがたんなる暫定協定（*modus vivendi*）ではないことの理由となる．暫定協定とは，勢力均衡の状態であり，その均衡状態を壊すことが自分たちの利益にならないものだという理由で人びとがそれに合意するものを指している．これに対して，

> 重合的コンセンサス……は，一定の権威を受け入れたり，一定の制度上の仕組にしたがったりすることについての，たんなる自己ないし集団の利益の収斂にもとづいたコンセンサスではない．政治的構想を肯定する人びとはすべて，各人の包括的教説から出発するし，それが提供する宗教的，哲

学的，道徳的な根拠をたよりにしている．人びとがこれらの根拠に立脚しながら同一の政治的構想を肯定するという事実が，場合によってはかれらの肯定が宗教的，哲学的，道徳的である程度をいくらか減じると思われるかもしれないが，そうではない．というのも，誠実なかたちで支持されたそれらの根拠が，かれらの肯定の本性を決定しているからである（PL, p. 147）．

もしロールズの正義の政治的構想が1つのコンセンサスの対象としてはたらくとすれば，それは1つの道徳的構想としてはたらくであろう．そして暫定協定とは異なって，その安定性は，相異なる包括的見解を信奉する人びとのあいだのいかなる特定の権力配分にも依存しないであろう．

したがって，ロールズによる2段階の提示様式の要点は，つぎのことを明確に説明できるところにある．すなわち，かれの正義の原理の内容は，

社会に存在しうる特定の包括的教説によっては，いかなる仕方でも影響を受けない．なぜなら第1の段階で，公正としての正義は市民たちの確定した善の構想に関する知識から抽象化され，社会と人格に関する共有された政治的諸構想から出発する……からである．それゆえ，正義の政治的構想は理性にかなった多元性の事実に取り組むが，それは誤った仕方で政治的なのではない．いいかえれば，その形式と内容は包括的教説の間に現存する政治権力のバランスによっては影響を受けない．またその原理は，それらの教説のうちのより支配的なものとの間で妥協を図るものでもない（PL, pp. 141-142）．

ロールズの理論がたんなるプラグマティックなものではないという事実は強調に値するが，それはこの事実が，ロールズの立場に関するかれ自身の初期の言明にまつわる諸々の誤認を正すことに資するからだけではない．一部の人々にとっては，かれの理論が暫定協定としてはたらくことが，より一般的にリベラリズムというものの本質であるかのように思われるおそれもあるがゆえに，この事実は強調に値する．ロールズによる正義の構想は，政治理論に対する契約論的アプローチにおける1つの発展を代表している．そしてもちろん，契約論の伝統の内部における重要な思想の流れの1つは，人びとが自己の利益から合

意するところのものとして国家を捉える，ホッブズ的な考えである．なぜ合意するかといえば，人びとは，契約論的な合意の不在に起因するであろう自然状態に特徴的な，悪意に満ちた，野卑な，そして短い人生を避けようと望むからである．ひとたびロールズが，政治的リベラリズムを支えるかれの議論の中心に理性にかなった多元性の事実を据えたあとでは，ロールズも，たんに社会の安定性の必要条件として差異を容認しようとするような，ホッブズ主義のブランドの下にあるリベラルのようにみられる可能性がある．しかしながら，われわれがみてきたのはつぎのことである．すなわちロールズにとって，お互いの差異を容認し，諸々の論争的な問題を政治から除外する理由は，そうした問題を政治に含めることが必然的に衝突と社会的無秩序を導くからではまったくない．そうではなくて，そういった政治的な枠組みが重大な価値を表現しており，一連のさまざまな理性的な包括的教説によって支持され，それらの包括的教説が提供する根拠に立脚して肯定されるという特殊な意味において安定的でありうる，ということがその理由なのである．

とはいえ，われわれは，2段階の提示をかれが繰り返し主張することは啓発的であるよりは混乱を招くものであると考えずにはいられない．公正としての正義に必要とされる種類の安定性は，それが自由で平等，理性的で合理的な市民たちの公共的理性に向けられた1つのリベラルな政治的見解であることにもとづいている．だからといって，安定性の問いは第2の段階，つまり構想の内容——第1の段階において，政治的正義および公共的理性という政治的価値を明確化したものとして展開されたもの——が暫定的なかたちで手に入ったあとでのみ生じると主張することは，われわれの目には，なにか誤っているように映るのである．さきに示唆したように，ある構想を第1の段階で暫定的なかたちで手に入れるために満たさねばならない諸条件は，それが正しい仕方で安定的であるべきならば満たさねばならない諸条件と同一であるように思われる．

結論的要約

『政治的リベラリズム』の核となる議論は，われわれがその複雑さと難解さを主張してきたにもかかわらず，ほとんど安心を与えるほどに直截である．立憲的デモクラシーのもとにある市民たちは，理性的で合理的な存在として互いの自由と平等を尊重するために，仲間の市民に対して国家の強制的な権力を使

用すべきではない．ただ，強制に服する人びともその強制を是認するであろうと予想しても理性にかなっているような仕方による場合だけが例外である．市民たちは，多元的に存在する包括的な宗教的，道徳的，哲学的教説の真理性について，理性にしたがいながらも意見を異にしうるがゆえに，そういった教説に訴えることで正当化されるいかなる国家権力の使用も，この［リベラルな］正統性の原理に違反している．そうではなくて，訴えは公共的理性に対して——その他のより深い不一致にもかかわらず，全員が現に共有しているかまたは共有しうる，そして正当化の公共的な基礎としてはたらくことができる，諸々の価値と理念に対して——のみなされなければならない．こうした価値と理念は，社会とは自由で平等な市民たちによる継続的な1つの公正な協働システムであるという理念をとりわけ生み出すところの，公共的な政治文化のなかにみいだすことができる．この理念は，いかなる特定の包括的教説の妥当性も前提としない点において自立しているのであるが，原初状態の構成を通じて，公正としての正義の実質的な理論へとまとめあげられる．政治的構想が正しくリベラルな仕方で安定的であることは，政治的構想が正当化されるための必要条件である以上，つぎのこともまた重要である．すなわちこの理論が，その制度の下で育った人びとは，通常はその制度にしたがうように動機づけられる，といったものであること，そしてその理論が，長きにわたって存続するであろうそれら理性的な包括的諸教説の重合的コンセンサスの焦点でありうる（それらと衝突するのではない）ことである．

　こうした『政治的リベラリズム』の核となる議論の特徴の1つは強調に値する．自由で平等な存在としての市民という理念は，この物語に二度にわたって挿入されているということである．一方でこの理念は「リベラルな正統性原理」を生み出す．このリベラルな正統性原理こそが，ロールズを，包括的教説をめぐって合意しないにもかかわらずリベラル・デモクラシーの成員たちが共有する根本的な諸理念を求めて，公共的な政治文化へと導いてゆく．他方でその市民の理念は，この探求が明らかにする数々の理念の1つであり，しかも（時を越えた公正な協働システムとしての社会の理念と組み合わせられることによって）この理念は実質的，政治的な正義の理論へとまとめあげられうるのである．これら二度の挿入のうち，前者のほうがロールズの立場にとって中心的である．前者の重要性は，後者に対するロールズの執拗な主張が，リベラルな前提に対してコミットするのをかれが回避したがっているかのようにみせる場合もあるに

もかかわらず，かれはやはりリベラルな前提にコミットしていることを示している．

　［正統性と安定性との］この明らかな一致はまた，『政治的リベラリズム』の意義をも明らかにする．つまり『政治的リベラリズム』は，リベラルな政治を支える方法論を，その実質と一致させるのである．カントとミルも，政治におけるリベラルな諸価値のために論じた．しかしロールズの見解では，かれらはそれをリベラルの理想と矛盾するようなやり方で，すなわち数多くのさまざまな包括的教説を支持する自由で平等な市民たちが理性にしたがいつつも拒絶するであろうような，包括的教説の諸要素を引き合いに出して議論してしまった．ロールズがたどった軌跡が示唆しているように，リベラリズムは，その内容に忠実であるためには，方法論的に一歩引き下がらなければならない——論争の余地のある形而上学や，価値についてのさまざまな理論や，広範囲にわたる諸々の善の構想にかかわる主張から離れて，公共的理性の要求を唯一満たすことのできる，共通の政治的な地盤へと．手短にいえば，ロックが宗教的な寛容を熱心に説いたところで，ロールズは「３世紀前にはじまった思想運動を仕上げ，敷衍すること」，そして「寛容を哲学それ自体にも適用すること」（*PL*, p. 154）を求めているのである．

　みずから宣言されたこの壮大な歴史のクライマックスとしての立場が正当化されるか否かは，哲学——包括的教説の姿をした哲学——なしで済ますという主張が，実際に維持されうるか否かということに決定的に依存している．ロールズの諸前提はリベラルであろう．しかしかれは，それらの前提はただ政治的にリベラルであるに過ぎないと主張するであろう．ロールズの理論は本当に政治的でしかなく，まったくもって包括的ではないのであろうか？　われわれはこの問題を，政治的リベラリズムとコミュニタリアンの批判との関係を検討したあとに，第７章で検討することになる．次章でみるように，その答えは，両者の関係を見定めることとも関わりがある．

　註

1　Avineri and de-Shalit (eds), *Communitarianism and Individualism*.
2　Rawls, 'The Idea of an Overlapping Consensus'.

（森達也訳）

第6章　政治的リベラリズムとコミュニタリアン的批判

　いまやわれわれは『政治的リベラリズム』でロールズが展開した立場の概括的な解釈を提供した．そこで，かれのコミュニタリアン的な批判者たちに応答する際にその立場がどんなふうに利用されうるか，その利用のされ方をより詳細に解明する方向へと進むことができる．そうすれば，ロールズと批判者たちの間に認められた意見の不一致は本当に存在するのかどうか，またもし存在するとしたら，論争の当事者のどちらが正しいのか，決めることができるであろう．そこで本章では，本書の冒頭でさだめた5つの主題的な項目の観点から議論の現状を評価するつもりである．いずれの場合も，本書序論でこれらの項目のもとに提起した一連の関連しあった問題に，ロールズの立場から解答を試みつつ論じる．いくつかの重要な点でロールズの立場がコミュニタリアン的批判を免れているばかりか，さらに別の点ではかれ自身がコミュニタリアンとみなされうることをわれわれはみてゆくであろう．このことは，リベラリズムとコニュミタリアニズムという2つの見解は，けっして一部の人びとが考えてきたほど相互に排他的なわけではないことを示唆するのに十分であろう．というのも前章でわれわれは多大な労苦を払ってロールズの立場がどれほど徹底してリベラルなものであるかを強調しておいたからである．しかしながら第7章は，それらロールズ的な解答のうちのいくつかを支えている理論的な想定は，見かけほど明瞭でも，頼りがいがあるものでもないと考える理由を示唆する．したがって読者は，あらゆる相違が幸福な解決をむかえてしまうのではないかと心配する必要はない．

　はじめに，つぎの点を正しく認識しておくことは重要である．すなわち，ロールズ的なリベラリズムの立場をとる論者ならば，ロールズに向けたコミュニタリアンの批判の多くは『政治的リベラリズム』に具体化された一連の新しい理念がなくても適切に反論されると感じるかもしれない，という点である．

第2部　コミュニタリアンの批判に対するロールズの応答

　第2部への序論で示唆しておいたように，コミュニタリアン的批判のいくつかが『正義の理論』の特定の部分の誤解や不完全な把握にもとづいていると論じることは，説得力をもっている．そしてロールズが1980年におこなったデューイ記念講演——これは，コミュニタリアン的批判と結びつけられる主要なテキストよりも前に活字になっている——は，そのような議論を支持するさらなる材料を提供している．こうした問題は重要ではあるのだが，しかしそれらを余すところなく論じることはわれわれのプロジェクトの範囲を超えていると感じている．もちろん，コミュニタリアンに対するロールズの応答のうち，政治的リベラリズムと結びつけられる新しい概念を前提している応答と，かれの理論のそれ以前の提示で用いられていた理念しか前提していない応答を区別するためにある程度の時間を費やさないかぎり，政治的なものへのロールズの転換を区別する特徴を理解することはできない．われわれ自身がアジェンダとした争点を通じて議論を進めながら，われわれはこの区別を強調してゆくだろう．けれども，ロールズ本人が，デューイ記念講演および1980年代にかれが出版した一連の論文で展開された諸理念を書き改めて，統一され首尾一貫した明晰なかたちにする試みとして『政治的リベラリズム』を明示的に規定している（cf. *PL*, xiii-xiv）．そうである以上，ロールズに対して，またリベラルとコミュニタリアンの間の論争におけるかれの諸理念の重要性に対して正当な扱いをするには，［『政治的リベラリズム』という］その最新の綜合のほうにもっぱら焦点をあわせて論じるのが最善であると，われわれは感じている．われわれとしては，それらを通じてこの綜合が構成されてきたさまざまな段階，誤った出発点や洞察の歴史をあとづけるという（疑いもなく興味をそそる）課題は，ロールズのテキストの研究という範囲に含まれるものだとみなす．そうした研究は本書での関心事ではないのである．

人格の構想

　この項目のもとにはじめに明言したのは，かれの公正としての正義が人格についてのある特定の構想を中心として構築されていたことをロールズはけっして否定しなかったであろう，ということであった．というのも，その理論があからさまに具現していたのは，正義が問題となる場合には人びとは，かれらの個別的な生まれつきの素質，社会的地位および目的とは切り離されたものとし

て，しかしかれら自身の善の構想を形成し，修正し，合理的に追求できる能力を得たいという最高次の関心を有するものとしてみなされるべきだという主張であり——そしてそのような主張はつまるところ，人びとに関して最も重要なことは何か，人びとの善い状態を構成するのは何かという評価を意味するからである．ロールズの人格の構想に関して論争を呼ぶのは，それが存在するか，あるいはそれが重要であるかという点ではない．そうではなくて，その射程，その源泉ないし起源，その地位，その妥当性と首尾一貫性，そしてそれが望ましいかどうかが論争を呼ぶのである．われわれはこれら5つの疑問を1つ1つ順番に検討していこう．

比較的最近の著作では，ロールズはかれの人格の構想を政治的な構想と考えている．このことが意味するのは，かれの人格の構想とは市民としての人格の構想であること，そしてそれは立憲デモクラシー諸国の公共的政治文化に潜在しており，いかなる特定の包括的な道徳的または哲学的教説からも自立しているということである．こうした理解にもとづくなら，ただちにその構想の射程を要約することができる．すなわち，その構想が［実在の］人格に適用されるのは，かのじょが公共的政治的な領域の成員であるかぎりにおいてのみであり，かのじょの生活の他のいかなる側面にもそれは適用されない．その構想は，ロールズの主張するところでは，「ある政治的，社会的な正義の構想の一部である．いいかえれば，それは基本構造によって特定されるものとしての，市民たちの政治的，社会的な関係のなかで，市民たちがかれら自身について，またお互いについてどのように考えるべきかを特徴づける」(PL, p. 300)．

その構想の源泉および地位を決定するのはもっと困難である．その構想は公共的政治文化という共有された資源の観点から定式化されているのであるから，この公共的文化をその源泉とみなしたいという誘惑に駆られる．けれども，いったいなぜ人格の構想がこうした方法で定式化されることがロールズにとって重要なのかという点について考えてみると，その構想が公共的文化を源泉としているとみることはいくぶん誤解を招くことがわかる．人格の構想が公共的政治文化という共有の資源の観点から定式化されることが重要である理由は，そうした共有の構想に依拠した理論でなければ，実行に移すことが実際上可能であるような社会の青写真を供給できないとロールズが信じている，ということではない．かれの公共的政治文化への転回は，プラグマティズムによって動機づけられているわけではない．むしろその理由は，政治理論の公共的な正当化

可能性にかれがきわめて大きな重要性を与えているという点にある．かれにとって，その仕組がその市民のすべてに対して正当化可能である社会こそが，きわめて大きな道徳的価値をもっている．そしてかれの政治理論がそのような正当化を供給できるとしたら，それはその理論が公共的で共有された政治的構想と価値とにみずからを限定する場合のみである．この限定が意味するのは，ロールズの理論は自己についてのなんらかの哲学的教説の真理に依拠することはできないということ，いいかえればかれの理論は，公共的政治的な領域を越えた適用範囲をもつような，あるいはその領域では手に入らない価値や構想（一般的かつ包括的な道徳的構想とロールズが呼ぶもの）に訴えるような，いかなる道徳的または政治的な教説にも依拠することはできないということである．というのも，そのような教説はどれも，定義によって論争的であり，したがって［そのような教説に依拠するなら］かれの理論は公共的に正当化されえないであろうからである．

　けれども，人格の構想がロールズの理論に入ってくるのはそれが公共的に正当化可能であるという理由*だけ*によるのではない．もしそれだけの理由によるのだとしたら，そこからつぎのような含意が生じる．すなわち，ロールズにとって重要なのは合意の内容にかかわらずとにかく合意を遂げることであり，したがって人格の構想をまとめ上げるにあたってロールズが公共的政治文化という資源に依拠していることは，その構想の妥当性へのコミットメントから自分を切り離しておきたいという願望を指し示しているということになるだろう．しかし，この含意は明らかに正しくない．人格の構想がロールズの理論に入ってくるのは，かれがその構想を市民としての人格を考える*べき*仕方として実質的に支持しているからである．実際，自分の理論が公共的な正当化可能性をもつのはよいことであるというかれの見解は，かれが自由かつ平等な存在としての（すなわち，各人がもつ特定の善の構想にかかわりなく，全員が自由に是認できるような政治的仕組を要求する存在としての）市民に尊敬を払っていることに依存している．そしてこの尊敬は，つまるところ，われわれの公共的政治文化のなかにみいだされるとかれが主張する市民としての人格の構想そのものに対する実質的なコミットメントにほかならない．したがって，ロールズの人格の構想は公共的政治文化に由来する観点から定式化されうるし，またそのような仕方で定式化される可能性があるということは，この構想そのものが要求することでもあるが，しかしその構想の源泉は，あるいはその構想の究極の正当化は，——したがっ

てまたその真の地位は——社会学的なものではなくて，道徳的なものである．その構想はいかなる包括的な道徳的教説の部分をなすこともできない．もしそうであるとしたら公共的な正当化可能性のテストを通過できないからである．しかしそれにもかかわらず，その構想がある実質的な教説であることに変わりはない．ようするに，ロールズはたんに手元にある材料ならばなんでも利用して理論を構築しているわけではない．かれはみずからの政治理論という建物と，それを構成するさまざまな価値と構想を，上から下まで全体にわたって支持しているのである．

　人格についてのロールズの構想の射程，源泉，地位に関する以上のような理解にもとづくならば，その構想に対するコミュニタリアンの批判をどのように理解すべきであろうか．大まかにいえば，コミュニタリアンたちはその構想の妥当性に——すなわち，われわれの道徳的経験の一般的な説明としてそれが正確であるか，また人間本性の哲学的な説明としてそれが首尾一貫しているかどうかに焦点を合わせてきた．とりわけ，コミュニタリアンたちが示唆するところでは，みずから選んだ目的，価値，善の構想，そして共同体に対して個人が発展させる愛着が，かれらのアイデンティティを構成する一部になる可能性に，その構想はいかなる余地も認めないとされる．たしかに，人格はかれらのもつ特定の自然的および社会的な素質や善の構想から切り離されているとみなされるべきだとロールズは主張する．しかしこの主張が政治的なものの領域に限定されるのであれば，その場合にはこの主張は，一般的にいってわれわれは自分のもつ価値へのどのコミットメントからも引き下がることができるとか，あるいは形而上学的にいってそうしたコミットメントから切り離されているものだということを含意する必然性はない．実際のところ，われわれの道徳経験の現象学をめぐるサンデルの主張の妥当性を，ロールズはあからさまに容認しているのである．

　　個人的な事柄において，あるいはさまざまな結社の内部の生活において，市民たちがかれらの最終目的や愛着を，政治的構想が想定しているのとはきわめて異なった仕方でみることはありうる．市民たちが，それらから離れて立つことやそれらを客観的に評価することなどないと信じるような，それどころかそのようなことは不可能であり，するべきでないと信じるような，愛情や献身や忠誠心をもつことはありうる．任意のどの時点を取

ってみても市民たちはそうしたものをしばしば実際にもっている．一定の宗教的，哲学的，道徳的な信念や，一定の持続的な愛着や忠誠心から切り離して自分をみることなど，端的に考えられないことであるとかれらはみなすかもしれない（*PL*, p. 31）．

家族，教会，学会などの文脈でそのような様式の自己理解が栄えることをロールズは喜ばしいと思っている．かれが否定するのは，われわれ自身についてそのような見方をとることが政治の目的のためにもふさわしいということである．ロールズによれば，個人的なアイデンティティ，すなわち道徳的ないし非制度的なアイデンティティに関していかなる変化をわれわれが経験しようとも，公共的ないし制度的なアイデンティティ，すなわち市民としてのアイデンティティは同一のものに留まるべきである．個人的アイデンティティの変化に左右されないというこの点こそが，みずからの善の構想から独立しており，理性にかなった根拠にもとづいてそれを修正する能力をもつ存在としての，かれの市民の構想において表現されている．その反対であるとするならば，すなわち，われわれの市民としてのアイデンティティが，何か特定の個人的または道徳的アイデンティティを確立したり維持したりするかどうかにかかっていることが許されるならば（したがってたとえば，ある一定の宗教的信条を告白することが，国家がわれわれの政治的権利を認めるための前提条件の1つとして扱われるならば），どうなるだろうか．その場合には，公共的には正当化不可能であるような特定の包括的教説のために，強制的な政治権力が配備されることになるであろう．したがってロールズによれば，政治的リベラリズムはサンデル的な自己理解の様式のための余地を，非政治的な生の領域に残している．そのような自己理解の様式が仲間の市民に対して道徳的に正当化できない要求を押し付けかねない政治的な領域においてのみ，政治的リベラリズムはそのような様式を排除するのである．

しかしながら，つぎの点に注意しておくべきである．すなわち，リベラリズムの純粋に政治的な様式と包括的な様式の間に区別を設けようとするロールズの近年の試みがなかったとしてさえも，コミュニタリアンの批判に対する，その試みとは別であるがしかしそれと同じくらい有効な応答が，なおもロールズには開かれていたと思われるのだ．——それは，『正義の理論』で手に入れることのできた資源しか必要としない応答である．われわれが念頭においていることを理解するには，形而上学的なものと包括的なものを区別するのが有益で

あろうし，またロールズはみずからのターミノロジーを変化させてきていることに注目するのも有益であろう．1985年にロールズは，公正としての正義は「政治的であって形而上学的ではない」と論じている．これ以後になってはじめてかれはこの［政治的と形而上学的という］定式化を捨て，政治的なものと包括的なものとの区別を好むようになったのである．重要なのはつぎの点である．公正としての正義に含まれる人格の構想は，生活のあらゆる領域での自律に対する根本的なコミットメントのような，なんらかの包括的な道徳的ないし哲学的教説を実際に含むかもしれない．それでもこのことは，公正としての正義の理論を支持する人をして，いかなる純粋に形而上学的な教説にもコミットさせるものではないだろう——この場合「形而上学的」とは，人間存在の本質に関する存在論的な主張を指している．原初状態は負荷なき主体を，つまりそれがもつ目的すべてから切り離されうる影のように薄っぺらな自己を前提しているというサンデルの反論に対してリベラルは，原初状態はそのようなものを前提してはいないと直接的に応答することもできる．原初状態はたんに，人びとに関して重要なことは，かれらがたまたま有している愛着について反省したり，それらを修正したりするかれらの能力である，という主張をモデル化しているにすぎない．そして，この能力を重要であると考えることは，人びとはかれらのもつ価値すべてから同時に自分を切り離すことができる，などと主張しなくとも可能なのである．反省と修正のプロセスが，その他の価値やコミットメントを背景にしつつ進展することは当然である．われわれはあらゆるものから同時に自分を切り離すことなどできない．もしそんなことをしたら，それにもとづいて判断を下すべき基盤がなくなってしまうからである．しかし，そのような意味でわれわれが自分をすべてから切り離すことが可能であるなどと，原初状態は前提してはいない．原初状態はもっぱら「表象の道具」として，つまり人びとの関心や能力についてのある一定の理解を表現する手段として意図されているということを，サンデルは理解していないのである．

　サンデルに対するこのような応答は，ロールズが実際に採用した応答に比べて，よりわずかしか譲歩していないことは明らかである．この応答は政治的教説と包括的教説の区別を用いていない．したがって，この応答を支持する人には，善の構想を選択し修正する人びとの能力にリベラルが付与する重要性が，政治の領域の内側にしか当てはまらないと認めることは不可能である（ロールズには可能であるが）．［しかし］この応答を支持する人は，目的，価値，共同体に

対して構成的な愛着を形成する人間の能力にきわめて大きな重要性を帰するような包括的教説と、争う覚悟ができていなければならない（ロールズにはその必要はないが）。この違いが、かれらの立場をロールズ自身の立場と比べてより魅力的にするか、その魅力を減らすかは、ここではいっさい詳しく考察することのできない問題である。われわれの目的にとっては、つぎの点に注目しておくことだけが重要である。すなわち、その立場は、コミュニタリアンの批判に対する応答として、純粋に『正義の理論』の資源にもとづいてロールズがとることのできた様式の1つであるということ、そしてロールズは実際にはその立場をとらなかったという点である。

　ロールズの人格の構想について、さらにもう1つの疑問が残っている。──それが望ましいかどうかという争点である。なぜこの疑問が残っているかといえば、たとえその構想が首尾一貫しない形而上学的ないし包括的な前提をいっさい含んでいないことを認めたとしても、それでも市民としての人格の実質的な道徳的構想としてそれが魅力をもつかどうかを疑問に付す可能性は開かれているからである。たとえば、ロールズの政治的リベラリズムは市民1人1人の生活のなかの、政治的なものと個人的なものを鋭く区別する。ロールズが考えるような社会では、個人が正義について考える場合、つぎのことが市民であるかぎり要求される。すなわち、通常の場合にかのじょは、自由かつ平等で、他の人びとと一緒に社会的協働の公正なシステムに参加する人格としてのかのじょの構想から生じてくる考察だけに自分を制限すべきであるし、かのじょの非政治的な生活に統合と意味を与えるであろう包括的な道徳的ないし宗教的信条から生じてくる考察を排除すべきなのである。もとより、公共的な自己理解と私的な自己理解とのこのような区別は、政治的リベラリズムへのコミットメントを支えるような包括的な道徳的教説を強く支持する人ならば誰であれ完全に受け入れ可能なものであろう。またロールズの主張は、あらゆる理性にかなった包括的教説は、政治的なものについてのこの見解を是認する点で重なり合うだろうというものである。しかし政治についてのそのような構想にしたがって生きることは、多くの人びとにとって、程度の差こそあれ統合失調症と呼ばれうるようなものを、つまりみずからの善のヴィジョンを覆い隠したり差し止めにしたりすることを含むのではないかという疑いをもたずにいることは難しい。

　ロールズ的な政体の望ましさに関するこの懸念は広くいきわたっている（たとえば、第9章でみるように、ロナルド・ドゥオーキンによるロールズの政治的なものへの

第6章 政治的リベラリズムとコミュニタリアン的批判

転換の拒絶の重要な一部をなしているのはこの懸念である）．けれども，この懸念の真の重要性をどう評価するかは，政治的リベラリズムがこの懸念のような批判にどのように応答しうるか明らかにすることにかかっている．またその点を明らかにするには，次章でみるように，ロールズのつぎのような見解を批判的に検討する必要もある．その見解では，政治的なもののきわめて大きな価値が非政治的な考察によって打ち負かされることを要求する包括的教説はどれも，そのことでみずからが理にかなっていない教説であることを露呈している．そうした教説は，人生において価値あることは何であるかについてその教説がもつ構想を強く支持してはいない市民たちから，正義にかなって要求しうる以上のことを求めているのである．したがって，理性にかなった多元性の文脈のなかでの判断の重荷に関するロールズの構想をもっと詳細にみるまでは，とくに人格の構想の望ましさに向けられたこの非難に関するいかなる最終判断も先送りしなければならない．

　以上の留保をつけたうえでならば，アジェンダの人格の構想という項目のもとに議論の現状を要約することができる．ロールズ的な人格の構想に対する攻撃をコミュニタリアンが更新したいならば，かれらには2つの選択肢があるように思われる．第1に，その構想の真の射程，源泉および地位に関するロールズの主張に反論を挑むことができる．というのも，もしその構想がロールズの主張するような仕方で政治的なものの領域に制限されていないとすれば，その妥当性および首尾一貫性をめぐるコミュニタリアンのもともとの批判は威力を保持しつづけるかもしれないからである．第2に，たとえその構想の地位が制限されているのを認めたとしても，コミュニタリアンはその構想の望ましさを疑問に付すことができる．たとえばかれらはつぎのような見解を擁護することができる．その構想は政治的なものと個人的なものとの分離を提案する．しかしその分離は，リベラルでない包括的な教説を主張する人びとに対して，かれらにとってはおよそ気乗りのしない仕方で（おそらくはリベラルでさえあるような仕方で）分離を行なうことを要求するように思われる．さらにその構想は，個人的なものに対する優位を政治的なものに認めており，政治的なものの優位は自律の価値に対して第1に重要なものという位置づけを与える．しかし自律の価値はそれほどの位置づけに十分に値しないかもしれない．これら2つの可能な批判の道筋を次章で――リベラリズムの完全に政治的なヴァージョンを提出しているのだというロールズの主張を評価する際に，もっと詳しく検討しよう．

第2部　コミュニタリアンの批判に対するロールズの応答

非社会的個人主義

　非社会的な個人主義という項目のもと，コミュニタリアン的批判は政治理論に対するロールズの契約論的なアプローチに焦点を合わせた．このアプローチは（原初状態に典型的にあらわれているように）人びとの目的は社会から独立して，あるいは社会に先んじて形成されるもので，社会はすでに目的を与えられた諸個人の間の交渉の結果とみなされるという信念を体現したものであると論じたのである．コミュニタリアンにとって，そのような非社会的個人主義の見解は，2つの異なった種類の誤りを体現している．［第1に］この見解は，人びとの善の構想および自分自身についての構想は社会的マトリックスに依存しているという，重要な哲学的ないし社会学的真理を否定している．［第2に］またこの見解は，その内容が共同体的であるような人間の善の重要性を，とりわけ政治的共同体の善の意義を無視または抑圧している——というのもロールズは，政治を人びとがかれらの私的な利益を追求するためだけに他者と協働を結ぶアリーナとしてしかみていない．そのため，ともに市民であることの絆が，人びとの生活における意義深い（ひょっとしたら最も意義深い）構成的愛着として機能しうる可能性を無視しているからである．
　これら2つの批判に対するロールズ的な応答は，『正義の理論』においてさえも明白であった，ある論点を強調することから出発できるだろう——すなわちそれは，原初状態は表象の道具であり，その働きは人格についてのある特定の実質的な構想を劇的かつ明晰に表現することにあるという点である．したがって原初状態は，個人の社会に対する相対的な優位性に関するいかなる特定の社会学的ないし哲学的主張を体現することも狙いとしてはいない．そうではなく，あるタイプの社会，すなわち人びとがお互いに対してある特定の道徳的な地位を与えるようなタイプの社会を発展させ維持することを支持する議論の一部を，原初状態は成しているのである．政治的なものへのロールズの転換は，原初状態が劇的に表現する実質的な立場を純粋に政治的な立場として特徴づけることによって，この点をさらに強めることを可能にしている．すなわち原初状態が体現している立場とは，市民として理解された人格に関するものであり，かのじょが他の人格との間に，かのじょたちがたんに仲間の市民であるかぎりでもっている関係を規制するものであり，いかなる包括的構想に寄りかかるこ

とも回避している．ようするに，原初状態の実質的な土台は，自立したものであるべく設計されている．つまりその実質的な土台は，いかなる特定の包括的教説の支えからも，リベラルな包括的教説の支えからさえも，自由に浮揚するものなのである．けれども，このことはそれが非社会的個人主義という非難からも自由に浮揚するのを可能にするであろうか？[1]

社会的マトリックスの構成的な役割

　ロールズの理論に向けられたコミュニタリアンの反論すべてのうちで，そうした反論が定式化される以前にすでに明らかにされていたかれの思想の側面をもっともあからさまに見過ごしたり低く見積もったりしていたのは，ロールズは社会的マトリックスの構成的な役割を認めていないとする反論にほかならない．ほかでもない『正義の理論』ですでにロールズは，「社会生活は，われわれが話したり書いたりするための，また社会や文化といった協働の活動に参加するための能力を発展させる条件の1つである」という見解を，自明の理として簡単に片付けている．「疑いもなく」，とそれに続けてかれは述べていた．「われわれの計画や状況を記述するために使う概念でさえも，またわれわれの個人的な欲求や目的に声を与えるために使う概念でさえも，信念と思考の体系に加えて，長い伝統をもつ集団的な努力の結果である社会的な環境をしばしば前提としているのである」(TJ, p. 522)．1977年に発表された論文——「主題としての基本構造」——ではさらに，かれはつぎの点を明らかにしている．もしも社会に属していなかったならばわれわれはどんな存在であったかを知ることなど，われわれには不可能である．社会契約論の立場は，この事実をその理論の文脈のなかで認めておく必要がある．しかもこの点を明らかにするときロールズは，「もしも社会に属していなかったならばというその考え自体がおそらく無意味である」ことをカッコつきながら認めているのである (p. 162)．こうしてみると，ロールズ的なリベラルが（みずからのリベラリズムを包括的ではなく政治的なものとして提示したことはない人でさえも），個人に対してかのじょの属する共同体よりも上位の優先順位を認めるリベラルな傾向に向けられたテイラーの批判で強調されていた点を，受け入れることができるのは明らかである——すなわち，人びとが自分は何者であるかを理解するに至るための概念的な資源を提供することによって，人びとが暮らしている共同体が，どれほどまでかれらが何者であるかを形成しているか，またどれほどまでかれらのもつ諸価値を形成

しているかを、ロールズ的なリベラルは受け入れることができるのである。この文脈では、つぎの点はおそらく思い出しておく価値がある。リベラリズムにはこの種の非社会的個人主義に陥る傾向があることをマッキンタイアとテイラーの両者が論じていたが、ロールズ本人がこの罪を犯していると主張するのはマッキンタイアだけであった。

　実際には、ロールズはテイラーらの主張する社会的マトリックスの構成的役割という論点を受け入れているし、しかもそれだけではなく、ロールズはこの論点を公共的な正当化可能性の問題と不可分に結びついているとみなしている。公共的な正当化可能性の問題といえば、それはデューイ記念講演（1980年）で初めて登場したとはいえ——以下に引用された文章がはじめて発表されたのもこの講演である——、かれの政治的リベラリズムにとって明らかに中心的な問題である[2]。というのも、ロールズは公共的な正当化可能性というその観念を、部分的にせよ、かれが完全な公共性の条件と呼ぶものの観点から説明するからである。公正としての正義は公共的でなければならないが、それは公正としての正義が公共的政治文化に潜在する観念にもとづいて構築されている（したがってその原理が市民全員によって相互に承認されうる）という意味においてだけではない。その正当化そのものが相互に認められうるという意味においても公共的でなければならない。その理論そのものが——それを正当化する背景全体が、いいかえれば前章で論じられたことすべてと、さらにそれ以上のことまでもが——、それ自体として公共的に市民たちの手に入るものでなければならないのである。しかしなぜそうでなければならないのか。ロールズは2つの論拠を提出する。第1に、かれの主張するところでは、

　　公共性（publicity）は、実行上の手段が許すかぎりにおいて以下のことを保証する。それは市民たちが、［社会の］基本構造の広くゆきわたった影響力が、かれら自身についての構想を、すなわちかれらの性格や目的を形成しているのを知っており、しかも受け入れる立場にあるということである。市民たちがこのような立場にあるということは、政治的にいって完全に自律しているという意味での自由を、かれらが実現するための条件の1つである。公共性とは、市民たちの公共的政治的生活において、隠されなければならないものなどなにもないことを意味する（PL, p. 68）。

社会制度が透明である場合にのみ，そうした制度の仕組が人びとの自己理解に影響を与えるという事実と，人びとの自由とが両立可能になりうる．このことは，もし個人が自由であるべきなら，かのじょは自分に影響を与えるさまざまなプロセスすべてを意識していなければならないということの含意の1つである．（テイラーが主張するように）個人の自己理解に影響を与えるというこの意味において共同体が個人に先行するからこそ，その共同体の基本構造がそこで暮らす個人に対して公共的に正当化可能であることを，自由は要求するのである．

ロールズの2つ目の論拠は，公正としての正義は，もしそれが公共的なものであるならば，それがもとづいている人格の構想そのものを助長するという考えに依拠している．ロールズにとって，ある道徳的構想がひとたび公共的なものとなると，それは公共的文化の一部として幅広い役割を担うことになる．

> 政治的構想にそなわっている一次的な諸原理は，公共的社会的な諸制度のなかで，またそれらの原理を解釈する公共的な伝統のなかで具体化されるが，それだけではない．市民の権利，自由，機会の源泉を［その政治的構想から］引き出すことは，自由かつ平等な存在としての市民の構想をも内包することになる．このようにして市民は，この自由かつ平等な存在としての市民の構想を意識するようになり，それに向けて教育されるのである．市民は自分たちをみなすある仕方を提示されるわけであるが，もしこのような提示を受けなければ，かれらはその仕方を享受しえない可能性がきわめて強かったであろう．完全な公共性の条件の実現とは，1つの社会的世界の実現なのだ．それは，［自由かつ平等な存在としての］市民であることの理想が［実際の市民たちによって］習得されうるような，そしてそのような人になりたいという効果的な欲求を引き出しうるような社会的世界である（*PL*, p. 71）．

いいかえれば，人びとがみずからを自由かつ平等なものとして，正義感覚のための能力と，善の構想を作り上げ，修正し，追求する能力をもつ存在としてみなすのを助けるという点で，公正としての正義それ自体が教育的な役割を果たすのである．こうして，完全な公共性を支持するこの2番目の論拠もまた，人びとは市民としての自分たち自身についての理解をかれらの公共的政治文化から，またその公共的政治文化の内側にある人格および社会の構想から大部分形

成するであろうことを認める．その論拠がなおもう一度証明しているのは，リベラルな市民であることと，政治的自律という理想に対して，特定の社会的環境がもつ重要性をロールズが理解しているということである．

共同体の善の重要性

　コミュニタリアンによるリベラルな非社会的個人主義に向けられた批判のうち，2番目の，実質的な要素に対するロールズの応答は，さまざまなかたちをとっている．コミュニタリアンが渇望するような種類の共同体が，政治社会の水準で可能であったり望ましかったりすることを，まさに否定するところからロールズの政治的リベラリズムが出発しているのは真実である．かれはつぎのように述べる．

> 政治的共同体という理想によって，1つの（部分的にせよ完全にせよ）包括的な宗教的，哲学的または道徳的教説によって統一された政治社会が意味されているのだとしたら，公正としての正義はたしかにその理想を放棄するものである．社会的統一のそのような構想は，理性にかなった多元性の事実によって排除される．民主的な諸制度からなる，自由と寛容の課す制約を受け入れる人びとにとっては，そうした構想はもはや政治的な可能性の1つではないのである (PL, p. 201)．

　ロールズはみずからのリベラリズムが，この章の冒頭近くでアウトラインを描いた3つの特徴を有するような，他と区別された意味で政治的なものであることに関心を抱いている．その関心を動機づけているものは，ほかでもなく，民主的な社会は，不可避的かつ永続的に，互いに競合する異なった善の構想の多元性によって特徴づけられており，なんらかの善の構想について合意を保証する唯一の方法は国家権力の抑圧的な使用であろうという主張である．この理解によれば，リベラリズムとは，［多元的で民主的な社会よりも］もっと実質的な，あるいはもっと特定化された形態の政治的共同体が道徳的に受け入れられる可能性はおよそ存在しないという事態への応答である．したがってロールズの立場は，共有された包括的な善の構想にもとづく政治社会をもとめるコミュニタリアンの要求（が道徳的に受け入れられる可能性）に対する，直接的な拒絶である．
　この拒絶はコミュニタリアンの批判に対するロールズの応答のエッセンスで

はある.しかしつぎの点をみて取ることも重要である.すなわち,コミュニタリアンの批判者たちは,他と区別された意味での共同体的な善の数々がもつ重要性を無視しているという責めをロールズに負わせているわけであるが,ロールズの拒絶は共同体的な善の重要性を認める2つの方法に余地を残しているのである.第1に,すでに引用したサンデルへの応答の際に依拠したのと似た議論の線に沿っていえば,共同体的な善が非政治的な水準で実現されることは,政治的リベラリズムの立場をとる人にも問題なく受け入れ可能である.

> 実現不可能であるのは共同体(共同体とは,その統一性がある包括的な善の構想にもとづいている結社または社会として理解されていることを想起せよ)のあらゆる価値ではなくて,政治的共同体とその価値だけであることに注意せよ.他のリベラルな政治的見解と同じく,公正としての正義もつぎのように想定している.共同体の価値は,第1に[社会の]基本構造の枠組みの内部でその命脈を保ってゆくさまざまな結社において,第2に教会や学会のように国民国家の境界を越えて広がってゆく結社において,本質的であるのみならず,実現可能でもある(*PL*, p. 146).

共同体的な諸価値を政治の水準で追求することが誤りであるのは,ロールズによれば,共同体が存在するのは共通の包括的教説がある場合のみだからである.共同体的な諸価値を政治の水準で追求することは,理性にかなった多元性の事実が所与のものであるかぎり,国家権力の抑圧的な使用に訴えずには達成されえない.国家権力のそうした抑圧的な使用は,自由かつ平等,理性的かつ合理的な存在としての市民を尊重していないのである.けれども,この意味での共同体の価値を政治社会の内部でまたは政治社会の枠を超えたところで市民たちが実現することは,完璧に可能なのである.

　さらにまた,政治的リベラリズムそのものが——ただし,ロールズの政治的リベラリズムの定義は,かれがこのような記述を受け入れないであろうことを意味しているのであるが——共同体についてのある特定の理解を体現しているように,われわれには思われる.そのように思われるのは,人びとの非政治的な生活にこそふさわしいさまざまな理由を政治から排除することを動機づけているものが,まさしく1つの共通の狙い,すなわち共同体についてのある構想と,共同体的にのみ実現されうる善の価値の承認にほかならないという点にお

いてである．リベラリズムは過度に個人主義的であり，政治を理解するにあたってそれを道具としかみなしていないとしてリベラリズムを責める人びとがいる．いいかえれば，リベラリズムは社会を，社会に先立って存在していた個人ないし結社の利益を追求するためにのみ協働関係を結ぶ，個人または結社の間の合意の産物以上のものとはみなさないと主張する人びとがいる．こうした人びとに応えてロールズは，かれの正義の政治的構想は，共通の目標へのコミットメントを確かに含んでいること，そしてこの目標は個人のアイデンティティの重要な一部になりうることを，両方とも強調するのである．かれはつぎのように述べる．

> 公正としての正義を備えた秩序ある社会では，市民たちはある共通の狙いを共有している．そしてその狙いとは，高い優先順位をもつものである．すなわちそれは，政治的正義という狙い，いいかえれば，政治的，社会的な諸制度が公正であることを保証し，市民たちが自分のために必要とするもの，お互いのために欲しいと思うものといった，正しいものを人びと一般に与えるという狙いなのである．したがって，リベラルな見解によれば市民はいかなる根本的な共通の狙いももたないということは，真実ではない．政治的正義という狙いは市民の非政治的ないし道徳的アイデンティティの重要な部分ではないということも，真実ではない．しかし，政治的正義というこの共通の狙いが，善の構想（と私が呼んできたもの）と誤解されることがあってはならない（PL, p. 146）．

公正としての正義によって秩序あるものとされる社会は，私的な社会，つまり個人や結社がかれらの私的な利益を追求するために協働するような社会ではない．そうではなくて，それは共通の狙いを承認し，しかも人びとがたまたま有しているかもしれない個人的な利益を超えた優先順位をまさにその狙いに与えるような社会である．というのも，そうした人びとの個人的な利益は，公正な枠組みの課す制約の内側でのみ追求されうるものだからである．

　公共的な正当化可能性をロールズが全般的に強調することが，安定性に寄せられたプラグマティックな関心に由来するのではなくて，ちょうど正当化されるべき人格の構想がそうであったのと同じく，道徳的に動機づけられていたことを思い出しておかねばならない．公共的な正当化可能性が内包する社会のヴ

ィジョン，すなわち市民1人1人が他の市民すべての自由と平等を承認しており，そうした自由と平等を守る諸制度を維持することにコミットメントを与えている社会は，エゴイスティックな利得の抽出をめぐるアリーナへと社会的なものを縮減したりはしない．その社会がその内側にいる個人にとって善であることは論を待たない．その社会はかれらが2つの道徳的パワーを発達させ行使することを可能にするからである．けれども，その社会はまた純然たる社会的な善——すなわち，共有された最終目標にもとづく共同の活動によってのみ実現可能な善でもある．

　実際には，秩序ある社会において体現される実質的な共通善についてのこうしたヴィジョンの多くの部分は，すでに『正義の理論』で展開されていた．「社会的結合の理念」にあてられた節でロールズは，諸個人がかれらの個人的な目的に対する手段として結合する私的な結社と，それを通じて諸個人が共通の目的を目指し，またそのなかでかれらは共通の諸制度そのものを善として評価する社会的結合とを，いくぶん詳しく区別していた．後者の社会的結合の例は，家族，教区，学術的および芸術的な共同体を含むであろう．この区別をしたうえでロールズは，かれの秩序ある社会のヴィジョンを「数々の社会的結合からなる社会的結合」として特徴づける．すなわち，秩序ある社会においてその社会の成員たちは，社会の下の水準にある (sub-societal) 任意の数の異なった社会的結合に参加するであろう．しかし社会的結合の活動がそのなかで営まれる政治的共同体の自由で平等な成員としてのかれらは，正義にかなった諸制度を設立し維持するという共通の最終目的を目指すであろうし，そうした諸制度そのものを善として高く評価するであろう．したがって，ロールズが社会の水準での共通善という観念を受け入れることができるのは，かれの近年の政治的なものへの転向と結びついた一連の新しい理念によってのみである，と論じることはできない．政治的なものへの転向はそうした共通善の内容についてのかれの理解の仕方におけるある重要な変化を含んでいる，と述べることはおそらく妥当であるかもしれないが．それどころか，1971年にロールズは，正義の公共的な実現が「共同体のもつ価値」の1つであることをよろこんで認めていた (*TJ*, p. 529)——いうまでもなくこれは，現在におけるかれの共同体の定義と両立するし，公正としての正義が1971年には包括的な教説として，またはすくなくとも部分的に包括的な教説として提示されていたというかれの告白とも両立する見解である．

251

第2部　コミュニタリアンの批判に対するロールズの応答

　ロールズのもともとの理論にあったこうしたコミュニタリアン的な側面を，かれの批判者たちが見過ごしているのは，おそらくさほど驚くべきことではない．というのも，議論のこうした側面以外のいくつかの部分の提示が，公正としての正義は個人主義的なエゴイストたちのための理論であると示唆するようにみえたし，そのかぎりにおいて誤解を招くものであったことは，ロールズも認めてきたからである．

　　『正義の理論』の16ページでのある発言では，公正としての正義の理論が合理的選択理論の一部であると述べられているが……この発言は端的に正しくない．［原初状態の］当事者たちとかれらの推論についての説明は，合理的選択理論を使用しているが，しかしそれはたんに直観的な意味においてである，ということが述べられるべきであった．公正としての正義の理論そのものは，理性にかなった正義の諸原理の説明を与えようと試みる正義の政治的構想の一部である．こうした諸原理を唯一の規範的概念としての合理性の概念から導出することは，まったく考えられてはいない．『正義の理論』のテキストは全体としてこの解釈を支持すると私は考えている (*PL*, p. 53 n. 7)．

　ここで「理性にかなった」(reasonable) という語によってロールズが意味しているのは，合理的選択がそのなかで行使される枠組みをなす数々の制約のことである．こうした意味で，「合理的」(rational) とは原初状態で人びとがどのように動機づけられているかの特徴づけであるのに対して，「理性にかなった」とは原初状態がそもそもどのように設定されているかの特徴づけなのである．この区別が意味するのは，理性的なものが合理的なものよりも優位に立ち，どのような種類の政治的共同体が忠誠に値するかについての主張を含む，さまざまな道徳的関心を体現しているということにほかならない．したがってロールズによる合理的選択という仕掛けの使用は，かれが実質的な意味で非社会的個人主義者であることのしるしだと考える根拠はいっさいないのである．

　にもかかわらず，ロールズが政治において求める共通善は，疑いようもなく個人主義的な善である．すなわち，市民としてのわれわれが有する最高次の関心はわれわれが個人としてもつ関心であり，共同体がわれわれからそうした関心を奪うことはロールズにとって受け入れ難い．とりわけ，政治的共同体がな

んらかの包括的な善の構想のうえに基礎づけられることは正義にもとる——その構想がリベラルなものであるにせよそうでないにせよ．したがってこの意味では，政治的共同体の善についてのある種の強力な理解に対して，ロールズは熟慮のうえで断固として反対しているのである．これは，アジェンダの第5の項目のもとで，ロールズが善に対する優先性を正に帰していることについて検討する際にわれわれが立ち返る争点である．正の優先性の主張が提起する争点についてこれ以上議論するのは，そのときまで待つほかはない．しかしすくなくとも，共同体の善という項目のもとでなされるいかなる新たなコミュニタリアン的批判も，正の優先性という一点に焦点を合わせることが可能だろう，ということだけは言える．

普遍主義

普遍主義という項目のもとで，コミュニタリアン的批判はつぎのように論じていた．ロールズの正義の理論は普遍的かつ文化横断的に適用されるよう設計されており，したがって異なった文化が異なった価値と実践を体現する複数の仕方に対して注意を払っていない．これは，［かれの理論が］社会正義に関わる諸々の主張を理解する可能性について，さらに（または）正当化する可能性について，重要な帰結をもたらす事実だというのである．もっと特定化するなら，ロールズによる基本善の使用は異なった善は異なった理由によって配分されなければならないという事実を無視しているとウォルツァーは批判した．さらにウォルツァーは，ロールズが想定したような，正義の諸原理を導出する普遍的な視点を構成するという試みは，「社会的な意味」，すなわちある文化に属する諸々の善についてのその文化自身に特定の理解のもつ重要性を認識していないとして攻撃を加えた．『正義の理論』の読者が，公正としての正義がそのような普遍主義的な要求を掲げていたと考えたとしても許されるであろう．この書物の最後のパラグラフは，社会におけるわれわれの位置を原初状態の観点からみることは，それを「永遠の相のもとに (sub specie aeternitatis)」みることだと主張していたし (*TJ*, p. 587)，ロールズの基本善の説明は普遍主義的な解釈を排除することに意を用いてはいない．そして（すでに引用した）かれの正義の理論は合理的選択理論の一部であるという言明は，まさにウォルツァーが疑いの目を向けているような類の，人間の合理性（したがってまた人間存在）についての

非歴史的な構想を含意している．しかしながら，この批判に対する新しいロールズの応答は明快かつ強力である．かれの人格の構想は立憲デモクラシー諸国の公共的政治文化から導出されているのを強調することによって，かれはみずからの公正としての正義の一般理論が重要な意味で文化に特有のものであることを示す．原初状態は特定の自然的および社会的素質からの，またみずからの特定の善の構想からの人びとの抽象化を具現化していた．この抽象化は，われわれの特定の文化がもつ，市民としての人格の構想の表現の１つである．したがってそれはロールズが文化的特殊性に深く注意を払っていないことの帰結ではなく，むしろ払っていることの帰結なのである．これらの問題をさらに詳しく検討しなければならない．

ロールズとウォルツァー：抽象化と文化的特殊性

そもそも，ロールズの基本善は見かけほど抽象的なものではけっしてない．基本善は人びとが欲しがるであろう無差別な大量物資などではない．実際には基本善は，それらを配分するために提起された諸原理ときわめて注意深く，まさにウォルツァーが求めるような仕方で結びつけられているのである——というのも，基本善は人格についての特殊政治的な構想と内的に結びけられているからである．ロールズによれば，基本善は市民としての人びとがもつニーズを——すなわち，かれらの特定の政治的な役割と地位から生ずるニーズを特定する．

> 自由で平等な人格としての市民の必要とするもの，市民のニーズは，たとえば患者のニーズや学生のニーズとは違う．…結果として，人格の政治的構想と基本善の観念は正義の政治的構想のための特別な種類のニーズを特定するのである（PL, 189 n. 20）．

こうしてみると，ロールズとウォルツァーは，正義の諸原理をそれらが配分すべき特定の諸々の善へと結びつけることの重要性についてかなり似た見解をもっているように思われる．相違は，ウォルツァーならば諸原理は財または善に特有の（good-specific）ものであると述べるところで，ロールズは同じ論点をむしろ，諸原理は役割に特有の（role-specific），または人格の構想に特有の（conception of the person-specific）ものであるという用語で考える点にある．基本善

は「市民の善」，ヘルスケアは「患者の善」，そして教育は「学生の善」であると考え，そしてこれらの異なった文脈においては異なった諸原理が適切であろうというロールズの指摘を受け入れるなら，その場合にはウォルツァーとロールズの類似はきわめて著しいものとなる．

　公正としての正義が基本構造および市民としての人格の構想に内的に結びつけられていることが，ロールズの理論の特殊政治的な理解にとって，ウォルツァーの第1の批判を回避することを可能にする．つぎに，ウォルツァーの第2の批判——普遍性を追求しており文化的特殊性から抽象化しているという批判に対する免疫をロールズの理論に与えるのは，その理論の公共的政治文化からの導出である．というのも，正義の政治的構想の内容は「デモクラティックな社会の公共的政治文化のなかに潜在しているとみなされる，一定の根本的な諸観念の用語によって表現される」(PL, p. 13) というロールズの主張ほど，社会的意味を尊重せよというウォルツァーの指令と一致しうるものはないだろうからである．原初状態は，文化的特殊性を超越し，普遍的に適用されうるような正義の理論を構成しうる観点を獲得する試みを表象しているわけではまったくない．あからさまに文化に特有の理解を表象する道具なのである．

　　デモクラティックな社会にはデモクラティックな思想の伝統があり，その伝統の内容はすくなくとも市民一般の教養ある常識にとって周知で理解可能なものである．社会の主要な諸制度と，それらについての受け入れられた解釈の諸形式は，暗黙のうちに共有された諸々の理念と原理からなる，1つの共有資産であるとみなされる (PL, p. 14)．

公正としての正義はそうした政治的伝統のなかから出発し，そうした資産のなかに社会とその成員についてのある特定の理解をみつけだす．原初状態は，その理解を明快で統一された仕方で表象する試みである．したがってここでもまたロールズは，政治的共同体から距離を取ろうとしているのではなく，まさしくウォルツァーがかれにさせたかったであろうことを，すなわちわれわれの共有された社会的意味の明確化を行っているのである．

　それどころか，ロールズを支持するものならば，ロールズの方法はウォルツァーのアプローチと両立しうるばかりか，ウォルツァーのアプローチ以上に成功している——ロールズのほうがウォルツァーよりもわれわれの共有された意

味に忠実であるとさえ論じたくなるであろう．というもの，ロールズは（こういってもよければ）われわれがどれほどわずかのものしか共有していないか，認識しているからである．かれの特殊政治的な正義の構想の追求を動機づけているものは，理性にかなった多元性の事実の——すなわち，善についての競合する多元的な構想がいくつも存在する（そして，国家権力の抑圧的な使用がないかぎり存在しつづけるであろう）という事実の認識である．この事実を所与の条件とするとき，われわれが合意できるものは——またそれゆえに，原初状態で体現されうるものは——みずからが選ぶどんな善の構想をも自由に形成し，修正し，追求することを人びとに許すような，政治についての一定の理解，すなわち政治社会と市民としての人格についての一定の構想がすべてである．ウォルツァーは，見かけ上の見解の相違の下で，われわれはみな実際には特定の諸々の善が配分されるべき仕方についての理解を共有していると想定しているようにみえる．それに対してロールズのリベラリズムは，われわれはそのような理解を共有していないこと，すなわち，デモクラティックな社会の市民たちが，みずからの生をいかに生きるべきか，また善はいかにして配分されるべきかについてきわめて異なった理解を信奉しているのを認めるところから出発する．異なった文化はそれらがもつ善を異なった仕方で理解するであろうと主張しているのがウォルツァーであるとしたら，われわれの文化に属する異なった成員たちはかれらがもつ善を異なった仕方で理解するであろうと主張しているのがロールズなのである．

　つぎのように述べてもよいであろう．ロールズは，ウォルツァーが想定しているようにわれわれの文化から抽象化しているのではなくて，われわれの文化の内部で信奉されている善についての特定の包括的諸教説から抽象化している．そしてかれがそうするのは，そうすることがわれわれの特定の文化と，われわれが実際に共有している意味に対して忠実であるための方法だからである．抽象化という作業は「いわれのないものではない．それは抽象化のための抽象化ではない．むしろそれは，低い一般性の水準にあった共有された理解が崩壊してしまったときに，公共の討論を継続させるための１つの方法なのである」(*PL*, pp. 45-6)．したがって，ロールズの基本善の構想に含まれている抽象化とは，われわれのもつ特定の文化と社会的意味からの抽象化ではない．むしろそれは，われわれの文化と社会的意味を特徴づけるものにほかならない，善についての特定の構想からの抽象化に対して，注意深く目を向けることである．政

治的リベラリズムが特定の善の構想から抽象化しなければならないのは，そうした抽象化そのものが，われわれが実際に共有している（一般性の高い）理解によって要求されているからなのである．

『正義の諸領域』の，（重要なことに）括弧に入れられたある発言でウォルツァーは，社会的意味をめぐって不合意が存在するならば何が起こるかについてつぎのような観察を述べている．

> ある所与の社会が正義にかなっているのは，その社会の実質的な生活がある一定の仕方で——すなわち，その社会の成員たちの共有された理解に忠実な仕方で生きられている場合である．（人びとが社会的善の意味をめぐって意見を異にするとき，［共有された］理解に論争の余地があるときには，正義は社会がそうした不合意に対して忠実であることを，すなわち不合意を表出するための諸々の制度上の回路，調整のメカニズム，そして代替的な配分を用意することを要求する．）(*SJ*, p. 313)

「不合意に対して忠実であること」とは，ロールズの政治的リベラリズムについての目を見張るほど正確な描写であるようにわれわれには思われる．包括的な教説をめぐって意見を異にしながらもわれわれが共有している意味は，自由かつ平等な市民たちの社会的協働の公正な図式としての社会がもつさまざまな意味であるとロールズは考える．この点でロールズが正しいとすれば，その場合には，方法論の点で，真のウォルツァー主義者であるのはロールズなのである．

しかしながら，ロールズとウォルツァーのこの並行関係に不相応な重みを与えてはならない．とりわけ，公共的正当化可能性と人格の政治的構想にロールズが割り当てている相対的な重要性を想起しなければならない．ロールズは，われわれの公共的政治文化のなかにかれがみいだすと主張する市民としての人格の構想に実質的にコミットしており，そうした文化へのかれの転向の駆動力となった公共的正当化可能性への尊重は，それ自体まさにこのコミットメントによって（市民たちはかれらすべてが自由に支持しうるような政治的仕組を手にするに値するというかれの信念によって）動機づけられている．したがって，公共的正当化可能性へのかれのコミットメントは，かれの正義の理論にしたがった仕組をもつ社会は人間が住むための最善の種類の社会であるというかれのより広い実質

的な見解の1つの側面にすぎない．したがって，ロールズのアプローチがウォルツァーのそれと異なるある決定的な点が存在する．共有された社会的意味なるものがどのようなものであろうとも，それらの意味が明確化されればそれが正義であるという考えにロールズがコミットしていることはまったくない，という点である．その反対に，ロールズがかれの理論を公共的文化をまとめあげたものとして提示しうるのは，その文化の内容が，ほかでもなくそうした方法を追求するようにかれを仕向けた当の社会および市民としての人格の構想と，たまたま一致するからにすぎないように思われる．ロールズが呼びかけようとしている市民たちに対してかれの正義の構想が公共的に正当化可能であること，またこの点でかれがわれわれの共有するさまざまな意味の世界へのウォルツァーの関心を支持するであろうことは，たしかに重要である．けれども，公共的正当化可能性へのこうした関心は，人びとを自由で平等とみなすリベラルな構想へのコミットメントから生じるのであり，ウォルツァーの立場がもつ相対主義的な側面を受け入れることをロールズに要求しないのである．

　ウォルツァーとのこの相違はつぎのことを含意する．かりにロールズ自身が，その公共的政治文化が人格についてのかれの構想を具体化していない，リベラルでない社会にいたとしよう（あるいは，より一般的に，そのような社会を考察しているとしよう）．その場合にはリベラリズムの公共的正当化を与えることは不可能である．しかしそれでも，その不可能性自体が，それ以外の諸々の方法でその社会をリベラルなものへと再構築するのを支持し，それに向かって働きかけることをさしひかえるようにロールズを強いることはないであろう．いいかえれば，公共的正当化可能性へのかれのコミットメントによって命じられる行為の道筋と，市民としての人格の構想へのかれのコミットメントによって命じられる行為の道筋とが，かりに分岐することがあったとしたら，その場合にはロールズは完全に首尾一貫して前者の価値を後者のために犠牲にすることができるであろう．すなわちかれは，みずからの第一のコミットメントは，なんであれたまたま公共的に正当化可能である理念に対してではなく，人格についてのかれの政治的構想において具体化されている理念に対して置かれていると論じることができるのである．ようするに，共有されている政治文化自体が非リベラルであるような社会では，正義をその文化に忠実なものとみなす必要は，ロールズにはない．

　リベラルではない社会における正義という問題に関するみずからの立場を，

ロールズが詳細にかつ表立って明確化したことはまだない．しかしながらかれは，この問題と明らかな関連をもつある争点をめぐってみずからの立場を明瞭にしており，その争点もまた普遍化可能性という項目に入る――政治的リベラリズムにコミットしている国家は，リベラルでない文化に対してどのように関係をもちうるかという問いがそれである．

ロールズと国際正義

　1993年に行なわれたアムネスティ講演「諸国民の法」でロールズは，（国民国家の内部ではなくて）国民国家どうしの間で正義にかなった関係を確立し維持するという仕事の射程は，政治的リベラリズムの諸々の主張を完全に受け入れている国家に制限されるのではなく，かれが「秩序ある階層的社会（well-ordered hierarchical societies）」と呼ぶような社会も包含しうると主張している．秩序ある階層的社会は，その社会に備わっている基本的な制度に対して公正としての正義の原理を適用していないか，それどころか政治的リベラリズムの他のいかなるヴァージョンも適用していないかもしれない．しかし秩序ある階層的社会の法システムは，当該の社会の成員たちによって，ある共有された妥当な正義の構想によって導かれているとみなされたとしても――すなわち，かれら社会の成員たちの根本的な利益とみなされるものを偏りなく考慮し，また市民すべてを形式的平等をもって取り扱う（いいかえれば，同様の事例を同様に取り扱う）正義の構想によって導かれているとみなされたとしても，それは虚偽によってではなく，理性に反してもいないことであるような，そうした法システムであるとされる．さらに，秩序ある階層的社会の政治システムは理性にかなった諮問委員会的階層制（reasonable consultation hierarchy）を体現していなければならない――諮問委員会的階層制とは，どんな人にも反対意見を表明し，しかもその反対意見を真剣に受け止めてもらう権利を与え，またどんな人も互いに道徳的な義務と責務を負う存在として取り扱うことで，社会の成員すべての重要な利益を後見する，複数の代表団体または会議から成る1つのまとまりを意味する．こうして，それらの会議は，市民すべてを完全にリベラルな意味で自由かつ平等なものとみなさないとしても（たとえば，市民すべてに広範囲な言論の自由の権利を与えないとしても），生命への権利，奴隷制および隷属からの自由の権利，所有の権利を市民すべてにたしかに保証するのである．ようするに，秩序ある

階層的社会は人権を尊重する．しかし，政治的リベラリズムの核心にある諸権利の完全な目録を尊重するわけではない．

そのような社会の一例は，ヘーゲルによって描かれた，政治的決定形成の基本的な制度が社会の異なった階級および身分に異なった程度の影響力を配分するが，いかなる身分も影響力を完全に奪われることはない社会であろう．そうしたヘーゲル的モデルの神政政治的変種やカーストにもとづく変種を想像することもできよう——ただし，いかなるそうした変種もある程度の信教の自由を認めなければならず，いかなる非国教の宗教にもそれを平和的に実践する権利を否定してはならない．もし秩序ある階層的社会が本質的に平和的でもあり，他の社会の統一を尊重するならば，その場合にはそうした社会の代表はリベラル・デモクラシー諸国の代表とともに，国際的な原初状態に入ることが可能であり正当である．その国際的な原初状態では，国の代表たちは，かれらの社会の領土の大きさ，強さ，天然資源，経済発展などに関する無知のヴェールのもとで，均等に位置づけられているが，しかしかれらの社会内部の仕組を秩序づける特定の正義の構想については知っている．ここからロールズは，リベラル・デモクラシー諸国と秩序ある階層的諸社会の両方が，非介入の義務，条約の遵守，人権の尊重を含む周知の一連の国際法の諸原理に合意するであろうと論じる（より正確にいえば，かれはそう断言するだけのスペースしかないのであるが）．

リベラルでない社会が秩序ある階層的なものとみなされうる閾値のロールズによる予備的な設定は明確で説得力をもつであろうか．かれの見解のこの短いスケッチでさえも，それを疑問視させるであろう．われわれはさらに，その閾値を十分厳しく設定するならば，現実世界のリベラルでない国家のどれ1つとしてそれを超えるであろうかと問うこともできるだろう．けれども，リベラルでないにもかかわらず正統性をもつような政治的共同体の形式について1つのカテゴリーを定義しようとするロールズのこの試みには明らかに決定的なことがある．そうした共同体のもつ仕組が，たとえ市民たちを完全に平等に扱っていないとしても，自由な存在としてのリベラルな市民の構想に実質的に類比しうるものをすくなくとも体現していることである．たとえば，ヘーゲル的な異なる身分の成員たちは，政治過程に影響を及ぼすことに関して同じだけ恵まれた地位に置かれているわけではなく，また（リベラルな国家で理解されるような）言論の自由の権利を欠いている．しかしどの成員も政治過程で代表されるのであり，すべての成員がその過程で反対意見を表明しそれを真剣に受け止めさせ

る自由をもたなければならない．そのような社会はすくなくともその市民たちを諸々の道徳的な義務と責務の担い手として扱い，したがってまた社会の責任ある協働的な成員として扱う．かくして，政治的リベラリズムからの逸脱を寛容に扱おうとするロールズの意志は厳しく制限されており，しかもその制限の仕方は政治的リベラリズムの核心である寛容の原理に根ざしていることが確認できる．そこに住む市民について，自由な存在としてのヴィジョンに実質的に類比しうるいかなるヴィジョンももってはいない社会を，国際社会の一員として承認することについては，われわれはなんら道徳的根拠をもちえないのである．

　けれども，ロールズにとって，たんにある国家が政治的リベラリズムを拒絶してきたという事実は，その国家が政治的リベラリズムにコミットしている国家と公正な関係に入るのを許されないことを論理的に意味するわけではないのもまた明らかである．国民（nation）とは，みずからの基本的諸制度を決定する自由をもっているとされる．階層的社会の場合には，そうした社会がその市民の自由と平等への諸権利を部分的に承認するだけでも，そうした社会を諸国民の共同体（the community of nations）の平等な成員としてわれわれが受け入れることを正当化するのである．ロールズのこの考えは，つぎのようにいいかえられる．政治的リベラリズムは，国民国家の内部での寛容の原理と，複数の国民国家間での寛容の原理とに，両方ともコミットしているが，これらのコミットメントが衝突することがある（前者のコミットメントは不正な体制を正統なものと承認することの拒絶を含意するが，後者のコミットメントは国際政治上の多元性の承認を含意するからである）．この衝突が起こったとき，どちらが優先するのだろうか．ロールズの考えでは，〈より正義に近い国際的共同体〉と，〈その共同体の成員でもあるリベラルでない社会の内部における正義の拡大〉は，いずれもきわめて大きな善ではある．だが，状況によっては，後者の国内的な正義よりも，前者の国際的な正義に向けて働きかけることが優先されることもありうるのである．したがって結果としては，政治的リベラリズムの人格の構想は，文化横断的に適用可能な正義の基準として機能しているともいえるし，機能していないともいえる．この基準の要求を満たさないいかなる国家も，そのかぎりにおいて不十分に正義にかなったものでしかなく，またその基準をいっさい否認するいかなる国家も政治的に正統ではない．しかし，リベラルでない国家であっても，その公共的政治文化がリベラルな人格の構想に実質的に類比しうるなにも

のかを体現しているかぎり，その国家はリベラルな国家すべてによる尊重と寛容に値するのである．

　普遍主義という項目にかかわりの深い数々の争点についてのロールズの立場を要約しよう．ロールズの人格の構想はリベラル・デモクラシー諸国の公共的政治文化のなかに潜在しているさまざまな資源に手を加えて仕上げたものであり，もっぱら政治の領域に適用されるように設計されている．しかしそれは，その公共的政治文化が人格についての当の構想を含む社会のなかだけの政治の領域に適用されるように——いいかえれば，リベラル・デモクラシー諸国の政治だけに適用されるように設計されているわけでは必ずしもない．公共的正当化可能性へのロールズのコミットメントは，社会正義とは所与の社会に広くいきわたっている社会的意味に忠実であること以外ではないという，ウォルツァー的信念の帰結ではない．それは，リベラル・デモクラシー諸国の公共的政治文化のなかに広くいきわたっている人格の構想が社会正義についての正しい理解を具現しているというかれの信念のもう1つの表現なのである．このことは，ロールズがかれの理論を普遍的で文化横断的な妥当性と適用［可能性］を有するものとみなさなければならないことを意味しない．しかしこのことは，かれの理論の妥当性と適用を，その理論を練り上げるための資源が公共的に入手可能な文化だけに限定しなければならないことを意味してもいない．国際法についての近年の叙述でロールズは，その国内的な仕組が人格についてのリベラルな構想の痩せ細らされたヴァージョンしか示していない国家の正統性を承認する用意があるところをみせている．こうした叙述から判断できるかぎり，市民としての人格の構想を，ロールズは文化横断的に適用可能な政治的正義の理念を特定するものととらえてはいるが，しかし政治的正統性の不可欠な前提条件とはとらえていない．

主観主義／客観主義

　この項目のもとにあるコミュニタリアン的批判は，価値判断の合理性と客観性に関して哲学的懐疑論にコミットしているとしてロールズを告発した．中立的な国家に寄せるロールズの根本的な関心と，原初状態における無知のヴェールというかれに固有の理論装置の発動は，道徳的判断一般は，あるいはとりわけ善の構想をめぐる判断は，選好の恣意的表現にすぎず，合理的に正当化され

ることが本質的に不可能であるという信念から由来すると主張された．
　新しいロールズが明らかにするのはつぎの点である．諸々の包括的な考察を政治の領域から排除することにはロールズなりの理由がある．それは，その市民すべてに対して公共的に正当化されうる政治的共同体の価値はきわめて大きいので，包括的な考察が客観的に妥当するとわれわれが信じる場合でさえも，それらを排除する強力な道徳的理由をわれわれに与える，というものである．包括的な考察を排除するのはそれらが真であることを疑うからではない．

> 適切に理解されるならば……正義の政治的構想は哲学および道徳における真理に対して無関心である必要はない．いってみればそれは，ちょうど寛容の原理が，的確に理解されるならば，宗教における真理に無関心である必要がないのと同じである．われわれは正義の問題における公共的正当化の合意された基盤を求めているが，[宗教における真理のような]議論の余地のある問題についてはいかなる政治的合意を期待することも理性にかなっているとはいえない．だからその代わりにわれわれは，公共的政治文化を通じてわれわれが共有していると思われる根本的な直観的理念に向かう．これらの理念からわれわれは，われわれの熟慮された確信と一致するような正義の政治的構想を作り上げようと努める (*PL*, pp. 150-151.).

　ある特定の包括的教説が真理であることを信じつつ，にもかかわらずその真理は正義の問題に対しては無関係ないし不適切であると主張することは可能である．ロールズ的なリベラルは，私的な個人としてはなんらかの包括的教説の真理にコミットする一方で，反完成主義的な国家を擁護し，その教説から生じる理由を政治から排除することを是認しうる．重要なのは，かのじょがみずからの教説を信じる理由は，正当化の公共的な基盤として役に立ちうるような類のものではないということを，かのじょが認識すべきことである．実際のところ，もしロールズの政治的リベラリズムが主観主義を，あるいはいかなる形にせよ道徳的懐疑主義を前提していたとしたら，それは自己矛盾であろう．というのも，そうしたものを前提するのはある論争的な哲学的教説への依存と同じであり，したがって公共的正当化可能性へのかれのコミットメントを破壊するのと同じだからである．
　同じ理由からロールズはつぎの点もきわめて注意深く強調する．政治にかか

わる理論的営為における構成主義の方法とかれが呼ぶものを政治的リベラリズムは使用する．しかしこの方法を使うことは，政治的価値の本質について，あるいは政治的判断の客観性ないし真理について，いかなる論争的な見解にもかれをコミットさせはしない．一見したところこの主張は維持しがたいように思われる．というのも——前章でみたように——ロールズは政治的構成主義という言葉でみずからが理解するものを，その言葉を一方では合理的直観主義と区別することによって，また他方ではカントの道徳的構成主義から区別することによって説明しており，しかもロールズはこうした区別をほかでもなく，それら３つの立場が諸々の政治的，道徳的な価値，原理，判断の本質をめぐって異なる見解を有するという点から引き出しているからである．たとえば，合理的直観主義は，正しい道徳的判断とは道徳的価値の独立した秩序に関する真なる言明であり，そうした秩序の存在は理論的反省を伴う知覚ないし直観によって確立ないし認知されるとみなす立場として定義される．これと対照的に，政治的構成主義は正しい道徳的判断をある構成の手続きの所産とみなす．その手続きでは，公正な政治的秩序を決定する一連の原理を作り出すために，人格および社会の一定の基本的な構想が用いられる．したがって政治的構成主義は第一義的には理論理性よりも実践理性に依拠する．このことでロールズが意味するのは，政治的構成主義はすでに与えられている対象の知識を獲得することにではなく，対象についてのある構想に一致して当の対象を作り出すことに関心を払うということである（この場合には，純粋に正義にかなった政治秩序がその対象である）．同時に政治的構成主義は，候補となるいくつかの原理の間で判断を下す際に，もっぱらそれらの原理が決定する政治的構想が理性にかなっているかどうかという見地から判断するのであって，その構想が道徳的価値の独立した秩序に対して真であるか否かという見地からではないということも意味している．政治的構成主義がインスピレーションにおいてカントに深く負っていることはもちろんである．しかしそれは，もっぱらその制限された射程のゆえにカント的な道徳的構成主義とも区別される．それは包括的な道徳的教説には依拠せず，純粋に政治的な合意を確立するために人格と社会についての純粋に政治的な構想だけを利用する．さらにロールズによれば，カント的な超越論的観念論は道徳的価値の秩序が実際に実践理性の原理によって実在へと成立させられるないしは産出されると主張するのに対して，政治的構成主義はなんらそのような主張をしない．

想起しなければならないのは，政治的構成主義は政治的価値についてまた政治的判断の本質についてある独特の見解を主張するが，しかしその見解はそれらの論点に関する広範な諸々の見解と両立しうるものだという点である．たとえば政治的構成主義は道徳的諸価値の独立した秩序が存在するという合理的直観主義の見解を肯定しないけれども，しかしそれは政治的構成主義が直観主義の見解と衝突する見解を肯定しているからではない．なかんずく，政治的構成主義は直観主義と逆の見解，すなわち，[道徳的]価値のこの秩序は人間の実践理性によって成立させられるというカント的構成主義の見解を肯定するわけではない．正義の諸原理は構成の手続きの所産とみなされうると述べることでロールズは，この手続きこそが正義の諸原理およびその他の諸々の道徳的価値が存在するにいたる道筋であると断言しているのではない．カント的な道徳的構成主義者も合理的直観主義者も，そうした諸原理の本質と起源に関する物語(ストーリー)全体はきわめて異なったものであると考えつつも（そしてその物語を，かれらのきわめて異なった包括的教説にしたがってきわめて異なった仕方で展開しつつも），それらが構成の手続きの所産とみなされうるということには同意しうるであろう．いいかえれば，政治的構成主義は，形而上学的教説をめぐる論争を避けたいというロールズの願いに最も適した，政治についての理論的営為の方法である——それは，多くの争いあう包括的観点の間に共通の地盤を成立させうるアプローチを提供する．

　論争を避けたいということは，正義の理論の受け入れ可能性を純粋にその理論が理性にかなっているか否かという条件から判断することに，政治的構成主義がみずからを制限する理由でもある．このように自己制限することは，正義の理論が真であるか否かという問いをまったく省略し，かくしてその[真理という]厄介な概念についてある特定の，またそれゆえ高度に論争的な解明を与えそれを擁護する——カント的な用語によるにせよ，直観主義の用語によるにせよ——責任を回避することを，政治的構成主義に可能にするのである．しかしながら，政治的構成主義がもつこのような論争の回避という側面は，主観主義か客観主義かという項目にとりわけ関連をもつ，1つの懸念を引き起こす．というのも，もし政治的構成主義が真理の概念を省略してしまうなら，いったい政治的構成主義は政治的原理あるいは判断が客観的であるという考えをいかにして説明できるのだろうか——適正（correct）であるように見える正義の理論と，本当に適正な理論とをいかにして区別できるのだろうか．とりわけ，公

正としての正義の優越性というロールズの判断が客観性を主張する権限をもつことを，政治的構成主義はどうやったら示すことができるのだろうか．ロールズはこれが本質的な課題であることを認めつつ，この課題を果たすのに必要なすべてのものを，〈理性にかなっている〉というかれの概念が与えると信じている．というのも，いうまでもないことだが，なにがある理論を理性にかなったものにするかは，相互に承認された基準と証拠の問題だからである．それはその理論の修辞的な説得力の問題ではないし，なんらかの所与の行為者がたまたまそれを理性にかなっているとみなすかどうかによって決定される問題でもない．政治的構成主義にとっては（およそその名に値するいかなる理論的方法にとってもそうであるが），なにごとかを理性にかなっていると考えることがそれを理性にかなったものにするわけではない——みずからの結論を正しい種類の仕方で適当な構成の手続きから生じたものとして提示する能力のみが，それが理性にかなっていることを示しうる．しかしこのことは，政治的構成主義は（道徳的および政治的）真理の概念をまったく省略しつつ，客観性の観念を保持しうることを意味する．すなわちロールズは，よりよい政治的判断をよくないものからわれわれは区別できるという考えを理解するために必要とする概念的な仕組を保持することができるが，他方でこの仕組が伴うかもしれない，真理の本質をめぐる諸々の論争的な哲学的コミットメントを最小限のわずかなものに減らすことができるのである．

しかしながらそれでも問題は残っている．もし政治的構成主義が真理の概念なしですませようと試みるとすれば，そのためにロールズには，政治的リベラリズムのかれのヴァージョンが——公正としての正義が——真であると論じることが不可能になるのではないのか．この問いに対してわれわれは，1つの解答のわずかな概略を与えることしかできない．一方で，すでにみたように，政治的リベラリズムは真理ではなく理性にかなっていることを狙いとする．理性にかなった多元性の文脈で正当化の公共的な基盤を確立するという狙いを所与とするかぎり，適正であるかどうかの適切な基準は理性にかなっていることだからである．「ある政治的構想が真であり，しかもその理由のみによって公共的理性の唯一のふさわしい基盤であると主張するならば，それは排他的であり，党派的でさえある．そしてそれゆえ政治的分裂を助長するおそれが強いのである」(PL, p. 129)．他方で，同一の政治的構想を支持するのに，理性にかなった包括的諸教説が各々の［別の］理由をもつというロールズの重合的コンセンサ

スの考えは，政治的構想を包括的教説の見地から評価する場合にはわれわれはその構想の道徳的真理について語りうるということを意味する．のみならず，この考えはつぎのことも意味する．

> そうした理性にかなった包括的諸教説のうちどれか１つでもが真なる道徳的判断だけを支持するとすれば，政治的構想それ自体も真であるか，あるいは真に近いものとなる．なぜならば，政治的構想はどれか１つの真なる教説によって是認されているからである．かくして，［重合的］コンセンサスのなかのどれか１つの教説が真理であることが，理性にかなった教説すべてが政治的正義についての正しい構想を生み出すことを保証する．たとえそれらの教説すべてが，唯一の真である教説によって特定される正しい理由によってその構想を生み出すわけではないとしても，このことに変わりはない．もし市民たちがもつ数々の教説のうち１つでも真であるならば，政治的にいえば市民すべてが適正なのである．すなわち，市民は全員，健全な正義の政治的構想に訴えているのである．(*PL*, p. 128)．

公式的にはロールズは，かれの構想は理性にかなっているという主張にしかコミットしていない．にもかかわらず，理性にかなった包括的諸教説が政治的リベラリズムを肯定することで一致するという事実そのものが，かれの構想が結局は真である十分な証拠である，ということを強く示唆する一連の修辞的な疑問によって，ロールズはこの争点についての議論を締めくくっている．

　それゆえつぎのことが明らかになる．ロールズは，政治的判断を客観性をもちうるものとみなし，かれ自身の政治理論を理性にかなっているのみならず真でもあるとみなせるだけの十分な議論を，自分で展開したと思っているのであろう．それにもかかわらず，かれの最も新しい著述のなかには，擬似懐疑主義 (quasi-scepticism) とでも呼ばれうるものの一要素が残っている．というのも，政治的な討論から包括的教説を排除する原理のためのかれの弁証が，公共的正当化へのかれのコミットメントに依拠しているとしよう．その場合には政治の領域から包括的教説を排除するための主たる理由は，それらの教説は極度に論争的であり，したがってそれらは，道徳的判断のための市民たちの間で自由に合意された基盤としては利用できないというものでなければならない．ところが，このことはそれ自体すくなくともつぎの含意をもつと思われる．すなわち，

もしかりにそのような［包括的教説の間の真理をめぐる］問いすべてについて，あるいはすくなくともある重要な部分について合意が達成されたとするならば，その場合には政治の領域でそうした問題への言及を排除する根拠はないであろうし，非中立的な，党派的国家へのロールズの反論も消え失せるであろう．
　この仮想的な合意についての問いを，ロールズはあからさまに取り上げたことはない．そして，かれがその問いを取り上げない理由の1つは，そもそもそれが現実のものになる見込みについての深い懐疑であるように思われる．『政治的リベラリズム』のなかで，かれは近代文化の永遠の特徴としての多元主義に絶大な強調を置いている．それが近代文化の変化しそうもない特徴であるのは，善についてのさまざまな構想をめぐって意見を異にすることが，人びとにとって理性にかなっているからにほかならない．したがって，この懐疑主義の本質と意味を評価するためには，われわれはロールズの理性にかなった不合意(reasonable disagreement)の観念が実際に何を意味するのかを詳しく検討しなければならない——これは，次章で行うのが最もよい課題である．

反完成主義と中立性

　コミュニタリアンがロールズを攻撃してきた第5のそして最後の項目は，われわれがロールズの反完成主義と呼んだものにかかわる．ロールズは当初からつぎのように論じてきた．人びとが個人的な生を生き，自分の善の構想を追求するときにしばしば導かれる理想というものがある．しかし国家は，そうした理想にもとづいて行為しようと努めるのではなくて，むしろいかなるそうした包括的な考慮をも意図的にさしひかえるべきであり，人びとが自分の個人的な選択をなしうる中立的な枠組を提供することのみに努めるべきであると．典型的にはロールズは，かれの政治理論は正を善に優先させると主張することによってこの政治的反完成主義に表現を与えてきた．リベラルな国家は，人びとがかれらの善の構想を修正し追求するためにもつ諸権利を保護するために行為しなければならない．したがってまたそれらを追求することがそうした諸権利を侵害するであろうような善の構想は，いかなるものであれ排除しなければならない．しかしこれだけではなく，憲法上の本質的事項と基本的正義が問題になっているときはいつでも，国家は善についてのある1つの構想が他の構想よりも価値があるという根拠にもとづいて行為することもさしひかえなければなら

ない．コミュニタリアンの攻撃は，この中立性への主張が幻想であると示唆することに力をつぎこんできた．そのようなリベラルな国家は，諸権利の枠組を支持し，それ以上のいかなる行為もさしひかえることによって，結果的にはほかでもないリベラルな善の構想の妥当性を前提している．ロールズが善に対する優位を正に割り当てることを正当化できるのは，人びとがいかに生きるべきかについての，他のどんな理解でもなくリベラルな理解に訴えることによってのみである．すなわち，政治の領域から諸々の善の構想を排除すること自体が，ある特定の善の構想を前提しているのである．

近年の叙述でロールズはこの争点を明示的に取り上げてきた．『政治的リベラリズム』第5講義でロールズは，正の優先性というかれの考えは，公正としての正義の理論全体のなかで，善についてのすくなくとも5つの異なった理念を利用することと両立しうるということを明らかにしている．それにもかかわらず公正としての正義が善の諸構想の間で十分に中立的であるということがここでもつ重要な意味は，それがいかなる特定の包括的な宗教的，哲学的，ないしは道徳的な教説を前提してもいないということである．公正としての正義は政治の領域にのみ当てはまるものであり，共有された公共的政治文化のなかに潜在している理念から作り上げられたものである．したがってそれは，人間の生活が全体として——政治の領域の内部のみならず外部でも——いかなるものであるべきかについてのどの特定の構想の部分も形成してはいないし，その構想が真理であることに依存してもいない．かくして，公正としての正義は，市民たちが是認するであろうし，現に是認してもいる範囲内の理性にかなった包括的諸教説の間で共通する根拠のうえに建設されているという意味で，中立的なのである．これらの主張は明らかにもっと詳しい検討を必要としている．

公正としての正義の理論のうちにある善についての5つの理念とは，以下のものである．1合理性としての善の理念，2諸々の基本善の理念，3善についての許容される包括的構想の理念，4諸々の政治的徳または美点（virtues）の理念，そして5秩序ある政治社会の善という理念．最初の2つの理念が一緒になると，ロールズが以前には善についての「希薄」理論と呼んでいたものを形成する．第1の理念は，正義に関する議論に参加するものすべてが，一定の諸価値を，たとえば人間の基本的なニーズおよび目的の充足や，諸個人が自分の生を秩序づけ組織するためのなんらかの合理的な計画の所持といった価値を承認するであろうという想定に等しい．第2の理念は，ウォルツァーによる基本

財の批判を論じた際にみたように，市民として（したがって自由かつ平等な人格として）理解された人びとが，いかなる特定の人生の計画や善についての構想をもとうとも，それに関わりなく必要とすると想定されうる資源はなんであるかについて，最低限の特定化をなすものである．これら2つの理念は，一緒にまとめられると，原初状態で行なわれる熟慮の中身を提供する．すなわちそれらは，無知のヴェールの背後で熟慮する人びとに，熟慮すべき事柄を与えるのである．

第3の，善についての許容される構想という理念は，ロールズが正に与えた優先性を裏書するだけである．ロールズのリベラルな国家が善の構想の間に区別を設けるのは明白かつ必然的なことだろう．すなわちそれは，それらを追求することが，他の市民すべてが同様に善の構想を追求する権利への尊重と両立しうるような善の構想と，それらを追求することがそうした権利を侵害するような善の構想との間の区別である——そしてその国家は後者の構想を禁止するであろう．この意味では，ロールズのリベラルな国家は可能な善の構想すべての間で中立的なわけではない——可能な善の構想すべての間で中立的であり，それでもなおリベラルと認められうる国家であることなど，ほとんど不可能であろう．しかしそれにもかかわらず，ロールズのリベラルな国家はある重要な意味で中立的である．というのも，一定の善の構想をそれが禁止することは，そのこと自体としてはいかなる特定の善の構想に由来する考慮にももとづいてはいないからである．現在のロールズならば，こうした禁止のための根拠は，なんらかの包括的な宗教的ないし道徳的な教説に由来するのではなく，純粋に政治的な教説に由来すると表現するであろう．付け加えれば，もちろん，善についての許容されうる構想であるかぎり，どの構想にも平等に発展しうる機会を保証するであろうという意味でも，ロールズ的な国家は中立的であろう．序章でみたように，たとえば許容されうる包括的構想のうちどれが支持者を確保しどれが失うかという問題について，リベラルな国家の制度が中立的な結果をもたらすことは，社会学的にいって不可能である．にもかかわらず，それらの制度がなんらかの特定の許容されうる包括的教説に有利に働くべく意図されていてはならないのである．

善についての最後の2つの理念は，ロールズの思考のある要素を表に出すのに役立つ．この要素は，かれの初期の論述にも明らかに存在してはいたが，しかし前面に出てはいなかったものである．諸々の政治的徳についてのかれの構

想は，自由で平等なものとみなされた市民たちの間の，時を越えた公正な社会的協働を維持するために欠かせないような，判断および振る舞いの形式を特徴づけるための1つの方法である．つまりそれら政治的な徳とは，デモクラティックでリベラルな国家のよき市民という理想を特定する，ひとの性格上の諸々の特性である．デモクラティックでリベラルな国家として，その国家がその市民たちがもつそれらの徳を助長し強化することは，完全にその国家のもつ権利の範囲内にある．たとえばその国家は，正統性を保ちつつ，寛容と相互の信頼という徳を奨励する仕方で（たとえば，ある種の人種的，宗教的差別を防止することによって）行為しうるのであり，それによって党派的な国家になるわけではない．なぜならば，それらの徳は包括的な宗教的，哲学的教説に属する生き方を特徴づける徳ではないからである．同様のことが，秩序ある政治社会の善というロールズの構想――この構想をわれわれは本章の前半にアジェンダの2番目の項目のもとで検討した――についても真となる．これは，正義にかなった立憲政体を（部分的には政治的徳を行使することによって）維持し，またこの政体のもとでの諸々の実務を正義にしたがってとり行うことで，市民たちが実現する善である．そのような社会では，市民たちは共通の目的をもつ――なかんずく，正義にかなった制度を支持し，お互いに正義にかなった扱い方をするという，実質的かつ価値ある目的を共通にもつ．しかしながら，そこから生じる共同体的な善は正義についての政治的構想の内部からのみ特定されるのであり，またその善を体現する政治的共同体のヴィジョンは包括的教説にもとづいてはいない．だからその善を実現すべく計画された国家の行為は，中立的にとどまるという国家の義務から逸脱することはない．

　ロールズは，古典的共和主義とシヴィック・ヒューマニズムの間に区別を設けることによってかれなりの政治的共同体主義（political communitarianism）がどこまで広がりをもつかを定義する．古典的共和主義とシヴィック・ヒューマニズムはどちらも政治的共同体の善についての構想である．けれども，前者が体現するのが，デモクラティックな自由の保存は，立憲政体を維持するのに必要な［政治的］徳を有する市民たちが，積極的に［政治に］参加することを必要とするという見解であるのに対して，後者のほうは政治参加こそが人間にとってよい生活の特権的な場であるという根拠にもとづいて政治参加を推奨する．ロールズの公正としての正義は古典的共和主義と完全に両立可能であり，また公正としての正義は諸個人が政治活動のなかに善い生活を求めることをよろこ

んで容認するであろう．しかし公正としての正義は，政治においていかなる特定の包括的な善の構想に依拠することにも反対するのとまさに同じ仕方で，シヴィック・ヒューマニズムに反対する．サンデルやマッキンタイアのようなコミュニタリアンたちが傾倒しているものがシヴィック・ヒューマニズム的な政治の構想であるとすれば，その場合には，ロールズがそうした構想を排除していると考える点ではかれらは正しい．しかしロールズはそうした構想を見過ごすことでそれを排除していると想像する点では間違っている．むしろロールズはそのような強い構想を，道徳的，政治的な多元性の文脈における市民たちの諸権利への脅威として，明示的に拒絶する．ようするに，ロールズは実質的な非社会的個人主義を提唱しており，政治的共同体への構成的愛着がもつ重要性を十分強調してはいない，というかれらの批判によって意味されているのがこの拒絶であるならば，その場合にはロールズはその告発に対してよろこんで有罪を認めるであろう．

ロールズこそコミュニタリアン？

　これまでにみてきたのは，リベラリズム一般に対する，あるいはとりわけロールズの公正としての正義の理論に対する反論であるとコミュニタリアンが考えたものを，ロールズの理論はいくつもの方法で受け入れることができるし，またいくつかの場合にはすでにあからさまに受け入れてきたということである．ロールズの人格の構想はサンデル的な構成的愛着の可能性を諸々の非政治的な文脈において認めるし，政治的正義という共通の狙いはそれ自体が個人の道徳的アイデンティティの重要な一部である．マッキンタイアとテイラーが力説した，社会的マトリックスは社会学的にも哲学的にも個人より先行するという主張は，自明のこととしてかたづけられる．むしろこの主張はロールズの理論の公共性がいかに重要であるかを説明している．共同体の諸価値は政治よりも下位にある諸々の結社において実現されうる．そして政体それ自体はけっして私的な結社ではなくて，むしろサンデルが政体に実現させたいと思うようなある共通善を，すなわち，正義にかなった制度を確立し維持するという共有された最終目的を実現するのである．政治的リベラリズムは，文化から自由な視点を求めるものではまったくない．それどころか政治的リベラリズムは，立憲デモクラシー諸国の公共的政治文化に潜在する理念を明確化しようとするものであ

り，方法論をめぐるウォルツァーの命令のかれ自身による履行にもまして，われわれの共有された［社会的］意味に忠実であるとみなされうる．いかに生きるべきかについての判断は主観的選好の恣意的な表現であるという主張を原初状態における無知のヴェールが体現していると考える点で，サンデルとマッキンタイアは間違っている．むしろ原初状態が代表するのは，いかに生きるべきかについての判断は正当化の公共的基盤を欠いており，したがって政治の諸原理のためには不適当な根拠だという見解なのである．

　アジェンダの最初の4つの争点については，こうして，ロールズが自分を十分コミュニタリアンであるとみなすだけの理由が存在する．これらの理由のいくつかはかれの理論が他と区別された意味で政治的であることに依存しているが，そうでない理由もある．第5の争点——中立性および反完成主義という争点——は，コミュニタリアン的な懸念に対するロールズの応答が，かれの理論が政治的であることに最もはっきりと依拠している場所である．［自分の理論が］中立的であるという主張をロールズがすることは正当化されないという反論，善に対する優先性をかれが正に帰していること自体が善についてのある構想を隠蔽しているという反論に対して，ロールズのとった手はつぎのものである．かれは，自分の理論で善についてのすくなくとも5つの意味が役割を果たしていることを認めるが，しかしこれらの意味は，いかなる特定の包括的な宗教的，道徳的，哲学的教説の妥当性も前提しないという特殊な意味での中立性と両立可能であるという点を力説する．それらは善についての政治的理念にすぎず，政治だけに特殊に当てはまるものであり，公共的理性だけに，それゆえ理性にかなう範囲の包括的教説を是認する市民たちだけに訴えることによって正当化されうる．政治的なものと非政治的なものとの間のこの区別を，ロールズは，包括的なリベラルな教説の諸々の側面をみずから引き合いに出さずに維持することが可能であるかどうかが，したがって決定的に重要となる．この問いを評価することに次章はあてられる．

註

1　われわれは，こうした批判と応答の双方の流れに関して，'The Social Self in Political Theory: The Communitarian Critique of Liberal Subject' でもっと長く述べている．

2　これらのデューイ記念講演——「道徳理論におけるカント的構成主義」——は，みずからの理論は他と区別された意味で政治的であるとみなすかれの現在の理解へと向かっていく，ロールズの漸進的な動きのなかで，鍵をなす移行的段階とみなされうる．これらの講演では，かれ

第2部　コミュニタリアンの批判に対するロールズの応答

がこんにちでも依拠している構成主義の方法論が重要な役割を演じており，同様に公共性と，そして正義に対する社会的合意の重要性もまた重要な役割を演じている．しかしかれはこの段階ではまだ道徳的構成主義と政治的構成主義を区別していなかった．

(谷澤正嗣訳)

第7章 政治的リベラリズム：
政治的か，それとも包括的か

　前章でわれわれは，アジェンダの第1の項目のもとで，以下の懸念に言及した．すなわち，ロールズのリベラリズムが課す類の，政治的なものの領域と非政治的なものの領域との分離は，結果として，政治についてのそのようなヴィジョンを含んでいない善の包括的構想をもつ市民の側に，いくぶん統合失調症的な態度を要求するという懸念である．もちろん，政治的なものの領域と非政治的なものの領域との分離という理念は，いくつかの包括的な道徳的教説には不可欠であり，したがってそれらの分離が行われるならば，そのような教説に執着している人びとの生に一体性と統合を付与するであろう．しかし，そうした理念を含まない包括的な教説によって形成され意味を与えられる生を営む人びとは，結果として，政治の領域ではそれらの根本的な信念を括弧に入れるように求められているのである．もちろん，このように括弧に入れることは，実質的で，まがいものではない善のために，それも個人的な善と集団的な善の両方のために課されるものだとロールズは論ずることができるし，事実，そう論じている．市民としての人格に関するリベラルの構想にしたがうことによって，本物の持続する道徳上の価値が獲得されるのであり，そしてリベラル・デモクラシー諸国の大部分の成員は，ロールズが大いに強調したそれらの善の価値を承認する見込みがある．秩序あるリベラルな政体のもつ善さは，そうした政体の内部で，各人が自分の生をどのように生きるべきかを計算するときに，その魅力が明らかになるはずである．しかしロールズ的リベラリズムは，人びとが政治的善の魅力を承認することだけを要請するわけではない．ロールズ的リベラリズムはさらにつぎのことまでも要請する．すなわち政治的な善が，包括的な道徳的，宗教的構想から引き出される他の善と衝突するときには，政治的な善が他の善に打ち勝つ——他の善にたいして切り札となる——ことを市民すべてが通常の場合に認めねばならないということ，これである．

しかしながら，われわれは，この道筋に沿ってさらに議論を進める前に，ロールズが政治的善に付与する優先性に課される，2つの重要な制限に注意しなければならない．第1に，ロールズがたえず強調するのは，政治的リベラリズムの価値が「憲法上の本質的事項と基本的正義の問題」とかれが呼ぶものに関してのみ優先性を有するように意図されていることである．これらは市民の基本的自由——市民の平等な基本的権利と諸自由，そして正義にかなった政治的手続きの維持——と，社会的経済的不平等——自由で平等な存在としての市民にふさわしい，社会的，経済的正義の背景にある諸制度——との両方に関係する．政治的論争がこれらの項目のいずれにも該当しない争点についてのものであるとき，政治的リベラリズムは，それらの争点が政治的価値のみに訴えることによって解決されるべきであると要請することはない．そしてこの種の争点からなるクラスは，小さいものではない．

> 大部分ではないにしても多くの政治的問いは，それらの根本的な事柄［憲法上の本質的事項と基本的な正義の問題］に関係しない．そうした多くの政治的問いには，たとえば，租税に関する立法の大部分や，財産を規制する多くの法律，環境を保護し汚染をコントロールするもの，国立公園を設立するもの，原生自然の地域や野生の動植物種を保護するもの，博物館や芸術のための基金の準備をするものといった，数々の制定法がある．もちろん，これらは場合によって，根本的な事柄にかかわらざるをえないこともたしかにある（*PL*, p. 214）．

ようするに，ロールズ的な政治的リベラリズムによって要求される非政治的な価値の排除は，一見してそうみえるよりも，はるかに限定された射程で行われるのである．そのうえ，これが第2の制限であるが，その射程の内側に存在する争点に関してでさえ，政治的価値にロールズが与える非政治的な価値にたいする優先性は，けっして例外のないものでも，あるいは無条件なものでもない．根本的な事柄に関して，政治的な価値は通常の場合に，あるいは典型的な場合に，それらと衝突するかもしれない非政治的な価値よりも重要であると，かれは『政治的リベラリズム』というテクスト全体を通して注意深く述べている．したがって，かれは少なくとも原理的には，憲法上の本質的事項と基本的正義の事柄に関してでさえ，非政治的な価値が政治的価値にたいして切り札とな

るような状況が存在すると承認する用意がある．

政治的なものの優先性の射程

　しかしながら，政治的なものの優先性にたいするこれら2つの制限がもつ真の意義を評価するのは，少しも簡単なことではない．政治的な価値が憲法上の本質的事項と基本的正義の事柄に関してのみ優先性をもつというロールズの宣言を考えてみよう．ロールズはそうした根本的な事柄と，その他のそれほど根本的ではない事柄との区別がどのようにしてつけられうるかについて詳細に述べていない．根本的性格についてのいかなる原理あるいは基準も与えられていない．むしろ，根本的ではない事柄の実例のリストが与えられている（そのうち2つは先に引用した）．もちろんロールズはこの欠落を自覚しているし，その欠落の重要性も自覚している．というのもロールズは続けてつぎのように述べているからである．

　　公共的理性についての完全な説明ならば，憲法上の本質的事項と基本的正義の事柄以外に関するさまざまな問いを取り上げるであろう．そして，それらの問いが憲法上の本質的事項および基本的正義の問いとどのように異なるのか，なぜ公共的理性によって課された限定がそれらの問題には適用されないことがあるのか，あるいは，公共的理性の限定がそれらの問いにたいして適用されるとしても，憲法上の本質的事項および基本的正義の問いにたいしてと同一の仕方では適用されない，もしくはそれほど厳密には適用されないのはなぜなのかについて，私がここでなしうるよりももっと詳細に説明するであろう（PL, p. 214-215）．

　与えるべきそうした完全な説明をロールズ自身がもっていないのか，それとも，それを展開するためのスペースを欠いているだけなのか，はっきりしないままである．しかし，この引用された一節がはっきりと示唆しているのは，原理にもとづいたある種の区別がたしかに存在するとロールズが確信しているということである——すなわち，小さくない範囲におよぶ政治的争点は，それらの争点について熟慮するとき，われわれが純粋に政治的な価値に限定されるのを要請するようなものではないということを，ロールズは確信している．

第2部　コミュニタリアンの批判に対するロールズの応答

　しかしながら，前章でみたように，こうした政治的価値への限定にたいして政治的リベラリズムが基本的に与えている正当化は，市民がその仲間にたいして政治権力を，すなわち自由で平等な市民たちが1つの団体として有する強制権力を，公共的に正当化不可能な仕方で行使することを，その限定が防ぐというものである．ロールズの現行の立場にとっての明らかな問題は，国家による決定が憲法上の本質的事項もしくは基本的正義の事柄にかかわるか否かにかかわらず，国家がその決定を実行するときにはいつでも，強制的権力が行使されるという点である．たとえば，税に関する立法は，税の支払いを拒否する人びとにたいして罰金や禁固刑という脅しをかけることに基礎を置いている．それゆえ，課税から引き出される歳入に関して，国家が行ういかなることも，強制的な政治権力にかかわるようにも思われる．よって，つぎのような問いが生ずるのである．なぜ，政治権力の使用にかかわるすべての政治的問いは，純粋に政治的な価値の用語で考察されるべきであるといわないのか．いったいなぜ，純粋に政治的な価値の範囲を越えることが，許されるべきなのか．ロールズ自身の議論の論理は，かれが実際に受け入れる用意があるよりももっと徹底的な限定を公共的理性に課すことにかれをコミットさせるようにみえる．
　この種の反完成主義的な議論にたいして，ロールズはむしろ『正義の理論』でのほうがもっと敏感であったことに注目するのは，興味をそそることである．

　　大学や研究所，オペラ団や演劇場といった制度は内在的な価値を有しており，それゆえそれらの制度に従事している人びとは，負担に応じた便益を［それらの制度から］受け取らない人びとにたいして少なからぬ負担を払わせてでも支援されるべきであるという根拠にもとづいて，それらの制度に助成金を与えることを，正義の2原理は容認しない（*TJ*, p. 332）．

にもかかわらず，このような助成金のための，他の2つの可能な正当化の様式をロールズが容認したのは間違いない．第1に，いったん所与の国家が公正としての正義の2原理を完全に実行したうえで，博物館やアートギャラリーのような公共財については，市場メカニズムを通じた供給の水準が市民の総計された選好の本当の実態に合致しないような場合がありうる．そうした場合には，税収にもとづいた追加の支出をそうした公共財のために行うことを，その国家の市民は正当と認める（authorize）ことができる．しかし市民がそうできるに

しても，それはそのコストをまかなう手段に関して，(ロールズが政府の「交換部門 exchange branch」と名づけている，無知のヴェールの制約を受けない代表制の公共的なフォーラムにおいて) ほとんど満場一致の合意に達したのちにでなければならない．この第1の選択肢が，基本的正義の観点からみた場合，文化という公共財を奢侈財とみなしていることは明らかである．したがって，国家の資金提供がそうした財へと向けられるべきであるのは，正義の要求が満たされたのちにおいてのみであり，しかも課税手続きの強制的性格が乗り越えられたときのみである．ロールズはその点をこう述べている．「この場合政府の強制機関は，資金提供の孤立性と確実性にかかわる諸問題を克服するためにのみ使用されるのであって，誰も自分の同意なしには課税されない」(*TJ*, p. 331)．第2の可能性は非常に異なっている．それは，文化に対する国家の助成金が，正義のための背景的条件の維持であるとみなされるのが正統でありうることを確立することだといってよい．ロールズはそれをつぎのように表現している．「これらの目的のための課税は，平等な自由を確保する社会的条件を，直接的または間接的に促進するものとしてのみ，そして適切な方法で，もっとも恵まれない人びとの長期的利益を増進させるものとしてのみ，正当化されうるのである」(*TJ*, p. 331)．

　以上の2つの戦略の第1のものは，ロールズの元来の理論が，政治における完成主義的考慮を除去しようとしていた程度を非常にはっきりと表している．アートギャラリーや博物館のような公共財を欲する人びとは，市場の不完全さを乗り越えて，自分たちにそうした財を供給すべく，交換部門におけるかれらの代表者を媒介として意見をまとめることができる．しかしかれらは，その供給にかかるコストをかれらと選好を共有しない他の人びとに課すことを正当化するために，それらの財の内在的価値に訴えることはできないのである．第2の戦略はつぎのような問いを提起する．すなわち，個々人の善い状態にとって文化が内在的に重要であるという信念を暗黙のうちに引き合いに出すことなく，アートギャラリーへのアクセスを，すべての市民の基本的利益を増進させる条件の1つとみなすことが可能であるとしたら，それはどのような考慮によってなのであろうか．この問いにわれわれは第9章で立ち返るであろう．その際われわれは，リベラルな国家が芸術のために支出を行うことにたいする，ロールズの試みに驚くほどよく似た，ドゥオーキンによる正当化を検討する．しかしながら，本章の主要な関心は，この争点がロールズの後期著作の文脈で提起す

る基本的な問いにたいして，ロールズはどのようなかたちで応答することを選んでいるかというものである．その基本的な問いとは，強制的な政治権力の行使——それがいかなるものであろうとも——を考察するにあたって純粋に政治的な価値を越えたところまで進むことは，政治的なリベラルにとって，いったいどのようにして受け入れ可能であるのかという問いである．

『政治的リベラリズム』ではロールズは，『正義の理論』とは非常に異なる，はるかに用心深いアプローチを取っている．目下の問いを，かれはみずからにたいしてつぎのように投げかける．「市民がかれらの最終的で強制的な政治権力をお互いにたいして行使することにかかわるすべての問いは，公共的理性に服する，となぜいわないのか．政治的価値の範囲を越えることが，そもそもなぜ許されうるのか」．ロールズはこう答えている．

> 私の目的は，政治的問いが最も根本的な事柄に関係する，最も強力な事例を最初に考察することである．こうした最も強力な事例において公共的理性の限界を慎んで尊重すべきでないとすれば，どんな事例でもそうする必要はないと思われる．最も強力な事例でそれらの制約が妥当であるとすれば，そこからわれわれは他の事例へ進むことができるのである．それでもやはり私は，公共的理性の価値を引き合いに出すことで政治的問いに決着がつけられるのは，通常きわめて望ましいことであると認めている．だが，いつでもそのようにして決着がつけられるとは限らないのである (*PL*, p. 215)．

少しどころではなく曖昧な物言いではあるが，ロールズは，非政治的な価値を引き合いに出して考察することが正統でありうるような政治的問いの範囲を，可能なかぎり縮小しようとする傾向にあるように思われる．それゆえに，政治的価値に与えられる優先性に課せられた，この第1の，射程に関する制限は，ときに考えられているほど限定的なものでも，あるいは不変なものでもないかもしれない．

政治的なものの優先性を正当化する

そうであるとするならば，第2の制限についてはどうなのか．政治的な価値

第7章　政治的リベラリズム——政治的か，それとも包括的か

が通常の場合に，非政治的な価値にたいして切り札となるというロールズの主張をどのように理解すべきであるのか．いったいなにが，政治的なものの優先性が妥当でなくなる異常な事例，あるいは非典型的な事例としてみなされるべきであるのか．一般的な規則の例外を正当化すると考えられるものがなんであるかは，一般的な規則それ自体を正当化するものに依拠しているのであるから，この問いにたいするロールズの答えに最もうまくアプローチできるのは，政治的価値は通常の場合に，政治的価値と衝突しそうなそれ以外のどのような価値よりも重要でありうるという主張を，ロールズがどのようにして正当化するかを調べることによってである．

　重合的コンセンサスの理念についての講義のなかで，ロールズは実際に，政治的価値の優先性を擁護する2つの議論を展開している．われわれはこれらの議論を，順次，やや詳細に検討してゆく．したがって，ここからのいくぶん複雑な議論が全体としてどのようなかたちをとるかをまえもって要約しておくことが，読者が議論についてゆく助けとなるであろう．ロールズの第1の議論は，公正な社会的協働という非常に大きな価値を主題とする．しかしこの議論は，公正な社会的協働の価値をおそらくは認めているにもかかわらず，事例によっては，その価値がなんらかの非政治的価値によって覆されることがあると判断する人びとに直面するならば，困難に陥ることになる．かれの第2の議論は，包括的な教説をめぐって生じる理性にかなった不合意（reasonable disagreement）の限界と永続性を確立することを主題とする．しかしながら，「理性にかなった」とはどういうことに関するロールズの構想の正確な内容は，つぎのことを示唆している．すなわち，表面上は第1の議論から分離されているこの第2の議論の道筋は，最終的には，第1の議論の再述に等しいということであり，そのためロールズは循環論法に陥っているという非難に晒されるということである．そのうえ，本章の最後の節で論証しようと試みるように，「理性にかなった」という構想をロールズが強調することで，かれの正義の理論の構造が有する他の側面が不安定になるおそれもある．

公正な社会的協働の価値

　ロールズが提出する第1の議論は，つぎのようなものである．

　　立憲的体制を可能にする政治的協働に備わっているさまざまな徳または美

点（virtues）は，……非常に大きなものである．私がいおうとしているのは，たとえば，寛容の徳，他人に歩み寄る用意があるという徳，理性にかなっているという徳，そして公正さの感覚である．これらの徳が社会に広くゆきわたり，その社会のもつ正義の政治的構想を支えるとき，それらの徳は非常に大きな1つの公共善，社会の政治的資本の一部分を構成しているのである．したがって，正義の政治的構想ならびにそれを支える徳と衝突する価値は，通常の場合，そうした政治的価値によって覆されるであろう．なぜなら，そうした諸価値は，相互の尊重を足場として，公正な社会的協働を可能にするまさにその条件と衝突するからである（PL, p. 157）．

ここでロールズは，結果としてつぎのことを主張している．政治的価値はそれが衝突するかもしれない非政治的価値にたいして切り札となるべきである．なぜなら非政治的価値に優先性を割り当てるとすれば，分裂を生む争点を政治のアジェンダに送り返すことによって，政治的協働のもつ徳に反する作用をもたらすであろうし，ゆえに公正な社会的協働を不可能にしてしまうであろうからである．

この議論を背景にして理解すれば，政治的価値の優先性とは「通常の場合に」あるいは「典型的な場合に」のみ認められるようなものであるというロールズの主張は，「ある特定の，現に存在する非政治的な善を促進することに，相互の尊重を足場とした公正な社会的協働の価値をしのぐのに十分なほど大きな価値がある場合を除いて」，政治的価値の優先性が認められるということを意味する以外にない．しかしそうだとすれば，たとえある政治的見解あるいは政治的教説が，憲法上の本質的事項あるいは基本的正義にかかわる事柄に関して，政治的価値は通常の場合には非政治的価値にたいして切り札となることを受け入れるとしても，その政治的見解あるいは政治的教説が政治的リベラリズムと衝突することはありうると思われる．というのも，結局のところ，明らかに理性にかなった人びと，すなわち政治的価値が通常の場合には包括的な考慮にたいして切り札となるのに十分なだけ大きな価値であることを受け入れる人びととが，それにもかかわらず，この特定の争点においては包括的な考慮は政治的価値に打ち勝つのに十分なほど重要であると結論づけるような争点が，根本的な政治的問題にかかわっていることは比較的容易に考えられるからである．人工妊娠中絶あるいはポルノグラフィを国家が禁止することは（おそらく同様に，

第7章 政治的リベラリズム――政治的か，それとも包括的か

異性間結婚を国家が是認すること，あるいはサディズム・マゾヒズム的性行為を国家が禁止することも)，市民の基本的諸自由に影響を及ぼすのは間違いないと思われる．しかもそうした禁止や是認が，善についての包括的な道徳的，宗教的構想の諸要素を参照することによって正当化されるのもありそうなことである．しかしながら，かりにそうした是認や禁止を支持する人びとが，これら特定の事例では，ある非政治的価値を実現することから自然に生ずるであろう便益が，公正な社会的協働の価値という観点からのコストよりも重要であると主張することでそれらを擁護したとしよう（かれらの多くが現実にそうしているようにみえるのであるが）．そのときロールズにはかれらの正当化の一般的なかたちにたいして異議を唱えることはできない．実際，かれらは政治的徳の価値が非政治的価値よりも，一般にあるいは通常の場合に，重要であることは受け入れているであろう．そしてかれらの政策提言は，一般的には政治的なものにたいして優先性を帰するという範囲の内で認められた例外，すなわちロールズが「通常の」という語を強調することで明示的に許容している種類の例外に相当することになるであろう．しかし，このような事例を例外とみなすことを認めるならば，ロールズの正義論からその実質を奪い去るという結果をもたらすであろう．結局のところ，もし国家が，非政治的な根拠にもとづいてある出版物を禁じるとすれば，あるいは非政治的な根拠にもとづいて人工妊娠中絶にたいする公共的な資金提供を撤回するとすれば，その国家の政体はいかなる意味においてその市民の自由や平等を維持しているというのであろうか．リベラルな政体は，それを他の政体から区別する特殊リベラル的なアイデンティティを失うことなく，どれくらいの数のそうした例外を設けることができるのであろうか．

驚くべきことではないが，実のところロールズは，われわれが言及したばかりの種類の争点を，政治的なものに優先性を帰するという一般的規則の正統な例外とみなす用意がないことを，『政治的リベラリズム』のテクストにおいてはっきりと示しているのである．たとえば，人工妊娠中絶についてロールズはこういっている．

> われわれが3つの重要な政治的価値の観点から人工妊娠中絶の問題を考察すると想定しよう……．その3つの政治的価値とは，人間の生命にたいする適切な尊重を払うこと，政治社会（なんらかの形態の家族を含む）が時を超えて秩序ある仕方で再生産されること，そして最後に，平等な市民として，

女性を平等に扱うことである……．さて，これらの3つの価値の間でなんらかの理性にかなったバランスが成立したとき，そのバランスは，妊娠して最初の3ヶ月の間に中絶するか否かを決定する，適切に条件づけられた権利を女性に与えるであろうと私は考える……．妊娠のこうした初期の段階では，女性の平等という政治的価値が最優先であり，その政治的価値に実質と力を与えるためには，こうした権利が必要だからである……．いかなる包括的教説も，妊娠して最初の3ヶ月における適切に条件づけられたこの権利を排除するような政治的価値の間のバランスへと通じているのであれば，そのかぎりにおいては理性にかなっていない（unreasonable）．しかも，中絶に関してそれが定めることの詳細によっては，その包括的教説は残酷で，抑圧的ですらありうる．たとえば，その教説がレイプや近親姦の場合を除いて，中絶の権利をいっさい否定する場合がそうである（PL, pp. 243-244, n. 32）．

この特定の争点に関してわれわれがロールズの立場をどれほど共感しうるものとみなすかどうかは別にして，かれの語調が示唆するところでは，ロールズは，一般的に政治的価値に優先性を帰することに関して，ほとんど例外を考えていないようである．寛容の徳，理性にかなっていることの徳，そして公正さの徳に一般的にはコミットするが，いかなる段階にあろうとも人工妊娠中絶を人間の生命の破壊とみなす人がつぎのような疑いを抱くのもやむをえないかもしれない．もしも人工妊娠中絶というこの争点がそれらの徳へのコミットメントにたいする受け入れ可能な例外とみなされないのであれば，いったいどんな争点がそうした例外とみなされうるのか．

明らかなことであろうが，非政治的価値を通常の場合に，それどころか頻繁に，政治的価値よりも重要なものとみなすならば，いかなる政体も，寛容や公正さの感覚のような徳の実践が広くゆきわたることを確立したり維持したりはできないであろう．というのも，みずからの善の構想を追求する自由が，他の善の構想を追求する者によって体系的にしかも常態的に妨げられているとすれば，妨げられている市民には，寛容に行為し続ける理由がないであろうし，それゆえに，相互の尊重を足場とした公正な社会的協働のための重要な条件の1つが崩壊するであろうからである．したがって，自分たちの包括的教説から生ずる非政治的価値に通常の場合，優先性が与えられるべきだと考えがちである

第7章 政治的リベラリズム——政治的か，それとも包括的か

ような人びとにたいして，相互の尊重にもとづいた公正な社会的協働の重要性と価値を強調することから，ロールズはいくらかの説得力を手に入れることはできる．しかしながらこの指摘は，政治的徳の一般的価値を受け入れるが，政治的徳の優先性にたいするなんらかの特定の例外が，それが課すことになるどのような政治的コストをも上回るだけの，対抗する非政治的な便益を伴うと信ずる人びとにたいしては，ほとんど説得力をもたない．

　そのうえ，その議論が前提としているのは，それが向けられている人びとが，政治的リベラリズムの内部で理解されるようなものとしての尊敬をもって，かれらの仲間の市民を扱うことにコミットしているということである．リベラルな社会の内部で，善についてのリベラルでない包括的構想を追求する人には，かのじょの包括的な信念を生き抜くことを許容する相互的な寛容の構造を支持する理由がある．しかしそうした人であるならば，リベラルな社会が消滅し，その社会に代わってその人のそれほど寛容ではない構想にもとづいた社会が創設されるのを，みずからにとってばかりでなく，仲間の市民すべてにとっても（誤った包括的教説からかれらが目を背けるのを手助けすることによって）便益をもたらすできごとだと考えることができたとしても，まったく矛盾はないのである．このような人の観点からすれば——その観点をわれわれはラズについての第10章でより詳細に考察するであろうが——，他者が真に能力を開花させるための必要条件を無視することによってかれらを「尊重する」のは，おそらく奇妙にみえるであろう．政治についてのリベラルな理解が，価値ある生のなかで一定の役割を果たすとしても，秩序あるリベラルな社会の存在は，そのような価値ある生を追求するための条件の1つにすぎない．政治についてのリベラルな理解を欠いた包括的教説をもった人びとにとっては，秩序あるリベラルな社会はかれら自身のみならず，他の人びととの能力の開花にたいしても障害だと思われることすらあるだろう．そしてそうした場合には，政治的価値の優先性を体系的に廃止することが秩序あるリベラルな社会を掘り崩すであろうと指摘しても，その指摘が，政治的価値の優先性を廃止する政策に味方するいっそうの理由になることが実際にありうるかもしれないのである．

　ようするに，ロールズの議論のこの第1の道筋は，政治的なものの優先性を限定的に廃止することから生じる非政治的な便益——ロールズはこうした便益が生じることに同意しないかもしれないが——にたいして，ある程度の意義を認めるような包括的信念をもつ反対者にたいしては，成功をおさめないであろ

う．ましてやそれは，善についての根本的にリベラルでない包括的構想を受け入れていることにもとづく理由から，政治的領域についてのロールズのヴィジョン全体をまったく拒絶する人びとには，ほとんど説得力をもたないであろう．では，ロールズの第2の議論の道筋はどうであろうか．

理性にかなった多元性と判断の重荷

　正義の政治的構想が，それらと衝突しそうな他のいかなる価値よりも通常の場合に重要であるような価値を表現することは，いかにして可能であるのか．この問いにたいしてロールズが提出する第2の解答は，つぎのようなものである．すなわち，そうした政治的価値と，

> 他の価値との間の苛酷な衝突は，大いに縮小される．これは，重合的コンセンサスがその政治的構想を支持するときには，その構想は基本的な宗教的，哲学的，道徳的諸価値と両立不可能なものとはみなされないからである．われわれは，政治的正義の主張があれこれの包括的見解の主張に反すると考える必要はない．また，政治的価値が他の価値よりも内在的に重要であり，それゆえに政治的価値は優先されるという必要もない．そのようにいわざるをえないことこそ，まさにわれわれが避けたいと望んでいることであり，重合的コンセンサスを達成することによって，それを避けることができるのである（*PL*, p. 157）．

　第1の応答では，政治的価値と非政治的価値との衝突が予見され，そのうえで政治的価値が通常の場合に非政治的価値に打ち勝つのに十分なほど大きいと論じられた．この第2の応答では，それとは異なり，一見したところそれと矛盾する動きをとって，つぎのように論じられる．すなわち，重合的コンセンサスが得られるとき，そうした衝突は縮小され，政治的価値がもつ本質的により大きな重要性に訴える必要はなくなる．

　この応答はいくつかの点で問題をはらんでいるように思われる．第1にそれは，政治的価値は「通常の場合に」非政治的価値にたいして切り札となると主張する際にロールズがなにを意味しているのかという問いにたいして，少なからず当惑させる答えを暗示している．というのも，政治的価値が切り札になるということのためにかれがこの第2の応答で提出する正当化は，重合的コンセ

第 7 章 政治的リベラリズム——政治的か,それとも包括的か

ンサスが手に入るという仮定においてのみ,有効だからである.第 2 の応答は,重合的コンセンサスが存在しないときにはその正当化が失敗し,したがってその応答が支持する一般的規則にたいして例外が作られうることを含意する.いいかえるとその応答はつぎのような示唆をもつ.政治的価値は通常の場合にはそれと競合する価値にたいして切り札となる,とロールズがいうとき,かれが意味しているのは,〈政治的価値が切り札となるのは重合的コンセンサスが認められるときだけである〉,ということになる.しかしこれは,採用すべき魅力ある立場ではない.その立場は結果としてつぎのような意味をもつことになるからだ.すなわち,その見解のなかでは政治的価値が切り札としての役割を果たすような,政治についてのリベラルな見解というものがあるとしても,その見解が[実際の社会に]適用可能であるための条件の 1 つは,ほかでもないその見解について,あらかじめ存在する社会的合意があることだということになってしまうからだ.

　もっと一般的な水準でいうと,ロールズの「通常の場合という条件」をめぐるこの当惑すべき事態によって,つぎのことが示唆されている.かれの第 2 の応答は,それが答えると想定されている問いを,むしろ避けているように思われるということである.包括的教説が政治的リベラリズムを肯定するときに,衝突はほとんどあるいはまったく存在しないというのはもっともである.というのもその場合,包括的教説自体が政治にたいするリベラルなアプローチを含んでいるからである.したがって,われわれにとって知る必要があるのは,なぜ包括的教説は政治的リベラリズムを肯定するのか,あるいはすべきであるのかということである.その肝心な問いにたいして第 2 の応答がどう答えるかを理解するには,つぎのことを知る必要がある.それは,ロールズの考える政治的価値と,かれの考える社会の成員たちによって信奉されている包括的教説との間で「十分に包摂的で調和的な適合(inclusive concordant fit)を明るみにだす」(*PL*, p. 158)ことができるとかれが想定する,その根拠である.その根拠は,理性にかなった多元性の事実と,判断の重荷についてのロールズの説明にみいだされうる.

　第 5 章でみたように,ロールズが考えているのは,現代の社会では理性にかなった包括的な宗教的,哲学的,道徳的教説の多様性が現にみいだされるということと,この多様性は間もなく廃れるであろうたんなる歴史的条件ではなくて,デモクラシーの公共的文化がもつ永続的な特徴であるということ,この両

方である．むしろその多様性は，判断の重荷の結果なのである．──判断の重荷とは，関連する当事者すべてが十分に理性的であることと両立可能であるような，不合意の源泉である．したがって，不合意が理性にかなっているという主張からロールズが引き出す含意は，つぎのとおりである．

　　多くの教説が理性にかなっているとみなされるべきである以上，根本的な問いが賭けられている場合に自分たちが真であって他者は真でないとみなすことを執拗に主張する人びとは，他者からすれば，自分たちの信念を強要するための政治権力を有するときには，無条件でそうする人にみえる．もちろん，自分たちの信念をそのように執拗に主張する人びとは，かれらの信念のみが真であるとも主張する．かれらが自分たちの信念を強要するのは，かれらによれば，それらの信念が真だからであり，自分たちの信念だからではないのである．しかしこんな主張は誰にでもできる主張である．同時にそれは，市民一般にたいしてうまく主張しとおすことは誰にもできないような主張である．したがってわれわれが他者にそうした主張をするならば，他者のほうでは，かれら自身が理性にかなっている（reasonable）とすれば，われわれのほうが理性にかなっていない（unreasonable）のだとみなさざるをえない．そしてこの場合，われわれは実際に理性にかなってはいない．われわれが望んでいるのは，われわれ以外の人びとが，理性にかなっていないわけではない（not unreasonable）見解を支持するのを妨害するために国家権力を，すなわち平等な市民の集合的権力を利用することだからである．

　　結論しよう．理性にかなった人びとは，他者にたいしてなにを理性にかなった仕方で正当化できるかに，判断の重荷が限界を課すということを理解する．したがって理性にかなった人びとは，なんらかの形式の良心の自由および思想の自由を是認するのである．もしわれわれが政治権力を所有しているとしても，あるいはそれを他者と共有しているとしても，理性にかなっていないわけではない包括的見解を押さえつけるためにその政治権力を利用することは，理性にかなってはいない（*PL*, p. 61）．

ゆえにロールズは，かれの考える社会では主要な競合する包括的教説の信奉者たちは政治的なものの限界を尊重するだろうと考えている．すなわちロールズ

第7章 政治的リベラリズム——政治的か,それとも包括的か

は,自分は［政治的なものの限界を尊重するように］改宗した人びと（the converted）と会話をしているのだと信じている．その理由は，ロールズはかれらに敬意を表して，かれら（とその教説）は理性にかなっていると想定している点にある．それではロールズが，改宗していない人びとにいわねばならないことはなにか．政治的リベラリズムにたいして，いかなる外在的な批判者がまだ残っているにせよ，かれらにたいするロールズの応答はなにか．それは，自分たちは理性にかなっていないのだということを思い出させることだけである．そのような批判者が,かのじょの包括的教説の要素を活用することで，政治的なものがもつ通常の場合における優先性を局所的に拒絶することを正当化するか，それとも全面的に拒絶することを正当化するかは，問題ではない．いずれにせよロールズが指摘するのは，かのじょの教説に合意しない人びとが同じように包括的教説の要素を用いたとしても，理性にかなっているだろうということである．その結果，合意しない人びとにかのじょの教説を押しつけることは，理性にかなっていないことになるとロールズは主張する．このような応答は，政治的なものの限界を尊重しようとするロールズの願いを満足させるように思われる．というのも，リベラルでない立場を理性にかなっていないものとして反駁しようとすることによって，ロールズは必ずしも，そのリベラルでない立場が基礎を置く包括的教説を，誤りとして拒絶しているわけではないし，そしてロールズ本人がなんらかの包括的教説の一部を引き合いに出しているようにも思われないからである．ロールズはただ，論争の余地のない事実を引き合いに出しているにすぎないようにみえるのである．

しかしながら，推論のこの道筋に数々の困難があるのは間違いないと思われる．第1に，この推論はその目的を達成するにはあまりに強すぎて逆効果であると論ずることができる．結局，判断の重荷が根本的な道徳的，政治的事柄に関する人間理性のあらゆる行使に適用されるとすれば，それらは包括的教説についての判断と，純粋に政治的な教説についての判断の双方に適用されねばならない．ゆえに，仲間の市民たちに，かれらが理性にかなった仕方で合意を拒むかもしれない包括的教説を強要されるのを受け入れるよう期待することは理性にかなっていない．しかしそれならば，いったいなぜ，政治的リベラリズムに合意しない人びとにそれを押しつけることは，同じく理性にかなっていないということにならないのか．もちろん，政治的リベラリズムにたいする不合意のいくつかは，自己利益や論理的誤謬に基礎を置いているかもしれない．しか

しなぜ，それらの不合意すべてがそうであると仮定すべきなのか．そもそもロールズは，政治的リベラリズムによって設けられた制約を満たす正義の理論は複数存在するであろうということを明示的に認めているし，かれの提議する公正としての正義の理論にたいして，人びとが理性にかなった仕方で意見を異にするかもしれないことを受け入れている．もっぱらこの譲歩だけでも，ロールズ自身の純粋に政治的な正義の理論であれ，他のいかなる純粋に政治的な正義の理論であれ，それをある政治的共同体にたいして強要することは理性にかなっていないことになるように思われるのである．これと対照的に，いかなる受け入れ可能な正義の理論も，政治的リベラリズムの顕著な特徴である純粋に政治的な価値への限定を尊重せねばならないというロールズの判断に関しては，人びとが理性にかなった仕方でその判断に合意しないかもしれないことを受け入れる用意がロールズにないことは明白である．けれども，そうした限定にたいする反論すべてが推論の誤謬あるいは失敗に基礎を置いているに違いないかどうかは，少しも明らかではない．そうした想定をなすためになんらかのさらなる根拠が存在していないとすれば，ロールズがみずからの公正としての正義の理論に基礎を置く政治的共同体を構築することも，受け入れ可能な理論のクラスを政治的リベラリズムによって容認される理論だけに限定することも，理性にかなっていないことになるであろう．その理由は，いずれの場合も判断の重荷にある．

　政治的リベラリズムのロールズによる擁護は，その目的を達成するにはあまりに弱すぎると論ずることもまた可能である．すなわち，ロールズは判断の重荷を実際よりも重い負担として考えていると論ずることもできる．たとえば，理性にかなった多元性は「自由な人間理性の不可避的な結果」（*PL*, p. 37: 強調は引用者による）であるとロールズがいうとき，まるで包括的教説に関する理性にかなった不合意が保証されているとかれは考えているかのように聞こえる．まるで包括的教説に関する理性にもとづいた (reasoned) 合意を確立するという目標は，必然的にキメラ的であるかのようである．しかし判断の重荷を構成するにいたるものとしてロールズが挙げる論点は，この結論を容認しない．それらの論点が実際に示しているのは，善の構想についての不合意は理性にかなったものでありうる（そしておそらくしばしば理性にかなっているだろう）ということである．しかしこれは，そうした不合意がけっして克服されえないであろうということ，そうした事柄についての理性にかなった合意のようなものがけっし

てありえないであろうということを示すのと等価ではない．不合意が予期されうると述べることは，それが不可避であると述べることではないのである．この論点を最大限に抽象化すれば，理性にかなった不合意が可能であるところでは，理性にかなった合意もまた可能である，ということになる．

　この論点はつぎのことを示唆する．すなわち包括的な事柄に関する合意についてのロールズの擬似懐疑主義（quasi-scepticism）は，包括的教説に関して，あるいはそうした教説の諸要素に関して，理性にかなった合意を確立することは本質的には不可能であるという反駁不可能な論証にもとづいているというよりも，実際にはむしろ，多元性の事実は永続的であるという経験的な信念にもとづいている．しかし，そうだとすれば，この懐疑的結論はロールズが考えているようなほど不可避的なものかどうかを，かれの批判者たちが問題にする余地が存在することになる．たとえば，1つの全体としてとらえられた，単一の包括的教説——例として，ある特定の宗教的教説——の真理性について，社会全体におよぶ合理的な合意がたえず存在するであろうと主張することは，信じがたいであろう．判断の重荷についてのいかなる論点も，考えうるあらゆる状況においてその合意の可能性を排除することを許すわけではないが，そうした合意が起こりうる事態は，20世紀後半における西洋のデモクラシー諸国の歴史と現実状況を考慮すれば，ほとんどありそうもない．しかし，合理的な社会的合意が包括的教説のいくつかの要素に関して確立されうるかもしれないと想像することは，はるかに信じやすいことである．たとえばわれわれは，つぎのような社会を容易に想像できる．その社会は，秩序あるリベラルな政体の善さを認めているのだが，ポルノグラフィが本質的に不道徳であることに関しては，合理的であるがしかし包括的でもあるさまざまな考慮にもとづいて合意するに至り，そしてそのような不道徳な実践に人びとが耽ることを思いとどまらせるために，この特定の点に関してはその社会の市民の自律を犠牲にすることを決議するような社会である．こうした状況においても，判断の重荷は，任意の理性にかなった人格がその決定に合意しないかもしれないということだけは論証するであろう．けれども，もし市民の大多数が事実としてその決定に異を唱えないのならば，いったいなぜ市民たちは，現実のものとなっている，一般的で理性にかなった合意よりも，実現されてもいない異議（dissent）の可能性のほうにより大きな重要性を置くべきであるのだろうか．

　しかしながら，これら2つの批判の道筋は両方とも，ロールズの「理性にか

なっていること」についての構想の誤解にもとづいている，とロールズならばみなすであろうと考える根拠が存在する．判断の重荷という議論があまりに強すぎるという示唆は，かれのいう政治的価値のきわめて大きな値打ちをめぐって理性にかなった不合意が可能であることを想定している．そしてその議論があまりに弱すぎるという示唆は，そうした政治的価値がもつ通常の場合の優先性を侵すような，理性にかなった社会的合意が存在しうることを想定している．『政治的リベラリズム』で提示される理論の，もっと他の要素が含意するのは，これら2つの想定はいずれも「理性にかなっている」という用語の誤用を伴っているということである．ロールズの立場からすると，政治的価値がもつ通常の場合の優先性を拒否する市民は，誰であれ，そうすることによって理性にかなっていない仕方で (unreasonably) 行動していることになる．そして，非政治的価値との潜在的な衝突が生ずる場合に政治的価値のほうに優先性を認めない包括的教説は，どんな教説であれそうすることによって理性にかなっていない教説となるのである．

　ロールズが理性にかなっていることについてのかれの構想を導入するとき，その構想が人格の徳として2つの基本的な側面をもっているという点をかれはとくに詳述する．いうまでもなく，その第2の側面は，判断の重荷を承認し，その帰結を受け入れるのをいとわないことである．しかし第1の側面は，判断の重荷という考えが導入される以前に明らかにされている．しかもそれは，判断の重荷の意義を解釈するときの背景を与えている．われわれはこの背景の見地からその意義を解釈する必要がある．

　　人格はつぎのような場合にある基本的な側面で理性にかなっている．それはかれらが，たとえば平等な諸人格どうしの間で，協働の公正な条件としての原理や基準を提案し，他の人格も同じようにすることが確実であるかぎり，そうした原理や基準にすすんでしたがう場合である．……理性にかなっているということは，公正な協働システムとしての社会の理念がもつ一要素である．理性にかなった人格は，……自由かつ平等な存在としてのかれらが，全員が受け入れることのできる条件にもとづいて他の人格と協働しうるような社会的世界を，それ自体として欲するのである (*PL*, pp. 49-50)．

この引用箇所が明らかにしているのは,「理性にかなっている」という言葉のロールズの理解によるならば,政治的リベラリズムの還元不可能な核である人格と社会の構想を受け入れないかぎり,いかなるひとも理性にかなっているとはいえない,という点である.この引用よりもあとの箇所では,ロールズ自身つぎのように述べている.

> ここで,理性にかなっていることは認識論的な理念ではない(それは認識論的諸要素をもってはいるけれども)ということをしっかり理解していただきたい.むしろそれは,公共的理性の理念を含んだ,デモクラシー社会のシティズンシップ (democratic citizenship) という政治的理想の一部である.この理想の内容は,自由で平等な市民が,かれらの理性にかなった包括的見解に関して,互いに要求しうるのはなんであるかということを含んでいる (*PL*, p. 62).

いいかえれば,「理性にかなっている」という観念が一連の認識論的制約を線引きしており,ロールズが概説しているやり方で誰もがその制約を尊重しなければならず,さもなければ非合理的である,あるいは論争の余地のない事実を無視していると非難されることになる,というわけではないのである.むしろその観念は,一連の道徳的制約を特定することに寄与している.それらの道徳的制約は,相互の尊重に基礎を置く社会的協働の公正なシステムに参加することで課される義務や責務をしっかり果たすとはいかなることであるかを部分的に規定するのである.

したがって,ロールズの見方からすれば,かれの「判断の重荷」の議論についての,われわれが示した批判の2つの道筋は間違っている.なぜなら,それらの批判の道筋は,理性にかなった制約が,その本性上,決定的な点で道徳的であるというよりはむしろ純粋に認識論的であると仮定しているからである.たしかに判断の重荷は純粋に認識論的現象でもある.しかし判断の重荷が理性にかなっていることについてのロールズの説明全体を伝えるのは,一定の道徳的想定に接合されたときだけである.そうした道徳的想定から独自に取り上げられるとすれば,政治的価値をめぐっては理性にかなった不合意はありえないというかれの第1の見解と,包括的教説(の諸要素)に関しては理性にかなった合意はありえないというかれの第2の見解は,理解不可能なものにとどまる

であろう．しかしながら，あるひとが社会を自由で平等な市民の間での公正な協働システムと考えるということが，そのひとが理性にかなっているということの意味するものの一部であると理解すれば［社会についての見解］，この想定からただちに，非政治的価値にたいして政治的価値がもつ一般的な優先性を侵すことは，（道徳的に）理性にかなっていない，ということ［政治的なものの限界についての見解］が帰結する．というのも，その社会についての見解とその政治的なものの限界についての見解は，両方とも，政治的リベラリズムという自立した教説の2つの側面にすぎないからである．

「理性にかなっていること」のロールズによる説明の道徳的側面を認めることは，判断の重荷という議論にたいする，先に展開したかたちの2つの批判は不可能だということを意味している．しかしながら道徳的側面を認めることで，それらとは別の，根本的な批判にたいしてロールズはさらされることになる．というのは，みてきたように，ロールズが政治的価値に付与する優先性と，公正な社会的協働システムを維持することにかれが帰する重要性との双方を拒絶する人びとにたいして，その政治的な価値の優先性を擁護する議論のために独自の道筋を形成するには，「理性にかなっていない」という告発が必要とされた．しかしいまとなっては，社会がまさにそうした公正な協働システムとして考えられるならば，判断の重荷を承認することは，政治的なものの優先性を正しい仕方で尊重することに帰着するしかないと思われる．ようするに，表面上分離された判断の重荷の議論は，政治的徳にはきわめて大きな価値があるというロールズのさきの主張にたいして，いかなる独立した重みも付加していないのである．そして，その議論を政治的徳という観点から展開するか，理性にかなっていることの限界という観点から展開するかにかかわらず，その議論は完全に循環している．「理性にかなっていること」を社会についての政治的リベラルのヴィジョンへのコミットメントを含むものと定義することによって，ロールズはそのヴィジョンを疑問視する，あるいは拒絶するいかなる人をも「理性にかなっていない」と定義する．しかしかれは，この道徳的に動機づけられた，論点を先取りしている定義を受け入れるための，いかなる独立した理由も提出していないのである．

それどころか，事態はこれよりもさらに悪いかもしれない．というのは，ここでわれわれが興味を抱いている争点——ロールズの定義したような政治的領域の限界を拒絶する人にたいしてかれがどのように応答するであろうかという

争点——を直接に扱う唯一の箇所でかれは,「正義の政治的構想を肯定する際にわれわれは,われわれ自身の包括的な宗教的または哲学的教説のすくなくとも一定の側面を断言せざるをえなくなってしまう場合があるかもしれない」(PL, p. 152) と認めているからである．かれが議論している事例は,ある宗教の信者のそれである．その信者は,一民族全体の宗教的救済はかのじょの理解するところの神の意志にその民族がしたがうことにかかっているという包括的教説を信じている．この包括的教説が真理であることは,市民の間の争い (civil strife) を正当化するほどに根本的なものであるとかのじょがいい張るとしよう．ロールズはつぎのように述べている．

> この点にいたっては,われわれはこの主張を否定するか,あるいはその否定を暗に示すことでわれわれが避けようと望んでいた類のことを主張する以外には,選択肢はないかもしれない.
> 　この事例を考察するために,ここに述べられた信念は理性にたいして開かれており,理性によって完全に確立されうると強く主張する合理主義的な信者 (rationalist believers) を想像してみよう (この見解はありふれたものでないかもしれないが).この事例では信者たちは,「理性にかなった多元性の事実」とわれわれが呼んできたものを完全に否定する．ゆえにその合理的な信者たちについて,かれらはその事実を否定する点で誤っているとわれわれはいう．けれども,かれらの宗教的信念が真でないという必要はない．なぜなら,宗教的信念が理性によって公共的にかつ完全に確立されうるのを否定するのは,それらの信念が真でないと述べることではないからである．もちろん,この事例の信者たちが断言する教説をわれわれは信じないし,信じていないということはわれわれの行動において示される．たとえば,平等な良心の自由を支持する,なんらかのかたちでの自由な宗教的信仰という教説 (the doctrine of free religious faith) をわれわれが主張しないとしよう．その場合でさえも,救済への関心は良心の自由と両立不可能なものはなにも要請しないとわれわれが信じていることを,われわれの行動が暗示する．しかしそれでもやはり,コンセンサスという政治的目的のために必要あるいは有用であると考えられる以上には,われわれ自身の包括的教説を提唱することをわれわれはさしひかえる (PL, pp. 152-153).

ロールズは，理性にかなった多元性の事実についてのかれの主張が，かれ自身の（少なくとも部分的には）包括的な宗教的ないし哲学的教説の一定の側面を主張することと等価であるとみなしている．これはなぜだろうか[1]．そもそも，理性にかなった多元性の事実を導入する理由は，そのような主張をいっさい避けたいからであると想定されていた——ここで引用した一節でのロールズの表現によれば，問題になっている宗教的教説が公共的に正当化されえないと述べることは，その教説の真理性に関して判断を下すことではない．［それなのになぜロールズは自分の包括的教説を主張せざるをえないと考えるのか.］この問いにたいする答えは，こうである．問題になっているその宗教的教説を信じるひとは誰でも，理性にかなった多元性の事実にたいしてロールズが付与するのと同じだけの重要性を付与することはないであろう．それゆえ，その教説にたいする，純粋に政治的であるかにみえたロールズの異議申立ては，暗黙のうちにその教説の真理を否定し，したがってかれが自分の包括的見解の一要素を提唱することに等しくなるのである．こうして，ロールズ自身の分析が，理性にかなった多元性の意義は，われわれの包括的なコミットメントから独立しては規定されえないということを示唆してしまう．その分析が暗に示しているのは，ロールズが公共的理性に課す制約に異議を唱えるような包括的教説にたいして，判断の重荷がいわば梃子の支点になってそうした包括的教説をひっくり返すのだとしても，その支点は価値自由なものでもなく，それどころか純粋に政治的なものでもないということである．ようするに，判断の重荷と，不合意が理性にかなっているということから出発する議論は，ロールズの政治的リベラリズムを純粋に政治的に擁護するために自分で課した限界づけを，首尾よく尊重してはいない．かれはかれ自身の（部分的に）包括的な教説のいくつかの側面を引き合いに出さざるをえないのである．

もちろんロールズがここで考察している特定の事例は，合理主義的な信者の事例である．——かのじょは，みずからの信念が理性によって完全に確立されうると強く主張するひとであり，それゆえに理性にかなった多元性の事実をきっぱりと否定する．しかしこの事例でロールズが認めるのと同一の問題が，つぎのような場合になぜ生じないのかは理解しがたい．すなわち，理性にかなった多元性の事実を受け入れたうえで，それにもかかわらず自分たちの見解は，等しく理性にかなった他の見解よりも勝るべきだと主張する敵対者に直面する場合である．われわれが前節で議論した事例，すなわち人工妊娠中絶に反対す

る宗教の信者の事例を思い出してみよう．その信者は理性にかなった多元性が1つの事実であることを否定する必要はない．しかしその信者が，多元性の事実には本物の道徳的意味があるとしても，それは殺人のもつ道徳的意味ほど重要ではないと信じることは十分にありうる．そのようなひとに反対するロールズの議論の道筋——前節でわれわれはそれを引用しておいた——は，(そこで特定された状況において) 人工妊娠中絶が殺人であるということを明示的には否定していない．しかし，人工妊娠中絶が殺人であると実際に信じている人であれば誰でも，ロールズの議論が引き合いに出す［政治的］価値にたいして，かれが付与するのと同じだけの重要性を付与しないであろうということは明らかである．いいかえれば，理性にかなった多元性の事実にたいしてどの程度の意味が与えられるべきかという程度の問題にのみ異議を申し立てる人びとがいるだろう．こうした人びとに関しても，ロールズの立場は，不可避的に (たとえ暗黙のうちにであっても)，かれ自身の包括的教説の諸要素を引き合いに出す．それは，理性にかなった多元性の事実をきっぱりと否定する人びとにロールズが反対するときとまったく同じである．合理主義的な信者の事例に比べればはるかにラディカルでないかたちで政治的リベラリズムに合意しない人びとに対処するときでさえ，ロールズは純粋に政治的なものの境界を踏み越えざるをえないのである．

政治的リベラリズムの構造的統合

　前節でわれわれが検討したのは，「理性にかなっている」というロールズの概念が，それに割り当てられた鍵となる課題の1つを成し遂げるのに成功しうるかどうかという問いについてである．しかしその点に成功するか否かにかかわらず，その概念が突出することで，政治的リベラリズムの構造的統合性全体が損傷を被るような影響を受けるおそれが十分にあることも，指摘する価値がある．というのは，その概念の役割には，政治的リベラリズムという理論的建築物の，それ以外の，表面上はそれから独立した部分と一貫していないように思われる含意があるからである．

正当化の2つの段階

　第1に，もしロールズの「理性にかなった人格」という観念が純粋に認識論

的構想というよりはむしろ政治的あるいは道徳的構想だとすれば，その場合，同じことが「理性にかなった多元性」と「理性にかなった包括的教説」というかれの構想にも当てはまらねばならない．理性にかなった多元性の条件の1つは，理性にかなった包括的教説の多様性からなるものとして理解されねばならない．だからそれらの教説の各々は，理性にかなったものとして，通常の場合における政治的価値の優先性と，その根底にある市民や社会のヴィジョンを受け入れなければならない．しかし，そうだとするならばロールズは，正義の理論を明示的に展開する際に用いる，正当化の2つの段階の間の区別——第5章でわれわれはその区別にかなり特殊な意味を帰しておいたが，その特殊な意味における区別でさえ——を，いったいどのようにして維持できるのかは，まったく明らかでなくなってしまう．思い出してもらいたいのだが，ロールズの正義の理論は，第1の段階で，社会の基本構造のための自立した政治的（ゆえに道徳的）構想として案出される．これが行われたのちにはじめてロールズは，公正としての正義は，なんらかの重合的コンセンサスの核心となることが可能であるという意味で，十分に安定的かどうかという問いを取り上げるのである．第5章の概説でわれわれが指摘したのは，ある構想がその第1の段階を通過するために満たす必要がある条件と，それが正しい方法で安定するために満たす必要がある条件との間には，明らかな一致があるということであった．本章でのわれわれの懸念は，さらにいっそうラディカルである．

　重合的コンセンサスというトピックに関する講義で，ロールズはつぎのことをはっきりさせている．すなわち，かれの追求している類の重合的コンセンサスとは，

（理性にかなっていない，あるいは非合理的な包括的教説に対立するものとしての）理性にかなった包括的な教説のコンセンサスだということである．決定的に重要な事実は，多元性そのものの事実ではなくて，理性にかなった多元性の事実なのである（*PL*, p. 144）．

一見したところ，この考えには完全に納得がいくように思われる．いったいなぜ，非合理性にもとづいて，あるいは理性にかなっていない判断にもとづいて政治的リベラリズムに合意しない人びとにまで配慮しなければならないというのか．しかしながらこの考えを再考してみると，なにかおかしなことが生じて

いることが示唆される．すなわち，ある包括的教説が理性にかなっているということの意味の一部分が，その教説が通常の場合における非政治的なものにたいする政治的なものの優先性を受け入れることであるとすれば，その場合，複数のそうした理性にかなった包括的教説の間で重合的コンセンサスを追求する必要はありえない．なぜなら，それらが理性にかなっているということが，重合的コンセンサスを定義上無条件に保証するからである．

このことは，ロールズの議論の第 1 段階が成し遂げられたあとに，安定性についての問いとして考えられうるような争点が生じることを否定するものではない．たとえば，政治的リベラリズムによって生み出される制度の下で奨励されるであろう振舞いのパターンが，それらの制度を掘り崩すのではなくてむしろそれらの制度を支えるようなものであろうということは，まだ論証されていない．安定性をめぐる問いのこの［第 1 の］側面にたいしてロールズは，「道徳的心理学を説明する」ことで答えている．「その道徳的心理学にしたがうならば，秩序ある社会の市民たちは，通常の場合十分な正義の感覚を獲得するのであり，それゆえその社会の公正な仕組にしたがう」とされる (PL, p. 141)．しかしかれは，安定性をめぐる問いの第 2 のそして最終的な側面を，つぎのように定義している．

> デモクラシー国家の政治文化を特徴づける数々の一般的事実を考慮に入れた場合，そしてとりわけ，理性にかなった多元性の事実を考慮に入れた場合，その政治的構想はなんらかの重合的コンセンサスの焦点でありうるであろうか．ここにいうコンセンサスとは，正義にかなった基本構造の内部において，時を越えて持続し，信奉者を獲得する見込みの高い，理性にかなった複数の包括的教説からなるものであると私は想定する……(PL, p. 141)．

しかしながら，理性にかなった多元性という条件にある社会は，理性にかなった包括的教説の多様性を（定義上）含んでいる．そして判断の重荷と政治的価値の通常の場合における優先性を承認しないような包括的教説は，どんな教説であれ（これもまた定義上）まったく理性にかなっていない．それゆえ，ロールズの政治的構想が，理性にかなった教説の間の重合的コンセンサスの焦点であるという意味において，安定的でありうるかという，別個の問いが存在する余

地はない．ロールズの政治的構想がその意味で安定性をもつことは保証されているのである．

このことが意味しているのは，ロールズがかれの理論を2段階で提示するときの第2の段階は，第5章でわれわれがそれを解釈したときすでに痕跡的な (vestigial) ものにみえたであろうが，それ以上にもっと痕跡的だということである．道徳的心理学についての問い，そしておそらくは，所与の社会において広範な支持を得ているどれほどの数の包括的教説が，ロールズの定義からして理性にかなっているのかという経験的な問いを別にすれば，この項目の下でなされるべき理論的作業はまったくなにもないのである．

公共的な正当化可能性のもつ2つの面

他でもないこの「理性にかなっていること」の強調が，ロールズによる理論化の構造的統合性にたいする第2の（第1のものと関連した）帰結をもたらす．というのも，もしこの概念がかれの理論において果たしているようにみえる種類の基礎づけ的な役割を本当に果たしているならば，それは公共的な正当化可能性の限界を定義するためにも利用できるからであり，そしてもしそうだとすれば，つぎの疑問が生じるからである．すなわちその場合に，なんらかの正統で純粋に政治的な正義の理論の実質を求めて，公共的な政治文化へ向かうという理念が果たす役割はいったいなんなのか．そもそもその理念が果たす役割は残っているのか．

問題はこうである．正義の理論がその本性上純粋に政治的であるためのロールズによる3つの基準の1つは，その理論がデモクラティックな社会の公共的な政治文化に潜在しているとみなされる理念の観点から練り上げられていることである．そして第5章で示唆したように，公共的な政治文化へのロールズの転向はプラグマティックなものではなくて，むしろ公共的な正当化可能性という価値へのコミットメントによって駆りたてられたのである．もしかれの理論が公共的に正当化可能であるべきだとすれば，その場合その理論は，社会のすべての構成員が，かれらの特定の包括的なコミットメントに関係なく是認するであろうと期待しても理性にかなっている——というのもそれらは公共的な政治文化のなかに潜在しているので——ような理念だけを前提としなければならない．ロールズはつぎのように述べている．

公正としての正義は，理性にかなった多元性の事実を所与としつつ，政治的正義をめぐる問いに関する正当化の公共的な基礎を明らかにすることを目指す．正当化は他者に向けられるがゆえに，それは共通して保持されている，あるいは保持されうることから出発する．したがってわれわれは公共的な政治文化に潜在している共有された根本的な理念からはじめて，判断における自由で理性にもとづいた合意を獲得することができるような政治的構想をそれらの理念から発展させることを望むのである（*PL*, pp. 100-101）．

この引用が示唆しているのは，公共的な政治文化において手に入るものが，公共的に正当化可能なものの限界，すなわち理性にかなった市民が受け入れる気になる可能性があるものの限界を確立するということである．
　しかしながら本章で強調してきたように，ロールズは理性にかなっていることと，理性にかなってないことについての，ある実質的構想をもっている．そしてその構想は，社会を自由かつ平等な市民の間の公正な協働システムとみなすひとなら誰もが認める，判断の重荷の意義についてのロールズの構想から直接に現われるものである．いいかえれば，認識論的な洞察と，自由で平等な存在としての人格についてのかれの政治的構想とを結合することから直接的に出てくる方法で，ロールズは公共的に正当化可能なものの限界を完全なかたちで肉づけすることができる．しかし，そうだとすれば，公共的に正当化可能なものを規定するために公共的な政治文化を経る迂回をする必要はない．
　理性にかなっているという概念は，いまやロールズの理論において突出した地位を占めているようにみえる．実際にその概念に突出した地位を与えるなら，公共的な政治文化のなかに潜在しているものにせよ，潜在していないものにせよ，それにたいしていかなる意義を認める理由もわれわれにはまったくないように思われる．というのも，公共的な政治文化のなかになにがあるにせよ，それは，市民たちが受け入れると期待しても理性にかなっているものについての，すでに独立して与えられているわれわれの理解を支持するか（この場合には，われわれは幸福な一致を手にしている），それともそれはわれわれの理解と衝突する（この場合には，独立して与えられている理性にかなっていることの限界を侵すものとして，われわれはそれを拒絶しなければならない）かのいずれかだからである．たとえば，もし公共的な政治文化が，ある包括的教説の一定の要素（たとえば，人工妊娠中絶

やポルノグラフィを道徳に反するとみなすことなど）が最優先の重要性をもつことについて暗黙の合意を含んでいることをわれわれが発見したとしよう．そうだとしても，理性にかなっているという語のロールズの理解からすれば，その発見によって，その教説の見解が真理であるということにもとづいて国家が政治的行為を行うことが理性にかなったことになるわけではないだろう．なぜなら，（現在そして未来の）市民が理性にかなった仕方でそれに異を唱えるかもしれないからである．他方で，もし公共的な政治文化が自由で平等な存在としての市民の構想への暗黙のコミットメントを具体化していないことをわれわれが発見したとしよう．しかしそのことによって，まさにそうした市民の構想を中心に据える正義の理論が理性にかなっていないことになるわけでもないであろう．なぜなら，[ロールズの理解からすれば]国家の行為の正統な根拠にたいしてその市民の構想が課す限界を受け入れるのを，理性にかなった仕方で拒絶することは，いかなる市民にもできないからである．そうだとすれば，少なくともこの点に関しては，ロールズの政治的リベラリズムが文化に特有のものだという意味はほとんどなくなる．もし公共的に正当化可能なものの限界が，なんでもかまわないから公共的な政治文化に潜在しているものを参照することによって設けられるとしたら，それは重要な意味で文化に特有のものとなるであろうけれども．このことが，抽象主義と普遍主義というウォルツァー的な非難にたいするロールズの防御を弱めるのはたしかである．しかしもちろん，文化的特殊性へのウォルツァーの偏愛を相対主義のレシピとみなす人びとにとっては，最近のロールズによる「理性にかなっていること」の強調からのこの帰結は，その強調に反対する理由にはならないであろう．

　ようするに，いったん「理性にかなっていること」という概念がロールズの理論の中心を占めるようになると，かれの理論が純粋に政治的であるところの意味をかれが当初定義した際に含まれていた第3の要素は，無意味なものとして省かれるように思われる．もちろんロールズの理論がはじめの2つの意味では純粋に政治的であることに変わりはない．その主題は社会の基本構造であろうし，その理論はいかなる特定の包括的教説からも独立して提示されることの可能な自立した理論であろう．そのうえ，その自立性は相変わらず公共的な正当化可能性への関心によって駆りたてられるであろう．しかしいまや，「正当化の公共的な基礎として役立ちうるもの」は，「理性にかなった人びとが共通にもっているもの」を意味すると理解されるようになる．そしてそれは公共的

第7章 政治的リベラリズム——政治的か，それとも包括的か

な政治文化の一解釈によって規定されるのではなくて，社会を自由で平等な市民の間における公正な協働システムとみなす人びとにたいする，判断の重荷からの帰結によって規定されるであろう．当然，西洋のデモクラシー諸国の公共的な政治的文化——そこでは（ロールズの主張するところでは）理性にかなった多元性が十分に定着しているのであるが——は，人格と社会についてのかれの純粋に政治的構想を発展させるためにロールズが必要とする要素すべてを含んでいるであろう．それゆえそこでは，公共的に正当化可能なものの限界を定義する，異なった2つの方法が一致するであろう．しかしそれは，せいぜいのところ偶然の一致にすぎないであろう．西洋のデモクラシー諸国における公共的な政治的文化の状況では，公共的な政治文化の一解釈が公共的に正当化可能なものとはなにかという問いにたいして正しい答えを与えるかもしれない．かりにそうだとしても，そうしたやり方でその一致を導き出せるという事実は，その答えが正しい答えであるという理由を規定する際には，いかなる役割も果たさない．正しい答えの理由を規定するという課題は，理性にかなった多元性の文脈において判断の重荷を認めることからの帰結を評価することによって成し遂げられるのである．

　われわれが理解しうるかぎり，『政治的リベラリズム』においてロールズがかれの理論を提示する際の，これら2つの側面の間にある緊張を解消する明白な方法はない．かれは「公共的な正当化可能性」によってかれの意味するものについて，異なる2つの説明をしているようにみえる．そしてそれら2つの説明を互いに共存させることはできない．おそらくつぎの点は指摘しておく価値がある．1980年代を通じて進んだロールズの思考の発展のなかで，公共的な政治文化への転向にたいしてかれが与えた役割は非常に早く（「公正としての正義——形而上学ではなく政治的な」というかれの1985年の論文において）現われたのにたいして，判断の重荷と，その重荷が理性にかなった市民に課す限界についてのかれの説明は，それよりも遅れて（「政治的なものの領域と重合的コンセンサス」という1989年の論文において）現われた．したがって，「公共的な正当化可能性」という概念についての明らかに両立不可能なこれら2つの説明の双方が『政治的リベラリズム』で登場しているという事実は，この時点にいたってもロールズの思考が依然として移行の過程にあると想定するなら最もうまく説明されるかもしれない．すなわち，かれは公共的な正当化可能性の限界を規定するものの（広い意味で社会学的な）理解からはじめて，ついでそれらの限界についての，そ

303

れに代わる（道徳的で哲学的な）理解を発展させたのである．おそらく第2の立場への移行は，第1の立場はロールズが純粋にプラグマティズムを志向するに至ったことを暗示するという，ある特定の種類の誤解にたいする応答として生じたのであろう．そして第2の立場が第1の立場を本質的に余計なものとすることを，ロールズはいまだに完全には認めていないのである．

＊　　＊　　＊

　理論の構造と発展に関するこれらの問題の真相がいかなるものであろうとも（多分それは，ロールズ学者の興味しか引かないということは十分にありうるだろう），われわれが最も関心をもっている争点はこうである．判断の重荷という議論を提示することでロールズは，通常の場合における非政治的価値にたいする政治的な価値の優先性を純粋に政治的なかたちで擁護することができるのか．いいかえれば，リベラルでない包括的な確信に根差した理由にもとづいて，政治的な価値の優先性を拒否する人びとにたいして効果を発揮するような擁護ができるのかどうかである．われわれの探究の結果が示唆しているところでは，判断の重荷の議論はそうした擁護に成功しない．判断の重荷にたいする理性にかなった応答とはどのようなものでありうるかについてのロールズの構想は，認識論的というよりはむしろ道徳的に規定されており，したがってもともと社会とその市民を政治的リベラリズムによって要求される見方でみている人びとにとってのみ，受け入れることができるものである．それゆえに，その構想を擁護するためのかれの戦略は，たしかに本性上純粋に政治的であるようにみえる．しかし，まさにその理由のゆえに，その戦略は自己や社会についてのそのヴィジョンの妥当性を実際に否定する人びとにたいしては，いかなる説得力ももたないであろう．それどころか，このやり方で擁護を開始するだけですら——ロールズ本人も認めるように——，理性にかなった多元性の事実の実在やその意義に異議を唱えるいかなる包括的確信の真理をも否定することを含意する．それゆえわれわれが判断の重荷をどのような仕方で受け入れるかは，実際には，われわれの包括的な確信の関数であるようにみえる．そうだとすれば，政治的なもののロールズによる最新の擁護は，その擁護自体が，政治的なものの限界を尊重していないことになる．純粋に政治的なロールズ的国家は不可避的に，なんらかの包括的教説の諸要素に基礎を置かねばならず，したがってそれ自体が掲げる中立性の要求にしたがい通すことができないのである．

第7章 政治的リベラリズム——政治的か,それとも包括的か

註

1 ロールズによれば,部分的に包括的な教説は,完全に包括的な教説とつぎの点で異なる.完全に包括的な教説は,1つのかなりきっちりと明確化された図式の内部で,認められている価値および徳のすべてをカヴァーする.これにたいして部分的に包括的な教説は,[すべてではなく]少なくともいくつかの非政治的な価値と徳を含み,かなり緩やかに明確化されている.このような違いはあるものの,どちらのタイプの教説も純粋に政治的ではなくて包括的なのである.

(藤井達夫訳)

第 3 部
リベラルな中立性

第3部への序論

　第3部では，探求の焦点を拡大する．ロールズの公正としての正義の理論を検討することに長い時間を費やしたのち，いまやわれわれはリベラルな政治思想の現代における他の3つの大きく異なった変種に目を向ける——リチャード・ローティ，ロナルド・ドゥオーキン，そしてジョゼフ・ラズによって提唱された変種である．しかしながら，われわれの期待するところでは，このように焦点を拡大したからといって書物の主題の統一性が崩壊することにはならない．第1に，コミュタリアンの攻撃はリベラリズムの1人の代表者に向けられていたのと同じくリベラルな伝統全体にも向けられていたからである．またコミュタリアンの異論に応答するための資源であるにもかかわらずロールズ本人はそれらを配備する立場にないものを，ロールズ以外のリベラルな理論家たちがもっているかもしれないのであるから，「リベラリズム」というレーベルのもとに包摂される一連の立場を知ることは，思想の2つの学派間の論争におけるやりとりの全体的な状況を理解するうえで決定的に重要である．そのうえ，ローティ，ドゥオーキン，ラズによって提唱される立場がロールズの政治的リベラリズムと異なっている点および似ている点は，ロールズ自身の思想の2つの鍵となる側面についていっそう明瞭な理解を獲得するのを可能にしてくれる．これらの主張をいくぶん詳しく展開しておくことは，本書のこの最終部へと読者を案内するのに役立つであろう．

　第5章では，ロールズが現在提出しているリベラリズムの種は，反完成主義的でありかつ純粋に政治的であることをみた．すなわちそれは，（憲法上の本質的事項と基本的正義の諸問題についての）政治的な議論と決定から，人びとの個人的な生活でかれらをごく適切に導くであろうさまざまな考慮を排除し，そしてその排除をいかなる特定の道徳的教説にも依拠すること

なく正当化しようと試みる．第6章でいくぶん詳しく説明したのは，コミュニタリアン的批判に対してロールズが応答しうるであろういくつかの仕方であり，また政治的なものの制約を忠実に守ることが，それらの批判のいくつかにロールズが取り組むのを可能にしているという意味であった．しかし第7章では，みずからの反完成主義を擁護しようとするロールズの試みは，循環論法であるという非難に対して脆弱だと思われるし，また（ロールズ本人が認めてさえいるように）純粋に政治的なものの制約を侵しているようにみえることを論じた．ロールズが政治的なものの制約を守り切れないことには，つぎのような示唆がある．政治的道徳と私的道徳の間の分割へのみずからのコミットメントを維持しようと望むならば，善についての競合する（すくなくとも部分的に）包括的な諸構想の領域で，コミュニタリアン的批判者と対決せざるをえない——批判者の想定によればロールズははじめからその領域にいたのであるが．すなわちロールズは，個人の自律という価値を，たんに政治における基本的な関心事の1つとしてのみならず，より一般的に人間生活における中心的な価値の1つとして擁護する覚悟を決めなければならないのである．

　こうした推論の連鎖に対して，リベラルであれば2つの応答をなしうるであろう．1つは，純粋に政治的なものの制約を遵守しつつみずからの反完成主義を擁護する別の方法を配備するよう，ロールズに促すことであろう．われわれの議論は，ロールズがこれまでに提供してきた正当化の2つの類型に対して向けられていた．しかしわれわれがロールズ自身のヴァージョンのなかに探り当てた数々の困難を回避するような，純粋に政治的なリベラリズムを分節化するための別の方法があるかもしれない．ローティが登場してくるのはここである．というのも近年ローティは，かれの一般的な哲学的反基礎づけ主義を政治理論の領域に適用し，リベラリズムのある形式を，すなわち——かれ自身の言葉では——政治における自律の価値を断念することなしに，論争的で不毛な哲学的，形而上学的，宗教的な諸々の議論を避けて，表面にとどまるようなリベラリズムの形式を提出してきたからである．ローティの基礎づけなきリベラリズムは多くの人びとの想像力を捉えたように思われる．それゆえそれ自体として考察されるだけの値打をもつ．しかしながら，ローティの基礎づけなきリベラリズムは純粋に政治的なものの制約を遵守するための代替的な方法をロールズに提

	反完成主義	完成主義
政治的	ロールズ／ローティ	
包括的	ドゥオーキン	ラズ

表1　リベラリズムの異なったヴァージョン

供するかもしれない．またローティ自身がかれの政治的リベラリズムをたんにロールズの新しい立場の一解釈としてのみならずコミュニタリアン的なロールズ批判者への反撃としても提示している．したがってローティの見解をさらに深く探求するためのより直接的な理由をわれわれはもっている．そうした探求が，第8章での課題となるだろう．

　しかし，ロールズが巻き込まれている数々の困難が，第2の，きわめて異なった応答に通じてゆくこともありうる．それらの困難は，純粋に政治的な反完成主義が，個人の自律に対するコミットメントが政治の領域ではなにを要求するかを理解するための最善の方法であるかどうかを疑問に付すだけの理由を，リベラルに与えるかもしれない．そうした疑いをもつリベラルは，しかしながら，きわめて異なった2つの仕方でロールズの立場から距離をとることが可能であろう．［第1に］政治というアリーナのための最善の仕組はどんなものかについての反完成主義的見解を正当化するとき，ロールズは純粋に政治的な考慮だけに限定した．純粋に政治的な反完成主義に懐疑的なリベラルは，こうしたかれの自己否定的な限定を拒絶して，〈政治についてそのような実質的見解を展開するときには，包括的な考慮に訴えたとしても正しい〉と主張することもできる．それとも［第2に］かれらは，ロールズの反完成主義を退けて，〈国家はその市民たちによって信奉される善についてのさまざまな構想がもつ相対的な長所をめぐる判断にもとづいて行為しうるし，行為すべきである〉という見解を支持するかもしれない．このことは，原理的にいえば，リベラリズムのさまざまなヴァージョンを表1のような4つの区切りからなるマトリックスのなかに位置づけることができるということを示唆するであろう．

　マトリックスの上部の水平に並んだ項目は，〈政治の領域がもつべき構

造と関心事〉について異なった種類の見解があることを明らかにしている．この区別は，国家による強制的な政治権力の行使について決定を下す際に，どのような種類の考慮が重要であるとみなされるかに応じてなされる．それに対してマトリックスの側部にある項目は，〈国家の役割についてのある特定のヴィジョンは，それ自体どのようにして擁護ないし正当化されうるか〉について，異なった種類の見解があることを指し示す．この区別は，政治の領域の適切な構造と関心事についての決定を下す際に，どのような種類の考慮が重要であるとみなされるかに応じてなされる．比較の2つの次元がどのようにして混同されるかをみてとることはたやすい．というも，2つの次元はどちらも正しい正当化に課せられる制約を特定することを結果として含み，またどちらも，問題になっている争点に対して包括的な道徳的，哲学的考慮がもつ有意性にもっぱら関連するからである．しかし，2つの次元が試みる正当化の対象が異なっているのを考慮することによって，2つの次元の違いに的を絞ることができる．すなわち，一方の次元は〈政治そのものの適切な仕方〉に関わっており，他方は〈政治について理論化する際の適切な仕方〉に関わっている．ようするにこのマトリックスは，リベラリズムのさまざまな種を，それらの政治的な実質にしたがって（完成主義か反完成主義か），そしてそれらの理論的な方法にしたがって（政治的か包括的か）位置づけることを可能にしてくれる．

　ロールズ自身は，純粋に政治的な反完成主義者として左上の区切りのなかに入ると思われる——ローティも同じ区切りに入るが，かれは反完成主義的なリベラリズムについてロールズとはきわめて異なった種類の純粋に政治的な擁護を提供する．ロナルド・ドゥオーキンは，包括的な反完成主義的リベラルとして左下の区切りに入ると思われる．というのもドゥオーキンは，適切な生き方について市民たちがもつ多様でかつしばしば衝突しあう信念の間で政府は中立を保つべきであるというロールズの見解を共有する一方で，この見解を人間にとっての善の本質をめぐるある特定の包括的な構想に依拠することで擁護するからである．われわれはドゥオーキンの立場を第9章で探求するだろう．ジョゼフ・ラズは右下の区切りに入ると思われる．ラズによれば，国家がその市民たちの善い状態を促進することは国家が本来果すべき役割である．そのような促進は，国家がその法律においてさまざまな生き方のもつ相対的な価値をめぐる判断に依拠して行

為することを要求するかもしれないが，しかし，すくなくとも一定の種の社会では，個人の自律は人間の開花の本質的な構成要素の１つでありつづける．一言でいえばラズは包括的で完成主義的なリベラルである．かれの立場は第10章で検討される．

　しかしながら，リベラルにせよそうでないにせよ，マトリックスの右上の区切りに位置づけられる思想家の例は１人も検討することはないだろう．というのは，現代の理論家にせよそうでないにせよ，純粋に政治的な完成主義者として記述されうる理論家をわれわれは寡聞にして知らないからである．これは驚くべきことではない．なぜなら，そのような見解を支持する人がいたとすると，その人は，人間にとって善い生活をめぐる判断に依拠することが国家にはできるし，それは正しいと信じている．にもかかわらずその人は，政治についてのそうしたヴィジョンをいかなる包括的な考慮にも依拠しない方法で正当化することになるであろうからである．そのような統合失調的な，あるいは自虐的な立場をいったいなにが正当化しうるかは理解しがたい．この立場では，理論家はかのじょが政治家には許されるとする資源を，自分自身には否定するからである．たしかに，人間は政治的行為を通じて自己実現を達成すると主張したアリストテレスのような理論家たちは存在するし，かれらが本書とは別の文脈では政治的完成主義者と呼ばれることには意味があるだろう．しかし，第６章の終わりでみたように，政治社会のもつ善についてのシヴィック・ヒューマニズムの理解をロールズが退ける理由は，ほかでもなく，その理解はかれの政治的な方法が前提としないことを要求する種類の，包括的教説を引き合いに出しているということであった．マトリックスの見地からすると，その場合には，シヴィック・ヒューマニズムのような見方は政治的ではなくて包括的になるであろう．したがってマトリックスの４番目の区切りは空白のままである．

　当然のことながら，われわれが望んでいるのは，リベラルな理論家のさまざまな種をこのマトリックスの見地から分類することが，リベラリズムのコミュニタリアン的批判を通じて生じてきた複雑な争点を解明する役に立つことである．とりわけ，分類の２つの軸の間（政治的中立性と呼びうるものと，政治-理論的な中立性と呼びうるものの間）の区別が，つぎの困難な問題をさらに明らかにすることを望んでいる．その問題とは，所与のどんな種類

第3部への序論

のリベラリズムにせよ，中立性を要求しうるとして，その中立性の本質と正統性についての問題——すなわちアジェンダの第5の項目の問題である．リベラルな国家が中立でありうる，あるいはありえないといわれるときの意味が大きな混乱を引き起こす争点である以上，ここでわれわれが以下のような反論に答えておくことは，この解明を助けるうえで有益であろう．

　ドゥオーキンをマトリックスの左側に置くことで，われわれはかれを反完成主義的なリベラルとして分類する．これは，国家はその市民たちによって信奉されるさまざまな生き方のもつ相対的な長所についての判断にもとづいて行為すべきではないという点で，かれがロールズに同意するからである．しかしながら，ドゥオーキンは包括的な反完成主義者である．すなわちかれは，かれの国家の中立性を，〈その中立性は人間の善い状態についてのある一定の包括的構想をもっともよく促進する〉という根拠にもとづいて正当化する．それゆえ，ドゥオーキン的な国家の中立性とは，人間の善についてのある包括的構想に奉仕するものであるかぎり，中立ではまったくなく，より適切には「完成主義」の一種と呼ばれるべきだという反論がありうるだろう．われわれは国家がその市民たちによって信奉されるさまざまな生き方の相対的な長所についての判断にもとづいて行為しないかぎり，その国家を反完成主義的ないし中立的と呼んでいる．しかしわれわれは，中立的国家がそのように行為しないことの理由が，善い状態の本質についてのある包括的教説にあってもかまわないという点で譲歩している．そしてのちにみることになるが，ドゥオーキンの場合にはまさに中立性の理由はそこにある．このことはかならずや中立性の主張を虚偽にするのではないか．この場合その国家の諸々の行為は，かならずや，善についての他と区別されるリベラルな包括的構想，「完成主義的」と名づけられるほうが適切であるような構想によって動機づけられているのではないか．国家がみずからの行為を正当化するために使用しうる理由の種類と，政治理論家が国家の適切な役割についてのみずからの理解を正当化するために使用しうる理由の種類の間にわれわれは区別を設けた．しかしこうしてみるとその区別はもっぱら，〈なんらかの意味で国家が中立的たりうる〉という幻想でしかありえないものを維持する役にしか立たないと主張されるかもしれない．

　包括的で反完成主義的なリベラリズムに対するこの反論の真の力を理解

するためには，どんな種類の反完成主義的リベラリズムでもかならず求める中立性とはどんな種類のものかを，まず思い出しておかなければならない．もちろん，反完成主義的な国家のヴィジョンが，一定の，他の価値と区別されるリベラルな諸価値に訴えることで正当化されているのは本当である．それが本当でないことはほとんどありえない．なぜならば，どんな政治的立場も，あれこれの価値に訴えること（これこそが「自分の立場を正当化すること」の意味である）なしには正当化されえないし，リベラルであると認識されうるどんな立場も，リベラルであると認識される諸価値に訴えることなしには正当化されえないからである（これはトートロジーにすぎない）．しかし，反完成主義者による中立性の要求には，かのじょが自分の立場をいかなる種類の価値にも言及することなしに正当化しうる，あるいは正当化すべきであるということを含意するような意図はない．かのじょが要求する唯一の中立性は，かのじょのつぎの信念にふくまれている．すなわち，国家はその市民たちによって信奉される善についての特定の構想のもつ相対的な長所をめぐる判断を基礎にして行為すべきではない——国家は，正当化に関するかぎり，その市民たちが選ぶであろう特定の価値や生き方の間で中立たるべきであるという信念である．この見解を正当化するのは，なんらかの古典的なリベラルな価値への——たとえば，個人の自律という価値，人びとが自分の生き方を自分で選ぶ自由をもつことの重要性への——自分のコミットメントであることを，かのじょは喜んで認めることができる．そうした価値にコミットしていないなら，競合しあう生き方のもつ相対的な長所に関する判断にもとづいて行為することで，結果的に市民による自由の行使に介入する国家に対して，かのじょはなんら反対する理由をもたないことになってしまうだろう．

　リベラルな反完成主義をこうしたコミットメントによって擁護するのはなんら異例なことではない．こうした擁護は「善についてのある構想」について語りうる2つの異なった意味の間の区別を引き合いに出していると考えることができるだろう．第1の意味では，善についてのある構想とは，人間の善い状態についてのある抽象的な，あるいは一般的な構想をさす．——ある構想は，たとえば，自律のための人間の能力に根本的な重要性を与えるものであるかもしれない．第2の意味では，それはいかに生きるべきかについてのより具体的な構想をさす．人びとは，かれらの自律を行使

する際にそれらの構想の間で選択を下すことになる——たとえば，ある特定の職業を選ぶか，信仰の生活を選ぶか，それとも余暇活動を選ぶかという選択である．反完成主義的な国家は，第1の意味での善の構想の1つに訴えて正当化されるとしても，しかし第2の意味の善の諸構想については中立を保っている．この場合に反完成主義の結論に通じているものはなにかといえば，それはたんに，第1の意味で人びとにとって善いと主張されるべきものは自律的な選択だという考えである．この考え自体は，第2の意味での善の諸構想の間では中立である．なぜならばそれは，特定の生き方の間で選択を下すのは国家の市民たちであるとして，それらの生き方のもつ相対的な価値をめぐる判断にもとづく行為を国家がさしひかえることを要求するからである．

　それゆえ，反完成主義的なリベラルが国家に関してある種の中立性を支持しつつ，その中立性のためになんらかの価値を推進力にした正当化を提出しているとしても，そこにはなんら首尾一貫していない点はないと思われる．政治についてのいかなるヴィジョンもなんらかの特定の価値に，あるいは人間の善い状態にとって重要なものはなにかについての構想に根拠づけられていなければならない——そのような根拠づけに代わりうる唯一の選択肢は，そもそも政治についてのそのヴィジョンを支持する理由をなにももたないということだからである．そうだとしたらその場合には，国家の中立性に対するリベラルのコミットメントが，人間の善い状態についてのある一定の，他と区別されるリベラルな構想に言及することによって正当化されているのを指摘するだけでは，そのコミットメントが幻想であることも，あるいは偽装された完成主義の一種であることも証明できはしない．むしろその反対に，反完成主義的なリベラルのほうがつぎのように主張することができるかもしれない．あらゆる政治のヴィジョンが人間の善い状態についてのなんらかの構想に根拠づけられていなければならないのであるから，そのようなヴィジョンが中立的であると考えられうる唯一の仕方は，その理論的な根拠づけにおいてではなくて，その実質においてである——たとえば，市民たちによって信奉される特定の生き方の相対的な長所についての判断にもとづいて政治権力が行使されてはならないと要求することによってである，と．そしてもちろん，この要求こそ反完成主義的なリベラルを特徴づける要求にほかならない．この意味では，反完成

主義的リベラルがつぎのような考えに正当性を感じることもありうるだろう．すなわち，自分たちは所有しえないはずの種類の中立性に対して二枚舌を使って要求をおこなっているのではなく，政治においてもちうるかぎりの中立性に対してコミットしているのだと．

しかしながら，ロールズ的な政治的リベラリズムを議論の構図のなかに導入するやいなや，反完成主義的リベラルによるこの防衛的な応答はきわめて異なった光のなかに現れる．というのも，反完成主義の2つのきわめて異なった種の間に区別を設けることが可能になり，一方の種は他方の種がもっている種類の中立性を欠いていると主張することが可能になるからである――いいかえれば，ある種の反完成主義が達成していない，中立性のさらなる種類あるいは水準が存在するのであり，したがってそれを欠いている反完成主義は，ある意味では，明らかに，最大限中立的なわけではないと主張することが可能になるからである．決定的に重要な区別は，もちろん，反完成主義の包括的な変種と，純粋に政治的な変種との間にある．そしてその区別は，それらの変種が国家の中立性へのみずからのコミットメントを正当化する際に，どのようにしてリベラルな価値が引き合いに出されるかという観点からなされる．

たとえば，ロールズの観点からすると，ドゥオーキンの反完成主義は「包括的」である資格を備えている．それは（これからみるように）人間の善い状態についてのある特定の包括的構想に，政治的領域をはるかに越えたところまで当てはまる構想に根拠づけられているからである．いいかえれば，ドゥオーキンの反完成主義は，いくつもの競合しあう包括的教説を信奉する市民たちに適用される，中立的な政治の仕組を提唱するが，しかしその理論的基盤は，それらの包括的な教説の間で中立ではない．対照的に，ロールズ的な政治的リベラリズムは，国家の中立性のリベラルな正当化は，その正当化自体が中立であるべきだと――その正当化はいかなる特定の包括的教説の妥当性にも依存すべきではないと主張する．ロールズの政治的な反完成主義は，結果として，二重の意味で中立的であると主張することになる．市民たちが選択しうる特定の生き方に関して国家が中立を保つことへの，ロールズの反完成主義による正当化も，やはりいくつかの価値のうえに立っているのではある．しかしそれらの価値とは，市民たちが信奉する包括的諸教説の間で共通の，あるいは中立的な価値なのである．それ

ゆえドゥオーキン的なリベラリズムは，政治権力は一連の［異なった］包括的教説にコミットしている市民たちにとって受け入れ可能な仕方でのみ行使されるべきであるというロールズの原則に反していることになる．政治的リベラリズムとの比較においては，そうした包括的な仕方でリベラルである反完成主義の国家は，実のところ党派的である，ないしは正義に背いている．なぜならばそうした国家が自認する中立性は十分に貫徹されていない，ないしは十分にラディカルでないからである．

　政治的なものへのロールズの転向が維持されうるかどうかが重要であることは，いまや明らかなはずである．もしそれが維持されうるのであれば，その場合には反完成主義的な国家は，われわれが区別した２つの意味の両方において，善の諸構想の間で中立的たりうる．［第１に］その国家が支持する政治の仕組は，狙いにおいて，それらの仕組に服する人びとが選択しうる特定の生き方の間で中立となるであろうが，そればかりではない．［第２に］この意味での国家の中立性にその国家が与える正当化，それ自身を正当化する際にその国家が引き合いに出すいくつかの種類の価値もまた，市民たちによって信奉される包括的諸教説の間で中立となるであろう．その場合には，第２の種類の中立性を欠いているとして，それゆえ最大限可能なだけ非党派的ではないとして，包括的な反完成主義者たちを非難することは意味をなすであろう．しかしながら，第７章のロールズの政治的リベラリズムの批判的分析のなかでわれわれは，第２の意味において中立的であるというその主張にいくらかの疑いを投げかけようと試みておいた．この試みが成功するかぎり，第２の種類の中立性は実際には手に入れることが不可能である．したがって第１の種類の中立性，包括的な反完成主義的リベラリズムがもつことを主張する種類の中立性こそが，この［政治という］領域で存在しうる中立性のすべてであることをこの試みは示唆する．われわれは，この結論を決定的なものとして確立したことを装うものではない．しかし，この結論に説得力をもたせるのに十分なだけ議論をつくしたとすれば，その場合には，コミュニタリアン的批判の第５の要素の観点に立てば，反完成主義的リベラリズムについての根本的な問題はつぎのものとなるだろう．政治についての反完成主義的な見解が人間の善い状態についてのなんらかのリベラルな構想に根拠づけられており，かつ根拠づけられなければならないことが所与の条件である以上，その構想から生じる

国家の中立性はいったいどれほど実質的なのか．第9章でこの問題への答えの探求を試みる．

　マトリックスの構造が生み出すと思われる問題の1つについてはここまでにする．そうした問題の2番目のものも，実はたったいま定式化した決定的な問題と関連している．ここではこの2番目の問題はいくぶん走り書き的に扱うことしかできない．第2章でみたように，ロールズによる政治的決定形成からの包括的教説の排除は，重要な点で条件付きの排除であった．すなわち，その排除は憲法上の本質的事項と基本的正義の問題に影響を与える決定に対してのみ当てはまる．憲法上の本質的事項と基本的正義の問題というカテゴリーの限界も，これらのカテゴリーに入らない事例を別の仕方で取り扱うことの正当性も，けっして自明ではない．しかし，事実として明らかなのは，博物館や芸術のための資金援助のような問題を，ロールズがかれの排除の原理に対する例外とみなしているということである．したがって，ロールズ的な国家が，人びとが選択しうるさまざまな生き方の相対的な長所についての判断にしたがって行為することは完全に可能であるし，その国家の文化的な構造を，しばしば完成主義的な政体に特徴的であると考えられる方法で支持することも完全に可能である．ロールズにとって重要なのは，かれが根本的な事柄とみなすものごとに関して[のみ]国家がそうした行為をしないことなのである．こうして，ロールズ的な国家を反完成主義的と呼ぶときは，われわれはとくに憲法上の本質的事項と基本的正義の問題に関連する事柄における国家の役割に言及しているのであることが理解されなくてはならない．根本的でない事柄については，市民たちはどのような種類の人生が生きるに値するかについてのかれらの見解にしたがって投票しても適切であるし，国家もそうした見解にしたがって行為しうる．

　ここから先の章では，完成主義についてのそのような定義上の複雑性を心に留めておくべきである——とりわけ，ドゥオーキンとラズはともに，文化と芸術に対する国家の支援のために，かれら独自の，互いにきわめて異なった正当化を提供しているがゆえにそうすべきである．文化と芸術の支援という争点はドゥオーキンに関してはとりわけ重要であるが，その理由は明らかである．ラズは完成主義的なリベラルである以上，国家のこの種の政策は，市民たちによって信奉されるさまざまな生き方の相対的な長

319

所についての判断に明示的に言及することを通じてラズが正当化しうるものである．しかしドゥオーキンはそうした判断をさしひかえると考えられるような国家を擁護している以上，ドゥオーキンがそうした政策を擁護することは，かれが国家に要求する中立性の本質は正確にはなにかについて重要な問題を引き起こす．したがってそのことはまた，リベラリズムの完成主義的な変種と反完成主義的な変種の間にわれわれがどんな線を引こうと試みるとしても，その線の明確性と安定性について，数々の重要な問題を引き起こすのである．しかしながら，マトリックスを構成する用語を適用する際のこれらの困難は，真の実質的な——さまざまな理論の本質を把握することと，一連の重要な政治的争点を解明することの両方における——困難を反映している．だからわれわれとしては，そうした困難に取り組むために骨を折ることは，不適切な分類の原理を選んだことの不幸な帰結ではなくて，しばしば見通しがきかず足場も不安定な場所となるものについて明瞭な見解を獲得するための，実りのある方法であると信じている．

(谷澤正嗣訳)

第 8 章 ローティ：基礎づけなきリベラリズム

　ローティは，「哲学に対する民主主義の優先」と題する論文，および『偶然性・アイロニー・連帯』と題された著作で，ある種の反基礎づけ主義的リベラリズムを展開し，それを最近のロールズが主張するリベラリズムであるとしたうえで，その正当性をコミュニタリアンの批判から擁護している．われわれの見解では，ロールズが主張しているのがこのような反基礎づけ主義であると考えることは，ロールズの政治的リベラリズムの趣旨を，まったく誤解したものである．第 2 部で証明しようとしたように，ロールズは，現代の西欧リベラル・デモクラシー諸国で共有されている公共的政治文化に内在する理念と価値を理論化すること，それだけに自分の仕事を限定しようと決意したのだが，その動機は，公共的な正当化可能性という価値にかれが深くコミットしたことにある．だからこの決意は，つぎのことを示している．すなわち，自由で平等な市民に対して国家が行使する強制力を，その国家の市民全員が受け入れている価値の言葉を使って，市民の 1 人 1 人に対して正当化することができる，そのような社会の価値をロールズが承認したということである．ローティはこのロールズの結論に心から同意している．しかしローティがそれに同意するのは，それ以外には追求可能な戦略などありえないという根本的に哲学的論拠からである．というのも，ローティの見解によれば，われわれの公共的政治文化に内在するリベラルな価値と理念はわれわれの文化とは異なる文化からも支持される必要があるとか，支持されうるはずだと信じている人びとは誰であれ，ある種の哲学的混乱という罪で有罪だからである．ようするに，ロールズの公共的政治文化への方向転換が，明白なリベラルな価値にかれがコミットしたことから始まった自己否定的な布告であるのにたいして，ローティの方向転換は，価値と概念の体系に合理的基礎を与えようとするあらゆる試みに対してかれが抱く全面的な哲学上の敵意の政治的宣言なのである．

第3部　リベラルな中立性

　しかしながら，ローティが自分自身と新しいロールズとの類似点を過大評価しているとしても，そのこと自体がつぎのことを意味している．つまりローティが（第3部への序論で述べたように）第7章で確認した数々の困難を回避することができるような政治的リベラリズムの立場を提出することによって，純粋な政治的リベラリズムへのロールズのコミットメントを補強できるかもしれない，ということである．たしかに，素描されたにすぎない1つの政治理論をさらに細密に書き込んでいこうとする戦略がいずれも失敗するにきまっているなどと結論してしまうのは，その理論と見解を同じくする学派を代表し，またその学派のなかでももっとも傑出した思想であり，また挑発的でもある思想の性格と可能性を探査しないうちは，いささか軽率であろう．また，本当のところローティとロールズの関係がいかなるものであるかはさておいても，ローティのコミュニタリアン批判は本書の目的におおいに関連している．実際，なぜ政治理論の営みは公共的文化の領域に限定されるべきなのかをめぐってローティが挙げた理由は，かれ一流のものであり物議をかもすものであったが，それが明らかにされているのはかれのコミュニタリアン批判においてなのである．したがって本章では，もっぱらかれのコミュニタリアン批判に注目することになるだろう．

　ようするに，ローティは政治理論の営みに制限を設けるべきだと提案したわけだが，この提案を正当化するために，そのような制限を守ることはできないとか，守るべきではないという考え方が共有している3つの理由に攻撃を加えている．これら3つの理由となる考えとは，

1　あらゆる政治理論は，哲学的ないし形而上学的基礎をもっており，そこから，公共的政治文化にはみいだすことができないような争点と理念が提起されるのだ，という信念，
2　ある政治体系を正当化するのに，たんにその政治体系のもとに育まれた公共的価値に訴えるだけでは，そうした政治体系とそれに支えられた文化の両方を拒否する人びとに対して，問題をごまかしているにすぎないことになる，という信念，
3　公共的政治文化のなかに存在している特定の価値と理念の妥当性を証明することは，（それらが前提としているあらゆる哲学的教説と同様に）そうした価値と理念が，その公共的政治文化の外部にある現実に対応しているかどうかを決定することを意味しているのだという信念，

である．

　ローティの見解によれば，ロールズの正義の理論に対するコミュニタリアンの批判は，これら3つの要求すべてを含む立場を具体化したものである．さしあたり，これはもっともな見解であるように思われる．というのも，これまでも見てきたように，多くのコミュニタリアンはその攻撃の焦点を，ロールズの理論の実質的内容というよりもむしろその理論の基礎にあり，もっと価値中立的であるとされる人格の構想に置いてきたからである．それゆえコミュニタリアンはつぎのように考えているように思われる．政治理論というものは形而上学的基礎をもっている，また形而上学的基礎をもつにちがいないのであり，それゆえに政治理論というものはこの基礎となっている構想が人格性についての唯一の正しい構想，あるいは妥当な構想であることを弁明する責任を負わなければならないのは当然のことである，と．

　しかしながら，ローティによれば，これら3つの主張を含むどんな立場も整合的ではない．自己についての理論は政治理論にとって価値中立的な基礎などではなく，むしろ，その政治理論にもちこまれているのと同じ価値へのコミットメントを（異なった言説様式で）表現したもう1つの別の方法にすぎない．したがって，自己についての理論をもちだしたからといってその政治的教説の合理的証明が増したり，信頼性が高まったりするわけではない．だとすれば（政治理論家としての）われわれが，そのような哲学的言説によって提起された争点に取り組むために，公共的政治文化の境界を踏み越えてゆく必要などはないのである．さらにいえば，〈そのような政治理論にとり入れられている人格の価値と構想は，それを共有しない人びとからなされる問題提起をうまく回避することにはならないような言葉で正当化されなければならない〉，という意見は哲学的に混乱している．そしてまた，人格の価値と構想は，それらの外部にある現実と対応しているか否かという観点から正当化されなければならない，という意見もまた哲学的混乱である．それゆえ，これら3つの想定のどれ1つをとってみても，〈自分の教説，体系，文化を正当化するためにはそれを構成している価値と構想の外部にある資源を活用しなければならない〉，などとリベラルに考えさせる理由とはならない．反対に，リベラルな政治システムを正当化するためには，リベラル・デモクラシーの公共的政治文化に内在している資源以外には利用可能なものはないように思われるし，だからこそ，必要なものはそれですべてであるにちがいない．ローティがいうとおり，「［リベラル・デモ

クラシーの諸制度が] そうした諸制度をつくり出した特定の歴史的共同体の道徳的直観よりも，もっと特殊なものを基準にして評価されるべきであるということは明らかではない」のである[1]．だとすれば，実際のところリベラルは，西欧リベラル・デモクラシー諸国の道徳的直観を疑問に付してしまうほどラディカルな批判を投げかけるリベラリズム批判者に対しては，それが誰であろうと無視してかまわない．あるいは，ローティのお好みのいいまわしだが，「ロールズの言葉を用いていえば，われわれ啓蒙主義の継承者は，ニーチェやイグナティウス・ロヨラのようなリベラル・デモクラシーの敵を，『狂っている』とみなす」のも，正しいことになるのである[2]．

この章の以下の部分でわれわれが試みるのは，このような哲学的動機にもとづく公共的政治文化への転回が，どれほどの説得力をもっているかを評価することである．そのために，ローティの論拠は本当に，ニーチェ的，ロヨラ的（ないしはコミュニタリアン的）なリベラリズム批判を無視してもかまわないという許可証をかれに与えているのかどうか，それを問うことにしたい．

人格の基礎理論

ローティの第1の主張は，人格の理論というものは不可欠で価値中立的な基盤であって，いかなる社会の計画もこの基盤のうえに描かれなければならないのだ，などと考えるべきではないというものである．これを納得させるために，かれは，ロールズの政治理論のなかで，人格の本質についてなされたロールズの言及をつぎのように特徴づける．

> ロールズは，「完結した義務論的なヴィジョン」——すなわち，正義のほうをわれわれの善の観念［構想］よりも優先させなければならないのはな・ぜかを説明するような見方——を欲してはいない．かれは，正義が優先するという主張からの帰結を，十分にふくらませようとしているのであって，その主張の前提を十分にふくらませようとしているのではない．ロールズが関心をもっているのは，自己の同一性の条件ではなく，リベラルな社会の市民（シティズンシップ）であることの条件だけである．……ロールズが試みているのは，アメリカ的なリベラリズムの超越論的演繹をおこなうことでも，デモクラティックな制度に哲学的基礎を与えることでもない．かれはただ，アメリカ

のリベラルが典型的にもっている原理や直観を，体系化しようとしているにすぎない[3]．

この主張は非常にもっともな主張のように聞こえる．もちろん，道徳的また政治的な議論の文脈では人格性の本質について多くの議論がなされている．しかし，そうした議論の焦点と目的は，哲学的形而上学の文脈でなされる議論のそれとはかなりちがっている．哲学的形而上学の議論でもとめられているのは，たとえば，時間を超えてある人格が同一であるということを判定するためにわれわれがもっている規準を説明すること，すなわち「時間Xにおける人格Aを，時間Yにおける人格Bと同一の人格にしているものはなにか」という問いに対する答えである．これに対して道徳的，政治的な議論でわれわれが知りたいと思っているのは，人間存在に関するいかなる事実から人間がある特定の方法で扱われるべきであることになるのか，たとえば，なぜ人の自律性は尊重されるべきなのか，というようなことである．それゆえ，人格をめぐる政治理論を提出することは，およそ形而上学に迷い込むことなどではない．また，ある社会理論にはこれまでいかなる意味であれ基礎づけが欠けていたのだが，人格をめぐる政治理論を提出することでその基礎が与えられることになるといった問題でもない．むしろそれは，社会の基本構造のためのどんな計画（blueprint）にも暗黙のうちにあらかじめ含まれているにちがいないある特定の生のヴィジョンと，それに付随する一連の価値を，新しい角度から明らかにしようと試みるものなのである．結局のところ，そうした計画が，人間が共同生活を送るうえでの組織にかかわるものである以上，〈人格としての人間においてなにが重要なものだと考えられるのか〉についてなんの見解も具体的に提示していないとすれば，それはまったくもって驚くべきことであろうし，またその逆も同じようにいうことができるだろう．しかし，根底にある生のヴィジョンを明らかにするうえで，社会の計画を描くことと人格理論を提出するという2つの方法の間で，明白にアプリオリな優先順位があるとも思えないのである．

　ここまでのローティの主張は，テイラーのようなコミュニタリアンの主張とも両立可能である．しかしながら，テイラーがそのような人格理論に訴えかけることが不可欠であると主張するのに対して，ローティはそれが不可欠というわけではないと結論づけている．人格理論に訴えたとしても，本来の計画の内容ないし証明書に新たになにかを付け加えることにはならない．そうであると

すれば，必要ならばそのような言説様式全体を回避することができるし，回避したからといってそれ相応のペナルティーを課せられるわけでもない．そしてまた，人格理論にかかわることでリベラルが煩雑で面倒な論争に巻き込まれるとすれば，あえて必要のないリスクを冒すよりも，慎重であるほうがずっとよいと思われるだろう．（ローティは，もしもリベラルが人格理論を展開したいと望んでいるなどということがあるとすれば，リベラルにもっともふさわしい理論は，ロールズが主張しているとコミュニタリアンが考えているような理論ではなく，このやっかいな問題についての最良の説明としてコミュニタリアン自身が提出した理論のほうだろう，と考えている．しかし，ローティの立論にはこうしたひねりがあるとしても，この問題についてはそれも根本的に埒外のものでしかない．というのは——かれ自身の見解では——リベラルはいかなるものであれ，そのような望みをもつことはさしひかえるべきだからである．）

　しかし，人格理論は不可欠なものではないというローティの結論が正しいという保証はない．これまで述べてきたことからいえば，なんらかの政治理論を擁護する者は，社会についての自分のヴィジョンを人格理論の言葉を使って明らかにすることはひかえるべきだということになるだろう．しかし，だからといって，自分の政治的計画に対する批判が，その計画によってつくり出される人びとの本性に関わるような言葉を使って表明されている場合にも，（ローティが主張するように）その批判まで無視してよいということにはならない．

　誰かがロールズが提出した計画に対して「しかし，これは人びとがすべき生き方ではない」とか「このような社会は市民の力を奪い，市民のあり方をゆがめてしまう」というような意見を述べる場合に，かれらはロールズ自身は使いたくないと思ったかもしれない語彙を使ってもよいし，使わなくてもよい．しかし，人格の本性についての議論は，ある人の理想社会の構造をめぐる議論の基底にある一連の価値を明らかにし，論ずるためのもう１つの別のアリーナである．そうであるとすれば，リベラリズムに向けて，人格の言葉を使って表現された攻撃は，まさにそのことによって，リベラルな社会の計画に対してなされた攻撃でもあるのだ．このような形式の批判は，それがどのような角度から提出された批判であるかとは関係なく，リベラルの立場にとって中心的な諸価値に向けられた批判である．したがってリベラリズムの擁護者は，このような批判を軽々しく無視することはできない．ようするに，たとえリベラルな人格理論がロールズの企てにとっては採用してもしなくてもかまわないようなおまけにすぎないとしても，まちがいなくこの人格理論がリベラリズムの基底にあ

る価値とぴったりと一致しているかぎり，あるいはそれらの価値を表現するものであるかぎり，ロールズ流の計画にコミットしている者は誰であれ，そのことによってロールズ流の人格理論も支持していることにもなるのだ．ローティには失礼ながら，かれもまたそのことによってロールズ流の人格理論に対する批判に応えるという任務，そしてまた，公共的政治文化の領域を越えて足を踏み出すという任務を負っているのである．

異質な語彙

　反基礎づけ主義の立場からのコミュニタリアン批判を進めて，ローティは，あらゆる政治理論の営みにみられるとかれが考える想定に対して攻撃を加えている．つまり，ある社会の計画がそれと競合する計画よりも優れていると考えることができるのは，対話の相手がどんな価値にコミットしていようと関係なく，どんな相手も有効であると認めることができるにちがいない，そうした正当化をその計画のために提出できる場合にかぎる，という想定である．このような想定をしてしまうからこそ，ある人の政治理論を正当化するために哲学的ないし形而上学的な人格理論へと訴えることが，まさに合理的正当化の企てのために必要な，抽象的で価値中立的な領域を与えるように思われるのである．そして，そのような領域に移動すれば，たとえばリベラルと反リベラルとが，相手が使っている語彙をお互いに理解しながらも誤魔化しあったりしない，そうした言葉使いで向き合うことも可能となるというわけである．しかしローティは，リベラルにはそのような領域へと移動をする義務があるという想定を拒否する．

> すべての議論を，それが提示された際の言葉使いのままで扱う必要はないということを，われわれは主張しなければならない．話し相手の望んでいる語彙を用い，そのなかで仕事をすることに気が進まなければ，話し相手が議論の話題として提出するものを真面目に受け取ることに気が進まなければ，われわれは好意と寛容を停止させなければならない．……そうした2つの［語彙という］網目の間に十分重なり合うところがないため，政治的話題について合意に達することができず，あるいはそうした話題に関する有益な議論すらできないかもしれない[4]．

同時に、つぎのことを銘記しておくのも重要である。なぜこのような寛容をめぐる想定こそが、コミュニタリアンが哲学的な人格理論に関心を集中する動機だと考えるのか、その理由をローティは提示していない、ということである。寛容をめぐるこの想定に固執していることは、コミュニタリアンが哲学へと向かう1つの説明にはなる。だが、ほかにも多くの、この説明と同じくらいなるほどと思えるような説明があるのだし、それらの説明をなぜ採用しないのか、ローティはその理由を示していない。ローティ一流のこの思い切った診断が正しいかどうかはわからないが、かりにこの診断が正しいとしても、寛容をめぐる想定が、かれが主張するような意味で整合的でないかどうか、それは依然としてまったく明らかになっていないのである。

　もちろん、かれの意見のなかにも一片の真理はある。2人の政治思想家の語彙がどうしようもなく共約不可能であって、どちらも自分の見解を相手が理解できるような言葉で明確に表現することができないとしよう。その場合、2人が合意に達することができないからといって、2人の立場の両方が無効となるわけではない。さらにいえば、2人の論争者がお互いに相手がいっていることを理解できるにもかかわらず、それでも合意できないとしよう。その場合にも、いずれの側の見解も、そのこと自体によって非難されるいわれはないのである。事実、2人が論争している争点が、一方の見地からすれば非常に根本的なものであるとしよう。その場合その人が、論争相手がその相手自身の見解にもとづいて行為するのをやめさせられないとしたら、それは根本的なものに対するコミットメントの失敗ということになるだろう。たとえば、第4章でウォルツァーを論じた際にみたように、アステカ社会に人身御供は誤りであるということを納得させるのに失敗したからといって、そのこと自体によって、そうした犠牲をやめさせるために介入することが不道徳であるとか正当化できないものになるわけではない。ようするに、われわれが政治的論争のなかで出会うすべての人びとから合意をえることができるかどうかそれ自体が、論争においてわれわれの立場が正しいかどうかを決定するための規準となるわけではない。

　しかしながら、これが妥当な主張だからといって、反リベラルからのあらゆる批判を、どうしようもなく異質なものであるという理由だけで退けてもかまわないとか、無視してもかまわないということになるわけではない。話し相手の意見を理解し、評価し、それを変えようとするプロセスそれ自体が、かのじょの見解に意味があるのかどうか、かのじょの同意はわれわれにとって評価す

第8章　ローティ：基礎づけなきリベラリズム

べきものであるのかどうか，かのじょの批判は心に留めておくべきものなのかどうか，これらのことを決めるからである．話し相手が話し相手であるためには，かのじょの意見は実際に，「われわれ」リベラルにとって理解可能なものでなければならない．そしてリベラルは，自分たちの論拠があらゆる非リベラルな話し相手の同意をえられるかどうかに気をもむ必要はない．しかしながら，だからといって，リベラルはもっぱらリベラルに対してだけ自分を正当化する必要があるのだということにはならない．正しい意味で異質な存在であるということは，その話し相手がリベラルであるか，リベラルではないかということによって決まるものではないからである．それが決まるのは，議論のプロセスによってなのである．

　場合によっては，ローティもこの陳腐な真理を認めているようである．「われわれは，ニーチェとロヨラを狂っていると結論するのは，かれらがある『基本的』な話題について変わった見解をもっているからではない．われわれがこの結論を出すのは，政治的見解のやりとりを広範に試み，その結果，われわれはどこにも至りそうにないということがわかった場合にかぎられるのである」[5]．さらに，かれの論文には，そのような政治的やりとりにおいてとられるであろう道筋をほのめかしているところさえある．「それゆえ，リベラルの答えは，……リベラル・デモクラシーの典型的性格類型が，面白みのまるでない，打算的で，狭量で，非英雄的なものだというのが事実であるとしても，そのような人びとの横行は政治的自由のために支払われるべき，理にかなった代価なのかもしれない，というものでなければならない」[6]．論文の続きをわれわれの想像力に委ねて，この議論で描かれたことを膨らませてゆけば，それなりの成果をえられることだろう．しかし，明らかなことは，反リベラルにたいしてローティが本当にやるべきことがあるとすれば，まさにこうした議論をおいてほかにはないということである．そして，この政治的やりとりこそが本当にリベラルと反リベラルが対立している場であるとすれば，〈まさしく反リベラルがリベラルな政治文化を構成している理念を拒絶している以上，そのような反リベラルからの批判は理解可能な領域を越えているにちがいない〉というローティの主張は，たんなる願望的思考にすぎないことになる．普遍的合意という観念が（哲学においてそうであるように）政治理論においても妄想であるということが事実であるからといって，ローティはそれを，あらゆる反リベラルの批判をまえもって無視したり，退けたりしてもかまわないということの根拠に

はできないし，また，政治的言説を現代の支配的な文化の資源にだけ限定すべきであるということの根拠にもできないのである．

概念，真理，現実

　だから，かりに先に掲げたリストのうちの初めの2つの想定を拒否するということだけを根拠として，ローティが政治理論の方法論を修正するよう主張しているのだとすれば，その場合には，実際にそのような修正を正当化することはできないことになるだろう．それらの想定を拒否したからといって，それだけで，政治理論家は公共的政治文化に内在している素材だけを利用しなければならない，ということにはならないのである．残るはリストに挙げられた第3の想定への攻撃である．その想定とは，いうなれば，公共的政治文化が体現している諸価値を正当化するためには，その文化の領域を越えなければならない，なぜなら，およそある文化が体現する諸価値を正当化するということは，その文化の外部のどこかにある現実にそれらの諸価値がどの程度対応しているかを検証することにほかならないからだ，というものである．なぜこのような〈対応としての正当化〉には論理的に整合性がないのだろうか．そして，たとえ整合性がないとして，そのことから，所与の政治体系を正当化しようとするときにその文化が提供する素材だけを利用する以外には方法はない，ということになるのだろうか．

　ローティは，かれが異を唱える政治哲学には正当化についてのこのようなイメージが深く埋め込まれていると考えている．しかし，コミュニタリアンに関する論文では，なぜかれがこの想定に欠陥があると考えるのか，その理由を詳しく説明し，明確にする試みはほとんどされない．そこで，その理由を理解するために，かれの著作『偶然性・アイロニー・連帯』に向かわなければならない．この著作から明らかになるのは，このような想定は一般的な形而上学的傾向が特殊な問題に応用されたものであり，しかもかれが10年以上にわたってそうした傾向に断固として反対してきたということである．この本の最初の章で，かれはあらゆるもの——心であれ物体であれ，自己や社会，あるいは世界におけるいかなる実体であれ——は，一群の言説によって表現されたり再現されたりするような内在的特性をもっているという考えに対する批判を展開している．かれが論じるところでは，およそいかなる語彙にせよ，それが世界と，あるい

は世界のある部分と，ぴったりと一致しているとか対応関係があるとする考えにはまったく意味がない．そうであるとすれば，その場合には，人格に関するなんらかの概念あるいは理論（あるいはなんらかの政治的語彙）は，それが人間本性の現実と対応するかどうかという見地から評価されなければならないという考えにも，論理的整合性はないと結論せざるをえない．他の領域と同じように政治哲学の領域においても，ローティの企図を支えている決定的な柱は，まさしくこの一般的な反基礎づけ主義テーゼなのである．

　この問題に対するローティの見解は明瞭である．

> ……偉大な科学者というものは，この世界で生じることについて予測し，制御するという目的にとって有用な，世界に関する記述を創出しているのであり，それはちょうど詩人や政治思想家がほかの目的のために世界の記述を創出しているのと同じなのだ．しかしながら，以上のような記述のなかのどれ1つとして，世界それ自体があるさまを精確に再現している (representation) と考えることはできない．……そのような再現という考えそのものが，まったく的外れなのだ……[7]．

ローティによれば，この考えが的外れであることをこれまでわれわれが理解できなかったのは，個々の文と語彙との区別に留意することができなかったからである．

> というのも，（たとえば……「執事がそれをした」と「医師がそれをした」といった）競合する文の間での決着に，世界に訴えることで終止符を打つということが，よくあるからである．この場合，ある信念 (belief) をわたしたちが抱くのを正当化する原因が，世界に存在するという事実を，つぎのような主張と容易に混同してしまう．すなわち，世界のあるなんらかの言語外の状態が，それ自体で真理の一例であるとか，そのような言語外の状態が「ある信念を」を世界に「対応させる」ことで「真理とする」，といった主張と．しかしながら，個々の文から語彙の全体に関心が移るとき，こうした混同はそんなに容易ではなくなる．競合する言語ゲームの事例——古代アテナイの政治の語彙とジェファーソンのそれ，パウロの道徳の語彙とフロイトのそれ，ニュートンの使ったジャーゴンとアリストテレスのそれ，

ブレイクのイディオムとドライデンのそれ——を考えてみるとき，世界がこれらのうち一方を他方よりもよきものにしているとか，世界がこうした競合に決着をつけると考えることは難しい．「世界の記述」という考え方が，言語ゲーム内での尺度によって決定されていた文のレヴェルから，言語ゲーム全体のレヴェル，つまり尺度に訴えて選択することができないゲームそのもののレヴェルに移されたとき，どの記述が真であるかを世界が決めるという考えに，明確な意味を与えることはもはやできないのだ[8]．

　ここに引用した文章で議論の核心を含んでいる文は次の一文である．「『世界の記述』という考え方が，言語ゲーム内での尺度によって決定されていた文のレヴェルから，言語ゲーム全体のレヴェル，つまり尺度に訴えて選択することができないゲームそのもののレヴェルに移されたとき，どの記述が真であるかを世界が決めるという考えに，明確な意味を与えることはもはやできないのだ」．もっぱらヴィトゲンシュタインの用語法が用いられていることから，この一文が，ヴィトゲンシュタインが文法を自律的なものとして特徴づけるように導かれることになった一連の考察を参照していると読まれるべきであるということを示唆している．つまりこれは，文法的言明と経験的命題との間にある本質的な差異を強調することにもとづく洞察なのである．経験的命題は真でも偽でもありうる．経験的命題は，〈ある事柄がこの世界について真である〉と主張するものであって，その主張は事実を参照することによって，つまり，世界のありようを参照することによって真であるか偽であるかが評価される．たとえば，ある人が海は青いと主張すれば，その主張の真理性を評価するためには，その人が言及した水の色を観察しさえすればよいのだ．明らかに，このような命題が組み立てられるのは，それを構成する語に意味がある場合，すなわち，語の用法を支配する一連のルール，ヴィトゲンシュタインが規範と呼ぶものが存在する場合である．これらは，所与の語の正しい適用と誤った適用とを区別する規準として働く．つまり，それらは意味と無意味，語の有意味な用法と理解不能な用法との間に境界線を引くのである．たとえば，もし誰かが水をH_2Oと定義すれば，この（ある事実主張の一部としての）「水」という語をそのような化学的組成をもたないものに適用する者は誰であれ，「水」という語を誤用していることになるのであり，有意味なことを語っていないことになる．規範つまり意味ルールを説明する命題こそ，ヴィトゲンシュタインが文法的言明

第8章 ローティ：基礎づけなきリベラリズム

と呼ぶものである．

　これらを思い起こすことで，重要な点が浮かび上がってくる．それは，経験的命題とは異なり，文法的言明は真でも偽でもありえないということである．それというのも，それらはルールの定式化であって，記述でも事実主張でもないからである．あるルールが真であるか偽であるかについて語ることは無意味である．それが無意味であるということこそ，「ルール」という語の文法の一側面である——そして，「真」あるいは「偽」という語の文法の一側面である——ということができるだろう．（たとえば，〈「水」を「H_2O」と定義すること〉がどうして偽となるだろうか．たとえ世界がそのような特定の化学的組成からなる物質を欠いているとしても，それが示しているのは，世界には水がないということくらいであって，この語に対するわれわれの定義がその物質を正確に再現できなかったということではない．）もちろん，文法的ないし概念的枠組がなければ，いかなる有意味な経験的命題も構成することはできないのであり，この意味で，真なる経験的命題が可能であるか否かは（偽なる経験的命題が可能であるか否かと同様に）一組の文法的ルールが存在しているかどうかに関係している．しかし，このように構成された命題が現実に真であるか偽であるかによって，その一群のルールが真であると証明されたり，偽であると証明されたりするわけではない．世界を参照することは，ある文法をほかの文法よりも役に立つものにしたり，適切なものにしたりする程度のことにしかならないのであって，ある文法をより正確なものにしたり，より事実に近づけたりすることはありえない．かくして，ルールを定式化する文が世界を記述するという仕事を負っていない以上，その文は世界に対応するということも，対応しないということもありえない．そのようなことがありうると想定することは，一群の文法的ルールを一連の記述ないし事実主張として扱うようなものである．それはまるで，ある語の用法を支配しているルールの表現を，世界に関する理論の一部であるかのように——ある定義が真理値の候補であるかのように——扱うようなものなのである．ようするにローティにとっては，いかなるものであれ言語ゲームの文法的枠組ないし概念的枠組を，その世界の記述として特徴づけることには意味がない．というのも，それは記述でもなんでもないからである．

333

第3部 リベラルな中立性

コミュニタリアニズムと対応

　われわれの読解によれば，以上が，対応による正当化の説明に対して加えられたローティの一般的な反基礎づけ主義の議論である[9]．これは強力であるように思える．しかしそれに説得力があることを認めたとしても，この議論が政治理論にもたらす帰結については疑問が残る．対応による正当化についての一般的な説明を拒否すると，どうなるのか．かりに，事実としてそうした説明が一個の形而上学であるとして，この新しい知識は，われわれの政治的道徳の理解とその合理的土台をどのように変えるのだろうか．ローティはこのような形而上学を拒絶することから生じる2つの帰結を指摘している．第1に，そのことによってわれわれは，リベラリズムに対するコミュニタリアンの批判を却下することができる．それは，コミュニタリアンの批判が，この説明が整合的であることを暗に示すような言葉を用いてなされているからである．第2には，形而上学を拒絶することによって，リベラリズムの政治的語彙は外在的尺度によって評価されなければならないという考えそのものがとんでもないものであることが明らかになる．その結果として，われわれは，リベラリズムの語彙とリベラリズムを支えている文化に内在する正当化の尺度で満足できるようになるのだ．本章の最終節では，この第2の，より一般的な主張を検討することにする．しかしこの節では，最初に，ローティのより特殊な反コミュニタリアン的結論を評価することにしよう．コミュニタリアンはリベラルの人格概念は欠陥があり，不正確で，まったくの誤りであると攻撃している．だがそのことから，〈人格の概念は人間本性に関する形而上学的「現実」を正確に記述する任を負うものだ〉という，整合性を欠いた想定をするという誤りをコミュニタリアンが犯していることになるだろうか．

　この問いに対する答えは，それぞれのコミュニタリアンによって異なっている．テイラーの場合，ローティの攻撃はまったくの見当違いのように思える．なぜなら，自己についての数々の構想を測定する尺度となる，自己の無時間的本質といったものが存在するという想定は，テイラーの自己解釈的動物としての人間という構想とは矛盾するからである．自己解釈的動物としての人間のアイデンティティは，かれらが自己のアイデンティティをいかなる言葉で理解するかによって決まっており，それゆえ，そうした理解とそれに付随する社会的

マトリックスが推移するにつれて変容しうるものである．マッキンタイアの場合にも，ローティは同じように誤っているように思われる．たしかにマッキンタイアは，情緒主義的な自己の構想には欠陥があることを証明できると考えている．しかし，それに欠陥があるのは，情緒主義的な構想では，人格的なアイデンティティという概念と道徳という概念を理解するうえで必要とされる資源を与えることができないからである．つまり，リベラルがそうした現象の本質を誤解しているというわけではなく，むしろリベラルの概念枠組ではそうした現象を適切に理解することができないというのである．しかしながらサンデルについては，ローティはずっと確固とした根拠をもっているように思われる．たしかに，サンデルはそのロールズ批判を，ロールズが人間の自己の本質を誤って記述していると暗に意味するような言葉で表現している——もっと具体的にいうと，ロールズは自己がもつ構成的愛着という能力を見落としているといわんばかりの言葉で表現している．そしてこの能力こそ，人間についてだけいうことができる形而上学的真理であるとサンデルがもっぱら考えているものなのである．

　しかしながら，ローティが提起しているもっとも興味深い問題は，コミュニタリアンが行っている攻撃が，ローティが誤謬であると示した見方にコミットしていると読めるような定式や言いまわしをどの程度まで含んでいるか，あるいは含んでいないかを測定することにあるのではない．本当の争点は，〈コミュニタリアンの批判は，そのような語法をまったく使うことなく，なおかつ，そのもともとの力を失わないようなやり方で表現することができるかどうか〉にある．というのも，このような形而上学的混乱がわれわれの文化全体に広がっているとしても，特定の倫理体系の内容との関係においては，その混乱はどの倫理体系の内容にたいしてもまったくどうでもいいことのように思えるからである．そうした混乱は，ほとんどすべての倫理の表現の一部をなしているかもしれないが，しかしどの倫理にとってもそれなしではすませられないような部分ではない．倫理的あるいは政治的議論に加わっている誰かが，「この自己観は人間本性の真理を把握しそこねている」とか，「しかし私の人間本性に関する概念だけが唯一正しい概念なのだ」などと発言したとき，形而上学的混乱をきたしているのではないかなどと疑う必要などない．これらの発言は，その人が生についてのあるヴィジョンにどれほど固執しているかを示す誠実さの現れである，あるいは，そのような問いに対する答えは個人の好みの問題として

すますことはできないという信念を表現している，ということでしかないだろう．ローティ自身がすこしばかり異なった文脈のなかで述べているように，「だれもが，自分が一番大切だと思っている信念と願望が，議論の順番としては最初に来るべきだと主張しているにすぎない．それは恣意性ではなく誠実さなのである」[10]．

　このような観点からサンデルをもう1度読み返すならば，かれのリベラリズムにたいする攻撃は，リベラルな社会的設計の基礎にある諸価値にたいしてなされた情熱あふれる攻撃であって，たまたまこの攻撃が，サンデルがリベラルな社会の計画に関連しているとみなす人格の構想にかかわる言葉を用いて表現されているにすぎないと考えることは，容易にできる．そして前にも論じたように，自分の支持する価値をそうした言葉で表現する必要などリベラルにはないのだとローティが考えるからといって，そうした言葉を採用している批判に対してリベラルがみずから弁明する必要がなくなると考えることはできない．それゆえ，われわれはふたたび出発点に立ち戻っていることに気づかされる——しかもいまではコミュニタリアンの批判の特定の内容を理解し，評価し，それに答えるという義務を負っているのだ．いいかえれば，対応による正当化の説明にたいしてローティが行った反基礎づけ主義的攻撃によって，コミュニタリアンを手っ取り早く片付けてしまうことのできる方法をわたしたちが手にしたことにはならないのである．

形而上学と政治

　しかしながらローティは，対応による正当化の説明を拒否することから生じる帰結について第2の主張もしている．その主張とは，〈対応による正当化の説明を拒否することによって，政治的議論と正当化一般は，広く受容されている公共的政治文化の領域内で行われなければならなくなる〉，というものである．これまでよりもさらに包括的なこの結論にかれはどのようにして到達するのだろうか．

　　われわれがどの言語ゲームをすべきかについて世界が教えることはないと理解したとしても，それゆえに言語ゲームの決定は恣意的なものであるとか，言語ゲームがわれわれの内面深くにあるなにかの表現だ，と述べるべ

きではない．ここから引きだせる教訓は，語彙を選択するうえでの客観的な尺度を主観的な尺度に取り換えるべきだ，つまり理性を意志や感情に取り換えるべきだ，ということではない．むしろ，基準とか（「恣意的な」選択も含んだ）選択といった考えは，ある言語ゲームから他の言語ゲームへの変換が問題となる場合，もはや適切な考えではないというのが教訓なのである．ロマン主義の詩のイディオムや，社会主義の政治や，ガリレオの力学を受け入れることを，ヨーロッパが決めたわけではなかった．この種の変換は，議論の結果でもなければ意志の行使でもなかった．むしろ，ヨーロッパでは次第にある言葉を使用する習慣が失われ，そして次第に他の言葉を使用する習慣が獲得されたのである……[11]．

このようにいうときにローティが手がかりにしている点が重要である．それは，決定という概念が，全体としての言語ゲームの水準では，一定の言語ゲームのコンテクストの内部で採用される場合ほどには（例をあげるならば，所与の事態について競合する記述のいずれかを決定するといった場合ほどには），明白には当てはまらないという点である．ところがローティはこのことを，文化の変容は，それ自体基本的には，天候の変化と同様に人間の意志や理性の影響をほとんど受けることのないような，語彙の変換の問題であるという意味に受けとっている．そして，文化に関して真であることは，本質的には，政治文化についても真でなければならない．いいかえれば，いまやローティにとってリベラリズムとは，われわれの文化的天候システムの一部にすぎないのである．ガリレオ的な語彙を獲得して以後の西欧が，それまでのアリストテレス的語彙なしですませているように，われわれの同時代の文化はリベラリズム以外のいかなる政治的語彙も採用する習慣をなくしてしまったのだ．そしてわれわれは，自己ないし人間本性の〈現実〉についての〈真理〉をリベラリズムの政治的語彙は誤解しているということを根拠にして，リベラリズムの政治的語彙に反対することはできない（なぜなら，そのような外的な尺度ないし規準が存在するという考えそのものが整合的でないのだから）．それゆえわれわれは，気づいたときにはすでに自分たちのものとなっていた政治的語彙を，そうした語彙と文化に内在する尺度に一致するように発展させ，洗練させるという仕事をひたすら続けてゆくべきなのである．ようするに，政治理論家としてのわれわれは，われわれの公共的政治文化に内在する資源だけを利用すべきなのだ．

この点で，政治学の状況は，ローティが現代哲学の状況として述べているものときわめて類似している．

> そこに存在して発見されるのを待っている真理，という考えを棄てるべきだと述べることは，そこには真理などない，とわれわれが発見したのだ，ということではない．これは，真理を深遠なもの，哲学的興味を惹くトピックとして眺めることをやめたなら，あるいは「真なる」を「分析」に値する用語として眺めることをやめたなら，われわれの目的は最もうまくかなえられるようになるだろう，と述べることなのである．「真理の本性」というのは実り少ないトピックであり，この点において「人間の本性」や「神の本性」と類似し，「陽電子の本性」や「エディプス・コンプレックスにおける病的愛着の本性」とは異なる．ただし前者と比べた後者の実り多さという主張は，ひるがえってみれば，こうしたトピックに関してわれわれは，ともかくなにか述べているのであって，あとは成り行きを眺めるしかない，という推奨にすぎないのだ[12]．

このようなアナロジーを援用していることからも明らかなように，ローティは全体としての語彙は現実を正確に再現するものではないという自分の発見が，つぎのようなことを示すと考えている．すなわち，誰かを説得して新しい語彙を採用させるという仕事は，帰するところ，かれらが使っていた古い語彙を無視して，新しい語彙の魅力を強調するようなやり方でそれを練り上げること以上のものではない，ということである．かれの助言は，「つぎのような新しくて多分興味深い問いに取り換えることで，明らかに不毛な伝統的問いを無視してごらん」[13]というものである．この理由のゆえに，かれはデイヴィドソン，フロイト，（なかんずく）ニーチェの見解を入念に解釈するのであり，また，こういう理由で，——コミュニタリアンはいうに及ばず——ロヨラとニーチェ（ニーチェが反リベラリズムの権化として姿を現すときは）を無視しても問題はないと感じているのである．しかしローティの議論は，これほど全面的に政治理論を構想しなおし，政治理論に制限を課すことを実際に支持しているのだろうか．

ローティの戦略の難点は，その積極的な側面にではなく消極的な側面にある．ある誰かを説得して新しい生活の展望を採用させるためには，その新しい生活を具体的にかたちづくる数々の概念の範囲，洗練度，柔軟性などを強調するこ

とが1つの方法である，というのはきわめてもっともなことであろう．実際，テイラーとマッキンタイアのようなコミュニタリアンであれば，それが実践的推論の本質的側面であるということに心から同意することだろう．しかしながら，そのような推論にはもう1つ同じくらい重要な側面があるにちがいないのであって，それは古い語彙と討論するという側面である．その討論は，たとえば古い語彙が扱いにくいとか，ある種の特徴に注目することができないとか，人間の行動と経験のある根本的側面を曖昧にしたり軽視したりする傾向があるといったことを強調することを通じて——そしてまた，古い語彙の支持者が新しい語彙にたいして行う同様の主張に反論することを通じてなされる．ローティは，［誰かに新しい語彙を採択させる］過程がもつこうした否定的で闘争的な部分は，端的に，あらゆる根本的に反リベラルな思想家の場合に対しては，まったくなしですませることができると想定している．しかし，この想定についてかれが持ち出す根拠は適切なものではない．うえで述べられたような類の批判的な言葉を使ってなされる批判的な討論では，観念が現実を記述したり正確に再現したりするという想定はなされていない．それはローティが肯定するこの過程の積極的部分でそのような想定がされていないのと同様である．だから，そのような批判的な討論をしないですませることができるというかれの唯一の理由は，西洋における文化的変換はリベラリズムの真面目な反対者をすでにことごとく排除してしまったという，暗黙の前提であるにちがいない．

　たしかに，20世紀末には，アリストテレスやサムライの道徳的語彙は「非常に好ましい言説」の地位を争う競争者としてもはや生き残っていないと想定しても大丈夫かもしれない．その場合には，そのような語彙と批判的討論をするという考えは，時代遅れになるように思われる．おそらく，そうした語彙は，たんに不適切なものとして無視され，軽視されうるのである．しかしこのことからわれわれが，そうした道徳のコードを，もっと現代に適合するようなやり方で再構築したり，再解釈したりするあらゆる試み（たとえば，マッキンタイアがアリストテレスのためにおこなったような試み）を，まえもって無視したり軽視したりしてもよいということにはならない．そして，倫理と政治の領域におけるすべてのリベラルでない語彙を，まえもって無視したり軽視したりしてもよいということにならないことはたしかである．というのは，そのようなリベラルでない枠組がずらりと並んでいるのを前にしたとき，それらは1つのこらず文化の歴史が発展する道筋から放り出されてきたものだ，などと真面目に主張する

ことはどうしたってできないからである．

　リベラリズムに向けられたどんな批判にたいしても，われわれはそうした批判が提起する問題を無視してしまえばよい，などとアプリオリに主張することはできない．というのも，このような主張は，相手は1対1でわれわれに「議論」を挑みたいと思っているにもかかわらず，全体としての文化の水準で，相手がその「議論」にすでに敗北しているとこちらがあらかじめ決めてかかることだからである．これは，まったく社会学的証拠を提示することなしに社会学的結論が有効であると想定して，そのうえでその結論を利用して，特定の人にあてた，個人的な政治的議論をするのを回避することである．ニーチェとロヨラの倫理的政治的語彙が全体としての西洋文化の関心を惹きつけることがないというのはたしかにその通りだろう．しかしこの西洋文化の発展を善いことであるとみなし，さらにその発展の速度を上げたいと思っている個人は誰でも，ニーチェとロヨラの語彙が貧困であり，醜悪であり，不適切であることを，議論を通じて明らかにしなければならない．西洋文化の発展はすでに完成されたのだと宣言するだけでは，そうしたことにはならないのである．西洋文化の発展が達成されることをどれほど心から願っているとしても，願っているだけで達成されることはないだろう——この願いが条件のかたちをとっている場合には，願っているだけで達成されないのは確実である．

　結論としてわれわれはつぎのようにいうことができる．ローティの哲学的反基礎づけ主義を支える3つの支柱を検証することで，それらはコミュニタリアンにたいするかれの個別的な攻撃を正当化するには十分なものではないし，あるいはまた，政治理論の営みをわれわれの公共的政治文化に内在する資源だけを利用するように制限したいというより一般的な要求を正当化するにも十分なものではない，ということが明らかになった．このような形式の政治的リベラリズムは基礎を欠いている．その意味するところは，反基礎づけ主義者といえども，ただ肩をすくめて批判をやりすごすばかりではいられないということである．だから，包括的な道徳的教説を回避するという一般的な方法論的戦略を追求しようとするリベラルは，自分たちにとって弁護可能なリベラリズムの立場を，ローティのリベラリズム以外のところに探求しなければならないのである．

第 8 章　ローティ：基礎づけなきリベラリズム

註

1　Rorty, 'The Priority of Democracy to Philosophy', p. 190. この論文の引用はすべて，Rorty, *Objectivity, Relativism and Truth* による．［「哲学に対する民主主義の優先」，冨田恭彦訳『連帯と自由の哲学――二元論の幻想を超えて』（岩波書店，1999年），189頁．］
2　Ibid., p. 187.［184頁］
3　Ibid., p. 189.［186頁］
4　Ibid., p. 190-191.［188, 190頁］
5　Ibid., p. 191.［190頁］
6　Ibid., p. 190.［189頁］
7　Rorty, *Contingency, Irony and Solidarity*, p. 4.［斎藤純一・山岡龍一・大川正彦訳『偶然性・アイロニー・連帯』（岩波書店，2000年），15頁］
8　Ibid., pp. 5-6.［17-18頁］
9　ローティの仕事の哲学的背景に関心があり，また詳しい者にとっては，ここでつぎの点を指摘しておくのが有益であろう．ローティのテクストの他の部分は，かれの議論にはこれ以外の読み方があることを示唆している．そしてその読み方は，かれがヴィトゲンシュタインよりもクワインに負っているものにしたがった読み方である．その読み方によれば，対応の説明をローティが拒否する理由は，この説明が誤って文法体系をあたかも経験的理論であるかのように扱っていることにあるのではなく，そのような語彙はいずれも命題の網の目であって，広範囲の経験的現象に対応するために非常に複雑で容量が大きいので，それに反駁することはほとんど不可能である，というものである．われわれがこのような読み方を本文で追求しなかった理由は，しかしながら，そのような議論は対応の説明を無効にしてしまうわけではないからである．というのも，もしもそのような語彙がかりに経験的理論に似たものであるとしたら，まさにそのかぎりにおいて，現実を記述し特徴づけるのを試みる仕事を引き受けることになり，それゆえ〈その現実と対応関係をもつのに失敗している〉と非難される可能性が，少なくとも原理的にはあるからである．
10　Rorty, 'The Priority of Democracy to Philosophy', p. 193.［198頁］
11　Rorty, *Contingency, Irony and Solidarity*, p. 6.［19頁］
12　Ibid., p. 8.［22-23頁］
13　Ibid., p. 9.［24頁］

（金田耕一訳）

第 9 章　ドゥオーキン：国家の中立性の哲学的基礎

　ロナルド・ドゥオーキンは，多くの人びとから，リベラルな中立性の最も明晰で最も率直な支持者であるとみなされている．1978年に初出の「リベラリズム」についての有名でよく引用される論稿のなかでかれはこう論じた．すなわち，「リベラリズムという教説にとって構成的な道徳は，生のなかでなにが価値あることかについての数々の理論の間で，公権力が中立であることを要請する，平等の理論である」[1]．かれが主張しているように，リベラリズムにとって中心的なのは，政府はその市民を平等なものとして扱うべきであるという理念である．市民は善い生についての自分たちの構想にお互いに同意していないので，政府がもしある構想を別の構想より好むのなら，この条件を満たさないことになる．第3部の序論ではドゥオーキンを包括的な反完成主義者として特定したが，このときすでに，この立場が惹起する多様な争点について，読者の注意を喚起しておくべきであった．しかも，本章で焦点を合わせる，自分のリベラリズムについてのより最近の説明のなかでドゥオーキンが，〈善についての諸理論の間での中立性が，リベラリズムにとって本質的であるという初期の主張を放棄した〉と認めているのは注目すべきことである．国家の中立性は，公理であるというよりも，定理として，つまりより基本的な諸命題から導き出されるものとしてみなされるべきであるとかれはいう．本章では，ドゥオーキンが擁護しつづけている種類の国家の中立性と，そうした中立性がいまやそこから引き出される，包括的な哲学的教説とを検討するつもりである．

　ドゥオーキンの包括的な反完成主義の正確な本質を説明するに際して，われわれは関心の大半を，かれの1988年のターナー講義「リベラルな平等の基礎」に集中させる[2]．ドゥオーキンがリベラルな平等についての自分のヴァージョンを提示し，自由とその自由を補完するデモクラシーとについてのリベラルな解釈を発展させているのは，一連の影響力ある論文「平等とはなにか」の第1

343

部から第4部までにおいてである．しかしこれらの論文は，ほとんど検討されないままだろう．こうしたバランスの悪さを正当化する理由は単純である．つまり，ドゥオーキンの幅の広いプロジェクトがもつ，あらゆる意義ある側面をカバーする余裕は本章にはないということである．さらに，「平等とはなにか」の諸論文は（それらの題名が示唆しているように），第一義的には，本書が序文で考察から除外した，配分についての諸問題にかかわっているが，それにたいして，ターナー講義は明示的に，第3部の序論で提示したマトリックスが惹起する諸々の争点に直面しているということでもある．それにもかかわらず，一連の論文のうち特定の部分は──「リベラルな共同体」という論文とともに──，リベラリズムにたいするコミュニタリアンの批判にとって中心的なテーマと直接の接触があるので，ドゥオーキンの立場についての完全で公平な説明を読者に与えるのに必要であると思われるときにはいつでも，それらの論文にも言及するつもりである．

ドゥオーキンの哲学的基礎

不連続性の戦略

　ドゥオーキンはかれのターナー講義を，反完成主義的なリベラリズムを擁護するに際して，〈ロールズにならって純粋に政治的な手段に訴える〉ことをしない理由を概説することからはじめている．かれはロールズによる反完成主義的リベラリズムの擁護の様式を，「不連続性の戦略」と呼ぶ．なぜならその様式は，倫理と政治の結合を断つことを含んでいるからである．一見したところ，リベラルにとって中心的な政治的コミットメントは，競合する数々の倫理的理想にたいする寛容と，それらの理想の間での中立性に向けられている．そのため，リベラルが，自分自身はある特定の倫理的な理想に依拠しない仕方で，そうしたコミットメントを擁護すべきであるというのは，自然かつ得策であるように思われる．こうしてわれわれは，政治において超然としたスタンスを強いられるようにみえる．つまりわれわれは，政治的なアリーナにあるときは，自分たちが最も深く保持している人間の善い状態についての確信を脇において，平等な関心でもって政治的共同体のすべての構成員を扱う決定だけを支持しなければならない．しかし，そのような超然性と不偏性は，われわれが自分たち

の日常生活を生きる仕方とは，まったく相容れない．倫理的な行為者として，われわれは徹底して特定の価値や理想にコミットしており，ある人びと（家族や友人たち，民族同胞）にほかの人びとよりも多く関心を払う傾向にある．実際のところ，われわれはそのようにする自分たちの能力に価値を認めている．コミットしていること，愛着をもっていること，特定のひとに肩入れすることは，たんにわれわれが現にそうであるありかたではなくて，われわれが〈かくあるべし〉と考えるようなありかたでもある．政治も生きることの一部分であるのだから，こうした見解を政治的活動のなかに持ち込むのは，まったく自然であるように思われる．たとえば，もしある生の様式は，みじめで満たされないものであると確信するなら，そうした生の様式をやめさせる，あるいは不可能にする立法のために，なぜわれわれは一票を投じないのか．倫理と政治の結合を断つリベラリズムは，われわれに自分たちの非常に深い確信を眠らせておくように求めることになる．

　それゆえリベラリズムは，倫理的あるいは道徳的な統合失調症の政治であるように思われる．リベラリズムは，政治においてそして政治のために，われわれが自分たちであると認識できないような人びとになることをわれわれに要求する．その人びととは特殊な，政治的な生き物であって，普通の生活のなかで，自分がなにであるべきか，なにを賞賛すべきか，そして誰を愛するのかを自分で決定する普通の人びととは，完全に異質な代物である（*FLE*, p. 202）．

ドゥオーキンの見解によれば，この論点がリベラリズムにたいするコミュニタリアンの批判の本当の核心である．個人のアイデンティティの形而上学にコミュニタリアンが訴えることで，この点はしばしば影が薄くなっている．そうであるものの，リベラリズムの根本的な政治的要求と，価値ある生がもつ特徴についてのわれわれの非常に抗いがたい個人的確信との間にある明白な葛藤を，コミュニタリアンたちがつきとめているのだと考えるとき，かれらの批判は最もよく理解できる．ドゥオーキンの見解によれば，なんらかの仕方でこうした葛藤を解決し，それによってこの政治と倫理という2つのパースペクティヴを和解させていないリベラリズムの擁護は，どのようなものであれ十分ではありえない．

第3部 リベラルな中立性

　不連続性の戦略を支持する者たちは，政治的なパースペクティヴは人工的であるがゆえに，この2つのパースペクティヴは両立可能であると論じることで，こうした問題に立ち向かう．政治的パースペクティヴは，政治についての倫理的確信のいかなる単一の集合にも基礎づけられない社会的構築物である．それゆえ可能なかぎり多くの人びとが（自分たちの個人的なパースペクティヴとは関係なく）それに参加可能である．しかもそのような一般的な参加は，もしそれに参加したならば，他の仕方では獲得不可能な諸々の利得（社会的協働による利得）がすべてのひとに生じるがゆえに，それを確保するだけの値打がある．こうしてリベラリズムという政治的なパースペクティヴは，個人的あるいは倫理的パースペクティヴとは実質において不連続であるが，動機においてもそうであるわけではない．各々の市民はその条件がいかなる特定の個人的観点とも符合しない，ある人工的な政治的観点を構築してそれを領有するという共同プロジェクトに加わるための，十分な個人的理由を有するのである．

　不連続性の戦略の難点は，人びとに，こうした人工的パースペクティヴに加わるだけの十分理由を与えるような，個人的な利益ないしは確信を特定することにある．2つの大まかな選択肢がありうるように思われる．つまり，自己利益（一方では，金銭，快楽，安全へのある市民の選好であり，他方では，自分にとって善い生を送るとはどういうことであるかについてのかのじょの倫理的信念である）に訴えるか，それとも道徳性（いかにして他者のニーズや利益に応えるつもりであるのか，あるいは応えなければならないかについてのある市民の信念）に訴えることである．ホッブズやロック，そして最近のゲーム理論家たちは第1の選択肢をとり，ドゥオーキンの見解によれば，ロールズは第2の選択肢をとる．自己利益に訴える人びとは，政治的平等についてのリベラルな原理は，（富や才能で有利な立場に立っていたり，自分たちの生の形式がもつ優越性を確信したりしている人びとすべてを含めた）万人にとって自己利益にかなうことを証明するという，明白で一見したところ乗り越えられない困難に直面する．それゆえにドゥオーキンはつぎのように結論する．鍵となる問題は，道徳的な根拠にもとづいて不連続性を奨励するような確信を，われわれの全員ないしは大半が共有できるかどうかということである．

　明らかなのは，公正さについてのわれわれの確固とした道徳的確信は，不連続性を必然的に内包している，などと無条件に言うことはできないということである．日常的な道徳は，特定の他者への特別ではあるが正当な関心と，他者にたいする正当でない差別や偏見とを区別している．白人の物乞いには金を与

えるが，黒人の物乞いには金を与えないとしたら，われわれは不公正に行為することになるだろう．しかし，道徳的にみて他のものよりも優越していると感じられるような大義や生活様式を支援する慈善活動にだけ寄付をするとしても，それは不公正に行為することにはならない．ようするに，公正についてのわれわれの理念は，善い生についての愛着や理念を排除するのではなく，それらを反映しているのである．ドゥオーキンが定義するように，「倫理が正義を形づくる」（*FLE*, p. 214）のであり，道徳が要請するのはなんであるかについてのわれわれの理解は，なにが善い生であるかについてのわれわれの理解に依拠する．そしてわれわれの大半は，道徳の要請のもつ力をわれわれが完全に認めた上でなおも，日々の生活のなかでは，情熱や偏愛によって導かれたとしても正しいのだと考える．そうだとすれば，その同じ道徳の原理が，ある政治的パースペクティヴを構築するときになる，とうえにみたような［個人的な情熱や偏愛を排除せよという］異なる力をもつということは，いったいいかにして可能なのであろうか．

　同じ道徳の原理が異なる力をもちうるのは，政治の領域にはなにか特別なものがあって，その特別なものが，その領域にたいしては特別な道徳の原理を適用することを正当化する場合のみである．おそらく，諸々の政治的活動において，特別な要求がわれわれ自身にたいして課せられるのは，政治が特別に強制的であるから，あるいは政治が万人から集められる税金を費やすことを内包するからである．ドゥオーキンは，政治の領域の独自性を認める2つの方法を論じている．それら2つの方法は，政治についての他のヴィジョンとは区別されたリベラルなヴィジョンを生じさせるものとして提示されてきた．第1の方法はつぎのように断言する．どの市民も，かのじょが他の人びとに深刻に影響を及ぼす仕方で行為するとき，かれらが理性にかなった仕方では拒絶することができないような諸原理を遵守する義務がある．いっぽう，第2の方法はつぎのように断言する．どの市民も，かのじょが仲間の市民に深刻に影響を及ぼす仕方で行為するとき，市民が共有している公共的な政治文化とその歴史のなかに潜在している諸原理を遵守する義務がある．ドゥオーキンは，こうした議論の方向性のうち2番目のものだけを，ロールズと結びつけている．しかし本書の第2部でみたように，ロールズもまた，〈市民が理性にかなった仕方で排除可能なもの〉についての1つの構想に訴えている．換言すればロールズは，ドゥオーキンが分けて考察している議論の［2つの］方向性をまとめているのである．

347

それゆえドゥオーキンの2つの方向性についての議論は，政治的なものへのロールズの転回についての，どのような評価にとっても関連性をもつ[3]．

議論の1番目の方向性にたいするドゥオーキンの反論は単純である．その反論とはこうである．「他の人びとにとってなにを排除することが理性にかなっていないかについて，わたしのもつ見解は，どのような生活が善いか悪いかについてのわたしの確信を反映する．それは，公正さについてわたしがもつ見解が，やはりそうした核心を反映するのとまったく同じだ．」(FLE, p. 215) というものである．もしわたしが，中絶はひどいことである，あるいは人びとの富はかれらの才能を正しく反映すべきであると考えるなら，これらの原理を他人が拒絶することは理性にかなっていないと考えるのはほとんど確実であろう．自分に同意しないからといって，その人びとが非難に値するとまでは考えないかもしれない．しかしわたしは，かれらには同意しないだけの十分な理由があるとは，つまりかれらが同意しないことは〈理性にかなっていないわけではない〉とは，ほとんど考えることができない．〈理性にかなっていること〉の理念に訴える議論の方向に沿って，これと類似した議論を展開してみても，どんなヴァージョンの議論にも同じ批判が当てはまってしまう．たとえば，ある特定の政策を実施するために課される負担の分配について考えてみよう．その負担をどのように分配すべきかについてなんらかの考慮を働かせることは，〈理性にかなっていること〉の中身に必然的に含まれると，われわれは考えるだろう——しかもそのとき，おそらくつぎのように判断するのではないか．ある特定の分配の仕組が提案されたとする．その仕組によればわたしは不利益を受ける．けれども，それ以外のどんな分配の仕組をとっても，わたし以外の誰かが，その仕組によってわたしが受ける以上の不利益を受けることになる．この場合，わたしがその仕組に反対することは〈理性にかなっていない〉とわれわれは判断するのではないか．［しかし］この種の議論には，ドゥオーキンによればつぎのような問題がある．それは，なにが負担として数えられるかについてのわれわれの構想は，人間にとって善い，そして満足を与えてくれる生き方とはなにかについてのわれわれの確信を反映してしまう，という点である．われわれが同性愛を，人間の品位を損なうものと考えるとしよう．その場合，同性愛を禁止する法律によって［他の人々に］課される負担は，それによって得られるわれわれ自身の利得と比べれば，軽微なものにすぎないとわれわれは考えるだろう．

議論の2番目の方向性についてのドゥオーキンの批判も，同じく根本的なも

のである．公共的な政治文化に潜在している原理の集合が存在し，それらはその文化の歴史をかたちづくる諸々の出来事についての最良の解釈を提供するという理念は，ドゥオーキンにもある程度は訴えかけるものをもっている．なぜならこの理念は，どのようにして判事たちは，ある特定の共同体にとって最善の法的原理を確立し，発展させるかについてかれが提出してきた議論と類似しているからである[4]．しかしかれは，同じ議論が政治という圏域でも機能するという考えには懐疑的である．なぜなら，いかなる政治的共同体の歴史も，伝統と同様に紛争を含んでおり，それゆえ，単一の原理の集合が，任意の共同体の伝統や歴史のすべての部分に完璧にあてはまることはありえないからである．とりわけ，「それぞれ非常に異なった論争的な政治的決定を現に正当化するであろう，２つの非常に異なった政治的構想があるとして，それらの構想がどちらもほぼ同じくらいうまい具合に，ある共同体の政治史における記録やレトリックに合致するということがありうる」(*FLE*, p. 219)．

　もちろん，これら２つの同じくらい善い解釈のうちの１つが，政治のアリーナにおいて多数派の支持を勝ち取ることはある．しかし，どちらが最もよくその政治的共同体の公共的な文化を解釈するかと問うだけでは，勝者を決める助けにはならないであろう．また，もしそのかわりに，どちらがより政治的に魅力的な解釈を提供するかと問うなら，われわれの答えは論争的となるであろう．その答えは動かしがたい信念に依拠するが，それらの信念はいくつものまとまりに分かれていて，共同体のだれもが共有しているわけではないからだ．そればかりでなく，その答えは，ある解釈が他の解釈よりも政治的に魅力的であるとはどういうことかについての，なんらかの基本的な理解をも前提することになるだろう——だが前提されているからには，その理解は，手に入る２つの解釈のうちのどちらからも引き出すことはできない．さもなければ論点先取の循環という厄介を抱え込むことになってしまう．ドゥオーキンの表現によれば，「どの原理が潜在しているかをわれわれが決定できるのは，その定言的な力をなにか別の仕方で，共同体の伝統との一致に依存したのでもそこから派生したのでもないものとして擁護できるような，なんらかの正義の構想を，われわれがすでに手にしている場合だけである」(*FLE*, p. 221)．

　ようするにドゥオーキンは，リベラルな反完成主義を擁護するに際して不連続性の戦略を推し進めるいかなる試みの途上にも，克服しがたい数々の困難をみている．しかもドゥオーキンは，ロールズの最近の政治的なものへの転回を

この種の戦略と結びつけるので，かれははっきりと，〈政治的リベラリズムは自分の批判にたいして脆弱である〉とみなすのである．この最終的な結論の正しさが保証されるかどうかを判断することは，明らかに非常に込み入った課題である．『政治的リベラリズム』についてのわれわれの議論が示唆するのは，ロールズの最近の立場は，ドゥオーキンが批判する２つの議論の方向性がもつ要素を（ドゥオーキンが明示的にロールズに結びつける２番目の方向性だけでなく）束ね合わせているということである．けれどもわれわれの議論はまた，これら２つの方向性についてロールズが展開している特定のヴァージョン（とりわけ，判断の重荷と，理性にかなったものの制約についてのかれの独特の構想）は，ドゥオーキンの批判にたいしてあからさまに弱点をさらしているわけではないということも示唆している［それゆえ，ドゥオーキンの批判が『政治的リベラリズム』の議論にたいしてどれほど有効であるかは，明らかでない］．しかしながら注記しておいたように，ドゥオーキンはかれのロールズ解釈の基盤を，その刊行が『政治的リベラリズム』に先行する諸論文に置いている．この書物はそれらの論文で展開されたのとは非常に異なる立場を提出していると，ドゥオーキンは思うかもしれない．それゆえ，こうしたドゥオーキンの批判の有効性についての争点をここでこれ以上細かく詮索しても，われわれが最も関心をもつ問題を明らかにする見込みはないであろう．われわれの目的にとって重要なのは，端的につぎのことである．不連続性の戦略にもいくつかのヴァージョンがあるとしても，ドゥオーキンの批判はそのなかの最良のヴァージョンでさえ決定的に掘り崩すとかれ自身は信じている．かれが実際にそれを成し遂げたかどうかはいっこうに明白ではないが．

連続性の戦略

　反完成主義的なリベラリズムのためにドゥオーキンが用意する代替的な擁護は，連続性という戦略を採用する．この戦略が目標とするのは，１つのリベラルな倫理——政治についての反完成主義的な直観と連続しているとみることのできる，人間の生の特徴や諸々の目的についての直覚や確信の総体——を構築することである．そしてこうした直覚や確信が，われわれの多くが善く生きるとはどういうことかを想像するその仕方の中心的部分をすでに形成しているのを証明することである．その戦略は，政治的なパースペクティヴを善い生についての人びとのより一般的な諸々の直観から生じてくるものとして提示し，そ

うした直観は脇に置かれるべきであるとは要求しないことで，いっそう統合された，統合失調的ではない道徳的経験を提供するものである．しかし，こうしたリベラルな倫理はそれが正当化するリベラリズムが，善の異なった構想間においてある意味で中立でなければならないのなら，抽象的でなければならない．このリベラルな倫理は，政治的共同体のなかで論争的になっているような，善い生についてのなんらかの詳細な記述のうちにあることはできない．にもかかわらずそれは――それがリベラルな倫理，つまり政治的な反完成主義にとっての倫理的基礎であるかぎりにおいて――，それを心に抱く人であれば誰もが，他でもないリベラルな政治的パースペクティヴをも心に抱く傾向があるよう保証するに十分なほど，識別力のある倫理でなければならない．この問題にたいするドゥオーキンの解決の一般的な形式は，つぎの通りである．

> リベラルな倫理は，実質的（substantive）ではなくて構造的ないしは哲学的な特徴をもたなければならない．それはつぎのような諸々の命題のかたちをとらなければならない……それらの命題は，われわれの政治的共同体においてありふれたものになりそうな，善い生についてのいかなる実質的で詳細な構想をも除外しない［けれども，］他の倫理とは区別される，ある・リ・ベ・ラ・ル・な倫理を形成するのに十分なほど力強いものである（*FLE*, pp. 207-208）．

こうして，政治的反完成主義のためのドゥオーキンの包括的な基礎づけは，実質的ではなくて哲学的である．ドゥオーキンは，ロールズが一緒にする傾向がある2つの非常に異なった種類の包括的教説の間に，区別を設けている．その区別の一方には人間にとっての善い生の実質的で詳細な構想があり，他方には倫理的な諸々の問題についての哲学的で形而上学的な説明がある．ドゥオーキンが念頭に置いていると思われるこの区別はおおまかには，〈いかにしてひとは生きるべきかについてのある特定の倫理的教説〉と，〈どんな倫理的教説のなかでも引き合いに出される事柄（たとえば価値，善い状態，実践的推論など）についてのある特定の見解〉との間の区別である――いいかえれば，〈善い生の計画〉と，〈そのような計画の数々を明らかにするにあたって前提とされるか，さもなければ引き合いに出されるものについての説明〉との間の区別である．倫理のこうした基礎づけ的ないしは形而上学的側面に焦点を合わせることによ

って，ドゥオーキンは，なんらかの特定の倫理的計画を是認するのを回避しようと望んでいる．けれども，それらの側面は，それにもかかわらず倫理の側面なのであるから——ひとはいかにして倫理的価値の性質を最もよく把握すべきであるかといったことと関係しているのであるから——，こうした倫理の基礎づけ的ないし形而上学的な領域で一定の結論を確立することで（特定の倫理的計画を是認しないにもかかわらず），つぎのことが可能になるのも，ドゥオーキンは望んでいる．それは，〈ある特定のタイプの倫理的計画と，それとは別のタイプの計画を，それらの哲学的な適切さを根拠にして区別すること〉である．ここで言われる〈哲学的な適切さ〉を，かれが「構造的な」問題として考えるのも偶然ではない．というのも，構造というメタファーのおかげで，さもなければひどく問題があると思われるドゥオーキンの立場が，説得力をもちうるからである．その立場とは，ドゥオーキンが〈抽象という利点〉および〈区別という利点〉を，同時に手に入れられるような分析の水準を提案している，ということである．ある建物の構造を考えてみよう．建物の構造は，その建物を，人間の活動のうちある特定の範囲に属する活動に適したものにする．しかし，その範囲に属するどんな活動にでも適したものにするとはかぎらない［たとえば，ある建物が体育館としての構造をもつなら，その建物は室内の運動競技に適したものになるだろう．しかし，その建物が，どんな室内競技にも適したものになるとはかぎらない］．これとちょうど同じように（メタファーの含意するところでは），倫理的価値の構造も，ひとはいかに生きるべきかという問いにたいする解答を，一義的に，他の解答を許さないような仕方で決定づけるわけではない．その問いにたいする適切な解答は複数ある．けれども，そうした適切な解答にたいして，倫理的価値の構造が制限を課すことはたしかなのである［ようするに，構造というメタファーのおかげでドゥオーキンは，倫理的な価値一般について抽象的に議論することと，さまざまな倫理的価値の間に区別を設けながら議論することが同時に可能になる］．

【倫理的価値の挑戦モデル】

　ドゥオーキンが取り組もうとする哲学的あるいは構造的問いはこうである．すなわち，どのような種類の善さ（goodness）を，善い生は有しているのか．かれは，したいことをするという意味での善い状態（volitional well-being）と，批判的な意味での善い状態（critical well-being）との間に区別を設けることから始める．誰かにとって，自分のしたいことをするという意味での善い状態が改善されるのは，かのじょがたまたま欲するものをそれがなんであれ獲得すると

きである．かのじょの批判的な意味での善い状態が改善されるのは，それがな
んであれかのじょが欲すべきものを獲得するときである．わたしがたまたま歯
医者に行くのを嫌っている場合に，わたしが首尾よくそれを避けたとき，し
たいことをするという意味でわたしの生はよりうまくいったことになる．けれど
も，わたしがときどき歯医者の椅子に座って苦しむことになったからといって，
またはその反対に歯医者にかからないですむことにぜんぜん関心をもとうとも
しないからといって，たんにそれだけで私の生がより悪いものに——後悔すべ
きもの，あるいは恥ずべきものに——なるわけではないだろう．しかしながら，
わたしの家族や友人たちとの緊密な関係にたいするわたしの欲求は，［歯医者に
行きたくないという欲求とは］非常に異なっている．わたしは，もし自分がそうし
た欲求を満たさないのなら，自分の生はあまり善いものとはならないと信じて
いる．そればかりか，もし自分がこれまでそうした欲求について考えたことす
らなかったとしたら，やはり自分の生はあまり善いものとはならないだろうと
信じている．それゆえ，自分の批判的な意味での利益に関しては誤りをおかす
ことがありうるが，自分のしたいことをするという意味での利益については誤
るということはない．バニラ味のアイスを食べることで快楽をえているひとに，
あなたは本当にそれほどその味を好むべきなのかと問うことは，あまり意味を
なさないのである．

　ドゥオーキンは，〈自分たちの批判的な意味での利益に心を配る人びとは，
リベラルな形式の政治的な共同体におのずと導かれるだろう〉と証明すること
を目標としている．そしてかれは，批判的な意味での倫理的価値についての
〈挑戦モデル〉（challenge model）とかれが名付けたモデルに依拠することで，
その目標を果たそうとするのである．このモデルは，〈善い生を送ることの批
判的な意味での価値は，生きることの諸々の課題を巧みに遂行することに備わ
っている，内在的な価値にある〉と主張する．ドゥオーキンの信じるところで
は，この挑戦モデルは倫理的価値についてのわれわれの日常的な直観と最もよ
く合致するものである．そして，リベラルな倫理（そしてそれゆえ，政治について
のリベラルな見解）が，われわれにたいして真剣な要求を投げかけるのは，リベ
ラルな倫理が，善く生きるとはなんであるかについてのその倫理の構想のなか
で，挑戦モデルにふさわしい顕著な役割を与えるからにほかならない．

　かれの哲学的あるいは形而上学的議論の第1段階は，それゆえつぎの点を論
証することである．挑戦モデルは，それと競合するモデル——なかでも，善い

生の価値はそれが生み出したもの，つまり世界にとってのその帰結からなると考える影響モデル（impact model）——とは異なって，価値についてのわれわれの中心的な直観の数々を説明することができるということ．さらに挑戦モデルは，直観に反するような深刻な含意を一切もっていないし，しかも，大半の人びとが倫理の本性についてもっている，いくつかの根本的な問題や懸念を解決することができるということである．たとえば，価値ある帰結をほとんどもたないか，あるいはまったくもたない事柄にたいする関心——たとえば，自分たちの子供と仲のいい関係をもちたい，あるいはその帰結は度外視してもなんらかの研究分野をマスターしたいというわれわれの利益——は，たんに馬鹿げているか，勝手気ままなものであることを影響モデルは含意する．これにたいして挑戦モデルは，そうした関心を，〈挑戦的な課題の巧みな遂行という本質的な価値〉をもつものと考える．挑戦モデルに代わるモデルとして影響モデルのほうを支持する直観もいくつも存在する．だが挑戦モデルがこれらの直観にたいして目を閉ざしているわけではない．病気の治療法を発明することや，仲間の市民たちの生を改善することを，生がわれわれに設定する挑戦に対処するすばらしい仕方の1つとして考えるかぎりにおいて，われわれは偉大な科学者や政治家の仕事の帰結にたいして賞賛を与えるが，挑戦モデルはこうした賞賛を受け入れることができる．そして，1つの人生を生きることこそ，われわれが人間存在として直面するもっとも包括的で重要な挑戦を構成する．そうであるがゆえに，われわれの批判的な意味での利益は，ほかでもない1つの人生を生きるという挑戦にうまく対処したことを証明するような達成と経験をすることにあると理解されるべきである．

　この挑戦モデルの論証における詳細の多くは，ドゥオーキンの立場全体を精査するためには明らかに重要性をもつにせよ，本章の目的にとっては意義のないものである．しかしながら，挑戦モデルが生の価値をめぐるこれらのパズルのうちのいくつかを解決するその方法は，文化，社会正義および自律をめぐるわれわれの中心的な問いに関連しており，かくして，より詳細に注意を払う価値のあるものである．

【倫理的価値の超越性】
　諸々の倫理的価値は，超越的なのか，それとも連動的なのか（transcendent or indexed）．善い生を構成しているものは，つねにそしてどこにおいても同じなのであろうか．それとも善い生として数えられるものは，文脈に依存している

のであろうか．批判的な意味での利益は，誰かがたまたまなにを欲しているかという問題ではまったくなく，かのじょはなにを欲すべきかという問題であるという事実は，批判的な意味での利益という善い生の構成要素が，どこにおいても同じであると示唆しているように思われるであろう．しかし諸々の倫理的基準はなんらかの仕方で，個人の文化的，生物的，個人的状況に連動させられており，ある歴史的時期のある状況における誰かにとっての善い生は，非常に異なった状況における誰かにとってのそれとはまったく異なっているだろうと主張することもできる．この主張も，まったく同じように説得力をもつと思われる．

挑戦モデルが強く含意しているのは，生が提起する挑戦（そしてそれゆえ，あるひとがその挑戦にたいしてする応答の価値）は状況によって変わるだろう，ということである．宮廷の美徳をそなえた生は，中世フランスにおける生が課す挑戦への巧みな応答ではあろうが，今日のシカゴにおける生が課す挑戦へのそれではないだろう．実際のところ，どんな人生でもその価値の一部は，つぎの決定を首尾よく下せるかどうかにかかっているだろう．すなわちそれは，無時間的な青写真をどんな状況であろうとすべての状況でたんに適用するかわりに，そのひとが直面する特定の状況のなかで善く生きるとはどのようなことかを決める決定である．だが文脈に応じた決定の重要性にもかかわらず，ドゥオーキンは挑戦モデルそれ自体を，文脈に無関係に適用可能であるとみなしているようにみえる．生が課す挑戦にたいする巧みな応答の実質は，そうした挑戦が直面する文化的そして歴史的状況に依存するかもしれない．しかし挑戦モデルがあるひとに要請するもの——生の挑戦にたいする巧みな応答のための能力，任意の所与の状況におけるそのような応答とはどのようなものかを決定する能力——は，たしかに変化することはないだろう．それゆえ，ひとがこうした変わらない要請に対処する場合に求められるであろう，一般的な性格上の特性，才能，能力などは，どれも文脈に関係なく重要性と価値をもつことになるだろう．

【正義】

個人の幸福と道徳の間になんらかの結合はあるのだろうか．不正なひとは，それにもかかわらず善い生を，あるいはすくなくともなんらかの価値を有する生を生きることができるのだろうか．それとも，ひとが他者の権利を侵したり，他者の権利が侵されることから利得を得たりするなら，そのひとが人間として開花することは不可能なのであり，それゆえ，他者の正しい取り扱いは善い状

355

態の必要条件なのだろうか．

　こうした問いに答えるためにドゥオーキンは，制約 (limitation) として作用する環境と，媒介変数 (parameter) としてはたらく状況との間に区別を設けて，この区別にもとづいて議論を展開している．すなわち，前者の制約とは，ひとが善く生きるうえで助けになったり妨害になったりするものである．後者の媒介変数とは，生を善く遂行するということは，そのひとにとってどのようなことかを定義する助けとなるものである．たとえばある人びとにとって，自分たちのナショナリティは媒介変数であり，イングランド人であることは，ある特定の生をかれらにとって適切なものにする重要な部分である——かれらにとってそれは，善い生の条件なのである．だが，別の人びとにとってナショナリティは，たんなる1つの事実，かれらの用いることのできる諸々の選択肢に課せられた制約である．その制約は，自分の人生が提起する挑戦をかれらがどのように定義するかによっては，かれらに能力を与える制約にもなりうるし，かれらから能力を奪う制約にもなりうる．もしさきほどの議論が正しく，倫理的価値は超越的ではないなら，あるひとを取り巻くさまざまな環境のうちのいくつかは，媒介変数でなければならない．さもなければ，かのじょは自分の生の挑戦が実際にどんなものであるのか，理解できないであろう．すなわち，もしかのじょの環境すべてが制約であり，自分の生を善く生きるとは自分にとってどんなことかについて，環境から独立した理想をかのじょがなにももっていなかったとしよう．そのときかのじょは，それらの制約が自分のすることをあるときは助け，あるときは妨害するとはどういうことか，納得できないであろう．しかし，す・べ・て・の環境が媒介変数であることもできない．媒介変数は，かのじょにとって善い生ならば必ず含んでいなければいけないものの一部だからである．というのも，もしすべての環境が媒介変数だとすれば，生はまったく挑戦を提起しないということを意味する——かのじょはたんに生き続けるだけで，生きることの挑戦に首尾よく立ち向かえるということになってしまうからである．ようするに，生を1つの挑戦として取り扱うことは，ひとの環境を，媒介変数と制約との組み合わせとして取り扱うことに等しいのである．

　こうした媒介変数の多くは，規範的である．すなわちそれらの媒介変数は，われわれの実際の環境ではなく，あるべき環境を特定するのである．このことが意味するのは，われわれの生は，自分たちの実際の環境に適切な仕方で応答しないがゆえに悪くなりうるだけではなく，われわれの直面するそうした環境

が悪いものであるがゆえに悪くなることもありうる，ということである．もし環境が提起する挑戦が，われわれが直面すべきものでないなら，いかに首尾よくわれわれがそれに対処するとしても，あるべき挑戦に直面していたならば得たであろう場合と同じ機会をもつことはできない．たとえばわれわれは，人間の生をある特定の時間の幅を占めるものとして（そしてこのことにより，年齢を重ねたり，自分よりも若い世代と関係しなければならなかったりすることに伴う種類の，内的複雑さに挑戦することを提供するものとしても）把握する．そのためわれわれは，夭折した者は，完全な善い生を生きる機会を奪われたと考える．なぜならかのじょは，直面したはずであった特定の挑戦を奪われてしまったからである．諸々の媒介変数はまた，ハードであることもソフトであることもある．ハードな媒介変数は，決して欠くことの許されない条件を明らかにする．それらの条件が侵犯されるなら，その生の遂行は，他の側面で成功しているかにかかわりなく，総体としては失敗である．たとえば，ソネット［14行詩］のフォーマルな構造は，詩にたいしてハードな媒介変数を課している．ソフトな媒介変数が侵犯されることは，ある遂行の価値を減少させるものではあるが，必ずしもそうした遂行をだめにしてしまうものではない．たとえば，夭折がそうであろう――モーツァルトの生は，その短さにもかかわらず見事に成功したのである．

　われわれの環境のうちのあるものが，善く生きることの規範的媒介変数である．しかしそうだとすると，ドゥオーキンの見解によれば，正義をそれら規範的媒介変数のなかに含まれるものとみなさないのは難しい．正義が規範的媒介変数であるなら，善い生というものは不正な行為を含むべきではないし，正義に背くほどの資源の分け前をもつことに依拠すべきでもない．

> 諸々の資源がなんらかの仕方で媒介変数のなかに入らなければならないのは確かである．なぜなら，善く生きるという挑戦を記述することは，善い生を送るためにその生にとって手に入れられるべきである資源について，いくつかの想定をしなければできないからである．資源をもっぱら制約としてのみカウントすることは不可能である．なぜなら，ありうべきもっとも善い生はなにかということを，その生の経済的な環境いっさいを捨象してはまったく理解できないからである．それゆえわれわれは，資源が善い生の媒介変数として倫理のなかに入ってくる仕方について，なんらかの適切な説明をみいださなければならない．そしてそのためには，〈善い生と

357

は，資源が正義にかなって分配されている状況にふさわしい生である〉と規定することによって，善い生と資源の関係をめぐる議論のなかに正義を持ち込む以外に，代替策はないとわたしは考えるのである（FLE, p. 259）．

〈人びとは資源の正義にかなった分け前だけをもつべきだ〉と考えるなら，それと同時に〈いかにして善く生きるべきかを決定するのに適切な環境とは，自分が正義に背くほどの分け前をもつような環境でありうる〉と考えることはできない．ここにおいて，人間の善い状態についての，道徳的（他者を配慮するという）要請と，倫理的（自己に配慮するという）要請との間の区別は，端的にいって存在しなくなる．生がわれわれに課す挑戦とはどのようなものであるべきかを構想するにあたってわれわれの特定する資源媒介変数（resource-parameters）が，正義に背く社会的配分を前提しているような水準の資源を自分のために確保するのを許す，あるいは奨励するものであるとしよう．もしそうだとしたら，実際には，〈われわれが欲するべき資源とは，誰もそうすべきではないとわれわれが考えるような仕方で行為することによってのみ手に入れられる資源である〉，と述べているに等しいであろう．善く生きるとは正しい挑戦に正しい仕方で応答することを意味するのならば，正しい挑戦に立ち向かうことができないとき，ある生はより悪いものとなる――道徳的にのみならず，倫理的にもより悪いものとなるのである．したがってつぎのように言える．生が善く生きられるための資源媒介変数は，正義の要求に従うべきである．それなのにわれわれは，自分たちが資源が正義に背いて配分されている社会にいることに気づくとき，われわれのなかで，そうした資源の過剰な分け前を受け取っているものは，なんらかの異なった，もっと正義にのっとって組織された社会においてほどには，善く生きることはできない．正義に背いてはいるが豊富な資源に恵まれた環境での生は，正義にかなった水準以下の資源しか受け取れない人びとの生と比べるなら，依然としてより善いものとなるだろう――富者は貧者よりも，より複雑で刺激的で挑戦に満ちた生を送ることができるからである．けれども，それにもかかわらず，われわれが不正義から利益を得ている以上，その不正義は，われわれが送るいかなる生の善さにも，制約を加えるのである．

ドゥオーキンによると，善い状態と正義についてのこうした挑戦を基盤とする解釈のなかでも極端なヴァージョンの1つが，正義についてのプラトンの見解である．正義に背いた国家で生きるという不運によってだいなしにされた生

は，どんなことをしても埋め合わせできないというプラトンの主張は，正義とは，倫理にとってのハードな媒介変数であるという見解に相当する．すなわち，手に入れる資格があるよりも多くの資源を用いることによっては，誰も，純粋に善い生を生きることはできない．それはちょうど，詩人が，14行から成り立っていなければならないソネットにさらに行を付け足すことによっては，善いソネットを生み出すことはできないのと同じだというわけである．しかしドゥオーキン自身の見解は，そこまで厳格ではない．かれにとって，正義は倫理のソフトな媒介変数である．正義に背く富によって支えられたひとは誰も，善い生を生きることに完全なかたちでは成功できないが，それによって，そのひとの生がまったく生きるに値しないものになるわけではない．その生は非常に善い生かもしれないのである．おそらく正義をこのようにソフトな媒介変数とみなすことは，それ自体正しいことだろう．というのも，すぐあとでみるように，われわれはいまだかつて正義にかなった社会を手にしたことはないとドゥオーキンは考えているからである．正義と善い状態との関係についてのプラトンの主張と，正義はなにを含むかについてのドゥオーキンの見解とを結びつけるなら，いまだかつてなんらかの価値ある生を生きたひとは誰もいなかったという不幸な結論になってしまう．実際，ドゥオーキンは上記の見解からさらに先に進んで，正義に背く環境のもとで，正義にかなった環境のもとにいる誰よりも善い生を生きるひとがいるかもしれないという可能性を認めている．絵の天才が，正義に背く富をもつパトロンによって養われる場合がおそらくそうであろう．それにもかかわらず，そのようなケースは，極度にまれであると思われるのであり，ドゥオーキンにとってプラトンはほぼ正しいのである．

【是認（endorsement）】

　ある純粋に善い生をかたちづくる諸々の構成要素は，［本人が］それらを善いものとして是認しないとしても，所有する価値があるのだろうか．他人から愛されるひとは，かのじょ本人がその愛を認識していないとしても，あるいはその愛を自分の善い状態のために重要なものとみなさないとしても，それでもその愛のおかげでより善い状態になるのだろうか——なるとすれば，それはドゥオーキンが付加的見解と呼ぶものである．それとも，かのじょ本人がその愛を価値あるものとして是認することが，その愛がかのじょの善い状態を改善するための必要な前提条件なのだろうか——そうだとすれば，それは構成的見解である．困難はつぎの点にある．一方でわれわれは，ある特定の生は，たんにわ

たしがそれは善いと思うからといって，わたしにとって善いとはかぎらない（われわれは，なにが善いかについて誤ることがありうる）と言いたい．しかし他方でまた，自分が軽蔑し，みっともないと考える生を生きることには，誰も利益をもたないといいたいのである（いったいどうしたらそのような生は，か̇の̇じ̇ょ̇に̇と̇っ̇て̇善いものでありうるのか）．

挑戦モデルにとって，確信と価値との結合は，付加的ではなく，構成的なものである．すなわち，わたし自身が無価値と考えるなんらかの特徴や構成要素のおかげで，わたしの生がより善いものになることはありえない．あるひとが生を遂行するとき，かのじょの遂行のさまざまな特徴のうち，当のかのじょがそれらを避けようと苦心している，あるいは（回顧的にでさえも）善いものとして承認しないであろう特徴を理由にして，かのじょにたいする評価を高めることをわれわれはしない．適切な動機，意図ないしは意識こそが，なにごとかが適切な遂行であるために必要だからである．そしてある遂行の成功は，遂行者の自律を踏みにじっては達成できない．たとえばある画家が絵を描く場合，もし別の画家がかのじょの筆使いを指導したり，あるいはその絵をだめにするような筆の運びをかのじょにやめさせたりするならば，かのじょはすばらしい絵画を生み出すという挑戦に対処するのに成功していないのである．こうして，挑戦モデルの支持者が，生が提起する挑戦にたいするどのような類の対応が最善であるかについて，非常に確固たる見解を有していることはありうる．しかしそうだとしても，そうした対応をある人が強制されて採用することがその人の生にどのようなものであれ価値を与えるとは挑戦モデルの支持者は考えない．生の挑戦は，そ̇の̇人̇に̇向̇け̇ら̇れ̇て̇い̇る̇のであるから，かのじょ本人がその挑戦に対処する場合に，そしてその場合にのみ，かのじょの生は善いものとなる．もしかのじょの対応が，他人の意図や行為によって決定されるなら，かのじょは挑戦に対処したとはまったく考えられないのである．

ドゥオーキンはこれを，統合（integrity）および統合がもつ倫理的優先性の問題として提示している．生がわれわれに直面させる挑戦のうちで重要な部分は，われわれを取り巻く諸々の環境は，まさにどのような類いの挑戦を提示しているかを——どの環境が制約であり，どの環境が媒介変数であるかを——決定するという挑戦である．そして〈どんな挑戦に直面しているかを自分で決定する〉ということが，ほかでもないそ̇の̇決̇定̇す̇る̇という挑戦の媒介変数（それなしには，その挑戦はあるべきものにならないようななにか）なのである．

倫理的統合とは，自分の生は，その中心的な特徴において，自分にとって適切な生であるという確信によって生きることのできるものが達成する条件である．いいかえればそれは，自分が実際とは別のどんな生を送ったとしても，その生は，正しく判断された自分の倫理的状況の媒介変数にたいする，［実際の生と比べて］明白により善い対応ではないだろうという確信である．……倫理的統合に優先性を与えることで，確信と生とが合致することが，倫理的成功の媒介変数の１つになるし，そしてつぎのことが明確に規定される．すなわち，倫理的統合をけっして達成しない生を送ることが，達成する生と比べて，誰かにとって批判的な意味でより善いということはありえないのである（FLE, p. 267）．

たまたま有する確信がなんであろうと，その確信にそって快適に生きるということがここでの課題なのではない．確信によって生きるということは，ほかでもなく，反省，一貫性，自己批判，他人の生き方の例にたいして心を閉ざさない，といったことにたいするコミットメントを要請する．わたしが善い生を送らなければならないことに変わりはなく，そしてそれはたんに自分が善いと思っている生のことではない．けれども，わたしがそれを善い生であると考えないならば，わたしは善い生を生きることはできない．したがってつぎのようになる．ある友人が，わたしが思うところ価値のある生の形式ではなくて，むしろわたしが思うところでは価値がない生の形式を選択するとしよう．その場合わたしは，——かのじょが自分の選んだその生を，その正しさを完全に確信して生きたとしても，わたしが価値あるものとみなす別の生のほうを同様な確信をもって生きることに比べれば価値は小さい，とわたしは信じるほかないのであるが——〈その生をかのじょが統合を伴いつつ生きることは，別の生を，それには価値がないと確信しながら生きることと比べて，より大きな価値がある〉とも信じなければならない．もちろんわたしは，自分の友人が間違っていると説得しようとすることはできる．しかし，ここで一般的に含意されているのはつぎのことである．すなわち，別のひとの倫理的選択の内容ないしは文脈に，影響を及ぼそうとすべきではない——ただし，それが［当人によって］誠実な仕方であとから是認されそうであることが経験によって示されているような，短期的で，攻撃的でないやり方で行なわれる場合は例外であるが．われわれが，あるひとが善い選択をするチャンスを増やすために，かのじょが直面している，

さまざまな可能な生き方のリストのなかから，最も損害を与える，あるいはほとんど価値がないとわれわれが判断するものをたんに取り除くだけだとしよう．この場合でさえ，そのようなパターナリズムは，かのじょが善く生きるチャンスを改善するのではなく，そのチャンスを深刻に損なってしまうであろう．そうではないと考えるならば，端的にいって，媒介変数と制約を混同しているのである．その考えは，善く生きるとは，最善の生き方がどんなものであるにせよ，とにかくその生き方をすることを意味すると想定している．したがって，この考え方は，最善の生き方をわれわれが自分で決めなければならないことを倫理の主要な仕事にたいする障害物として解釈している．だが実際には，〈いかに生きるべきかを判断するという挑戦〉に立ち向かうことは，善く生きるとはどういうことかについての媒介変数の１つなのである．

倫理から政治へ：ドゥオーキン的な国家の中立性の出現

　倫理的価値の挑戦モデルを受け入れるためにドゥオーキンが提供している諸々の根拠を，できるかぎり好意的な観点から要約してきた．だがこの事実は，もちろん，われわれが競合するさまざまなモデルにたいする挑戦モデルの優越性を疑問の余地がないとみなしていることを意味しない．その反対に，挑戦モデルの中心的な諸要素とその全体的な姿は，いずれもきわめて論争的なのである．たとえば，正義とは善く生きるためのソフトな媒介変数であるというドゥオーキンの主張は，人間の善い状態についての，極端に厳格な構想を体現している．それが意味しているのは，〈本来の意味で善い生は，不正な活動を含んではいけないだけでなく，正義に背くほどの資源の分け前に依拠してもいけない〉ということである——そのことは，たとえ，正義に背くほどの資源の分け前をもつかどうかという問題にたいするコントロールが，該当する個人の力の及ぶ範囲をどれほど超えたところにあっても変わりがない．そして，そうした資源が可能にする満足と純粋な人間的達成の度合いとも，まったくかかわりがない．より一般的には，〈善く生きるとは，生が課す諸々の挑戦に巧みに応答することである〉という理念は，人間の善い状態についての多くのきわめて影響力のある現代の構想とは，反対に向かっている——そうした現代の構想は，効用や欲求充足の最大化に中心的役割を置いているか，あるいは人間行為の（個人的ないしは社会的）帰結に関心を集中している．この論争は，「善い状態」

という概念のなかに隠されている多くの曖昧さや複雑さを明るみに出すことにしか役立たないかもしれない．しかしそうした曖昧さや複雑さが明るみに出たとすれば，それは哲学的探求のこの領域である単独の基本的モデルの優越性を確立することが含んでいる数々の困難を，さらに強めることにしか役立たないであろう．

　それにもかかわらず，本章の目的のため，〈倫理的価値の性質についての哲学的説明として，挑戦モデルがそれに競合するモデルよりも優越しているということをドゥオーキンは暫定的に確立した〉と，端的に想定するつもりである．そこでかれのつぎなる課題は，〈かれ自身が支持するような政治におけるリベラリズムの種が，挑戦モデルを明示的に取り入れている，あるいはすくなくとも挑戦モデルと一貫するいかなる倫理のヴィジョンからも自然に発展していくということを，論証すること〉になる．かれは，ある思考実験を構成することによって，その課題をおこなう．すなわち，つぎのような政治的共同体を考え，その共同体の構成員たちによってなされる熟慮（deliberation）からは，どのような統治の原理が現れてくるであろうか，と問うのである．その共同体では，個々の構成員の倫理的立場は，内容において相互に幅広く異なっている．それにもかかわらず，それらすべての倫理的立場を，構成員たちは挑戦モデルの観点から理解しているとされる．換言すれば，各々の熟慮するひとがそれを増進しようと心を砕いているのは，かのじょ自身の批判的な意味での利益，すなわち，かのじょを取り巻くあるべき環境［規範的な媒介変数］に対して，適切な仕方で応答するような生を生きるという点での利益である．

　これが意味するのは，ドゥオーキンのここでの［思考実験という］戦略全体がロールズのそれを強く髣髴させるとしても，ドゥオーキンの思考実験のなかでの熟慮する人びとは，原初状態の当事者たちとは非常に異なっているということである．第1に，かれらが用いることのできる情報に限界はない．つまりかれらは，自分たち自身の利益，確信，環境について，実際の人びとが知っていることすべてを知っている．そして第2にかれらは，（ロールズがかれの基本善に関して規定しているように）それらの配分のために諸原理を決定することが求められている諸々の資源を，より少なく獲得するのではなくてより多く獲得することに，アプリオリな利益を有しているわけではない．かれらはもちろん，正義にかなった配分が，より少ない分け前ではなくより多い分け前をもたらすのを希望するであろう．それは，より多くの分け前はより複雑で挑戦に満ちた生を

363

送ることを可能にするからである．けれども，正義を善い状態にたいする（すくなくとも）ソフトな規範的媒介変数として受け入れている以上，かれらがそのより多くの分け前を欲するのは，それが正義にかなっているという条件のもとでのみである．ロールズは，自己利益に交渉と無知を追加することではじめて，正義を自己利益から引き出した．それにたいして，ドゥオーキンの善い状態についての理解では，自己利益と正義のつながりはいっそう緊密なものである．実際，正義は自己利益の重要な部分なのである．

　ドゥオーキンの見解では，上記のように構想された政治的共同体の市民たちは，われわれが先に言及した一連の論稿でかれが練り上げたヴァージョンのリベラリズムに収斂するであろうという．著者であるドゥオーキンが「リベラルな平等」と呼ぶ，この立場の詳細に立ち入らなくても，その全体的な姿を略述することができる．リベラルな平等の主張はつぎの通りである．〈正義にかなった資源の配分が達成されるのは，さまざまな人びとがコントロールする資源が，それらの機会費用の点で平等である場合——すなわち，もしそれらの資源が他の人びとの手中にあったならばもつであろう価値が平等である場合のみである〉．ドゥオーキンは，多かれ少なかれ人工的なさまざまな経済的仕掛けを用いてそのような機会費用がどれほどのものかを確立し，しかるのち，その結果に合致した社会的資源の再配分を要請する．非人格的資源（土地，原材料や家屋のような環境の諸部分）の不平等は単純な移転によって是正されるが，人格的資源（才能や健康のような，心身の移転不可能な質）は，補償的な租税の枠組によって是正される．その課税の水準はいわば保険の掛け金を計算することで設定される．諸個人は，人によって程度の違いはあるが，自分がなんらかの不利益を負うことにたいして保険をかけようとするだろう．その保険のために支払うのが合理的だとかれらが考える掛け金の額が，課税の額に相当するのである．しかしながら，資源の機会費用は，それらが他者にとってもつ真の価値に依拠しており，そしてその真の価値は，他者がもつ最も深く考察され，そして是認されたライフ・プランを達成するために，それらの資源がなすであろう貢献によって確定される．そうである以上，真の機会費用が確立されうるのは，人びとが自分の真正な確信を発展させ，それに表現を与えることができるかぎりにおいてのみである．そしてそのためには，人びとは自由を必要とする．たとえば，もしもいくつかの特定の生の様式が禁止されたとしたなら，それらの活動にたいする市民たちのコミットメントが存在すること，そしてそのコミットメ

ントの強度を示すいかなるしるしも忘れ去られ，そうした活動が前提としている資源の真の価値も忘れ去られるであろう．こうして，リベラルな平等にとって，自由の侵害は，正義にかなった資源配分を保護することを意図しているもの（たとえば，盗みを禁じる法律）でないかぎり，平等の侵害でもある．2つの価値は生死を共にしているのである．

　政治におけるリベラリズムのこのヴァージョンは，いくつかの点で明らかに他のヴァージョンとは異なっている——それらの点こそは，ドゥオーキンのみるところ，倫理的価値の挑戦モデルと切り離されることのできない倫理的リベラルにとって，ことのほか強く訴えかける点である．われわれの関心に最も直接的に意義をもつそれらの点に光をあてよう．

平等とひいき（partiality）

　ドゥオーキンによると，リベラルな平等の魅力について熟慮する人びとが倫理的なリベラルであるなら，資源の平等な分配という目標は，かならずかれらに強く訴えかける．というのもそれは結局，政治的共同体の構成員たちすべてが，資源の平等という点に関しては同じ抽象的な挑戦に直面することを保証するのに等しいからである．資源の非平等主義的な配分を支持する標準的な議論は，かれら倫理的なリベラルにとってはまったく重要性をもたないであろう．たとえば，不平等は共同体の全体にわたる繁栄を増加させるとは論じることができないであろう．なぜなら，倫理的リベラルにとって，経済的資源の増加が市民たちの批判的な意味での利益だという前提はないからである．同じことは，さまざまな集団が共同体の内部でもつ値打ないし価値には本質的な違いがあると訴えることによって，不平等を正当化する，あらゆる試みにもあてはまる．このような試みが提案するのは，社会的地位，才能，あるいは皮膚の色などが同じように配分されてはいないことにもとづいて，特権を不平等に配分することである．倫理的なリベラルにとってこれは，すべての個人になりかわって，かれらの諸々の環境や属性のうちのどれが，かれら自身の倫理的な地位やアイデンティティの核であるのかを，あらかじめ決定してしまうことを意味するであろう．このような決定はすべての諸個人から，生がかれらに提起する挑戦の中心的な部分を取り去ってしまう——すなわち，自分たちの環境や属性のうちのどれを，倫理的努力にとっての媒介変数として扱い，どれを制約として取り扱うかをまさに決定するという，中心的な部分を取り去ってしまう．そのよう

な非平等主義的理論は，倫理的アイデンティティの媒介変数を構成するのは，人びとの仕事ではなく政治の仕事であると前提することで，倫理をおとしめるものなのである．正義が倫理を制限するのと同じように，倫理もまた正義を制限しなければならない．「およそ正義の枠組というものは，倫理的挑戦がもつ特徴と深さについてのわれわれの理解と適合しなければならない．そしてこのことは，正義の最善の理論として，平等を支持するのである」（*FLE*, p. 290）．

さらに，平等をこのように強調することは，美徳と悪徳を区別することと衝突しない．あるいは家族や友人を優遇することは正しいという，われわれの日常的な倫理的信念と衝突しない．反対に平等の強調は，そうした信念に認可を与える．正義が善い状態についてのソフトな規範的媒介変数であるとすれば，正義の要求が満たされないときはいつでも，われわれの生の善さ（そしてそれゆえ，家族や友人をひいきするというわれわれの倫理的実践の善さ）は，大きく減少させられる．しかし，ひとたび正義の要求が満たされた後でならば，自分の資源を用いて誰かをひいきしたいと思うときに，われわれはそうする道徳的権限を認められる．私自身の公正な資源の分け前をどのように使おうとも，他人が受け取る資源の分け前を，わずかでも不公正なものにすることはない．それゆえ，わたしが政治にかかわらないところでひいきをするのは，不正義に間接的に貢献するものとしてさえ，非難されることはありえない．われわれがおのずと誰かをひいきしてしまうことは，平等主義的な政治と衝突しない．むしろ平等主義的でない種類の政治のほうこそ［あらかじめ公平な資源配分を行わないので］，ひいきと衝突するのである．

寛容とひいき

リベラルな平等は，〈政府は，その市民の誰にたいしても，かれらの倫理的立場や価値を根拠にして差別的な取り扱いをしてはならない〉ということを明記している．これは寛容の原理である．だがこの原理は，政治的なリベラルには，自分の私的な生においても，特定の生の形式が他の形式よりも相対的に優越しているという確信に他の者ほど強くコミットすることができない，ということを意味するものではない．政治的なリベラルも，かのじょが善だと理解するものの優越性を訴えて私的なキャンペーンをすることができる．それどころか，そうした私的なキャンペーンを政治のアリーナで継続しても，まったく問題はないのである．しかしかのじょは，不寛容な手段によっては，そのキャン

ペーンを続けることはできないだろう．たとえば，たんに自分がそれは善くないと考えるからといって，ある人びとにたいして，かれらが純粋に善いとみなしている生を送るのを［法律によって］禁じることはできないだろう．というのも，かのじょの正義の説明は，資源と環境の平等という構想に訴えかけるものであり，そして法は明らかに，そのような環境の1つ——善く生きようと試みるに際して，個人が応答しなければならない諸々の機会や制約を決定するのを助ける環境だからである．たんに他人がそれに同意しないからといって，ある人びとが自分たちには最善であると考える生を送ることを禁じる法を是認するなら，そうした是認は，市民たちの環境を不平等なものにすることが明らかである．したがってそれは不正義をたんに強固にするどころか，政治的共同体の万人の生にとっての規範的な媒介変数の1つとして不正義を是認してしまうことに等しいであろう．かのじょが最善と考える生の形式を，その政治的共同体がまったく異論なしに是認するとしてさえも，それがかのじょにとって最善のものとなるのは，かのじょの生の環境が正義にかなった手段で確立され維持された場合だけである．そして，任意の他人の生を，自分たちにとってなにが善であるかについてのかれらのしっかりした確信に逆らってより善くすることが不可能である以上，特定の生き方を禁止するような種類の強制的な政治的行為は，他人の最善の利益に奉仕するものであるとはとうてい考えられない．かれらの確信は，制約でもハンディキャップでもないからである．それゆえ，倫理的リベラルにとって，リベラルな平等が要請する寛容は，いかなるかたちでも倫理的統合失調症を押しつけるものではない．

共同体

　ドゥオーキンの見解では，〈倫理に関して本当に問題なのは，個人の生が善く送られることである〉という考えをわれわれの直観は強く支持するのではあるが，われわれの直観はまた，〈個人の善い状態は，すくなくとも部分的には，そのなかで個人が自分たちの生をいきぬく，共同体の生の批判的な意味での成功に依存する〉ことも示唆している．いくつかの箇所で，かれはつぎのように示唆している．「最も根本的な倫理的単位は，集合的なものであって個人的なものではないと，われわれは感じている．すなわち，わたしの生が善く送られているかという問いは，わたしがその構成員であるなんらかの集団をめぐって，われわれの生は善くよく送られているかと問うことに従属していると感じてい

る」(*FLE*, p. 239)．このことは，たんに善い生は利己的な生ではありえないとか，われわれの倫理的信念は社会的に条件づけられているとか認めることに含まれているよりも，もっとラディカルな，個人の関心と集合的な関心との融合を考察することである．それは，あるひとの生にとっての価値や善さが，ある程度までは，かのじょがそのなかで生きている共同体の生がもつ価値の関数であると想定することである．こうした種類の議論を完成主義的な方向にもっていく——そしてこの議論は，倫理的に害を及ぼすのではなくて健全であるような共同体を保証するための国家の行為に認可を与えると論じる——ひともいる．しかしドゥオーキンはそこで，こうした種類の議論はリベラルな平等についてのかれ自身の反完成主義的構想ときわめてよく調和すると主張する．

　ドゥオーキンはつぎのことを認める．すなわち，政治的共同体には1つの生があり，市民たちの生は，共同体の生と統合されている．そしてどの市民の生の批判的な意味での成功も，全体としての共同体の善さの一側面であり，それゆえその善さに依存している．かくして，市民たちは自分たちの善い状態と同様に，共同体の善い状態にも関心をもたなければならない．これが，政治的な共同体は，ドゥオーキンが「行為の単位（unit of agency）」と呼ぶものでありうる理由である——すなわち政治的共同体は，諸々の行為にたいして責任があるとみなされる実体であり，そうした行為のいくつかは，その市民たちの善い状態に重要なかたちで影響を及ぼす．とりわけ，そのなかでかれらが直接的な個人的役割をいっさい果たしていないような共同体の行為の倫理的な成功あるいは失敗を，市民たちが分担するということがありうる．ある国民国家が正義に背く戦争をおこなうとき，それをするのは政治的共同体である．そして政治的共同体の道徳的失敗は，その市民全体の道徳的失敗である——その戦争に積極的に反対した市民も含めてである．しかしこの倫理的統合は，共同体が存在論的に根本的であるような，バロック様式の形而上学に基盤をもっているわけではない．そうではなくそうした共同体は，人間の諸々の社会的実践と態度によって構成されているのである．オーケストラが集合的な生を有するのは，その構成員が，そのなかで自分たちが構成要素としてあらわれる，人格化された行為の単位を承認するからである．オーケストラの生は，構成員たちがその集合的生を構成するものとみなす，数々の音楽活動のなかに存する．そうした集合的生には，したがって，限界がある．「ある共同体の共同的生は，さまざまな実践や態度によって，集合的なものとして取り扱われる諸活動だけを含む．そ

れらの実践や態度が，1つの集合的行為者としての共同体を創造するのである。」5.

　同じように，政治的共同体の集合的生も限界づけられている．政治的共同体の集合的生は，その立法的，司法的そして行政的な諸行為において明らかになる——多くのひとによって他の実体とは区別される法的実体の行為として同定されており，そうした実体の名において意図的に行為する諸個人によって遂行され，その市民すべての生に影響を及ぼす，そうした行為において［のみ］明らかとなるのである．たとえば政治的共同体は，集合的な性的生をもたない．われわれの社会的実践は，ナショナルな性的行為なるものを承認してはいないし，個人の性的活動は政治的共同体の名において遂行されない．そしてシティズンシップの基準は性的ではない．さらに，どのような下位集団も，政治的共同体の性的生が存在するとたんに宣言することによって，それを創造することはできない．たしかに他の共同体のなかには，妥当な意味で集合的な性的生を有しているものもあるかもしれない．しかしナショナルな政治的共同体は，その公式の政治的生という観点からのみ定義される．そしてこの政治的生がもつ倫理的な優先性を受け入れることは，その生がもつべき形式についてのあるリベラルな構想と，うまく結びつけられうる．すなわち，われわれは端的につぎのことを条件として指定する．これまでに略述してきた数々の理由からして，政治的諸決定における成功は，善い生についてのリベラルな寛容と中立性とを要請するということである．われわれが自分たちの集合的生がうまくいくよう配慮するのは正しい．しかしこの考えのなかに，リベラルな諸価値を脅かすものはなにもないのである．

ドゥオーキンとコミュニタリアニズム

　今や，ドゥオーキンの包括的な反完成主義について批判的な評価を，われわれのアジェンダと結びつけて提供できる地点に到達している．その評価は手短にすませることができると信じているが，というのは，論点の多くはすでにわれわれの解説のなかに出ているからである．評価への序論として，つぎの点が注目に値する．コミュニタリアンによるリベラリズム批判のいくつかにたいして，それらの批判が意味をもつこと自体を否定する，という応答の仕方が，ロールズには可能であった．けれどもドゥオーキンのアプローチは，このやり方

で応答することをかれに許してくれないのである．それが許されないことは，コミュニタリアンの批判の核心にあるのは，リベラリズムが含んでいるようにみえる統合失調症にたいする正当な懸念であるというドゥオーキンの認識のなかに含意されている．というのも，リベラルの不連続性の戦略を自分は拒絶していることをドゥオーキンが強調するようになったのは，ほかでもなくこの認識のおかげだからである．自分のリベラリズムは純粋に政治的であるというロールズの信念は，コミュニタリアンたちが公正としての正義の理論にどのような倫理的，形而上学的，そして哲学的教説を帰属させてきたにせよ，そうした教説にかれがコミットしているのを否定できるようにしてくれる．しかし連続性というドゥオーキンの戦略は，そのような作戦の余地をかれからいっさい奪ってしまう．むしろドゥオーキンは，かれが自分の政治的リベラリズムをそこに基礎づけている倫理的価値についての特定の包括的構想が，コミュニタリアンたちが批判の砲火を集中させてきた見解のどれをも体現ないしは含意していないと，証明しなければならない．しかしながら，この文脈において，2人の理論家の違いを過大評価すべきではない．第6章で，コミュニタリアンの異論にたいする応答の多くを，明確に政治的な種類のリベラリズムに移行する前でも，ロールズは手に入れることができたということが証明されたからである．ロールズもドゥオーキンも，コミュニタリアン的批判者にたいしてアジェンダのさまざまな項目のもとで応答することができる．かれらの応答がうまく両立しないとはかぎらない．この意味で，ここでの応答のいくつかは，われわれが以前の章で明らかにしたものと重なりあうかもしれないし，すくなくとも両立するかもしれない．ロールズとドゥオーキンの違いが最も意味をもつのは，普遍主義，そしてもちろん中立性という争点においてである．

人格の構想

　ドゥオーキンが依拠する政治的正義の決定手続きは，重要な点でロールズの原初状態の決定手続きとは異なっている．だから，コミュニタリアンが原初状態には特定の人格の構想が埋めこまれていると主張しても，ドゥオーキンがその構想にこだわっていると非難されることはありえない．とりわけ，ドゥオーキンはいかなるヴァージョンの無知のヴェールも採用していないので，個人がすべてに先だって個人となっている，自分たちの社会的あるいは個人的固有性から切り離されている，あるいは自分たちの善の構想からみずからを分離する

ことができるといったことを前提にしていると非難されることはありえない．反対に，コミュニタリアンがロールズのものだとする人格の構想を批判する際に活用する論点のうちのいくつかを，ドゥオーキンは明示的に是認している．たとえばドゥオーキンは，個人としての人びとは特定の共同体への愛着によって構成されているというサンデルの主張に，よろこんで同意する．というのも，そうした愛着のなかには，制約というよりも媒介変数にちがいないものがあるからである．

> わたしは，自分の生物的，社会的，民族的な結びつきとともに生まれたか，あるいはそうした結びつきのなかに生まれ落ちたのであって，そうした結びつきを選んだわけではない．そうした結びつきこそ，制約ではなく媒介変数であるものの明らかな候補であると——他のひとたちにとってはそうではないかもしれないが——わたしには思われる．わたしがアメリカという政治的共同体の構成員であるという事実は，善い生を導く自分の能力にたいする制約ではない．……むしろそれは，わたしにとっての善い生の条件を定めているのである……（FLE, p. 255）．

それにもかかわらず，ドゥオーキンによれば自分の状況のうちのどれが媒介変数であり，またどれが制約であるかを決定するのは個人に任されている．

> 倫理的なリベラルにとって，善く生きることは，ほかならぬその［自分の状況のなかから媒介変数と制約を決定するという］問いに答えようとすることを含んでおり——そこから始まるのである．そしてこの問いは，生きるという挑戦は，なんらかの個別の役割において生きるという挑戦より，もっと抽象的なものであると想定している．われわれはともに生きるべき人びとであるということよりももっと偶然的ななにかに倫理の源泉を置くことは，倫理の厳然たる挑戦，つまり善く生きるべしという命法のもつ定言的な力を曖昧にし，その品位を損なうものである（FLE, pp. 289-290）．

したがってドゥオーキンは，われわれの目的は発見されるものだというサンデルの見解を認めないだろう．だが，それとは正反対の目的は自発的に選択されるものだという代替案をよろこんで認めるわけでもない．

リベラルな平等は，人びとが倫理について自分たちの信念を選択するとは想定しない．それは，人びとが地理について自分たちの信念を選択するわけではないのと同じである．リベラルな平等が想定しているのは，人びとは自分たちの倫理的信念を$\overset{\bullet}{反}\overset{\bullet}{省}\overset{\bullet}{す}\overset{\bullet}{る}$ということであり，そうした反省を基盤にして，いかにして行動すべきかを選択するということである（*FLE*, p. 295）．

自分たちが自動的に，つまり反省なしに決定を下したとわかる場合でさえも，正しい決定をしたかどうか考えるように自分を強いることが，われわれにはできる．ただし決定全部を同時に振り返ることはできない．サンデルが間違っているのは，〈リベラルは，決定全部を同時に振り返ることが可能だと考えている〉と，かれが誤解している点である．

非社会的個人主義

われわれは2つの形式における非社会的な個人主義を区別したが，ドゥオーキンのリベラリズムはどちらの形式も是認しないだけでなく，明示的に否定する．第1に，倫理的価値の挑戦モデルは，個人が直面する挑戦が，かれらを取り巻く歴史的文脈がかれらに提示する社会的，文化的な諸々のオプションの特定の配列によって，重要な点で決定されていると考える．そして，つい先ほど注目したように，ドゥオーキンはこうした環境のうちのいくつかを個人の善い状態の媒介変数とよろこんでみなしている．中世フランスという環境での挑戦にたいして，現代のシカゴという環境での挑戦にたいしてとでは，異なった種類の生が巧みな応答としてみなされるだろうというドゥオーキンの観察を思い起こそう．それゆえかれは，社会的マトリックスが個人の善の構想の重要な源泉であるという主張によろこんで同調することができる．さらにかれは，なんの問題もなく，政治の下にある［私的な結社や団体］の水準であれ政治の水準であれ，共同体的な善の存在を容認する．それどころか，正義が善い状態の媒介変数である以上，本質的に共同体的な善の1つ［である正義］は，人間の能力の開花についてのいかなる本来の意味でのリベラルな理解においても，中心的なものである．リベラリズムは個人と共同体の統合を無視しているとコミュニタリアンが非難してきたのにたいして，ドゥオーキンは，かれの反完成主義的リベラリズムはまさにその統合を達成するための本来のやり方を提供するもの

だと強調している．上記のような正義の中心的な位置づけこそ，この強調のもつ意義である．ドゥオーキンによれば，統合されたリベラルは，

> 正義がかれに要請するものと，かれ自身の生の批判的な意味での成功との間に明確な一線を引くことをしない……もしかれが正義に背く共同体に生きているなら，その共同体を正義にかなったものにしようとどれほど一所懸命に努力したとしても，かれは，自分自身の生をその価値を減じられたものとして——かれが送ることができたかもしれない生と比べれば，善くない生として——みなすだろう．政治の道徳［正義］と，批判的な意味での自己利益とのこうした融合が，市民的共和主義（civic republicanism）の真の活力のようにわたしには思われる．すなわち，個々の市民が自分たちの利益と人格性とを，共同体に結合する重要な仕方のようにみえる．それは，リベラルとしかいいようのないある理念，もっぱらリベラルな社会のなかにおいてのみ開花するような理想を述べている[6]．

普遍主義

　この争点に関するドゥオーキンの立場は複雑である．一方で，挑戦モデルは倫理的価値を，歴史的，文化的，社会的文脈に本質的に連動させられたものとみなし，したがって時間と空間によって変化するものとみなす——「善く生きることが1つのパフォーマンスとして判断されるなら，それは……あるひとを取り巻く文化およびその他の諸々の環境にたいして，敏感で適切な仕方で生きることを意味する」（*FLE*, p. 250）．この見方は，社会的マトリックスの優先というかれの認識ともうまく合致している．しかし他方でかれは，挑戦モデルそれ自体が，ないしはそこから生じる固有の政治の構想が，文脈に固有のものであるとはみなしていないようにみえる．生が提起する特定の挑戦は，歴史的かつ文化的に変化しうるが，人間の生がなんらかの類の挑戦を提起するものとして把握されるべきであるということは，変化しえない．そのことはむしろ，人間の善い状態と倫理的価値の本質についての，われわれの手に入るかぎり最善の哲学的説明における，欠くことのできない核心なのである．また，ドゥオーキンによるリベラルな平等の提示のなかには，リベラルな平等の政治的原理が適用において歴史的に限界づけられているとほのめかす箇所はまったくない．理想的な政体のヴィジョンとして理解された場合，リベラルな平等の政治的原

理は，それらをあますところなく完成させるのは不可能であるという意味においてユートピア的であるかもしれない．しかしそれに向かってすべての政治的共同体が奮闘すべき目標として機能するようにみえるのはたしかである．

主観主義／客観主義

　倫理的価値についての主観主義のいかなる気配からも，ドゥオーキンは明示的に自分を遠ざけている．挑戦モデルは，価値についての構成的見解にコミットしており，それゆえ，誰も自分の生の形式が善いと本心から考えないかぎり，善く生きることはできないという考えにコミットしている．つまり，「どのような構成要素も，是認がなければ，そのひとの生の価値に貢献することさえないであろう」(*FLE*, p. 237)．しかし挑戦モデルは，ある所与の生の形式は善いと誰かが考えることが，そうした生の形式を善いものとするのに十分であると主張するものではない．挑戦モデルの批判的な意味での利益という観念は，つぎのことを必然的に含んでいる．あるひとがたまたま欲するものは，必ずしもかのじょが欲すべきものではないし，［各人の倫理的な］確信は，現に存在する選好の一覧表をたんに是認することではなくて，批判的な反省の産物でなければならない．

> 善い生をわたしが送ることは，いったいどの程度まで，そしてどのような仕方で，わたしがそれを善いと考えることに依存しているのであろうか．われわれが倫理的経験を理解できるのは，倫理的経験が客観的であるという想定に立つ場合だけである．すなわち，ある特定の生は，たんにわたしがそれが善いと思うからといって，わたしにとって善いことはありえない．そしてわたしは，ある特定の生が善いと考えるとき，考え違いをしていることがありうる (*FLE*, pp. 262-263)．

反完成主義と中立性

　反完成主義という用語を用いてはいないものの，リベラルな平等はわれわれが反完成主義と呼んでいるものの一種である．それは，寛容にコミットしているし，つぎの主張にもコミットしている．

> 政府は，つぎのような意味で，倫理に関して中立でなければならない．す

なわち政府は，倫理的価値の実質的な1つの集合，すなわち生を送る最善の方法についての諸々の意見からなる1つの集合が，他の集合よりも優れているないしは劣っているということを根拠として，いかなる私的な活動も禁止したり顕彰したりしてはならない（*FLE*, p. 228）．

リベラルな平等は，[ロールズの政治的リベラリズムと違って] もはや政治的中立性を方法論上の公理とみなしてはいないが，それでもなお，議論を通じて中立性に到達しようと望んでいる．しかし，第3部への序論で示唆したように，善い状態の本質をめぐってドゥオーキンが1つの哲学的な説明に依存しているという事実そのものは，つぎのことを示唆している．すなわち，[ドゥオーキンの理論に] 存在しているのは，ある独自な種類の中立性であり，それは政治―理論的なものであって，政治的なものではない．[自分の理論に] 政治的な中立性があると主張する必要はドゥオーキンにはないし，そう主張することはかれにはできないはずである．ところが残念ながら，そのように示唆されているにもかかわらず，事態はそれほど単純ではないのである．第1にドゥオーキンは「訴求における中立性」というレーベルのもとで，かなり中途半端な仕方ではあるが，政治的な種類の中立性に似たものをみずからの理論がもつと主張している．そしてさらに [第2に]，〈国家はその市民たちが抱いている善の諸々の構想の間で国家が「作用（operation）において中立的」でなければならない〉という要請についてのドゥオーキンの理解に，かれ自身完全にはしたがっていないのではないかと疑わせる根拠が，複数存在するのである．

　以上2つの懸念のうち，2番目の「作用における中立性」についての懸念から始めよう．ドゥオーキンがかれのリベラルな国家がそれを有すると主張する種類の中立性には，明白な限界がいくつか存在していることはもちろんである．お馴染みの断り書きとしてかれは，リベラルな平等は，効果や帰結において中立的ではないことを承認している．というのも，いくつかの生の形式――最も明白なものとして，お金のかかる形式――は，リベラルな平等の社会においてはそれを送ることがより困難になるだろうからである．またリベラルな平等は，その正義の構想に直接に挑戦する倫理的な理想に関しても，中立的ではない．とりわけ，かれが3人称の倫理と呼ぶものについては中立的ではない．〈第3者の生が強制的なパターナリズムによって善くなるようにされることは不可能である〉という命題を否定するひとも，市民のなかにはいる．それなのにリベ

ラルな平等はこの命題を強く支持するからである．しかしリベラルな平等は，諸々の1人称の倫理の間に立つ場合，作用においては中立であると主張する．すなわち，どのような種類の生が自分自身にとって価値があるかについてのその市民の諸々の見解の間では（自分にとって善であるものについてのある人格の構想が，他人を正義に背いて取り扱うことを内包するような場合を除いて），中立的であると主張するのである．

　ドゥオーキンが，国家は作用において中立的であるべきだという意味についての，かれ自身の理解に反しているようにみえるのは，国家は芸術を支援すべきかどうかという争点を扱う場合である．みてきたように，ドゥオーキンはつぎのように論じている．すなわち倫理的リベラリズムは，個人の統合という価値にコミットしているので，人びとに入手可能な諸々の選択肢にフィルターをかけることを含むような，いかなる形式のパターナリズムをも是認することができない．というのも，そのようなパターナリズムは，自分を取り巻く環境のうちでどれが制約であり，どれが媒介変数であるかについて自分自身で決定するという固有の挑戦を取り去ることで，生が人びとに提起する挑戦を勝手に削除してしまうからである．しかしながらかれは即座に脚注でこの点に留保をつけ，つぎのように主張している．

　　このことは，それにそって人びとがいかに生きるべきかを決定する文化的背景に政府は責任がないということを意味するものではない．規範的媒介変数という問いにたいしては，つぎのように主張することも，意味のある解答の1つかもしれないからだ．すなわち，市民は，過去において反省的な人びとによって善く生きることの重要な部分として考えられてきた，そして文化的な遺産の重要な部分となっているような諸々の機会や実例を含む背景にそって，生き方について選択を下すべきだという主張である．……さらにつぎのようにも主張されるかもしれない．適切な背景［を維持すること］が，どの生をより善いものとして推進あるいは推奨すべきかについての集合的な決定を要求するとしても，それは正義の要求と矛盾することはない．とりわけ，ポピュラーな文化が，より善いと考えられるのとは正反対の意見を強調しており，したがってそうした生の実例をあまりにもわずかしか提供しない場合は，とくにそうである．……ここでのわたしの議論には，つぎのことを否定するものはいっさい含まれていない．すな

わち，正義の要求をすでに満たしてきた国家は，芸術は共同体のなかで手に入る諸々の生の価値を改善するという実質的な根拠にもとづいて，市場が消滅させてしまうような芸術を支援するために，公共的な基金を用いることができるし，それは適切なことである（*FLE*, p. 272 n. 44）．

どのようにしてドゥオーキンは，この主張と，これまでに引用された文章のなかでの中立性についての初期の主張とを和解させうるのであろうか．かれが明示しているように，ここには2つの別々の議論が存在している．それらを順番に考察しよう．

第1の議論は，〈人びとは文化のなかで自分の選択を下すので，政府はその文化にたいして責任がある〉という考えを含むものであるが，それは「リベラルな国家は芸術を支援できるのか」という初期の論稿で，完全なかたちで発展させられている．そこでドゥオーキンは，文化が市民にたいしてもつ2つの帰結を区別している．

> 文化は，特定の絵画やパフォーマンスや小説を提供する……それらにわれわれは価値をおき，大いに楽しむのである．しかし文化は，そうした類いの美的諸価値を可能にする構造的な枠組をも提供する．……われわれは，豊かな文化的構造を，すなわち価値についてのそれぞれ独自な可能性や機会を増殖させるような構造を定義するよう……努めるべきである．そしてわれわれ自身を，われわれの後にわれわれの文化のなかで生を送ることになる人びとのために，その文化の豊かさを保護する管財人としてみなすべきである．……自分に開かれている生のさまざまな形式に関して，人びとが複雑さと深さをもつのはより善いことであると主張することが……できる——どうやったらこれを否定できるというのか……[7]．

ドゥオーキンにとっては，われわれの文化的構造が有する豊かさを保存することは，異論の余地あるパターナリズムの形式ではない．なぜならそれは，その構造内での特定の選択肢を是認したりあるいは非難したりすることや，構造内での特定の選択を誰かに強いることを必然的に含むわけではないからである．またそれは，まえもって善いあるいは悪いと決められた特定の選好を創造したり未然に防いだりすることを目指すものでもない．「反対にそれは，選択を減

らすのではなく増やすことを可能にする．というのも，まさに選択が増えるというこの点においてこそ，[文化が] 貧しいよりも豊かであるほうが人びとの暮らしはより善くなるとわれわれは信じるからである」[8]．この議論にしたがえば，芸術を支援する国家は，芸術を含む生が，含まない生よりもすぐれていると判断するものではない．むしろ，〈いかに生きるべきかについてのある個人の決定が，選択肢に関して貧困な背景にそってなされるのではなく，豊かで複雑な背景にそってなされるとき，いかなる生もより善く生きられる〉と判断する．倫理的価値の挑戦モデルにコミットするひとであれば，この判断を容易に否定することはできないだろう．人びとの手に入る諸々の選択のバラエティや洗練度を維持し増大させることは，どんな効果をもつだろうか．生きるという課題を巧みに遂行する人びとの能力を高める以外の効果をもちうるとは考えられない．しかもドゥオーキンの「原初状態」[に相当する思考実験]のなかで政治的原理を選択するひとたちはみな，仮説により挑戦モデルにコミットしている以上，文化構造を国家が支援することを要請する原理は，万場一致の是認を獲得しそうである．

　芸術への国家による支援についての以上の議論は，ドゥオーキンが言及する文化の「豊かさ」なるものを，ある価値中立的な仕方で解釈することに依拠している．その解釈の仕方はつぎのように想定する．豊かな文化と貧困な文化とを，それらの文化が体現する特定の選択肢がもつ相対的な価値について判断を下すことにわれわれを巻き込まないような基準（たとえば複雑性や多様性といった基準）によって区別することは可能である．もちろん，たとえこの想定が成り立つとしても，その解釈の仕方に問題がないわけではない．たとえば，文化の価値について判断を下すに際して大きな実践的諸困難があるかもしれない．ドゥオーキンは，文化支援国家は，いかなる文化的諸制度にたいする寄付をも免税することで，特定の芸術作品や芸術の形式の間で差別をすることを避けうるだろうと示唆している．しかしこの免税措置が確実に豊かで複雑な文化をもたらすのは，該当する寄付者が多様性と革新とを支援する場合だけであろう．実際には，しかしながら，文化の豊かさについての価値中立的な解釈が，ドゥオーキンが念頭に置いていることなのかどうかさえも，明白というには程遠いのである．というのも，この議論についてのかれの定式化が明示的に示唆しているのは，〈背景としての文化は，過去において反省的な人びとによって「善く生きることの重要な部分」として考えられてきた機会や実例を含んでいるべき

である〉，ということである．しかもこのことにはつぎの含意がある．特定の文化的産物の価値に関する過去の判断に訴えなければ，「豊かで多様な」文化によってなにを意味しているのか，ドゥオーキンには定義できないのである．もしそうだとすると，その場合かれは，自分がそれに関して中立性を主張しているようにみえる種類の評価を暗黙のうちに是認せずには，自分が明言する目標を特定することさえできないということになる．それゆえそのような暗示的な是認を，〈中立的ではない効果や帰結を有するが，［作用の点では中立である］リベラルな中立性〉のもう1つの完璧に正統な事例とみなすことはできないだろう．というのも，この暗示的な是認は，文化的豊かさや多様性を支援するというドゥオーキンが明言する目標を実行することによる効果や帰結ではないからである——それは，その目標の本質的な構成要素なのである．

　この暗黙の是認から1つの疑念が生じる．それは，〈正しい種類の文化構造を保存するために国家が行為する際になされるであろう諸々の決定のなかに，さまざまな生の形式がもつ本質的な価値についての判断の数々が入りこむのを，ドゥオーキンは防ぐことができないだろう〉，という疑念である．そのような判断が実際にも政治において役割を果たしうることは，芸術への支援を正当化するかれの第2の議論のなかでは明示的に認められている．それは，「芸術は共同体のなかで手に入る諸々の生の価値を改善するという実質的な根拠にもとづいて」，国家が芸術を支援することを認める議論である．一見したところ，この議論はドゥオーキンの中立性へのコミットメントと真っ向から矛盾するようにみえる．たとえ正義の要求が，こうした支援よりも先に満たされると想定しても，もし公共的な基金を用いて芸術を支援する際の政府の理由が，芸術が手に入ることで市民たちの生が改善されるからというものであるなら，それは確実に，芸術と関連した活動を含む生と含まない生との，相対的な価値についての判断に依拠しているにちがいないのである．

　この一見したところの矛盾を回避するには，文化的パターナリズムにたいするドゥオーキンの異論がつねに，つぎのような想定のうえで定式化されているのに注目することである．文化的パターナリズムとは，つぎの2つのどちらかを必然的に含むものと想定される．1つは，〈選択肢の幅を狭める〉ことである．この場合，その文化的パターナリズムの要点は，いわばだれかが価値のない生の形式を選択してしまう可能性を減らすことにある．もう1つは，〈文化を人びとに強制的に詰めこむこと〉である．これらはどちらも，挑戦モデルと

一貫しない．すなわち前者は，挑戦がまえもって狭められてしまった場合，そうした挑戦はより興味深いもの，あるいはより価値あるものとはなりえないがゆえに一貫しない．そして後者は，生というものは，その生を自分の生として生きる当人によって改善として理解されないかぎり，どんなことをしても批判的な意味でその価値を改善することはできないがゆえに一貫しない．しかし，これらの議論のなかには，価値ある生の様式を提供することを価値の挑戦モデルと両立不可能にするものはなにもない．そうすると，挑戦モデルと両立しうるかという点については，いくつかの生の様式を，それらが悪いものであるという理由から国家がフィルターをかけて取り除くことと，それらが善いものであるという理由から国家が支援することとの間には，重大な非対称があることになる．こうして，ドゥオーキンのリベラルな中立性と完璧に首尾一貫する種類の「文化的パターナリズム」が存在するのである．

　ドゥオーキンは，以下の文章のなかで，この論点について敷衍している．

> 挑戦モデルは，文化によって十分に支援されていない倫理的理想を，共同体が是認したり推奨したりする可能性を排除するものではない．また，義務教育やその他の形式の規制のなかには，それらが十分に短期的で，かつ攻撃的ではなく，他の独立した目的に服してもいない場合には，ごまかしによってではなく誠実な仕方で是認されそうであることを経験が示しているものがある．挑戦モデルは義務教育やそのような規制も排除するものではない．これらのことはすべて，挑戦モデルが，中心的な，いいかえれば構成的な役割を，反省的ないしは直観的な判断に割り当てることから導かれる（*FLE*, p. 273）．

ここでの困難はつぎの点にある．挑戦モデルは判断に中心的な役割を与えている．しかしその役割が，正確にはいったいどのようにして，上記のように〈特定の，倫理的に実質的な理想や制約を是認すること〉を正当化するのかを理解することが困難なのである．挑戦モデルがわれわれに告げているのは，善く生きることの中心的な部分は，どの生の様式がわれわれにとって正しいのかを，自分の反省的判断を基盤にして自由に決定する点にある，ということである．けれども，その反省的判断が，（たとえ今は十分に支持されていなくとも）過去において価値があると思われてきたような選択肢や規制，あるいは誠実な是認の対

第9章　ドゥオーキン：国家の中立性の哲学的基礎

象になりそうであると経験が示すような選択肢や規制を含んでいる文化的文脈のなかでしか，本来の意味で下すことはできないというのはなぜだろうか．明らかに，人びとがどのような判断をするにせよ自分の判断力を行使すべきであるなら，その行使のための射程を提供するのに十分な，幅広い範囲の選択肢が存在しなければならない．しかしこのことは，その範囲のなかには，他の選択肢よりも価値があると思われてきたか，または現にそう思われているが，同時に国家の支援がなければ死滅してしまうかもしれないような特定の選択肢が含まれることを国家が保証すべきであるという論拠を提供するわけではない．

　ドゥオーキンが自分の議論をこのように敷衍して説明したことには，さらにつぎのような問題もある．この説明は，リベラルな国家に要請する種類の中立性を定義する際にドゥオーキンが用いる定式化のうちのいくつかとはたしかに一貫するようにみえる．しかしその他に，この説明とはおよそ一致しにくい定式化もかれは用いている．たとえばドゥオーキンは，かれが是認する種類の国家の中立性にたいするリベラルなコミットメントから，ごく自然に惹起されるいくつかの懸念を明らかにしようとする際に，つぎのような一連のレトリカルな疑問を立てている．

　　いったいなぜ多数派は，自分たちの倫理を，かれらが政策についての倫理
　　以外の確信を強制するのと同じように，刑法によって強制することができ
　　ないのか．そして，そのような仕方で刑法を用いるべきでないという理由
　　があるにしても，いったいなぜ多数派は，刑法以外の，つまりもっと強制
　　的でない仕方で倫理的意識を改善するような立法を制定すべきでないのか
　　(*FLE*, p. 229)．

ある社会の文化構造にたいする国家の支援が，ここで簡単にみたように価値ある選択肢を提供するという理由で正当化されるとしよう．その場合には，支援は市民たちに文化を強制的に押しつけるのには相当しない，と論じることは可能である．けれども，強制的な押しつけではないとしても，市民の倫理的な生と意識を改善する，〈もっと強制的でない仕方〉を構成していることまで否定するのは困難である――しかしそのような仕方による倫理的意識の改善は，上の引用のなかで，ドゥオーキンが暗示的に反対している種類の政策にほかならない．国家の支援をめぐるドゥオーキンの見解におけるこうした不一致は，あ

381

る根本的な懸念を惹起する．それは，たんにドゥオーキンの国家の中立性についてだけでなく，リベラルな反完成主義一般についての懸念である．すなわち，もし国家の中立性またはリベラルな反完成主義が，文化にたいする国家の支援のような政策と本当に両立するなら（非常に異なる理由からにせよ，ドゥオーキンとロールズの両者はそう信じているようにみえるが），それは正確には，どれほど実質的に意味のある種類の中立性を体現するのであろうか．

　いくつかの特定の種類の中立性——価値一般の領域に関する中立性，リベラリズムと，リベラリズム以外の政治についての見解との間の中立性，効果や帰結についての中立性など——については，リベラルな完成主義にはそうした中立性を備えていると主張する必要がないことをわれわれは注意深く明らかにしておいた．しかしながら，リベラルな反完成主義が備えていることを主張しなければならない種類の国家の中立性——国家の行為のための正当化の点での中立性——が，背景となる文化にたいする国家の支援を認めるような仕方で（それゆえ暗示的かつ間接的に，しかしまぬかれようもなく，さまざまな生の様式の相対的価値について過去と現在の判断を是認するのを国家に認めるような仕方で）解釈されるならば，リベラリズムの反完成主義的な変種と完成主義的な変種との間に明白な分割線をみつけることは，ますます困難となる．これは，純粋に言葉の意味に関してだけの懸念ではないことに注目してほしい．それは，われわれの用語の選択や，さきに導入したマトリックスを構築するための，われわれのカテゴリーの選択によって生じるものではない．それは，競合する善の構想の間で，なんらかの意味での中立を保つような仕方でその政策を正当化する国家を擁護する（反完成主義的な）リベラルと，いかなるそのような中立性をも排除する（完成主義的な）リベラルとの間に，普通なされている区別が，明晰かつ厳密なものであるかどうかについての，実質的な懸念なのである．この懸念には，ラズの完成主義的なリベラリズムを検討する第10章において立ちかえるつもりである——ラズの完成主義的リベラリズムにおいて，われわれが仮説的にドゥオーキンに帰属させてきたものと著しく類似した，背景となる文化を国家が支援することを支持する議論が展開されているのをみるであろう．

　ドゥオーキン的な国家は，その作用において，かれがしばしば示唆するほど中立的ではない——あるいは反完成主義的ではない——という疑いについては，これだけにしておこう．中立性のもう1つの次元についてはどうであろうか——自分の理論が「訴求における中立性」を有していると主張することで，ド

ゥオーキンはなにを意味しているのか．その主張は維持しうるものなのか．そしてそれは重要な主張なのか．

　訴求における中立性を主張することでかれが意味しているのは，かれの理論の数々の原理はすべて，非常にさまざまな倫理的伝統から人びとによって受け入れられる，ということである．というのも，かれの理論の政治的反完成主義が基盤にしている，倫理的価値についての包括的な構想（挑戦モデル）は，幅広く受け入れが可能なほど十分に形式的で抽象的である．しかしそれでも挑戦モデルは，その理論と最も深く調和する政治についての構想として，リベラルな平等を述べるに十分なほど力強いものなのである．ドゥオーキンにとって，挑戦モデルは，倫理的コミットメントであるのとおなじくらい，哲学的なコミットメントでもある．それは，倫理的価値の本質について１つのメタ倫理的構想を提供するのであり，それゆえ原理的には，善い生についての１つの計画を端的に体現するのではなくて，幅広く多種多様な計画と両立可能であろう．このモデルによれば，たとえばある宗教の信仰者と，慣習にのっとったものではない種類のセクシュアリティをもつ生にコミットしているひとが，両者とも，自分たちの確信を，生きることのもっとも巧みな遂行についての見解として取り扱うことが可能であろう．

　しかしながらドゥオーキンが明示的に認めているように，「挑戦モデルは，人びとが倫理についてもつ直観のうちのいくつかを捉え，そして組織化するにすぎない，……そして，多くの人びとが確かに受け入れてこなかったような含意を有している」（*FLE*, p. 298-299）——正義は幸福のソフトな媒介変数であるという理念は，そうした含意の顕著な一例である．それゆえに，挑戦モデルを，どんなひとでも（あるいはほとんどどんなひとでも）すでにコミットしているものとして考えることはできない．そこでドゥオーキンは，もっと弱い主張に退却する——すなわち，〈倫理的リベラリズムは，人びとが自分たちにとって非常に重要なものを放棄しなくとも，一般的に受け入れることができるであろう〉という主張に退却するのである．

　　挑戦モデルは，ほとんど誰もが倫理について有している数々の直観を捉えている．それは，倫理的価値についての競合する数々の見解よりも，より満足のいく仕方でそれらの直観を捉えており，しかもそれらの直観のなかにある，競合する見解が解決できない数々の当惑やジレンマを解決してい

る．こうした理由によって，挑戦モデルは人びとに訴えかけるだろう (*FLE*, p. 300)．

換言すればドゥオーキンは，誰もがすでに挑戦モデルを固守していると論じているわけではなく，誰もがそうすべきであると論じているのである．ドゥオーキンは，倫理の基礎についてのかれの哲学的分析は，十分強力な論拠を提供しているので，大半の人びとは反省によってかれの分析を受け入れるようになる，と考えるだけの根拠を与えてくれると信じている．以上が，挑戦モデルが，したがってまた政治におけるリベラリズムがもつ「コンセンサスの見通し」について，かれが楽観的に評価する理由である．

しかしながら，かれのこの評価は，倫理的リベラリズムを受け入れることは著しく理性にかなっている，という主張ではないのだろうか．したがって，〈倫理的リベラリズムを断固として拒否するものは，結果的に理性にかなっていないとみなされなければならない〉という主張に相当するのではないだろうか．たとえかれの楽観論を共有するとしても，その楽観的な評価がこうした主張とは別のものだと考えるのは難しい．しかし，もしそうであるなら，リベラルな平等についてのドゥオーキンの擁護が，議論の出発点でかれがあれほど決定的に非難していたリベラルな不連続性の戦略の一変種——政治についての自分のヴィジョンを擁護するに際して，「理性にかなっていること」の構想を使う戦略の一変種——と，いったいどこが違うのか，もはや明らかではなくなる．それゆえにドゥオーキンは，その戦略にたいするかれ自身の当初の批判にたいして弱点をさらしてしまうことになる——それは，その戦略は，反完成主義的リベラリズムが要請するように抽象的ないしは中立的ではなく，不可避的に実質的なものであるような「理性にかなっていること」の構想に訴えかけている，という批判であった．

さらに，そこから今度は，包括的な手段によってリベラリズムを擁護するものたちにたいする，大まかにいってロールズ的な反撃にたいしてもドゥオーキンは弱点をさらしてしまうかもしれない．というのも，もし挑戦モデルが普遍的に堅持されるものではなく，倫理的価値についてのわれわれの直観すべてと同調することもできないとしよう．その場合になおも挑戦モデルを普遍的に採用することを目標とするならば，倫理的実質という逃れがたく論争的な問題についての議論に引き込まれることになる．そして，挑戦モデルが普遍的に採択

第9章　ドゥオーキン：国家の中立性の哲学的基礎

されていないのに，それが真理であることを前提とするような政治的諸制度を確立するのは，それを受け入れるのを拒む人びとを強制するのに等しいであろう．こうした批判的な観点からすると，それゆえ，ドゥオーキンの反完成主義は結果として，そのもっとも根本的な原理の1つを侵犯することに終わる——すなわち，ひとは，誰か別のひとにたいして，当人の意志や諸々の確信に反して生きるのを強制することによっては，そのひとの生を改善しようとはできないし，またすべきでないという原理を侵犯することに終わると論じることもできるだろう．

註

1　'Liberalism', p. 203.
2　ドゥオーキンのターナー講義は，スティーヴン・ダーウェルの編集による論文集 *Equal Freedom* において，最も容易に手に入れることができる．すべての頁付はこの論文集の頁を指している．
3　公刊の日付からみて，つぎの点は明らかであろう．すなわち，ここでわれわれがスケッチしようとする，ドゥオーキンによるロールズ批判は，『政治的リベラリズム』で提示された立場にたいしてではなくて，『政治的リベラリズム』に先立つ一連の論文に対する応答として定式化されたものだということである．のちになってからのロールズの言明を，この批判で攻撃されているのとは違った立場を提示したものとしてドゥオーキンがみなすことはありうるかもしれない．『政治的リベラリズム』に寄せられた序章でロールズは，1987年から1991年にかけて多くの会話を交わしたことでドゥオーキンに負うているものにたいして，謝辞を述べている．最も印象深いのは「ナポリのサンタ・ルチア・ホテルの，人気の絶えたバーで交された，類まれなほど啓発的な深夜の会話」に対する謝辞である（*PL*, p. xxxi）．
4　ドゥオーキンは，政治哲学にたいするかれの貢献で知られているのと同様に，法理論における業績でもよく知られている．この領域でのかれの見解を十分に述べたものとして，*Law's Empire*［小林公訳『法の帝国』（木鐸社，1995年）］を参照せよ．
5　'Liberal Community', p. 212. 頁数は Avineri and de-Shalit（eds）の頁を指している．
6　'Liberal Community', p. 219.
7　'Can A Liberal State Support Art?', p. 229.
8　'Can A Liberal State Support Art?', p. 230.

（井上弘貴訳）

第10章　ラズ：完成主義(パーフェクション)の政治

　ロールズの政治的リベラリズムを論じた本書のいくつかの章では，さまざまな意味でかれの公正としての正義の構想をコミュニタリアニズム的とみなしてかまわないことが示された．またわれわれは，挑戦の倫理にはじまり反完成主義的なリベラルな国家へと進むドゥオーキンの議論を検討し，かれにもやはりコミュニタリアンからの多くの異論を受け入れ，あるいは見当はずれなものとして拒絶する手段があることを明らかにした．この最終章でわれわれは，いま1人の理論家ジョゼフ・ラズによって，その著書『自由の道徳性』で提示された政治哲学を考察する．これもやはり，まったく違ったやり方ではあるが，リベラルの思考とコミュニタリアンの思考という2本の糸を結びあわせるものとみなされることになるだろう．

　ラズは完成主義的なリベラルである．ロールズの考えによれば，われわれの私的生を導く包括的教説に起源をもつさまざまな理由を基本的な政治問題の考察から除外することには，十分な根拠がある．またドゥオーキンの考えでは，倫理的な価値の本質についての正しい理解のなかには，市民たちの信奉する善の一人称的な諸構想間で国家は（おおむね）中立的であるべきだという含意がある．ところがラズは，国家が市民たちの善い状態の促進を追求することを，特定の生の様式の価値を判断するという仕事に国家を引きずり込むそのやり方ともども正当であると主張する．ラズによれば，

　　　個人に善の妥当な構想を追求することを可能にし，悪しきもしくは空虚な
　　　構想をくじくことは，すべての政治行為の目標である（*MF*, p. 133）．

ラズの完成主義が中立的国家を求める政治哲学でないのに，それでもやはりリベラルなものとなっているのは，すくなくとも近代社会における善き生は自律

的な生でなければならない，とかれが主張するからである．あるひとの善い状態は，そのひとが自分自身の生の創造者ないし作者であるかどうか，そして多数の価値ある選択肢がそのひとに開かれているかどうかにかかっている．一方でリベラリズムと反完成主義あるいは中立性との結びつきを切断しようとしつつ，他方であくまでも自律と道徳的多元主義を中軸に据えながら，ラズはリベラリズムとコミュニタリアニズムの対立を超越するかれなりの総合にいたるのである．

　それゆえラズは，本書第3部の序論で区別された2つのどちらのやり方でも，中立性の問いにかんしてロールズとは意見を異にしているとみなされうる．政治理論の軸に沿っていうと，かれは包括的な倫理的理想とロールズがみなすものに自分のリベラリズムの基礎をおくという特徴をドゥオーキンと共有する．実際ラズは，政治的なものと非政治的なもののロールズ的区別にはきわめて懐疑的で，自分の政治哲学を擁護する際に個人の善い状態という濃密な論争的概念に訴えることも辞さない．かれが自著の劈頭でいうように，

　　政治理論家たちの間で影響力のある声は，比較的独立した一団の道徳的原理が存在し，それらは主として政府を名宛て人にしていて，（なかば）自立した政治的道徳性を構成するものだと説く．そのような見解の批判的評価こそ本書の主要な課題の1つである．そのような見解が拒絶されることの意味は，政治的自由の道徳性に関して本書で論じられる肯定的な結論群が，政治哲学の現代の作品の多くで一般的である以上に，個人の道徳性の考察にもとづいているということである（*MF*, p. 4）．

しかしラズはロールズと異なるだけでなく，実質的政治の次元でドゥオーキンとも異なっている．個人の善い状態に関するラズの理解は，完成主義的な判断を，すなわち人びとが生を営むそれぞれに異なったやり方の価値の優劣にかんする判断を国家が行い，またその判断を国家が法のかたちで具体化することを認める，といった種類のものだからである．ある生の様式を他の生の様式より善い，あるいは悪いと判断するよう人びとを個人生活において導く根拠を，国家が考慮外におかなければならない理由はラズにとっては存在しない．一言でいえば，ラズのリベラリズムは完成主義的であっても，排除に訴えるものではない．

ラズの立場のこのような内奥の特徴のために，かれはリベラルとコミュニタリアンの論争への招待である本書を結論へと導く比類なき道となる．ロールズのリベラリズムは，まさしく反完成主義的である点においてコミュニタリアン的である．人びとがおのれの非政治的生活を営むやり方をめぐる論争的な理解から生じる理由を，なにゆえ基本的な政治的決定が排除しなければならないかといえば，共同体は公共的に正当化可能なものでなければならないからなのだ．ところがラズの完成主義的リベラリズムがコミュニタリアンからの批判と提携するやり方は，ロールズとはかなり異なっているものの，興味ぶかさでは引けをとらない．ラズが完成主義を唱道するのは，部分的には，個人そのひとの善い状態がその社会で個人に利用できる諸々の社会形式（social forms）にかかっているのを認めることが理由になっている．それゆえかれの立場を論究していけば，リベラルとコミュニタリアンの論争で問題となっているものののの諸相を，いままでわれわれが成し遂げた以上に鮮明に取り出すことになるのである．

　短いお断りを１つ述べておかなければならない．『自由の道徳性』は長大かつ難解な書であり，政治哲学上の多岐にわたる争点にきわめて洗練されたやり方で取り組んだ書物である．そこに見いだされる多様で錯綜した議論に，われわれは本章で逐一付き合うつもりはない．ラズの考え方を提示するわれわれのやり方はどうしても選択的にならざるをえないし，すくなくともかれが自分の考えを明確にする際のこだわりに引き比べて，いくぶん皮相なものになるだろう．われわれの取捨選択が，本書でこれまで提示してきた背景的テーマおよび論争の読み方によって因果を含められるのはいかんともしがたい．こうして，たとえばもっぱら喫緊の議論の筋道をはっきりさせようとすれば，政治的権威をめぐるかれの重要で影響力のある議論は無視せざるをえなくなる．われわれの特殊な関心領域によって課せられた制約内にかぎっても，われわれの狙いはせいぜいかれの立場のおおまかな輪郭を描くことでしかない．たとえばかれは中立的政治への関心と反完成主義とを区別するが，われわれは本書の目的に鑑みつつ，この２つを同じものとみなして切りぬけている．分かりやすさないし取っつきやすさと，精確さあるいは複雑さの間には，避けがたいトレード・オフの関係がある．それゆえわれわれは，本書の目的に照らして精確さより分かりやすさを重視することにする．もしラズの考え方をどちらかというと入門書的なやり方で提示することで，読者を自分でもっと上級者向けの探求に乗り出す気にさせることができれば，われわれは目標を達成したことになるだろう．

第3部　リベラルな中立性

ラズの完成主義的な自律

　ラズの理論の中心にあるのは自律についての1つの構想である．一見するとこの言い方は，かれが反完成主義的国家の主唱者であるようにとられるかもしれない．つまるところ，もし国家が，個人たちの行うさまざまに異なった選択の相対的優劣に関する国家なりの判断を援護するために強制権力を行使していたら，いかに生きるべきかについて個人の下す決定が真に自律的であることなどどうしてありえようか，と．ラズによれば，このような論じ方は自律の本質および自律に関して価値あるものを誤解しているのである．

　　自律原則は完成主義的な原則である．自律的生に価値があるのは，受け入れ可能で価値のある企図や関係の追求のかたちでそれが営まれる場合にかぎられる．自律原則は，政府が道徳的に価値ある機会を創造し，いまわしい機会を除去することを認め，また要求しさえする（MF, p. 417）．

このような自律の理解，および国家の正当な役割へのその含意が意味するのは，いうまでもなく，厳密な反完成主義的見解の場合に比べて，はるかに多くのことが政治の手にかかってくるということである．厳密な反完成主義的見解なら，生の様式の善し悪しに関する判断を政治とは無縁なものとして捨ておくこともできる——ある特定の善の構想がどれほど邪悪であろうと気高いものであろうと，そうした価値評価にもとづく行動にそもそも国家は関知しないのであるから．だが完成主義的リベラルはまさしくそのような問題をめぐる実質的な論争に巻き込まれざるをえない．完成主義的リベラルは，すくなくともある特定の状況下においては，自分で選択する個人の自由の価値だけでなく，個人が行う選択の価値も擁護しなければならないのである．

　これらの前置き的な短評を敷衍するにあたって，反完成主義にたいするラズの消極的反対論——われわれは政治から理想を除外するべきだという考え方をかれが拒絶する根拠——の確認からはじめることにしよう．完成主義が有するかにみえる3つのやっかいな含意は，実は完成主義のものではないとかれは主張する．第1に，政治に論争的な理想を引き入れても，ある人びとの信念が他の人びとの信念を圧倒するのを認めることになるとはかぎらない．第2に，完

成主義の政治はある集団による他の集団への生のスタイルの強制的押しつけをかならず伴うわけではない．最後に，理想から生じる理由にもとづいて政府が行動することを認めても，道徳的に承認された生の形式のうちの1つを除く他のすべてが抑圧されるという意味にはならない点で，かならずしも厳格主義的な道徳観が含意されているわけではない．これらの消極的論点を提示したわれわれがこれからやらなければならないことは，もちろん，ラズがより積極的に展開している自律と多元主義にもとづいた完成主義的リベラリズムの解明である．

信念としての理想ではなく妥当なものとしての信念：完成主義対懐疑主義

　反完成主義的リベラルの考えによると，ある道徳的理想の妥当性は国家がそれにもとづいて行動する理由にならない．たとえその理想が妥当なものであっても，国家は完成主義的な理想から生じる道徳的考慮を排除するべきなのである．そうした理想の排除の動機づけがときに語られるやり方の1つに，そのような理想の妥当性をめぐっては人びとの間でさえ意見の一致がないのだから，それを考慮に入れる国家は市民たちを尊重をもって遇していないことになる，というものがある．ラズはただちにつぎのように反論する．

> 健全な道徳的原則に合致して他者を遇するひとが他者を尊重をもって遇しているひとなのか．それとも，人格に敬意を払うには，われわれの対他者関係における道徳性（ないしその一部）の無視が必要なのだろうか．こういう言い方をすれば，この問いが許容する答えがただ1つになることはまず疑いようがない．あるひとが他者を遇する際に道徳的考慮を無視すれば，そのひとは他者に非礼をはたらくことになるだろう（*MF*, p. 157）．

このような反論は性急すぎると思われるかもしれない．反完成主義者の直観によれば，いかに生きるべきかについての人びとの信念は，純粋に人びと自身の信念だからというだけで尊重に値する．妥当な理想ですら政治から排除しなければならない，とこの種のリベラルが感じるのも，同胞市民たちの道徳的意見へのこうした尊重があるからである．論争的な理想を政治に引き入れてよいということになれば，人びとがいかに生きるべきかをめぐってある市民たちの信念がその他の市民たちの信念を抑圧することになってもかまわない，というこ

とにもなりかねない．生を価値あるものにするものについて人びとは多様な信念をもつがゆえに，人びとを尊重をもって遇する方法といえば，そうした信念を政策から排除するべく国家を拘束することしかないようにみえるのかもしれない．

　人びとの信念は人びとの信念というだけで道徳的地位を有する．反完成主義者の主張をこのように定式化することで，われわれは前章でドゥオーキンによって提起された立場の諸要素と，はからずも一致するラズのリベラリズムの一側面に逢着する．ラズによれば，ある人物の善い状態はそのひとが自分で価値あると信じる生き方をしていることには依存しない．それはむしろ，生の価値への当人の信念から独立した根拠によって価値ある生き方をそのひとがしているかどうかにかかっているのである．ドゥオーキンのみるように，ある生が価値あるものとなるには，その生き方が当人によって自覚的に是認されていなければならない，ともいえるし，われわれがのちにみるように，すくなくとも近代的な諸条件のもとでは生は自律的（その意味は以下で論じる）でなければならない，ということもたしかにいえる．だがそれだからといって，自覚的に是認され自律的ならそれだけでどんな生でも価値を与えられる，という結論は出てこない．反対に，ラズによれば「ある人物の善い状態はそのひとの目標および探求の価値にかかっている」(*MF*, p. 298) のであり，蛇足になるが，それらの価値へのそのひと自身の信念には依存しない．善にかんする自分の構想の値打ちについて，ある人物の信念が誤っていることはまったくありえないことではない．そして実際に誤っているとしたら，われわれが誤りの事実に目をつぶることはこの人物を尊重したことにはならないし，そのひとの善い状態を増進することにもならない．

　ここでの根本的な論点は，目標や欲望が理由しだいでどうにでもなる性格をもっていることである．

> 賭け事ばかりに時間をつぎこむひとは，たとえやり手のギャンブラーだったとしても，他の条件が同じなら，自分の家畜農場を気ぜわしく心にかけている農夫と比べて，上首尾の生を送っているとはいえない．……その理由は，両者がともに価値がありやるに値する活動だと信じているからこそ（それが他者にとって価値があるからという理由からかもしれないが，かならずそうだとはいえまい），自分の生業にいそしんでいるという点にある．かれらはこ

うした評価を根拠にして自分の稼業に心をくだく．［したがって，］かれらの評価が誤っているとすれば，その誤りの度合いはかれらの生の成否を左右するのである（*MF,* pp. 298-299）．

　人びとはさまざまな目標を，さまざまな理由にもとづいて，それが価値あるものだと信じているからこそ追求する．もし人びとが誤っているとしたら，もし人びとが（十分な）理由を欠いた信念にしたがって行動しているのだとしたら，人びとは上首尾な生き方をしていることにはならない．「誤った理由にもとづく目標の達成は人間の善い状態に貢献しない」（*MF,* p. 301）．理想のなかにも妥当なものとそうでないものがあること，追求される理想にも（十分な）理由のあるものとないものがあること，そして理由のない理想の追求に血道をあげる生からひとはいかなる善い状態も引き出せないこと．これらのことをいったん認めたら，妥当でない理想を妥当なものと信じるひとの，誤った信念を尊重する理由などないにも等しくみえるはずである．

　ある人びとの信念が他の人びとの信念を圧倒するのは正当化可能だ，と論じる必要は完成主義者たちにはない．なぜなら，完成主義の理想が政治のなかに入り込む理由は，それが人びとの信じる理想であるからではなく，その理想が妥当であるから，ということだからである．妥当な理想は真正なる理由によって支えられており，価値ある生の形式とはなにかを妥当な理想が定めるのは正しいことである．ラズもいうように，

> あることを価値がある，あるいはないと国家が考える{・・・}という事実は，なにごとにたいしても理由にはならない．もっぱらそれに価値がある，あるいはないことが理由なのだ．もしそのような問題を正しく判断する気がどうやら政府にはなさそうだ，ということになれば，そのような政府にはそもそもそのような問題を判断する権威がないのである（*MF,* p. 412）．

論点をこのような仕方で提示することで明らかになるのは，ラズの完成主義的リベラリズムが，いかなる形態のものであれ道徳的主観主義あるいは懐疑主義をどれほど厳しく拒絶しているかということである．そしてまさしくそれゆえに，懐疑主義を拒絶することから完成主義の結論が出てくるわけではかならずしもないという点をはっきりさせておくことが重要になる．われわれがすでに

みてきたように，つまるところドゥオーキンもやはり，「ある特定の生は，たんにわたしがそれが善いと思うからといって，わたしにとって善いことはありえない．つまりわたしは，ある特定の生が善いと考えるとき，考え違いをしていることがありうる」(*FLE*, pp. 262-263) と考える．同様にしてロールズも，自分の政治的リベラリズムがさまざまな包括的教説の妥当性（あるいは非妥当性）を前提とすることは禁じるが，それらの真（あるいは偽）にかんする懐疑主義まで含意してはいないと主張する．それでもこの両者がともに，市民たちの望むさまざまな生の間である重要な意味において中立的な国家を擁護するという事実は，理論上の負荷をもう少し——つまりドゥオーキンの挑戦モデルや公共的正当化可能性というロールズのリベラルな理想を——加えるだけで，反完成主義的国家と懐疑主義の拒絶とを和解させられることを示している．にもかかわらず，われわれの信じるところによれば，どうやらあまり理論的な自覚はないらしいその他の種類の反完成主義的思考の中心にはいまだに多種多様の懐疑主義があるようなので，それだけでもこの論点を詳説することはやってみる価値がある．

　序論で論じたように，リベラルが一貫してすべての道徳的判断をたんなる主観的意見の表現とみなすことができないことは明らかである．リベラルはすくなくとも，自分がいかに生きるべきかについて人びとは自由に決定するべきだ，という判断を客観的に妥当なものとみなさなければならない．われわれがここで考察しているのはつぎのような思考である．すなわち，人びとには自分で選んだ生の様式で生きる自由があるべきだ，という客観的判断は，そのような選択自体には客観的根拠づけが欠けている，という主張を１つの根拠にしている．それゆえこの形態のリベラリズムの信奉者にとっては，道徳的判断の２つの形式の間に区別があることになる．１つは善き生にかんする判断である．これは主観的であり，政治から遠ざけておくべきものである．もう１つは人びとが有する権利と義務に関する判断である．権利と義務は人びと相互の関係を支配するべきものであり，客観的に存在し，リベラルな国家の強制装置によって適切に保護され実施される．ラズが根本から疑ってかかるのは，そもそもそうしたやり方でこれら２つのタイプの判断が区別されるとする考え方なのである．

　生命への権利，表現の自由，信教の自由のような，政治行動に影響を及ぼすべきだと衆目の一致する種類の道徳的考慮事項についてよりも，善き生

の性格についてのほうがひとは誤ることが多い，と考えることに，はたして理由はあるのだろうか．そのような論拠をわたしはついぞ聞いたことがない（*MF*, p. 160）．

　実際のちにみるように，ラズは，かれのいう「狭義の道徳」（これは「個人のパーソナルな目標追求と自己利益の促進を制限するようなすべての原則だけ」を含むものとされる）と，「生の技法（the art of life）」（その内容は「生き方および上首尾で意味ぶかく生きがいのある生に役立つものを人びとに教えさとす戒律群」（*MF*, p. 214）である）との区別自体を疑問視している．ここでとくにわれわれの関心を引くのは，われわれはたとえば他者の権利にかかわる判断について懐疑的であるべきではないのとちょうど同じように，生の技法にかかわる判断についても懐疑的であるべきではない，というかれの主張である．〈牧畜農夫の生のほうがギャンブラーの生より善い〉ことを，〈人びとは自分で選んだ宗教を自由に信仰するべきだ〉ということと同じ程度にわれわれは確信できる，と考えるラズが正しいとすれば，かれは反完成主義への重要な動機づけの1つを取り除くことになる．生の技法にかかわることがらにおける懐疑主義のラズによる拒絶と，ひとの善い状態はそのひとの追求する目標の価値しだいだというラズの主張とが結びついたところに，つぎのような結論にむかって力強く導く道ができあがる．すなわち，〈国家は，生を意味ぶかいものに，あるいは価値あるものにするのはなにかについての判断にもとづいて行動することを許され，またおそらくはそのように行動することを要求すらされるべきだ〉，という結論である．だがこの導きは強力ではあるものの，ロールズとドゥオーキンが示しているように，決定的なものではない．

　それでも別の種類の懐疑主義的な疑惑は残るかもしれない．そしてこの疑惑こそは，リベラルの伝統のなかで重要な役割をはたしてきた反完成主義的な政治への，これまでにみた動機づけとは別の動機づけを形成するものであるから，ここで注目しておく必要がある．原理的には，生の技法にかんする判断のほうが人びとの権利と義務に関する判断より誤りやすいという理由はないとしても，政府がこの判断をしっかりやってのけるとはとうてい信用しかねる，とわれわれは考えてかまわないのではなかろうか．完成主義者の理想は政治から遠ざけられねばならず，政府の役割は狭義の道徳にかかわるものに限定されるべきである．だがその理由は，どの理想が妥当かをわれわれが知りえないからではな

く，妥当な理想にもとづいて行動することを政府に期待してもムダだからである．政治の実際の機能についての懐疑主義は，哲学的懐疑主義より説得的だといってよさそうである．

　政府が腐敗しうるという実際的な懸念は別にして，理論的に重要なここでの問題は，理想の妥当性に関する判断を下して政府がなにをするかを決定する立場の人びとも，いかに善意から発したこととはいえ，間違いを犯しうるということである．ラズもいうように，

> 反完成主義への訴えがせめて一部間接的にということなら可能性はある．政治的であってもなくても，理想を追求する行動は，どの理想が妥当かにかんするある人びとの判断を当てにし，妥当な理想をそれに同意しない他の人びとに強制するよりほかにない．［理想についてのなんらかの］見解が共同体に押しつけられるとき，その押しつけられる見解の持ち主たちは，自分がその持ち主だという事実を，自分の見解がそれを拒絶する他者に押しつけられる理由とはみなさないものである．かれらは善についての自分たちの構想が妥当であり，それがこの構想の押しつけを正当化する理由だと主張する．けれどもそのような行動が憲法上正当化される際の根拠になるのは，かれらの見解が真理かどうかや健全かどうかにかかわりなく，統治者，多数者，等々がそのように行動することを選んだということなのである（*MF*, p. 158）．

完成主義の政治の哲学的正当化可能性がいかなるものであれ，現実になにが生じるかといえば，ある人びとの信念が他の人びとの信念を抑圧するということであり，しかもそのような信念が誤っていることもある．いったんそのことを認めるなら，ラズの議論がどうしてこの真の論点を見過ごしたのかといぶかしく感じられるかもしれない．

　ラズの権威理論のエッセンス（政府がそもそも判断する権威を有するのは，政府が正しい判断をおおむね行う場合にかぎられるというもの）を議論のついでに一瞥しておいたが，それもこの問題に答えるというよりうまくかわしているととられかねないだろう．しかし，ラズの立場を合点のいくものにするには，反完成主義者が政治の領分で適切だと考えている道徳的判断にも，こうした諸々の懸念がそっくりそのままあてはめることに注目すればよいのである．人びとがいかなる

権利をもつかの決定者（民主的多数者でも憲法を制定するエリートでもかまわない）も，やはり誤りを犯しうる．ならば，「誤謬可能性からはじめる議論」がここでも適用されねばならない．すると〈国家の行動はあくまで道徳的判断にもとづくか，それともいっさいもとづかないかのどちらかである〉という含意がうまれる．この含意に逆らおうとする魅力的なやり方は，判断にも種類によって正しいことが多いものと少ないものの違いがあると主張することであるが，しかしラズがこの手の考え方を拒絶するのはすでにわれわれがみたとおりである．

　こうした懸念に力があることはラズも認めている．たしかにかれは，国家は市民の善い状態の達成を援助するうえで，反完成主義的リベラリズムによって許容される以上の積極的な役割を果たしうると考える．とはいえそのかれにも，つぎのような危険を隠蔽することはできない．

　　少数者の手に権力を集中することが内在させている危険，すなわち腐敗の危険，官僚制の歪みや鈍感さの危険，判断を誤る危険，目的の不確実さの危険，また……情報の不足や歪みが政府機関の中枢部にまでおよぶ危険（*MF*, p. 427）．

これらの事項を考慮に入れれば，人びとが政府の活動から自由であるべき程度が，かれの素描する「純粋」理論から暗示される以上のものになることを意味するのは当然である，とラズも承認する．われわれがいいたいのは，そしてかれがこれを承認していることを強調する理由は，こうした純粋でない考慮事項が反完成主義的リベラリズムの動機づけに際して影響してきたということにつきる．

　同じことはラズのいうもう１つの「政治的自由の悲しむべき源泉」についてもあてはまるので，これを論じてかれの議論をわれわれなりに紹介するこの部分の締めくくりとしよう．先にみたように，ロールズの反完成主義は，プラグマティックな根拠にもとづいて合意に価値を置くわけではない，いいかえれば，善の構想に関して一致しない集団間での社会的葛藤を回避する唯一の方法として合意を評価しているわけではない．それなのに実際は，このような思考の筋道が反完成主義的な結論を導きうるのである．ラズはこれをつぎのように理解する．

完全無欠な完成主義的政策の追求は，たとえそれが完全に健全かつ正当と認められたものであっても，裏目に出て人民の抵抗を昂進させ，ひいては国内騒擾に発展する，というのが，すべてとはいわないまでも大方の国々での通例になっている．そのような状況下では妥協が世のならわしである．……［それゆえ］完成主義的な措置は，大々的な社会的コンセンサスがなければできない問題だけに制限されることになるだろう……（MF, p. 429）．

　どれほど妥当な完成主義的理想にもとづく政策の履行も国内騒擾をまねいてしまうような逆境のときには，そのような理想を政治から除外する十分な理由がある．ここでもわれわれは，市民たちの生き方を判断する仕事に国家は関知すべきでない，という考え方に多大な動機づけを与えてきた考慮事項の力を，ラズは承知していると理解する．ここで懸念されているのは，政府は邪悪なものだとか間違いをおかすものだということではない．健全な完成主義的政策の善意の履行がかえって逆効果になりかねないということである．

強制的押しつけではなく

　ラズの拒絶する，反完成主義の支柱をなしている2番目の思考は，ある集団によって他の集団に生のスタイルが強制的に押しつけられることは阻止せねばならないと考えるものである．この思考は2つの別個の要素にすっきりと分解される．すなわち，完成主義の政治はかならずある集団がその矛先を別の集団に向けた政治になるという考え方と，その政治はかならず強制的になるという考え方である．ラズにとってはそのいずれもが混乱を含んでいる．

　1つ目の混乱について，完成主義的な政治行動が1つないしそれ以上の集団を別の集団の生の様式に順応させようとするのは本当かといえば，端的にいってそうとはかぎらない．

　共同体のなかで全員一致の支持を受けている社会制度を擁護すべく，完成主義的な政治行為がなされることもある．その目的は，そうした制度に公式の承認を与えたり，法的および行政的取り決めをそうした制度に沿うものにしたり，そうした制度の利用を希望する共同体メンバーの便宜をはかったり，さらにはそうした制度の価値への信念が将来の世代に受け継がれるのを促したりすることである．多くの国々で一夫一婦制の法的承認およ

び一夫多妻制の禁止がもつ意義とは，つまりそういったことである（*MF*, p. 161）．

当該の社会制度が現実に全員一致の支持を受けていることは，ラズの議論のこの部分にとって決定的に重要であるように思われる．政治的共同体内部の任意の人間集団が，たとえば一夫一婦制でなく一夫多妻制を実践しているのなら，一夫多妻制でなく一夫一婦制に法的承認を与えるのは，たしかにある人びとにたいして他の人びとが好む生の様式で生きることを強いる試みにみえるだろう．この試みがたしかに正当化されるかもしれないとラズが考える理由（つまり，もし一夫一婦制の生が本当に一夫多妻制の生より価値があるならば，それは正当化されうる――ラズ本人はこれをはっきりと述べてはいないが）をわれわれはすでにみてきた．ここでかれが主張しているのは，そうした理由とはまったく別であるという点に注意することが重要である．

　全員一致の可能性にふれたラズの言明は，公共的に正当化可能な政治的共同体の好ましさという迂回路を経て反完成主義を擁護するロールズの立場にみてとった問題へとわれわれを連れ戻す．先に指摘しておいたように，そしてラズの挙げた具体例が明らかにしているように，ロールズの立場のなかにある，反完成主義と公共的な正当化可能性という2つの要素は，切り離すことができる．人びとが自分の性生活をどのように営むべきかについて一致しないのは「理性にかなった」ことかもしれないが，そのような不一致が回避不可能で恒久的なものとみなされねばならない理由はない．ある社会には一夫一婦制の価値について全員一致が実際ある，とラズは主張する．一夫一婦制の婚姻のような特定の非政治的理想が，もし社会のなかで全員一致の支持を受けているのなら，いかなる論争的な教説にも訴えることなしにこの理想は公共的に正当化可能であると思われる．そしてその場合には，ロールズもこの特定の完成主義的考慮を排除する理由を失ってしまうと思われるだろう．ロールズの立場はつぎの2つのどちらかしかない．1つの可能性としては，ロールズの反完成主義は状況しだいのものであって，それがあてはまるのは人びとの間に一致がない場合だけであり，しかもその不一致の程度に相応してあてはまるだけである．その場合にロールズは，ここでラズによって提起された種類の完成主義に反論することができなくなる．さもなければ，国家からのいかなる種類の干渉もなしに自分で選んだ生き方をする個人の自由へのロールズのコミットメントは，実は，公

共的正当化可能性への要求に根ざしたものではないということになる.
　反完成主義の2つ目の混乱は,完成主義者が認めてもよいと考えている国家「干渉 (interference)」にはかならず強制が含まれるという見方である.ラズによれば,

　　完成主義的行為のすべてが,ある生のスタイルの強制的押しつけとなるわけではない.その多くは好ましい種類の行為の奨励や助成であり,あるいは好ましからざる行為様式を断念させることであろう.造形作家や舞台芸術家の顕彰,コミュニティ・センター事業の発起人への助成金交付や資金貸与,ある種の余暇活動(たとえば狩猟)に他の活動より重く課税すること.これらすべての場合において,善の構想を追求する政治行為は,自分なりの宗教を追求する人びと,自分の意見を公然と表明する人びと,長髪の人びと,無害な薬物を服用する人びとを監獄送りにする,恐ろしげな通俗的イメージにはほど遠い (MF, p. 161).

実際,先に挙げた一夫一婦制婚姻の法的承認は,強制なき完成主義なるものがありうることの例示にも使える.つまるところ国家は婚姻を人びとに強制はしないし,一夫多妻を有罪にしなくても,多くのやり方で結婚を支援することができるのである.
　本章のあとのほうでわれわれは,国家による強制的行為を正当化しうる理由もあるとラズが考えているのをみることになろう.そしてこの問題をもっと徹底的に議論するのはそのときまで待たなければならないだろう.いまは,ここでかれが指摘している単純な論点について若干の前置き的な考察をおこなっておけば十分である.かれの議論のエッセンスは,ある人物が特定の行為を遂行する(あるいは遂行しない)場合に監禁することと,同じ行為を遂行させない(あるいは奨励する)ために課税や補助金を利用することの間には大きな違いがある,ということだが,これは間違いなく正しい.前者はある意味での強制を含み,後者はそれを含まない.また,ラズにとっての中心的価値は自律であり,自律には強制の不在が必要とされることは自明に思われる以上,この違いがなぜかれにとって重要かを理解するのは難しくない.しかしながら,かりに国家行為のこれら2つの種類の間になんらかの違いを設けることができるとしても,その試みによって生起する諸問題を指摘しておいても損はない.ラズの是認する,

明らかに人畜無害な非強制的行為にすら反完成主義者が反対する理由がそれで明らかになる，というだけでも価値はある．

　第1に，課税と補助金が特定の行為にともなう費用対効果の意図的な修正を含むことは否定できず，そのことがすでに若干の問題を示唆している．まず，強制の概念を考えるわかりやすいやり方は，特定の行為に対して意図的な制裁や処罰を付すという観点からみることであろう．「髪を短く刈らなければお前を刑務所に送るぞ」は，強制的威嚇の典型例であるように思われる．強制的だとラズが認めるこの発言と，強制的でないとかれが主張する「狩猟をやめなければ国家はあなたに重税を課すだろう」という発言の違いとはなにか，と反完成主義者なら問うかもしれない．不服従に対する処罰が2番目の例より最初の例のほうで重いのは明らかである．だが明白でないのは，これが程度の差というより質の違いであるのか，すなわち前者を強制と呼び後者を強制でないと称することの正当な根拠となっているかということなのである．なにが威嚇を強制的にするかという問いをラズは詳細に論じており，われわれはかれにその答えがないなどとほのめかすつもりはない．われわれの目的は，もっぱらここに興味ぶかい論点があるという事実に向けて読者の注意を喚起することにある．

　しかしながら，以上の点に加えて，たとえ制裁に強制的なものと非強制的なものを区別できることを認めるとしても，〈特定の行為にともなう費用対効果のいかなる意図的修正も所詮は自律の侵害になる〉，という反完成主義者の直観との衝突から，課税と補助金を救い出すことにはならないだろう．これがりっぱな論点であることを理解するには，ある活動にかかる費用を減らすことが結局は強制になりうると論じるのは困難なので，課税より補助金の例を考えるのがいちばん手っ取り早い方法である．ここで考えられているのは，たとえば芸術への助成を行う国家の決定は，あからさまに強制的ではないものの，やはり人びとの選択への干渉を，すなわち人びとが生き方を選ぶ際の選択肢に意図的なバイアスを忍び込ませることを含んでおり，それが人びとの自律の尊重と背馳するのではないか，ということである．もし芸術のない生よりある生のほうが価値があるのなら，人びとはそのような生を営む人為的なインセンティヴなしに自分でこの判断を行うべきではないのか．言外に暗示されているのは，補助金や課税は，たとえ強制的ではなくても，操作（manipulation）を含むということである．補助金と課税が操作を含むのなら，ラズもそれらが自律侵害的になることは認める．

401

操作は強制とは異なり，ひとの選択肢に干渉することはしない．そのかわりに操作は，該当する人物が決定に到達し，選好を形成し，目標を採択するやり方を歪める．操作もやはり自律の侵害である……（MF, pp. 377-378）．

市民に尊重を払うことが，市民の処遇に際して国家が道徳的考慮を無視することを要件にするわけにはいかない，とラズが考える理由をわれわれはすでにみてきた．けれども，国家の判断によってバイアスをかけられた環境のなかで選択を行う場合よりも，干渉なしに多様な生の様式の価値についてみずから決定を行う状態におかれたほうが，市民はより多くの尊重を受けることになり，おのれの自律への能力をよりよく行使できる，という考え方は馬鹿げたものではない．

　第2に，すべての国家行為には課税が関係するし，課税は強制的である，という決定的に重要な論点がある．完成主義的な国家行為の実行が強制的であるとはかぎらず，もっぱら特定の価値ある生の様式を促進するためのものであることをたとえ認めても，その促進に使用される資金の徴集はいままで強制的であったという事実がある．とどのつまり，税金の不払いにともなう処罰は禁固刑であるから，ある活動には課税し別のある活動には資金援助することを国家が決定した場合，実際に行われることといえば，国家がさまざまな活動の相対的優劣にかんする判断を実行に移そうとして強制権力を行使することなのである．ラズがこれを認め，課税は強制的であるから強制が正当化される場合にかぎり課税も正当化される，と主張するのをのちほどわれわれはみるであろう．さしあたりの論点は，芸術の追求を国家によって奨励することが，もちろん誰も劇場に出かけることを強制されるわけではないにせよ，強制を含んでいることだけは銘記せよということである．

　国家は特定の生の様式を強制的押しつけ（あるいは禁止）なしに奨励したり助成したり，あるいは断念させたりできるとラズは主張するが，この論点が，ドゥオーキンのリベラルな国家――その行為の目的は，正しい種類の挑戦に人びとが面と向き合うような種類の文化構造の支持にある――を擁護する論拠にとっても決定的に重要であることは，われわれがみたとおりである．ドゥオーキンの立場にたった解釈，およびかれの立場そのもののさまざまな難点をわれわれは指摘しておいたが，どのような読み方をしても明らかなことがある．すなわち，そのような国家行為が人びとが自分で選択するという挑戦モデルの核心

をなす思想の破壊に直結しない理由は，それが強制を含むとはかぎらないからということにつきる，ということである．ここから暗示されるのは，本章でラズを論じる過程でわれわれが考察してきたさまざまな反論——課税の強制的な性格や，諸個人の選択が行われる環境を国家が変更することの操作的な一面にかんする異論——が，ドゥオーキンにも等しくあてはまるということである．しかしそのことはまた，つぎのことを意味する．すなわち，ラズの論点（完成主義へのもっともらしい反論が実はあてはまらないことの証明とかれがみなしているもの）を反転させれば，反完成主義的傾向の持ち主たちにも利用され，さもないと受け入れがたくみえるある種の国家行為を正当化することも可能になることである．諸個人が選択を行うコンテクストの修正を目標にした国家干渉は強制を含まない，ということが事実であるとすれば，ラズは完成主義にかんする恐怖心の若干を和らげることができる．だがこの事実はドゥオーキンにもかれが必要としているものを与える．そしてかれがそれを必要とするのは，正しい種類の文化構造を促進する国家行為はかれの請い求める種類の中立性と調和すると主張するためなのである．

自律と価値多元主義

　ひとを反完成主義の支持者にさせかねないがゆえにラズが拒絶する第3の，そして最後の考えとは，道徳的に是認された生のスタイルのうちの1つを是認し，それ以外のスタイルすべてを抑圧することが国家に許される，との含みが完成主義にはあるという考え方である．完成主義は，ある特定の理想の集合を妥当なものと考え，政府にそれだけを促進し，権力の座に就いていない人びとの信奉する理想は抑圧することを要求する，厳格主義的道徳観と歩みをともにするように思われるかもしれない．しかしそれとは反対に，ラズによれば完成主義は，「相互に両立不可能ではあるが，道徳的に価値ある生の形式が多数存在する」（*MF*, p. 161）ことを認める道徳的多元主義と調和するものである．善の構想のなかには妥当なものもある（妥当でないものもある）という反懐疑主義的主張は，ただ1つの理想集合だけが妥当であることを意味するものではない．芸術家の生が価値あるものでキツネ猟師の生はそうでないことを，われわれは前者が唯一価値ある生の形式だという知識などなくても知りうる．価値ある生の様式が多数あれば，国家は完成主義的かつ多元主義的になりうる．

　ここで反完成主義に立ち向かうラズの消極的議論は，かれのリベラリズムの

核心にある自律の概念のより積極的な展開と重なり合う．自律は善の追求に際して行使される場合にかぎり価値がある，というかれの考え方をわれわれはすでにみたが，まもなくわかるように，それにはもっぱら道徳的に受容可能な選択肢が複数手に入ることが要件になる．さしあたり理解しておくべき重要なことは，これがなにを意味しないかである．

　　これは厳格主義的な道徳観のようにみえて，実はそうではない．自律の価値を認める道徳理論が多元主義的なものの見方を支持するのは避けられないことなのだ．この理論は，諸個人が自由に選択するさまざまに異なった無数の追求には価値があることを承認する（MF, p. 381）．

〈重要なのは人びとが生き方を自分で選択することであって人びとがなにを選択するかではない〉，という見解と対比するならば，〈自律は善の追求に際して行使される場合にかぎり価値がある〉というラズの主張は，たとえ強制ではないにしても，ただ1つの選択肢集合を，すなわちなにが生を価値あるものとするかについてのただ1つの構想を支持する国家干渉を是とするようにみえるかもしれない．この含みを拭い去ってくれるものこそ，自律と多元主義の間にある関係である．
　価値多元主義についてのラズの議論のなかには多くの異なる立論の糸があるが，われわれは価値多元主義と自律との関係に焦点を絞って，そのなかからとくに1つを取り出す．これを承知してもらうことは重要である．というのは，われわれがいまから注視しようとしているこの糸が，かなり特異な形式の多元主義擁護論を提示しているからである．もっと単刀直入な議論の筋道ならば，多数の両立不可能な生の形式が存在する以上，市民の価値ある自律の促進に留意する国家がとりたてて1つの生の形式をえこひいきする理由などない，と主張することであろう．諸価値の共約不可能性を論じたラズの著書のある章ではおおよそこのようなかたちの議論がたしかに提示されているが，われわれがこれから検討する特定の一連の思考は，もっと独特の他にはみられない立場の確立をめざしている．もっとありふれた論じ方でもかれはおのれの多元主義的結論に到達できるのだが，それだと，生に価値があるのは自律的に選択された妥当な理想を追求する場合だけだという主張と，そのような諸々の理想が対立しあいながら多数存在するという主張とが，別々で無関係なものとみなされてし

まう．われわれがここで素描しようとしている議論の特異かつことのほか興味ぶかい特徴は，これら2つの主張の間に内的関係を樹立しようとするそのやり方にある．かれもいうように，

> 自律が1つの理想であるのなら，われわれは道徳についてそのような見方にコミットすることになるのである．すなわち，自律の価値を認めることが，道徳的多元主義の承認に通じているのだ（*MF*, p. 399）.

自律についてのかれの構想は道徳的多元主義と両立可能な概念というだけではなく，道徳的多元主義の真なることを前提とした構想であるようにみえるのである．

　ラズの議論で決定的に重要な一歩となるのは，ある人物の生が自律的かつ価値あるものとなりうるのは，それを生きるこの人物が，選択に際して道徳的に受容可能な選択肢の多様性を有する場合にかぎられるという主張である．この主張が正しいと仮定した場合に出てくる結論は，もし価値ある自律が可能でなければならないとしたら，道徳的多元主義は真理でなければならない，というものになる．選択するべきことがなければそもそも自律的になりようがない，という理由をみてとることには，さほど問題はない．「人格の自律という理想の背後にある衆目一致の思想は，人びとは自分なりの生き方をするべきだということである」（*MF*, p. 369）．そして手持ちの選択肢が1つしかないひとがこの説明にあてはまるとはどう考えても納得しにくい．とはいえ，たんに選択の幅があるというだけではラズの主張が成り立つのに不十分なこともはっきりしているはずである．あるひとに多様な選択の幅はあるものの，善い選択肢といってはそのうちただ1つしかないような状況が，それにあたるだろう．これぞまさしく一元論者の，すなわち価値ある生の様式は1つしかないと考える人物の力説することであり，それゆえラズが論破しようとしている当のものである．

　ラズがなぜ善い選択肢の間での選択が自律には必要だと考えるのかを理解するには，善と悪の間での選択をかれがそもそも選択たりえぬものとみなしているのをみるだけでよい．電気技師になることと誰かを殺害せねばならないことの間でどちらかを選ばなければならないひとは，電気技師になることを選んでも自律的に選択したことにはならない．その理由は，この人物の選択が余儀なくされたものだからである．もしこのひとが道徳的でありたいのなら，選択

の余地はない．なにを考えるにせよなにを行うにせよ，それがすべて死の回避に，すなわち肉体的な生存を求める闘争にかかわっているようなひとには自律の獲得などありえないのと同じで，ラズのいう「道徳的生存」(*MF*, p. 380) を求める闘争にかまけているひとには，自律をわがものにすることなどできないのである．

　この議論はいかなる解説もはねつけるほど単純明解である．ここで実際になにがおこっているかといえば，ラズはかれの自律の理想をさらに内容豊かにし，ひいてはこの理想を，自分の生き方を自分で選択する個人のたんなる能力のような，反完成主義を連想させるたぐいのいかなる薄っぺらな観念からも区別しているのである．善さえ追求すれば自律が価値あるものになるかというと，それだけではない．〈手持ちの価値ある選択肢が多数存在するため，行為主体がさまざまな善の間で選択を行っている〉，という具合になってはじめて自律は自律といえるのだ．ラズの理想的自律がもつ濃密さは，かれの多元主義擁護論の特異な構造についてのわれわれの考察と一致する．というのも，この理想が論争的なぶんだけ，この理想の妥当性を前提にした多元主義擁護論が出てきて度肝を抜かれることになるからである．ラズの議論によれば，濃密に理解される自律が可能であるべきだとしたら，価値は多元的でなければならない．善を追求する場合にかぎり自律は価値があるという主張を反完成主義者が拒絶するように，一元主義者はラズのいう強い意味での自律が可能なことを端的に拒否するかもしれない．われわれはどちらか一方の拒絶の仕方が正しい，などとかりにもいうつもりはない．われわれがいいたいのは，自律の名において実に多くの労力が費やされているということだけである．いままでみてきたように，ここで自律の観念が説明されるやり方は，それを価値多元主義と調和させるだけにはとどまらず，価値多元主義の教説を前提するようなものにもなっている．そうであるからこそ，はじめの印象とは裏腹に，ラズの完成主義は国家がとりたてて1つの生の様式を促進することにお墨付きを与えるものではけっしてないのである．

自律，社会形式，国家完成主義

　ここまでの議論が消極的だというのは，それが〈完成主義にとって不利になるような，若干の直観に反する含意が，完成主義のものではない理由〉の提示

を意図したものだという意味である．前節の全般的原動力となっていたのは，国家が完成主義的理想を追求して行動することは，それに反対する直観があるとしても正当化できるということの論証であった．これはなぜ国家はそのようなやり方で行為すべきなのかという問いを惹起するが，われわれがいまや注意を向けなければならないのもラズの立場のこの側面である．ここでようやくラズの立場のなかにあるコミュニタリアンの要素が前面に出てくる．個人の善い状態が社会形式に大いに左右されると論じるラズは，個人にたいして社会がマトリックスとして優先するというコミュニタリアンの主張に同調していることになるからである．そのような社会形式が今後とも利用可能なことを政治行為が請け合う必要がある，という主張をそこにつけ加えることで，かれはコミュニタリアンの主張を国家完成主義擁護論へと翻案する．本節の最後でわれわれは，社会形式の重要性を承認することによって，ラズが予想される以上に深くコミュニタリアニズムの方向へと導かれていくのをみることにもなるだろう．自律が価値をもつのは，ある特定の種類の社会に生きる人びとにとってだけ，すなわち個人の選択に基礎をおくような社会形式の住人にとってだけだとかれは論じる．事態をできるだけ簡明にしておくために，本節ではラズのリベラリズムとコミュニタリアンからの批判との多様な関係の仕方を逐一詳述することはやめておく．それよりも，ラズのコミュニタリアン的傾向を心ゆくまで論じるのは最終節のお楽しみにとっておいて，ここではかれの議論のなかにあって社会的マトリックスの重要性の承認を国家完成主義に結びつけている要素という一点に絞って論じることにしよう．

善い状態は社会形式しだいである

　ラズの主張によるなら，

> あるひとの善い状態は，社会的に規定され決定された追求および活動の成否にかなりの程度まで左右される（*MF*, p. 309）

とされるが，その理由にアプローチするもっともよい方法は，この主張をその構成要素たる2つの下位主張に分解することである．すなわち，第1は善い状態がある重要な点までひとの包括的目標の成否にかかっているという主張であり，第2はこの包括的目標が行動の社会形式に基礎をおくものでなければなら

ないという主張である．

　ラズにとって包括的目標とは，人びとがもつ目標のうちでも，生の重要な次元にまで波及する効果をともない，諸々の小目標を内部にしまいこむ構造を提供し，人びとの生に全般的な形状と方向づけを与えるような目標のことである．大ざっぱにいえば〈あるひとの善い状態は，そのひとの（価値ある）目標追求の成功からできている〉と考える点でラズが正しいとすれば，自分の包括的目標の達成に成功すること（仮にこの目標が価値あるものだとして）がそのひとの善い状態の主源泉となる理由をみてとることはたやすい．難しいのは，善い状態についてのこうした構想の性格づけである．そもそも善い状態という概念そのものが，2つの両極端な考え方の間にはさまれたどこかにあるとみなされること以外は，おそろしくつかみどころがない．2つの考え方の1つは，たとえ自分のおかれた境遇に満足していなくても，自分のまえにおかれた目標を心から受け入れることができなくても，人生はうまくいくものだと考える．もう1つは，ものごとがあるひとにとって価値があるのは，その当人に価値があると思われる場合だけだと考える．あるひとの善い状態を考えるとき，われわれが実際に考えているのは，そのひとの生が当人の観点からみてどの程度善いか，あるいは成功しているかということだ，と認めたとしよう．その場合に，これが自分で設定した（価値ある）目標との関係で，そのひとがどの程度うまくやっているかどうかの問題であることは明らかなように思われる．もしわたしがコンサート・ピアニストになることに全人生を捧げる決心をし，それが自分にとっての包括的目標となるような生き方をするとしよう．この場合，わたしがこの企てに成功するかどうかにわたしの善い状態のすくなくとも大半はかかっている，と考えてかまわないように思われる．

　　ひとが包括的目標をもつことができるのは，それが現存の社会形式に，すなわち社会のなかで実際に広く実践されている行動形式に基礎をおいたものである場合だけである（*MF*, p. 308）．

この主張は，ラズの立場がいままでにみてきたコミュニタリアン的な議論の要素のいくつかと接点をもつことを，このうえもなくはっきりさせている．かれはこの主張の裏づけに2種類の根拠を提示する．第1に，個人の行動の意義は社会形式の存在にかかっているという論点がある．これがもっとも鮮明になる

のは，社会的諸制度に直接かかわる活動の場合——「法によって支配される社会の外では法曹キャリアの追求は不可能であり，医療の実践はそのような実践が承認されている社会の外では不可能である」(*MF*, p. 310)——である．だが，わたしの行動の意味が，社会的もしくは文化的慣行や，行動の環境となる慣習にかならず依拠するという考え方は，さほど徹底して制度化されていない領域にも及んでいる．眼のみえるひとなら近隣の鳥を観察することができるだろうが，だからといってこのひとがバード・ウォッチャーになるわけではない．バード・ウォッチャーであるためには，バード・ウォッチングかそれに類したものを，レジャー活動の1つである，自然に対してある特定の態度で接する活動である，等々として承認する社会に生きていることが必要になる．バード・ウォッチャーであることの意味は，鳥を観察するという活動の周囲を取りまいている不可避的に社会的な意味環境に依存するのである．包括的目標が，すなわちひとの生の重要な次元にまで及ぶ目標が，こうして社会形式に堅く結びつけられ，ややもすると直截に社会形式の具体例となるのは，致し方のないことである．

諸個人の活動がその意味を社会から引き出しているというだけではない．諸個人は社会形式に継続的に馴染むことを通じてはじめて目的を獲得したり維持したりできるのであって，これがラズの第2の論点である．ひとの親あるいは友人であるとはどういうことかを，われわれは明文の指令をつうじて知るわけではない．それどころか，たとえば特定の友人関係というコンテクストで適切な行動を支配している諸々の慣習は，濃密すぎてコード化などとてもできない代物である．われわれがそれを知るのは，むしろ友情という社会関係に参加したり，それを実際に目の当たりにする現在進行形の過程を通じてなのである．人格的相互行為の細部を研究する微視的社会学者たちの教えによれば，われわれにはすでに知ってはいるものの言葉には出さずにおくことがあり，2人のひとの間にある関係の発達は無数の微細な身体言語が伝える意味にかかっている．ラズもいうように，

> これらはすべて共通文化から，共有された社会形式から引き出されている．そしてそれらの意味には各々の人格の個性の刻印が押されてはいるが，その基礎は共有された社会形式にあって持続的かつ永続的である．ちょうど眼が目標物に届くまでずっと手を導きつづけ，手の可動範囲を見きわめる

だけでないのと同じで，われわれの持続する共通文化意識は，目標を追求するわれわれの行動の育み手であり導き手でありつづけている（*MF*, p. 312）．

コミュニタリアンたちが反対するたぐいの非社会的個人主義に自分のリベラリズムの基礎をおく，といってラズが非難されることはありえまい．

理解するべき重要なことは，ラズの主張しない２つの事柄の存在である．第１に，かれが明言するように，個人の善い状態が社会形式に依存すると説くかれの議論は「規約主義的テーゼではない．それは社会の是認をもって実践されるものはなんでもそれだけで価値があるとは主張しない」（*MF*, p. 310）．かれがこうした規約主義とは違う立場をとることをわれわれは予期しておくべきだった．ひとは自分にとっての善とはなにかについて誤ることがあり，ある目的はその価値へのそのひとの信念ゆえに価値あるものになるわけではない．それと同じことは社会についてもいえるのである．第２に，あるひとの包括的目標がかならず社会形式から引き出されてくるという事実は，現行の慣習からの逸脱やその超越にさえいっさいの余地が残されていないことを意味してはいない．包括的目標は現存する社会形式にかならず基盤をもつというかれのテーゼは，共通テーマのうえに実験を試みたり変奏を加えたりすることと両立するよう意図されているし，実験や変奏はときに本物の変革をもたらすほどにはなはだしいこともある．

> ひとは自分なりの変奏や組み合わせを開発しても社会形式を超え出ることができない，ということではない．人びとにはそれができるし，ときには実際にそうしてもいる．だがそのような場合にも，人びとが共有された形式を離脱して到達したその距離が，それぞれの場合に，人びとの境遇の最も意義ぶかい要素になることは避けられない．それゆえ他のなににもましてこの距離こそが，人びとの境遇の意味と，この境遇がもつ人びとにとっての可能性とを決定するのである（*MF*, pp. 312-313）．

社会形式からの逸脱行為は，それがもつ意味を，それがはめ込まれている意味のマトリックスから，つまりそれ自体として必然的に社会的であるマトリックスから引き出す．個人は現存の慣行にがんじがらめになっているのではないし，

慣行と折り合いをつけなければ価値ある生き方ができないわけでもないのだが，意味の社会的な編み目から脱出することはできないのである．

　先にみたように，自律は手持ちの価値ある選択肢が多様であることを必要とし，いまみたように価値ある選択肢は大部分が社会形式に依存しているのであるから，自律は多様な社会形式の存在を必要とするということになる．もしラズが正しいとすれば，個人の自律というリベラルな理想は，見た目ほど個人主義的なものではなくなる．

　　自律は多様な集合財が入手可能である場合にかぎり可能である．なんらかのかたちで一家を構える機会，親交を結ぶ機会，数多くの技量，職業，仕事を追求する機会，小説，詩，美術を味わう機会，多くの共同レジャー活動に参加する機会．こうした機会はすべて，それらを可能にも価値あるものにもしてくれる，適切な共通文化を必要とする（*MF*, p. 247）．

　財を「集合的（collective）」にするものについてのラズの理解の仕方や，ひいてはいわゆる「道徳的個人主義」をかれが概して拒絶するいきさつに立ち入らなくても，かれの立場の全般的な原動力は理解できる．「多くの集合財の供給は自律の可能性そのものの構成要件である」（*MF*, p. 207）というのだから，抽象的個人のうえに築かれ，共同体の役割――諸個人が価値ある生き方をするべきだとした場合に，なくてはならない条件を提供する役割――を等閑視するいかなる形態のリベラリズムからも，われわれはずいぶんと遠いところにいるわけである．

　権利のような明らかに個人主義的なことがらにさえ，コミュニタリアン的な擁護論が与えられている．ラズはまず，人びとには自律への権利があるという考え方を拒絶する．

　　自律への権利なるものをもつことができるのは，つぎのように考えることを権利保有者の利益が正当化する場合にかぎられる．すなわちその考えとは，この人物に自律的な生をもつ機会を与えるのに必要な社会的環境の提供義務を，社会のメンバーたちが全体としてこのひとにたいして負っている，というものである．かくも多くの人びとがきわめて重いものになりかねない義務に服す，という考えを，ひとりの人物の利益がかりに正当化で

きないと想定すれば……個人的自律への権利なるものは存在しないことになる（*MF*, p. 247）．

すぐまえでみたように，ラズにとって集合財は自律の可能性そのものの構成要件であるが，いかなる個人も集合財への権利などもつことはできない．そのような権利が存在するとしたら，信じがたいほどわずらわしい義務も存在することになるからである．それゆえいかなる個人も自律への権利をもつことはありえない．

とはいえ，権利を個人と社会の間の関係についての個人主義的見取り図に縛りつけておくよりは，公共的文化への貢献と関係づける観点から構想したり擁護したりするほうがよい．ラズはつぎのように主張する．

> リベラルな伝統というものは，どちらかといえば個人主義的なだけである．また典型的にリベラルな権利のなかには，その価値をなんらかの公共的文化の存在に負うものがあって，それらの保護はこの文化の擁護促進に一役買っている．……そのようなリベラルな権利の役割は，基本的な道徳的原則や政治的原則を明示化することにも，絶対的な重みをもつ個人主義的な各人の利益を保護することにもない．その役割は，特定の制度的取り決めや政治的規約を通じて，共同体の基本的な道徳・政治文化を維持したり保護したりすることにある（*MF*, p. 245）．

非社会的で個人主義的リベラルの図式が，表現の自由，結社および集会の自由，報道の自由，信教の自由のような権利を究極的には前社会的個人の自由に根ざすものとみるのとは対照的に，それらの権利は，たとえばある開かれた社会に備わる善のような，本来的に社会的である善の促進に役立つものとして正当化される，とラズは考える．かれにとって，「リベラルな権利の重要性は，それが公共善に奉仕するという点に存する」（*MF*, p. 256）のである．

社会形式は完成主義的な政治行為を必要とする

人格的自律は，手に入る受け入れ可能な選択肢に十分な幅があることを必要とし，またそのような選択肢はかならず社会形式に依存するのだとしたら，ここから国家完成主義はどのように正当化されるのであろうか．ラズの回答はつ

ぎのようなものである．すなわち，市民たちが自律的な生を営むことを請け合うために国家は国家にできることをしなければならず，完成主義的な政治行為は自律に必要な社会形式を維持することを要求される．市民たちの善い状態を促進することは国家の義務であり，国家の行為なきところにはそのような善い状態の社会的前提条件も存在しないだろう．それゆえここには2つのまったく異なる主張が成立することになる．1つは国家の適切な役割，つまり国家は市民たちのためになにをしてよいかにかんする規範的な議論であり，もう1つは国家がそうする必然性にかんする経験的主張である．

第1の主張では，政治行為にかんしてそれが強制を含むことが論点となるが，ラズにはそのことを承認する用意が十分にある．先にもみたように，たしかにラズは，完成主義的な目標の追求が強制力の使用によってなされる必要はなく，政府が資金援助や宣伝のような非強制的手段を用いてさまざまな活動を奨励することは可能だと熱心に指摘する．だがかれは，それと同時にわれわれが先に立証した点も承知している．

> こうした政策すべてに必要な資金が強制的課税によってまかなわれていると指摘しても，反論にはならない．わたしが思うに，かかる税金の徴集は十分な機会の提供を目的としたもので，自律原則 (the principle of autonomy) によって，危害原則 (the harm principle) に矛盾しないようなやり方で正当化される．……政府には，十分な幅のある選択肢とそれを利用する機会とを諸個人に与えるような環境を創出する責務がある．この義務は，価値ある自律的な生を営むことへの人びとの利益から生じる．……ここで素描された論拠によって正当化できない税は徴集されるべきではない (*MF*, pp. 417-418)．

ラズにとって強制が正当化されるのは，強制を行使する目的が自律のための諸条件を人びとに提供する義務の執行である場合にかぎられるが，その理由は，これなら危害原則に矛盾しないからである．これによってかれがなにをいいたいかをいまからみていこう．

ラズにしたがえば，われわれはすべて自律に基礎をおく義務を，すなわち自律の諸条件を相互に提供しあう義務をもっている．また国家はこうした義務の執行を目的とした強制力の使用を正当化されている．その理由は，このとき国

413

家はわれわれがいずれにせよ有する義務の遂行を肩代わりしているだけだから，というものだが，ここにはかれの権威理論が再度かいまみられる．自律の条件には3つの種類があり，それに対応して義務にも3つの種類ができる．かなり単純な見方でいくと，人びとが自律的であるためには独立していることが，すなわち強制および操作から自由であることが必要であり，ここから他者の強制および操作の自制という標準的なリベラルな義務と，われわれがそれを自制することの確証という国家の行為の標準的な正当化理由が導かれる．ラズはこれに2つの条件および義務を追加している．第1に，かれが「精神的諸能力」と名づける条件がある．われわれはみなつぎのような義務をもっている．

　　自律的な生の営みに必要な内面的諸能力の創造を援助すること．この能力のうちのあるものは，情報を取り込み，記憶し，使用する力のような認知能力や，推論能力等々にかかわる．またひとの感情や想像力の面での性質にかかわるものがある．さらに健康や，身体の能力と技能にかかわるものもある．最後に，自律ある生に欠かせないかまたは有益な性格的特徴がある．そのなかには心の安定と忠実さ，そして人格的な結びつきを形成し親密な関係を維持する能力が含まれる（*MF*, p. 408）．

自律の第2の付加的条件については，自律と多元主義の関係を論じた際にすでに触れておいた．ラズによれば，ひとは価値ある選択肢が十分な幅をもって自分の手許にあるのでなければ自律的であるとはいえない．ここから生じるのが自律に基礎をおく義務，すなわち，価値ある選択肢のなかから1つを選ぶに際して，十分な幅をすべての人びとにたいして創造する義務である．
　こうして，自律の条件と，自律に基礎をおく義務と，国家が強制力の使用を正当化される理由とについて，それぞれ3つの種類が存在することになる．みかけと裏腹に，ラズにとってこれらは，ミルの定式化によって知られ通常「危害原則」の名で呼ばれる伝統的なリベラルの見解——ある人物への強制的干渉を正当化する唯一の理由は他者への危害の阻止であると主張する——に背馳するものではない．他者に当然与えられるべきものを否定すればそれは他者への危害になりうること，自律に基礎をおく義務を他者にたいして怠るひとは，いくらこの義務の趣旨が他者の自律奨励にあってその減退予防ではないとはいえ，やはり他者に危害を与えていることになること，これらのことをいったん認め

てみよう．

> そこから生じる結論はこうである．市民たちの自律を増進する責任を負った政府は，その法がもっぱら自律に基礎をおく市民たちの義務を反映し，それを具体化することを条件に，資源の再配分をおこない，公共財を提供し，強制を原則とするそれ以外のサーヴィス支給を実施する，正当な権限を有する．もし法が自律に基礎をおく義務を反映したものなら，法への服従を怠ることは他者に危害を与えることになり，危害原則があてはまる（*MF*, p. 417）．

自律に基礎をおく人びとの義務，すなわち自律の諸条件を相互に与えあう義務を，国家は強制力を用いて執行することができる．これは適切に理解された危害原則とは矛盾しない．

3種類の条件（ないし義務）のうち，はじめの2つ［独立と，精神的諸能力についてのもの］と，第3のもの［価値ある選択肢の幅についてもの］の間で考えられる違いを指摘することは有益であろう．すなわち，はじめの2つは，多様な生の様式の相対的優劣にかんする判断に国家を巻き込まない点で，反完成主義と両立すると論じてもかまわないが，第3のものについて同じ論じ方はできないということである．強制あるいは操作を自制する義務の場合にこれは明らかだが，自律に必要な精神的諸能力の提供にも同じことはあてはまる．自律の擁護者が，多様な生の形式の相対的優劣にかんする判断にもとづいて国家が行為するのをよしとするラズの見解は拒絶しても，人びとが自分で選択を行うのに必要とあらば，国家はなんなりと提供すべしと考えることはありうる．衛生管理や教育のための税金を支持するのに，なにも完成主義者でなければならないことはない．心身の健康や，情報を獲得し，処理しそして理性的に思案する能力は，ある行為主体が真に自律的な選択を行うことができるための条件なのだと考えさえすればいいのである．同様にして，反完成主義者が再配分的課税を主張するのに，物的資源をある程度は意のままにできることが自律に必要であることを根拠にするのは，ごくありふれたことである．原理的には，これ以外の諸能力も自律のためには必要であることを，この人物が認めてはいけない理由はない．たとえば，ひとが2つの行動方針の間で自律的な選択を行うことができるのは，それぞれの方針を選んだらそれぞれどうなるかを想像する能力がある場合にお

そらくかぎられる．だがこうした事例すべてにおいて決定的に重要なことは，ここで自律の諸条件を人びとに提供するために国家が強制力を行使するにあたり，人びとの選ぶ特定の選択肢の価値について，国家がいかなる判断も下していないという点なのである．

　もちろん，自律に必要な内面的諸能力についてラズが掲げている特定のリストに，反完成主義者からの反駁が寄せられるのも無理はないであろう．かれは，たとえば忠実さのような特定の性格的特徴を含めることで自律の概念にふくらみと密度をもたせたぶんだけ，選択の諸条件と適切な選択対象の間の区別をあいまいにしている，と論難されるかもしれない．ラズにはそもそもそうした区別を設ける理由などないので，これは問題にはならない．また，どんな選択もそれだけで自律的選択とみなされるわけではないと認めること自体，すでに反完成主義者のほうが，自分の出発点であった選択の条件と選択対象の間の区別の否定に向かって滑りやすい下り坂をなすすべもなく滑り落ちつつあるかのごとくわれわれに感じられるのも，無理からぬことである．その区別をもとに反完成主義者が論じたがっているのはこういうことであろう．国家が芸術を支援することができる根拠は，自律的な選択を行うのに人びとが必要とする諸能力を芸術が促進するから，ということにつきるのであって，画廊や劇場に出かけることを選ぶ人びとはカジノに入り浸る人びとよりも善い選択を行っている，という完成主義的判断を国家が下すまでもない．すなわち芸術は，教育とともに，もっぱら人びとがある中立的な枠組の中で自分なりの自律的選択を行うのに必要なものを提供するという点で役割を果たすだけなのである．しかるにわれわれは，そのような立論が支持されうるものかどうかにかんして疑念を抱いてよいだろう．芸術のある生のほうがない生より善い，という判断がそこにあるのは明らかである以上，問題は，ギャンブルより観劇のほうが価値があることを否定するのにどのような理由があるか，ということではないのか．

　こうした問題にかんしてどのような結論にいたろうとも，ラズのアプローチをこのうえもなく鮮明に際立たせているのは［自律の］第3の条件であり，強制的に執行可能な義務である．ここでようやくわれわれは国家完成主義の必然性をめぐって提起された2番目の問いにかんする考察を開始することができる．すなわち，もし人びとが自律の諸条件をもつべきならば，国家が行動をおこすことが必要だ，ということの是非にかかわる問いである．おそらく反完成主義者は，健康や教育のための課税はもちろん，単刀直入な資源再配分のための課

税という考え方にすら困難をおぼえず，市民たちが自律的であるためとあらばこれらの理由で国家は課税しなければならないことを認めることができる．だが反完成主義者は，人びとの価値ある選択肢に十分な幅をもたせるために国家が強制力を使用してもかまわないという考えにたいしては，どの選択肢が価値ある選択肢かについての判断にもとづいて行為するという稼業に国家を巻き込む仕儀になる，という理由から断固として抵抗することにコミットしているようにみえる．ドゥオーキンのような洗練された折紙つきの国家中立性論者でも国家のそのような役割を正当化するかもしれないことを，われわれは文化構造への支援についてのかれの見解を論じた箇所でみた．それゆえわれわれは，そうしたコミットメントを想定してかかることに性急すぎてはならないだろう．ドゥオーキンの議論の主旨がどこにあるのかも，それが究極においてかれの立場の他の要素とどのように整合化されうるのかもまったく明らかでないことは強調済みであるが．だがいずれにしても，ドゥオーキンの思いめぐらすものとは種類の点で異なり，またもっと単刀直入に擁護される完成主義的な［国家による］行為をラズが考えていることは明らかである．こうしてラズの経験的主張が決定的に重要になる．

> 価値ある生の形式を支援することは個人の問題ではなく社会の問題である．一夫一婦制は，かりにそれが唯一道徳的に価値ある婚姻形態であるとしても，一個人によって実践されることはできない．一夫一婦制には，一夫一婦制を承認し，公衆の態度とその公式の制度を通じて一夫一婦制を支持する文化が必要である．……完成主義的理想はそれらが実行可能であるためには公共的な行為を必要とする．反完成主義が実行されれば，政治が善についての価値ある構想への支持をしりごみするようになるだけではすまない．それはわれわれの文化のなかにある数多くの慈しまれてきた要素の存続機会を根こそぎにすることにもなるだろう（*MF*, p. 162）．

価値ある選択肢は完成主義的な政治行為を必要とすると考えるラズが正しいのなら，反完成主義者は本当の問題に直面することになるように思われる．それどころか，もし反完成主義の代価がわれわれの文化の慈しまれている要素を腐食させることであるなら，反完成主義者は自分の立場を再考する必要を感じるかもしれない．それもおそらくはドゥオーキン以上にラディカルなやり方によ

ってである．

　しかし，ラズは本当に正しいのだろうか．われわれは，価値ある生の様式が，社会的および文化的な承認，支持，また制度化さえをも要求している，という論点は認めることができたとしても，価値ある生の様式の存続に政治行為が必要不可欠であることまで容認するとはかぎらない．反完成主義者ロールズが躍起になってわれわれに想起させようとした，国家とは異なる水準に存在しているありとあらゆる結社や組織，たとえば教会や科学者団体のようなものを考えてみよう．たしかにこれらは価値ある生の形式の促進と維持を中立的枠組の内部で行っており，国家による支援など必要としていない．ラズ自身が例に挙げるバード・ウォッチングは，国家の行為がなくても存続可能な価値ある社会形式のまぎれもない一例である．価値ある生の様式が，それゆえ自律が，社会形式に依存することの承認から，これが国家による完成主義的な政治行為を正当化するという主張へと飛躍する際に，ラズはことを急ぎすぎているのだろうか．価値ある社会形式のなかに，国家によって是認され承認されているという事実からその意義の一端を引き出しているものがあるのはたしかである．婚姻がわれわれの文化のなかで現にあるような制度になっているのは，一部にはまさしく事実としてそれが公式の国家による支援および奨励を受けている性的結合形態であるからだ，と論じることは可能である．この種の社会形式をわれわれは本来的に政治的な形式と呼んでかまわないし，それが反完成主義的国家においてはその意味を失うか変更されるかしてしまうのもたしかであろう．だが理解に苦しむのは，この論点がきわめて広い適用範囲をもつことである．

　完成主義的行為などいっさい不要かもしれないという考えが勢いづくのは，われわれがつぎのことを想起するときである．価値ある生の形式のうちに国家の支持がなければ存続もままならないものがたとえあったとしても，それだけでは，ラズの議論がこれらの生の形式を援助する強制的行為を正当化するのに十分でない．人びとが自律的であるためには，十分な幅のある選択肢さえ手に入ればよいのである．これはすなわち，価値ある選択肢を支援する目的で国家が強制的行為を発動することには正当化理由がないということを意味する——そのような行為がたとえなくても［選択肢に］十分な幅があるのならば．かりに自分の擁護する社会が生き甲斐のある生の様式の幅を人びとに提供できそうもないとしたら，それが自分の立場にとって1つの問題となるであろうということを反完成主義者も認めるかもしれない．しかしこの反完成主義者はこう言

い返すかもしれない．その心配はまずない，それにたとえ若干の生の様式が消滅することになっても，それらを援助する国家行為をほかならぬラズの議論は正当化しないではないか，と．そのような行動が正当化されるのは，国家による行為がなければ社会が価値ある選択肢の十分な幅すら維持できない場合だけであろう．

　明らかに，なにをもって「十分な」とみなすかが大いに問題となりそうである．そしてたしかにラズは，十分ということについてかなり広い観念をもっている．

> 自律的であるために，また自律的な生を営むために，なくてはならないのは複数の選択肢である．人間にはさまざまな能力を行使したいという生得的な衝動がある．複数の選択肢があると，ひとが生涯にわたって持続する諸々の活動が，全体としてみれば人間のありとあらゆる能力の行使になるし，またどれか１つの能力をあえて発達させないことも可能になるのである（*MF*, p. 375）．

しかしこの定義に接しても，またこれらの「生得的な衝動」が想像力を働かせたりなにかに夢中になったりしたいという衝動を含むことを認めたとしても，なお判然としないのは，おそらくはごく少数の——国家行為の援助がなければ今後の存続もままならない——価値ある選択肢集合の消失を危惧するなんらかの理由がラズにあるのか，ということである．たとえばオペラが国家の助成金なしには存続せず，またオペラが現在人びとの手に入るもっとも価値があり慈しまれている形式の１つだとしてみよう．たとえそうだとしても，オペラのない社会はその成員にたいして選ぶに値する価値ある選択肢の十分な幅を提供していない，とは論じにくいだろう．

　この論点に含まれる２つの要素が強調に値する．第１に，われわれの想定によると，自律の諸条件を相互に与えあう義務について語るときにラズが考えているのは，ある種の最低基準（threshold）の観念である．すなわち，あるひとが自律的であるために十分なだけの選択肢の幅というものは，たとえそれとは別の，もっと価値のある生き方をさせてくれるような選択肢集合が他にあったとしても，存在するのであり，この幅は定義が難しいとはいえ原理的には定義可能である．ここでの論点は，国家が人びとを強制してオペラを相互に提供さ

せあうことは正当化される（ラズ自身はそう説明するのだが），ということを否定するのに，オペラのある生がない生より価値があることを否定するにはおよばないということである．代案としては，可能なかぎり価値ある生を相互に提供する，強制的に執行可能な義務がわれわれにはある，という見解もあろうが，これだと強すぎることははっきりしている．第2に，価値ある選択肢の存続という争点にわれわれが焦点を合わせるのは，ラズ自身の勧めにしたがったまでとはいえ，かれの立場がもつ本当の影響力を見過ごすことになる．価値ある形式の十分な幅が国家の支援なしにも存続することがたとえあったとしても，その存続の仕方は裕福なエリートの手にしか入らない体のものだ，という論じ方もあるだろう．人びとが自律的であるためにはある芸術形式が人びとの手に入るものでなければならないというのなら，それらは法外な値をつけられて社会のどこかにあるというだけではだめで，現実に手の届くものでなければならない．この議論の道筋をたどっていけば，政治行為が必要とされるのは，価値ある選択肢の幅の存続を確保するためではなく，それらを利用する機会を人びとに与えるためだということになる．しかしこれは，つぎの問題を再燃させる．すなわち，そのような行動が自律の第3の条件に特有とみなされる意味で完成主義的であらねばならないのはなぜなのか，これが多様な選択肢間での価値の優劣についての判断を含まなければならないのはなぜなのか．価値ある形式が国家の支援なしにも存続することを認め，そのような支援は価値ある形式を選択する有効な機会を人びとに与えるためにだけ必要とされるのだ，と論じてみよう．すると，これをやってのけられるのは，反完成主義と矛盾しないたぐいの，平等主義的な資源再配分による場合だけであるかのように思えてくる．これは議論の決着というより開始であり，これにたいしてラズにはなんらの回答もないなどとほのめかすつもりはない．おそらくは，ここで念頭におかれる種類の平等主義的再配分そのものが，価値ある生活形式の衰退を導くというものであろう．これだと価値ある生活形式の存続は，ほかでもなく，それを大方の人びとの手の届かないところにおく不平等な資源配分を頼みの綱にすることになるからである．その場合に，反完成主義者が自分の立場の忌むべき結果を避けようとしても打つ手はないかもしれない．すなわち，価値ある芸術形式にたいしてすべての人びとが真正なるアクセスをもつべきならば，その形式の価値にかんする判断をともない，それに特化した助成をおこなう国家行為が，結局は必要になるのかもしれない．そこには複雑で難しい問題があって，われわれ

はいまそれに取り組むことはできない．われわれの狙いはこの問題の存在を指摘することでしかない．

こうしてわれわれは，価値ある社会形式を支援するために国家が課税という強制権力を使用することは正当化されるとラズが考える次第をみてきた．その理由は，そのような形式の十分な幅が手許にあることが自律の条件だからであり，またそれらの形式が社会形式であるという事実そのものが，こうした支援なしにそれらの存続はないことを意味しているからである．かれの議論のこの要素にかんしては若干の問題点を提起しておいたので，こんどはコインの裏面としてなにが考えられるかの問題に向かってもよかろう．もしもある生の様式を奨励するために国家は強制力を使用することができるのなら，それ以外の生の様式を妨害するためにも国家は同じことができるのだろうか．われわれは本章のはじめのほうで，自律原則は政府がいまわしい機会を除去するのを許容しまたそれを要求しさえするというラズの主張を検討した．こう述べるかれの真意を検討してもよい頃合いであろう．国家はいまわしい選択肢にたいして寛容であるべきなのだろうか．

自律は善を追求する場合にだけ価値がある，とラズが考えていることをわれわれはすでにみてきた．実際にはもっと強い主張をかれはしており，自律的に悪事をはたらくのは非自律的に悪事をはたらくより悪いというのである．

> 自律が悪用されるときにも，それに自律としての価値があるのだろうか．自律的に悪事をはたらくひとは，非自律的に悪事をはたらくひとよりも道徳的に善い人物なのだろうか．われわれの直観はそのような見解にあらがう．たしかに話はあべこべなのだ．悪事をはたらくことが自律的に行われると，それを行った者にいっそう暗い影を投げかける．自律的に選んだ自分の職業の，予見された内的論理に導かれたあげく，おのが所業にいたった殺人者は，目先のもうけ話に一時的に目がくらんで人殺しをする者よりも道徳的に悪い（*MF*, p. 380）．

その結論は，悪しき選択肢を禁圧する国家は市民たちの善い状態を増進することになる，ということになりそうである．もしラズの考えるように，ないほうがひとの暮らし向きがよくなるような選択肢もあるのだとすれば，また同じ悪しき生でも自律的に悪を選択するときには非自律的な生の場合より悪が増すの

だとしたら，人びとがそのような選択を行うのを阻止するための強制の行使をやめる理由などないように思われてくるだろう．

　実のところラズはそのような結論には抵抗する．自律的な選択というだけで選択には価値があることを根拠にして，道徳的にいまわしいものの追求を強制的干渉から保護することはできない．しかしそれにもかかわらず，そのような干渉は干渉をこうむる者の自律を侵害するのである．しかもこの侵害には2通りがある．

> 第1に，それは独立性の条件を侵害し，一方的支配の関係と，強制される個人への非礼の態度があることをあからさまに示している．第2に，刑事罰による強制は自律に対する全方位的かつ無差別的な侵略である．……その強制が，強制の受け手にとって，いまわしい選択肢を選ぶのを制限する強制にはなっても，それ以外の選択に干渉する強制にはならないことを保証できる実際的な方法などない（*MF*, pp. 418-419）．

これは驚くべきことである．考慮されている2番目の点，すなわち悪い選択肢を選ぶことには待ったをかけ，それ以外の選択には干渉しないことなど不可能だ，という考え方は，偶然的な条件に依存するきらいはあるものの，すくなくともラズの議論全体のコンテクストにおいては理にかなっている．他方，最初の点はかれの立場の原動力そのものと矛盾するかにみえる．人びとが悪しき選択からはなんらの善い状態も引き出さないのなら，いったい自律のどこが，個人の自律的ではあるが悪しき選択をわれわれは尊重するべきだという意味になるのだろうか．人びとに尊重を払うことが，他者の処遇に際してわれわれが道徳的考慮を無視するのを要求するわけではない，という考え方はいったいどうなってしまったのだろうか．

　ここではラズが，個人が自分で選択するという事実自体に価値がある，という意味での自律の理解を，行き当たりばったりに是認してしまっているようにもみえる．しかし全部が見かけどおりであるわけではない．つぎの一節が明らかにするように，どの選択肢が不道徳かについて判断する際に国家は誤りを犯しがちだ，ということがもっぱら理由となって，そうした判断にもとづく強制的行為は，不道徳な選択肢を選びかねない行為主体の独立性を侵害するとされるのである．第1の論点と第2の論点は両方とも偶然的事実に依拠しているこ

とになる．偶然的事実とはすなわち，

> 自律を侵害しない強制手段が現時点で不在であるということ，そして，諸個人への尊重が政府には欠けているのではないかという疑念を，さまざまな条件が正当化しているという事実のことである．不道徳だが無害なふるまいを避けるよう人びとを強制するけれども，それ以外のやり方で人びとを縛りつけはしない，ということがもし可能ならどうだろうか．不道徳なことをやめさせるためだけに強制すると太鼓判の押せる制度，価値のあることを悪いことと取り違えることなどなく，権力の濫用もしない制度がもしあったらと考えてみよう．それに服する人びとへの尊重を欠くなどという疑念は，そのような制度には無縁であろう．その場合には，選択肢の幅および独立性という2つの条件はどちらも満たされることになる（*MF*, p. 419）．

どの生の様式が不道徳かを正しく判断できる政府の能力にかんするこの懐疑主義こそが，人びとがいまわしい選択肢を選ぶのを阻止する強制的行為をラズが拒絶する2つの理由のうちの1つである．奇妙なのは，そのかたわらに，価値ある生の形式はどれかを正しく見抜く政府の能力にかんする懐疑主義の拒絶が鎮座していることなのだ．いまわしい機会の除去が国家には許され，要求すらされてよいという当初の主張から——すくなくとも「除去」には強制がともなうと想定すれば——かれはむしろ後退することになる．だがラズが強制を拒絶する理由は，自分でも認めていることとはいえ，その2つともが奇妙なまでに偶然的であるし，1つにいたってはかれの完成主義が依拠する反懐疑主義とあからさまに矛盾しているのである．

自律を価値あるものにする条件

　ラズの立場には，さらにもう1つ，一見して驚くべき側面がある．それはわれわれの全般的主題にとって重要な意味をもつ側面であるが，ごく急ぎ足で示すことが可能である．ラズの議論のすみずみにまでいきわたっている，人格的自律の理想へのまぎれもない心からの支持を所与のものとすれば，はじめは脚注のかたちであったにせよ，「誰もかれもが自律に利益をもつわけではない．それは1つの文化的価値であり，すなわちある特定の社会に生きる人びとにと

ってだけ価値がある」(*MF*, p. 189 n. 1) と語られていることには，かなりの衝撃を受ける．しかしその理由はいましがた提示された主張にあり，そこからなにが暗示されるかをわれわれはたったいま論じたばかりであった．すなわち個人の善い状態は社会形式しだいだということである．自律がわれわれの善い状態にとって必要な理由は，われわれの社会形式が自律を前提としたものだからなのだ．

　ラズの立場のこの側面は，かれの示す数々の定式に，高揚というよりは諦念の雰囲気を与えうる．すなわち，より普遍主義的なリベラルたちの眼にはわれわれの本質的自然の実現であるかのようにうつるかもしれない自律が，むしろわれわれが堪え忍ばねばならないもの，われわれが生きる社会によってわれわれに要求されるなにものかであるかのようにみえてくるのである．ラズもいうように，

　　自律を支持する (autonomy-supporting) 環境に生きる人びとにとって，自律的であること以外の選択の余地はない．そのような社会では他にうまく生きるすべはない．……人格的自律の価値は生の事実である．われわれはかなりの程度まで個人の選択に基礎をおいた社会形式をもつ社会に生きているのだし，われわれの選択肢はわれわれの社会で入手可能なものによって制約されている．だからこのような社会でうまく生きることができるのは，われわれが首尾よく自律的になれる場合にかぎられる (*MF*, pp. 391, 394)．

いまやお馴染みとなった例を用いるなら，われわれの婚姻制度は，人びとは自分の配偶者を自分で選んできたという考え方をその本質そのもののうちに組み入れてしまっている．そのような制度のなかでは，お仕着せの結婚をしてしまったひとはうまく生きることができないのである．

　しかし社会の種類がこれと異なり，社会形式が自律の価値を前提にも頼みの綱にもしないところでなら，上首尾で価値ある非自律的な生を営むことは可能である．

　　自律が，価値ある生の形式のさまざまな代替案と両立しないことはたしかである．個人の選択に十分な余地を残さない社会形式を支持する社会の内

部では，自律の獲得などそもそも不可能事である（*MF*, p. 395）．

　すでにみてきたように，ラズは「社会の是認をえて実践されているものはすべてそれだけで価値がある」という規約主義的テーゼを否定する．そして，非自律的でありながら道徳的に値うちのある下位文化なるものも存在するが，その成員も実は支配的なリベラルな文化のなかに生きているのかもしれず，特定の場合にこの下位文化がリベラルな文化よりも劣るものと判断されることは可能である，とラズは考える．それでもかれは明らかに，個人の善い状態と社会的もしくは文化的コンテクストの間の関係にたいしては，微妙な感受性を保っているのである．

ラズとコミュニタリアニズム

　われわれはラズのリベラリズムがコミュニタリアンからの批判の諸相をどこまで認め，また是認するかについて，さまざまな考察を行ってきた．この最終節でわれわれは，［両者の］接点をこれまで以上に体系的に，かつ手短に見きわめることを試みる．これを最後にもう1度だけ，そもそものはじめからわれわれを導いてきた5つの主題に沿って議論を整理してみよう．

人格の構想

　人格という言葉を用いていなくても，ラズの議論の多くがこの第1の主題とすぐれて関連があることは即座にみてとれる．またかれの自律の理解が，コミュニタリアンの批判者たちによってリベラリズムの宿痾と鑑定された見解と類似したものにかれをコミットさせるわけでないことも明らかである．かれのいう自己がマッキンタイアのいう意味での情緒主義的なものでないことは，客観主義／主観主義の項目のもとに検討されることになろう．サンデルの強調するところによれば，われわれの自己理解の成立に寄与する社会的マトリックスをかなりの程度まで提供するのはわれわれの共同体であるとされるが，ラズがそれを認めることは，非社会的個人主義を考察する際に取り上げられることになろう．ここでは，ラズの自律が愛着およびコミットメントの可能性を排除しないばかりか，むしろ実際にはそれらを要求することの指摘にとどめておく．

　この問題には，自律の諸条件の1つである内面的能力についてのかれの説明

を提示したときにすでに触れておいたが，そうしたのは，そこに心の安定，忠実さ，および人格的帰属を形成し親密な関係を維持する能力のような，性格的特徴が含まれることを読者に想起していただきたかったからである．それとは別の1節では，ラズの自律が，そのつどの目標や企図から必然的にかつつねに超然とした人格の観念とは似て非なるものであることが明らかにされている．

> （重要なことだが）自律的な人格とは，自分の人生を形成し人生行路を決めることができる人びとのことである．そのような人びとは，関連情報を考量して選択肢の1つを選べる合理的なだけの行為主体でなく，それに加えて個人的な企図を採用し，関係を深め，大義へのコミットメントを引き受けることのできる行為主体であり，それらを通じて自分の人格的統合や尊厳および矜持の感覚を具体化する．自分自身の道徳的世界の部分的創造者である人格は，自分にとって生きる値うちのある種類の生に影響を与える数々の企図，関係，そして大義へのコミットメントをもつ（MF, p. 155）．

それどころかラズは，極端な場合に，自律的な人格は特定の大義や企図にコミットするあまり，そのコミットメントに反したりそれを汚すなんらかのふるまいによって自分の生を「値うちがないか（道徳的な意味で）ありうべからざる」（MF, p. 155）ものにしてしまうこともあるとさえいう．ある種のコミットメントにして，それをもたない自分をわれわれが想像だにできないもの，自分のアイデンティティの構成要素とわれわれがみなすコミットメントがある，というサンデルの論点に与する余地が，明らかにここにはある．

　それと関連するのは，マッキンタイアの強調する，ある人格の生にとっての物語的統一の重要性だが，ラズはこれにも同様に目配りを怠っていない．自律のなかには，前後の脈略を欠くその時々の実存的で恣意的かつラディカルな選択という観念がかならずある，というのは見当違いもはなはだしい．むしろわれわれの生が諸々の目標の追求からできているという事実は，われわれの生がわれわれの過去に大いに影響されていることを意味している．なんらかのコミットメントを引き受けているという事実こそが，ひとに成功と失敗の新しい流儀を与えるのである．自律的生が種々雑多な追求からできていることもあるという点をとれば，ある特定の統一性を生に押しつけなくてもひとは自律的でありうる．とはいえ，コミットメントや愛着——これらが形成されると，その後

の行為への理由が違ったものになる——を形成する能力なしにはひとの自律はおぼつかない．リベラルたちはいかに生きるべきかの選択を選好ないしは非合理な欲望のたんなる表出と決めつけている，というサンデルの非難をラズの説明が免れているのは，部分的には，ひとのもつ理由とはこうしたものだからである．

> 「わたしは……したい」という発言は，ひとがある企図にコミットしていること，ある特定の追求をひとが引き受けてきたこと，ひとがある関係に心を砕いていることを表示する1つのやり方でもありうる．ひとたび最初のコミットメントがなされたあとでは，それが……行為の妥当な理由の一部となるのだ．こうした言葉づかいにおいて，この発言は特定の精神的状態を，つまりある欲望の存在をあらわしているのではない．それがあらわしているのは，限定的なこともあれば，永続的で包括的なこともあるなんらかの追求への，深かったり浅かったりするコミットメントなのである（*MF*, p. 389）．

ラズの自律観念によって暗示されている人格とその目的の関係のあり方の理解は，個人の選択の自由へのリベラルなコミットメントのなかに潜むものとして批判される理解とは，はるかに隔たっているのである．

非社会的個人主義

この項目のもとにわれわれがつきとめた最初のコミュニタリアンからの非難がラズのリベラリズムに当たらないことは，すでに明らかであろう．包括的目標が，それゆえ個人の善い状態が，社会形式に依存するというかれの主張のなかには，明らかにつぎのような思想を承認することが含まれている．すなわち，社会は個人に意味のマトリックスを提供し，その内部で個人は自分の道徳的生を可能にしてくれる目標やらアイデンティティやらの獲得にいたることができるのであり，その意味で社会は個人に先行する，という思想である．ここでおそらく2つの論点をはっきりと区別することができる．というのも，われわれは特定の包括的目標を追求するためにも社会を必要とするのだが，話はそれで終わりではないからである．ラズについての議論の末尾でみたように，価値ある選択肢の十分な幅を要件とする自律そのものの価値は，われわれが生を営む

場である社会形式によっていわば秘匿されもする．社会的マトリックスの重要性を説くテイラーの議論やマッキンタイアの議論との両立を妨げるものはここにはない．

　第2の実質的な争点は（思い出してみよう），諸個人間の結合以上のものである社会的絆の重要性にリベラリズムが留意しないとされていること，内容上断固として共同体的であるような善の価値——この善が政治的か非政治的かは問題ではない——にリベラリズムが知らん顔をするか，すくなくともそれをみくびっていることにかかわる．この点についてラズは明示的にはほとんどなにも語っていないが，唯一善なる生き方は家庭人として生きることだとか，宗教的信仰共同体の一員として生きることだとか，自分が所属している政治的共同体の共同生活に参加する一市民として生きることだ，などとはかれも考えていないことは明らかである．人格的自律およびそれと価値多元主義との関係についてのかれの理解によって，これだけは暗示されている．すなわち，かりにコミュニタリアンの主張が，価値ある生の様式は1つだけで，それは断固として共同体的なのだ，というものだとしたら，ラズはこの主張を拒絶する．他方，かりにそれがこの種の価値ある生の様式が複数存在するというだけのことであるのなら，ラズの完成主義は，それらをリベラルな政治の枠組に矛盾しないものとして容認する——大雑把にいえばこれがロールズの立場である——だけでなく，ロールズとは違って，それらを援助する政治行為を思い描くことをもかれに可能ならしめる．たとえば家庭生活が本当に価値あるものなら，その援助と促進のために国家が社会政策を活用するのは申し分なく正当なことになるかもしれない．本質的に共同体的な内容をもち本当に価値のある（ということは無論その価値が個別に立証されることを要する）生の様式は，ロールズの反完成主義的国家よりもラズの完成主義的国家においてのほうが存続の公算が大きいだろう．自分の核となる自律と多元主義へのコミットメントに対立するものまで容認する気は，さすがのラズにもないのだが．

　もっと一般的な述べ方をすれば，社会と，個人のさまざまな利益の間には本質的緊張があるという考え方をラズは丸ごと疑わしく思っている．かれによれば，

　　諸個人は自分の生の構成要素となる目標を，入手可能な社会形式のストックとその実行可能なヴァリエーションとから引き出す以外にはない．それ

らの形式が道徳的に妥当なものなら，すなわちそれらが健全な道徳的構想を内蔵したものであるのなら，概して人びとは，道徳的関心と個人的関心とが自分自身の生においておおよそ一致する状態をもたらす目標が自分にあると感じ，またそのような目標を自分でも選びやすくなる．人びとは自分の職業において，個人的関係において，そしてその他の数々の関心事において，諸々の活動にたずさわるが，それらは人びと自身の役に立つと同時に他者の役にも立っているものだ．教師，製造業労働者，運転手，公務員，忠実な友人，家庭人，自分の共同体に忠実な者，自然愛好者等々であることによって，人びとは自分なりの目標を追求し，自分自身の善い状態を増進するのだが，同時にまた自分の共同体にも奉仕しており，全般としては道徳的に値うちのある生き方をすることにもなっているのである（*MF*, p. 319）．

　この引用の最初の一文が個人の目標や目的の源泉となるのは社会的マトリックスだということ（これがわれわれにとって１本目の議論の筋道である）を主張するのにたいし，個人の利益は同じ共同体内の他者の利益と葛藤するよりはむしろ一致する傾向があるという点をかれが力説するのは，価値ある生の様式は内容上共同体的であるという（われわれにとって２本目の筋道を構成する）思想の１つの変奏として読むことができる．われわれが個人としてもつ目標であって，その成就がわれわれの個人的な善い状態の内容となるものが，他者への，そしてわれわれの共同体への奉仕と結びついていること，そのためたとえ個人的な善であっても内容上はこの意味で共同体的であること．このことがどこまでいえるかを指摘することによって，ラズは個人と共同体の対立全体を疑問に付していくことになるが，そのやり方こそ，リベラルとコミュニタリアンの間の論争の用語法を超越しているかにみえる当のものなのである．

普遍性

　ラズのリベラリズムがその適用にかんして普遍的かどうか，文化横断的な適用可能性をもっているかどうかという問題は複雑である．一方でいままでみてきたように，善い状態が社会形式に依存することを承認するかれは，自律が条件付きの価値しかもたず，個人的選択の価値に基礎をおいた形式をもつ社会においてだけ価値があると考えており，したがってそれとは種類を異にする社会

では，ひとは非自律的な価値ある生を営むことができるのだと考えざるをえなくなる．別の箇所でかれがいうように，

> わたしが思うに，人びとが追求するものと人びとに開かれた選択肢がたとえ個人の選択にまかされていなくても非抑圧的な社会，する価値のある追求に生を費やすことを人びとに可能にしてくれるような社会は，実際に存在したし，現に存在しうる．職業が慣習の規定を受けていることもあるだろう．結婚は両親のお膳立てによって決められ，出産および子育てはもっぱら性的な感情と伝統とに支配され，余暇活動は僅少かつ因習的で，しかもそれへの参加が選択肢としてあるのでなく要請による，等々のこともありうる……．諸々の人間関係，秀でた技量のあらわれ，身体能力，気概と冒険心，リーダーシップ，学識，創造性，豊かな想像力，これらすべてがそのような生のなかにもやはり包含されているはずであり，選択がないからといってこれらのものが価値を減じることになるとはわたしには思えない[1]．

その一方で，かれはこうも考えている．自律を支持しないとはいえ道徳的に値うちのある文化，すなわち価値ある上首尾な生き方ができる社会的条件をそのメンバーに提供する文化でさえ，そうした文化を内部に許容する，自律を支持するリベラルな文化とくらべれば劣っていると判断されうるような特定の事例がある．だからといって，自律を支持しない共同体から人びとを強制的に離脱させることをわれわれは正当化されている，という結論はたしかに出てこない．そのような共同体のなかで育った人びとは，上首尾な自律的生を営むのに必要な諸能力を獲得していないものだからである．だが，たとえリベラルでない文化を死滅させるというコストを支払ってでも，リベラルな文化はそのような人びとを徐々に同化させるべく行動できるとラズは考えるのである．

客観主義／主観主義

　ラズのリベラリズムがいかなる主観主義的な，あるいは懐疑的なメタ倫理学的立場にも基礎をおかないことは十分に明らかであろうから，ここで必要なのは急ぎ足の再論だけである．かれの完成主義の源泉の一端は，生の様式のなかには客観的な優劣があり，われわれはどれが優れていてどれが劣っているかを

うかがい知ることができる，というかれの見解である．自律の価値は内容面から是認されているだけではない．「生の技法」にかかわる判断，すなわち人びとの善の構想を構成する目標や目的につきものの判断は，正義の要件に，すなわち「狭義の道徳」にかかわる判断よりもいくらかでも疑わしい，という考え方を拒絶することが，かれの完成主義的結論を動かす原動力になってもいる．われわれは価値ある生の様式とそうでない生の様式を識別できるし，人びとは価値ある生の様式からしか善い状態を引き出さないのであるから，われわれが他者を政治的に処遇する場合にもそのような知識を無視する理由はない．マッキンタイアが現代のリベラルな文化を本質的に情緒主義的なものと性格づけるのが正しいかもしれないとしても，ラズのブランドのリベラリズムは，そのようなものの見方を峻拒することにしっかりと根ざしたものなのである．

反完成主義／中立性

　ラズは包括的教説に訴えるが，それだけではなく，かれが訴えるのは完成主義的な国家行為を正当化する教説でもある．そのためかれの理論は，われわれがいままで区別してきた2つの意味のどちらにおいても，中立的ではない．国家には市民たちの善い状態を促進する義務があること，善い状態は価値ある生の様式の自律的追求からなること，価値ある生の様式は，かならずその形式にかんして社会的であること．これらの主張が1つになって生み落とす結論こそ，政府が市民たちの信奉する善のさまざまな構想の相対的優劣にかんする判断にもとづいて行動するのは正当化されうる，というものである．国家の適切な役割を中立的な枠組の確保とみなし，その内部で市民たちが干渉やバイアスを受けずに自分なりの選択をおこなうにまかせる，というのでなく，特定の生の様式を奨励し，それとは別の生の様式を断念させるために国家が行為することは正当化されるとラズは考える．自律が善い状態にとって中核的な意味をもつことを所与とすれば，特定の理想の名においておこなわれる直接的強制は自滅的であるが，市民たちに自律の諸条件を提供するために国家が強制課税を利用することは，許されもするし，必要とされもする．そのような条件には，強制および操作からの自由や，選択が真に自律的なものとみなされるのに必要な若干の精神的諸能力だけでなく，十分な幅をもった数々の価値ある選択肢の入手可能性ということもある．それゆえ，すくなくとも一定の状況下で完成主義的な政治行為が正当化されることは明らかである．ロールズの考えでは，市民にた

いして公共的に正当化可能な共同体には価値がある．すなわちそうした共同体は，ひとたび問題が政治におよぶと，市民たちのもつ善についての包括的構想から生じる諸々の理由を無視する理由を当の市民たちに与えることができるからである．しかるにラズの考えによれば，重要なのは人びとが価値ある生き方をすることであり，人びとがそうするのを援助するためにわれわれが政治を利用するのは適切なことなのである．

註

1 'Facing Up: A Reply', p. 1227.

（中金聡訳）

結　論

　本書の最終［第3］部で導入された焦点の拡大は，リベラリズムとそのコミュニタリアン的批判の間の論争についての理解になにを付け加えたであろうか．この点を明らかにする試みによって，探求に締めくくりをつけよう．
　われわれの探求から最も力強く浮かび上がってきたのは，コミュニタリアン的批判のアジェンダの第5の項目のもとで生じてくるいくつかの事柄——リベラリズムによる中立性の主張に関連する事柄——が，解釈と評価をめぐって一連の重要で複雑な諸問題を提起するという事実である．ラズは，議論を組み立てるためのマトリックスの用語でいえば，包括的で完成主義的なリベラルであり，それゆえ政治の実質の水準での中立性にも，理論的基盤の水準での中立性にもコミットしてはいない．だからわれわれが注意を払ったかれの数々の主張を評価するにあたって，この中立性という争点は直接的に有意なものではない．しかし，およそロールズ，ローティおよびドゥオーキンによって支持されたリベラリズムの変種のもつ長所を真剣に評価しようとするならば，この争点がその評価の心臓部に位置することがわかった．これら3人はすべて反完成主義的リベラルに数えられる．なぜならば，〈国家はその市民たちによって信奉される生き方の相対的な価値についての判断にもとづいて行為すべきではない〉ことをかれらは支持しており，したがって3人とも，少なくとも原理的には，コミュニタリアンによって標的にされる可能性が高いからである．コミュニタリアンはつぎのように主張した．政治についての反完成主義的な見解に体現されている，あるいはその見解に含意されている中立性への主張は，擁護できない主張であるか，あるいはしばしばそうであると理解される（そしてそうであると提示される）のに比べて，はなはだ実質に乏しい主張であると．
　反完成主義的リベラリズムにとって本質的である中立性の主張は，結果ないし帰結の非中立性と両立可能であることをわれわれは繰り返し強調してきた．

またわれわれはつぎのように示唆した．政治についてのいかなるヴィジョンも人間の善い状態についてのなんらかの構想に言及することによらずには分節化も正当化もされえない．それゆえ反完成主義者による中立性の主張が，人間の開花にとって重要なもの（それが自律であるにせよ，人生が与える挑戦に対して巧みに応答する自由であるにせよ，あるいはなにか別のそのような価値であるにせよ）についての，他の構想と区別されるリベラルな構想に依拠していることをたんに指摘するだけでは，その中立性の主張を掘り崩すことはできないと考えられる．かれの政治的リベラリズムの分節化によって頂点に達する，政治理論におけるロールズの近年の業績がもつ決定的な重要性は，ほかならぬその業績が——パラドキシカルにも——反完成主義的なリベラリズムのこうした［包括的な］擁護を掘り崩すことに力を貸してしまうという点にある．というのも，包括的な教説と純粋に政治的な教説の間の区別を導入することで，かれは二重の意味で中立的な反完成主義の可能性を開くからである——それは，国家の中立性を，社会のなかで競合しあう包括的諸教説の間で中立的であるような，純粋に政治的な諸価値に依拠することによって支持する反完成主義である．そのような反完成主義の可能性に照らして測定するならば，包括的な反完成主義的リベラリズムは——それが人間の開花についてのドゥオーキン的な挑戦モデルに依拠するにせよ，あるいは善い状態についてのある構想の一部であるかのようにみえる，自律の重要性についての構想（『正義の理論』における公正としての正義の提示では，自律の重要性の構想はまさにそのようにみえた）に依拠するにせよ——十分にラディカルなまたは徹底した中立性を，すなわち〈政治的かつ政治的−理論的な中立性〉を達成してはいないという非難にさらされうる．この点では，純粋に政治的なリベラリズムは，ドゥオーキンや初期ロールズのような包括的な反完成主義者に対して，コミュニタリアンが一撃を加える棍棒として機能するかもしれないのである．

しかしながら，二重の中立性を達成しえたという政治的リベラリズムの主張が適切には擁護されえないものだとしたら，純粋に政治的なリベラリズムがコミュニタリアンによってそのように利用されることもありえない．第7章でわれわれは，政治的リベラリズムを正当化するロールズの2つの試みは悪循環に陥っており，人間の善い状態についてのなんらかの包括的教説に依拠することをかれに要求するように思われると論じた．そして第8章では，純粋に政治的な反完成主義的リベラルであるローティによる代替的な擁護もまた失敗したと

結　論

論じた．第7章と第8章の議論が支持する結論はつぎのものである．すなわち，二重の意味で中立的なリベラリズムの可能性は実は幻想に過ぎず，したがって包括的な反完成主義がつねに主張してきた，実質的ないし政治的な中立性こそが，政治の領分において手にすることのできる唯一の種類の中立性である．

　しかしながら，このような結論になったからといって，反完成主義的リベラリズムによる中立性の主張に向けられたコミュニタリアンの主張を，いっさい考察しなくてもよいということにはならない．［反完成主義的な中立性の主張とその批判は，なおも考察に値する．］そもそも，〈反完成主義的でリベラルな体制が主張する中立性の種類は，正当化の中立性に限られる〉ということ自体が，政治理論家にとっても西側のリベラル・デモクラシー諸国の市民にとっても，もっと明瞭にできたはずなのに，これまでのところそれほど明瞭にされてこなかった．本書でわれわれは，ほかでもないこの〈正当化の中立性〉という中立性の一種を定義する試みに頁を費やしてきたのである．［さらに］つぎのように考えることもできる．正当化の中立性を支持する人びとは，〈自分たちは［正当化の中立性にもとづいて］寛容を主張している〉ということと，〈別の人びとは，かれらがもっている人間の善い状態についての包括的構想に命じられて，市民が信奉するさまざまな生き方のもつ相対的な価値についての判断に実際に根拠をもつような国家の政策を支持している〉ということの間に，対比を作り出そうとするかもしれない．けれども，正当化の中立性は，結果ないし帰結の非中立性と両立可能である．それどころか，正当化の中立性そのものが，人間の善い状態についての他と区別されるリベラルな構想のうちに理論的根拠をもったとしても，そのこととも両立可能なのである．そうである以上，たとえそのような対比を作り出すとしても，正当化の中立性もまたリベラルな構想のうちに理論的根拠をもちうるのであるから，そのことに応じた穏当な論調をとるほうが適切であろう［訳注1］．

　さらにまた，ドゥオーキンのような包括的な反完成主義者たちによって支持される国家の中立性の種類を詳しく議論したことは，その種類の中立性が正確にはどのような本質をもつかについて重要な問いを提起した．というのも，第9章でみたように，ドゥオーキンの反完成主義の理論的基盤は，かれの見解では，国家が文化を支援する政策をとるのを支持することを許容する（それどころか要求する）からである．そうした政策は，人びとがライフスタイルについてある特定の選択をとるよう強制されるのを避けることを狙いとしているが，し

かしそれにもかかわらず，特定の生き方の価値をめぐる過去と現在の反省的な判断を国家が是認することを不可避的に含むように思われる．これもまたわれわれがみたように，この問題に関するドゥオーキンの正確な立場を確立し，そしてかれをしてその立場に至らせる推論の正確な道筋を確立することはけっして容易ではない．しかしその立場が引き起こす一般的な疑問は明瞭である——そしてその疑問とは，ロールズが国家の中立性を，憲法上の本質的事項と基本的正義に影響を与える問題に対してのみ限定して擁護するのを真剣に受けとめたときにも，生じてくる疑問である．すなわち，主流派の反完成主義者が是認する類の国家の中立性が，実際に上述したような種類の政策と両立可能であるならば，その中立性は——それに適切な理論的基盤を与えるためには——一連のさまざまな条件，修正，限定に服さざるをえない．その場合にわれわれが，その中立性は，これまでしばしば思われたのと比べると，きわめて実質に乏しいとみなしたとしても，それは正しい見方ではないだろうか．

　それどころか，なんらかの意味で中立的な国家を支持しているという主張を標準的な仕方で擁護するときに反完成主義者が用いる区別——〈人間の善い状態についての抽象的な構想〉と，〈具体的な生き方〉の間の区別が，擁護できるものかどうかを問題にしたいとすら思うかもしれない．たとえば，道徳的判断の本質についてのチャールズ・テイラーの研究を真剣に受けとめて，つぎの点を受け入れたと想定してみよう．複数の生き方の間でのある個人の選択がもつ本来の意味は，その選択の根拠をその当人が分節化することによってのみ明らかにされる．そしていかなるそのような分節化も，人間の善い状態についての多少なりとも幅広い構想に依拠せざるをえない．もしそうであるとすれば，その場合には，ある具体的な生き方についてのどの選択も，人間の開花についての一般的な構想へのコミットメントでもあることになる．生き方の選択はその構想から生じてきたからだ．具体的な生き方と一般的な構想は，この意味において内的に関連しあっている——どちらも，もう一方がないかぎり本来の意味を理解することはできない．もしこれが事実であるならば，具体的な生き方と人間の善い状態についての一般的構想の間の区別はきわめてわざとらしいものに思われてくるし，後者については中立的ではないが前者については中立的であるという反完成主義者の主張はきわめてまぎらわしいものに思われてくる．というのも，具体的な生き方と人間の善い状態についての一般的な構想が内的に関連しあっているなら，数々の一般的構想の間では中立的でないことを公然

と認める国家が，それらの構想から生じ，それゆえつねにそれらの構想のうちに根をもつ具体的なライフスタイルの選択の間では中立であることなど，いかにして可能であろうか．たとえば，ある特定の宗教的信仰をもつ人びとが人間の善い状態についてのリベラルでない構想に公然とコミットしているとしよう．そのとき，ある国家がその信仰のもつ価値についての判断に明示的にもとづく政策をさしひかえるということはありうる．しかしその際に，その国家の政策が人間の開花についての［その信仰をもつ人びとの構想とは］きわめて異なった一般的構想に依拠しているとすれば，それらの政策は，人間の開花についてのリベラルな構想に根拠をもつライフスタイルの選択と，そうではない選択とを，本当に平等な尊重をもって取り扱うことができるだろうか．そのような国家は正当化の中立性を維持したと本当にいうことができるだろうか．むしろわれわれは，反完成主義的リベラリズムと完成主義的リベラリズムの間の区別そのものが崩壊する予兆を示していると結論したほうがよいかもしれない．

　反完成主義についてのこれらの疑問を真剣に受けとめるなら，ラズによって擁護されたようなリベラリズムの種——包括的で完成主義的なリベラリズム——が，その反完成主義的な競争相手と比べて浮世離れした，あるいは風変わりなものである程度は大きく減じるように思われる．そしてまさにその分だけ包括的で完成主義的なリベラリズムはいっそう考慮に値すると思われるであろう．第10章でみたように，政治における完成主義の戦略に対する標準的な批判を退けることと，また完成主義の戦略がもつ独立した魅力の数々を立証することの両方を試みるうえで強力な議論をラズは配備している．これもわれわれがみたことであるが，しかしながら，ラズの立場のさまざまな側面は数多くの批判にさらされている．したがって，リベラリズムの完成主義的な変種と反完成主義的な変種の相対的な長所についてなんらかの結論を引き出すよりも先に，いくつもの重要な問題に答えなければならないことは明らかである．

　リベラリズムのコミュニタリアン的批判の帰結に関して結論を引き出そうとするいかなる試みに対しても，これと同様の警告の言葉が当てはまる．というのも，政治的－理論的中立性へのいかなるリベラルな主張も，新しいロールズ的な（あるいはローティ的な）純粋に政治的なリベラリズムが擁護されうる可能性と生死をともにするのだとしよう．その場合には，純粋に政治的なリベラリズムは擁護できないと示唆することにわれわれが与えた数々の理由は，コミュニタリアン的な批判に対する新しいロールズの（あるいはローティの）主たる防

衛戦略——コミュニタリアンはリベラルな思考のうちに論争の余地のある包括的な道徳的，哲学的，形而上学的な立場を探り出したと主張するが，自分はその種の立場をとってなどいないと主張する戦略——が機能しえないことを含意する．いいかえれば，完成主義的にせよ反完成主義的にせよ，いかなる存立可能な形式のリベラリズムも包括的教説の要素に依拠せざるをえないかぎり，いかなる形式のリベラリズムも原理的にはそれらの要素への攻撃に対して弱点をさらさないわけにはいかない．したがっていかなる形式のリベラリズムも，まさしくこの種の複雑で論争的な場所においてみずからを防御せざるをえないのである．

　もちろん，ドゥオーキンあるいはラズならばこの義務を忌避しないであろう．かれらの広い範囲にわたる野心的な理論上の労苦は，ほかでもなくこの種類の論証作業を達成すべく設計されている．そして，たとえロールズがかれの回避の戦略を放棄せざるをえないとしても，かれ自身のリベラルな思想のブランドを防御する手段をなにももたないという帰結にはならないだろう．というのは，結局のところ，第6章で示そうと試みたように，コミュニタリアン的批判に対してかれがなしうる応答のすべてが，かれの政治的リベラリズムが基礎を置いている包括的教説と政治的教説の間の区別を前提しているわけではまったくないからである．それどころか，4人の［リベラルな］理論家たちすべてについての議論の大部分が目指してきたのは，かれらのそれぞれが，われわれが検討してきたさまざまなコミュニタリアンの思想家たちの仕事にとって中心的な強調点の多くをいかにして是認しているか，あるいはいかにして少なくともそれらの強調点を容認しうるかを，いくぶん詳しく示すことであった．ロールズ（新，旧いずれにせよ），ローティ，ドゥオーキンそしてラズはいずれも，異なった方法と異なった程度においてではあるが，善についての個人の構想がもつ社会的な起源について，共同体とその価値に対して寄せられる構成的愛着がもつ，本当の価値について，そして多くの（すべてではないにせよ）人間的善が文化相対的であることについて，まがいものでない理解を示していると思われる．われわれはまた，かれらがコミュニタリアン的批判のいくつかの要素を容認しない場合には，それはしばしば見過ごしの結果ではなくて，それらの要素は退けられるべきだというかれらの信念からの帰結であることも示唆してきた．

　それにもかかわらず，リベラルな思想とコミュニタリアンな思想の間にはなんら根本的な両立不可能性はないと無条件に結論づけることはできない．ある

結論

いはそうした両立不可能性があるとすれば，リベラルな思想のほうが勝利を収めるであろうと，無条件に結論づけることもできない．というのは，たとえ概観してきたリベラルによる防衛的な動きのいくつかがきわめて強力に思われるとしても，それらの動きのどれ1つとして批判を免れているとはみなされえないからである．もともと定式化されたかたちでのコミュニタリアン的批判のいくつかは目標を逸しているように，あるいは攻撃の対象となる立場のある重要な要素を見落としているように思われるかもしれない．けれども，コミュニタリアン的な批判者たちが，そうした不備な点をより正確で，十分な情報に支えられた方法によって定式化しなおすことを，あるいはかれらのリベラルな敵手たちによってなされた防衛的な動きがそれら自体疑問にさらされていると指摘することを，妨げるものはなにもない．実際に，われわれはそうした第2世代の批判が定式化されうるであろういくつかの方法をスケッチしておいた．ロールズの政治的リベラリズムに対する批判や，またドゥオーキンによる中立性の主張とラズによる政治的完成主義の擁護の首尾一貫性ならびに実質に関して提起したいくつかの問題のなかに，そうしたスケッチがみいだされるだろう．それゆえ，この論争が発展をつづけるのにともなって予想すべきなのは，原初状態や，価値の挑戦モデルや，あるいは価値多元主義の教説がもつ道徳的，形而上学的または存在論的な前提への新たなコミュニタリアン的攻撃である．そしてかなりの自信をもって予期できることは，いかなる回避の戦略もそうした攻撃に対処するには不十分であろうということである．

訳者註

1 このパラグラフにある二箇所の強調のうち，後者の強調は訳者による．

（谷澤正嗣訳）

参考文献

Ackerman, B., *Social Justice and the Liberal State* (New Haven: Yale University Press, 1980).
Arblaster, A., *The Rise and Decline of Western Liberalism* (Oxford: Blackwell, 1984).
Avineri, S. and de-Shalit, A. (eds), *Communitarianism and Individualism* (Oxford: Oxford University Press, 1992).
Bakhurst, D. and Sypnowich, C. (eds), *The Social Self* (London: Sage, 1995).
Bell, D., *Communitarianism and its Critics* (Oxford: Clarendon Prese, 1993).
Berlin, I., 'Two Concepts of Liberty', in *Four Essays on Liberty* (Oxford: Oxford University Press. 1969). 生松敬三訳「二つの自由概念」, 小川晃一・小池銈・福田歓一・生松敬三訳『自由論』(みすず書房, 1971年).
Buchanan, A., *Marx and Justice* (London: Methuen, 1982).
Caney, S., 'Liberalism and Communitarianism: A Misconceived Debate', *Political Studies,* 40, 2 (1992), pp. 273-90.
Darwell, S. (ed.), *Equal Freedom: Selected Tanner Lectures on Human Values* (Ann Arbor: University of Michigan Press, 1995).
Dworkin, R., 'What is Equality? Part 1 : Equality of Welfare', *Philosophy and Public Affairs,* 10, 3 (1981), pp. 185-246.
―――― 'What is Equality? Part 2 : Equality of Resources', *Philosophy and Public Affairs,* 10, 4 (1981), pp. 283-345.
―――― 'Rights as Trumps', in *Theories of Rights,* ed. J. Waldron (Oxford: Oxford University Press, 1984).
―――― *A Matter of Principle* (Oxford: Oxford University Press, 1985).
―――― 'Bakke's Case: Are Quotas Unfair?', in *A Matter of Principle* (Oxford: Oxford University Press, 1985).
―――― 'What Justice Isn't', in *A Matter of Principle* (Oxford: Oxford University Press, 1985).
―――― 'Libelalism', in *A Matter of Principle* (Oxford: Oxford University Press,

1985).
―― 'Can A Liberal State Support Art?', in *A Matter of Principle* (Oxford: Oxford University Press, 1985).
―― *Law's Empire* (London: Fontana Press, 1986). 小林公訳『法の帝国』（未来社, 1995年）.
―― 'What is Equality? Part 4 : Political Equality', *University of San Francisco Law Review,* 22, 1 (1987), pp. 1-30.
―― 'What is Equality? Part 3 : The Place of Liberty', *Iowa Law Review,* 73, 1 (1988), pp. 1-54.
―― 'Liberal Community', *California Law Review,* 77, 3 (1989), pp. 479-520, and in Avineri and de-Shalit (eds), *Communitarianism and Individualism.*
―― 'The Foundations of Liberal Equality', in G. Petersen (ed.), *The Tanner Lectures on Human Values*; and in Darwall (ed.) *Equal Freedom.*
Etzioni, A., *The Spirit of Community: Rights. Responsibilities and the Communitarian Agenda* (New York: Crown Publishers Inc., 1993).
Frazer, E. and Lacey, N., *The Politics of Community: A Feminist Critique of the Liberal-Communitarian Debate* (London: Harvester Wheatsheaf, 1993).
Gramsci, A., *Selections from the Prison Notebooks,* ed. and trans. Q. Hoare and G. Nowell Smith (New York: International Publishers, 1971). 石堂清倫訳『グラムシ獄中ノート』（三一書房, 1978年）.
Gray, J., *Liberalism* (Milton Keynes: Open University Press, 1986). 藤原保信・輪島達郎訳『自由主義』（昭和堂, 1991年）.
Habermas, J., *Legitimation Crisis,* trans. Thomas McCarthy (Boston: Beacon Press, 1975). 細谷貞雄訳『晩期資本主義における正統化の諸問題』（岩波書店, 1979年）.
Holmes, S., *The Anatomy of Antiliberalism* (Cambridge. Mass.: Harvard University Press, 1993).
Horton, J. and Mendus, S. (eds), *After MacIntyre* (Cambridge: Polity Press, 1983).
Jaggar, A., *Feminist Politics and Human Nature* (Brighton: Harvester, 1983).
Kukathas. C. and Pettit, P., *Rawls: A Theory of Justice and its Critics* (Cambridge: Polity Press, 1990). 山田八千子・嶋津格訳『「正義論」とその批判者たち』（勁草書房, 1996年）.
Kymlicka, W., *Liberalism, Community and Culture* (Oxford: Oxford University Press, 1989).
MacIntyre, A., *After Virtue* (London: Duckworth, 1981). 篠﨑榮訳『美徳なき時代』

(みすず書房，1993年).

――― *Whose Justice? Which Rationality?* (London: Duckworth, 1988).

――― *Three Rival Versions of Moral Enquiry* (London: Duckworth, 1990).

――― 'A Partial Response to my Critics', in Horton and Mendus (eds), *After MacIntyre*.

Malachowski, A. (ed.), *Reading Rorty* (Oxford: Blackwell, 1990).

Marx, K., *The German Ideology*, ed. C. J. Arthur (London: Lawrence and Wishart, 1970). 廣松渉編訳，小林昌人補訳『ドイツ・イデオロギー』(岩波書店，2002年).

Miller, D. and Walzer, M. (eds), *Pluralism, Justice, and Equality* (Oxford: Oxford University Press, 1995).

Mulhall, S. and Swift, A., 'Liberalisms and Communitarianisms: Whose Misconceptions?', *Political Studies*, 41, 4 (1993), pp. 650-6.

――― 'The Social Self in Political Theory: The Communitarian Critique of the Liberal Subject', in Bakhurst and Sypnowich (eds), *The Social Self*.

Nozick, R., *Anarchy, State and Utopia* (Oxford: Blackwell, 1974). 嶋津格訳『アナーキー・国家・ユートピア：国家の正当性とその限界』(木鐸社，1992年).

Peterson, G. (ed.), *The Tanner Lectures on Human Values*, vol. 11 (Salt Lake City: University of Utah Press, 1990).

Peterson, M. D. and Vaughan, R. C. (eds), *The Virginia Statute on Religious Freedom* (Cambridge: Cambridge University Press. 1988).

Rawls, J., *A Theory of Justice* (Cambridge, Mass.: Harvard University Press, 1971). 矢島鈞次監訳『正義論』(紀伊國屋書店，1979年).

――― 'Fairness to Goodness', *Philosophical Review*, 84 (1975), pp. 536-54.

――― 'The Basic Structure as Subject', *American Philosophical Quarterly*, 14, 2 (1977), pp. 159-65.

――― 'Kantian Constructivism in Moral Theory' (The Dewey Lectures), *Journal of Philosophy*, 77, 9 (1980), pp. 515-72.

――― 'Social Unity and Primary Goods', in *Utilitarianism and Beyond*, eds A. K. Sen and B. Williams (Cambridge: Cambridge University Press, 1982).

――― 'Justice as Fairness: Political not Metaphysical', *Philosophy and Public Affairs*, 14, 3 (1985), pp. 223-51.

――― 'The Idea of an Overlapping Consensus', *Oxford Journal of Legal Studies*, 7, 1 (1987), pp. 1-25.

――― 'The Priority of Right and Ideas of the Good', *Philosophy and Public*

   Affairs, 17, 4 (1988), pp. 251-76.
―――― 'The Domain of the Political and Overlapping Consensus', *New York University Law Review,* 64, 2 (1989), pp. 233-55.
―――― 'The Law of Peoples', in Shute and Hurley (eds), *On Human Rights: The Oxford Amnesty Lectures 1993.*「万民の法」，中島吉弘・松田まゆみ訳『人権について』(みすず書房，1998年).
―――― *Political Liberalism* (New York: Columbia University Press, 1993).
Raz, J., *The Morality of Freedom* (Oxford: Oxford University Press, 1986)
―――― 'Facing Up: A Reply', *Southern California Law Review,* 62, 3-4 (1989), pp. 1153-235.
Rorty, R., 'The Priority of Democracy to Philosophy', in *The Virginia Statute on Religious Freedom,* eds M. D. Peterson and R. C. Vaughan (Cambridge: Cambridge University Press. 1988); and in *Reading Rorty,* ed. A. Malachowski (Oxford: Blackwell, 1990).「哲学に対する民主主義の優先」，冨田恭彦訳『連帯と自由の哲学―二元論の幻想を超えて』(岩波書店，1999年).
―――― *Contingency, Irony and Solidarity* (Cambridge: Cambridge University Press, 1989). 齋藤純・山岡龍一・大川正彦訳『偶然性・アイロニー・連帯：リベラル・ユートピアの可能性』(岩波書店，2000年).
―――― *Philosophical' Papers,* vol. 1: *Objectivity. Relativism and Truth* (Cambridge: Cambridge University Press, 1991).
Rosenblum, N. (ed.), *Liberalism and The Moral Life* (Cambridge: Harvard University Press, 1989).
Sandel, M., *Liberalism and the Limits of Justice* (Cambridge: Cambridge University Press, 1982). 菊池理夫訳『自由主義と正義の限界』(三嶺書房，1992年).
Scruton, R., *The Meaning of Conservatism,* 2nd edn (London: Macmillan, 1984).
Sen, A. K. and Williams, B. (eds), *Utilitarianism and Beyond* (Cambridge: Cambridge University Press, 1982).
Shute, S. and Hurley, S. L. (eds), *On Human Rights: The Oxford Amnesty Lectures 1993* (New York: Basic Books, 1993).『人権について』(1998年).
Swift, A., 'The Sociology of Complex Equality', in Miller and Walzer (eds), *Justice. Pluralism and Equality* (Oxford: Oxford University Press, 1995), pp. 253-80.
Taylor, C. 'Interpretation and the Sciences of Man', *The Review of Metaphysics,* 25. 1 (1971), pp. 3-51, and in *Philosophical Papers,* vol. 2 (Cambridge: Cambridge University Press, 1985).

────── *Philosophical Papers,* vol. 1 : *Human Agency and Language*; vol. 2 : *Philosophy and the Human Sciences* (Cambridge: Cambridge University Press, 1985).

────── *Sources of the Self* (Cambridge: Cambridge University Press, 1990).

────── 'Cross-Purposes: The Liberal-Communitarian Debate', in *Liberalism and the Moral Life,* ed. N. Rosenblum (Cambridge. Mass. : Harvard University Press, 1995) and in *Philosophical Arguments* (Cambridge, Mass. : Harvard University Press, 1995).

────── *Philosophical Arguments* (Cambridge. Mass. : Harvard University Press, 1995).

Waldron, J. (ed.), *Theories of Rights* (Oxford: Oxford University Press, 1984).

Walzer, M., 'Philosophy and Democracy', *Political Theory,* 9, 3 (1981), pp. 379-99.

────── *Spheres of Justice* (New York: Basic Books, 1953). 山口晃訳『正義の領分：多元性と平等の擁護』(而立書房，1999年).

────── 'Liberalism and the Art of Separation', *Political Theory,* 12, 3 (1984), pp. 315-30.

────── *Interpretation and Social Criticism* (Cambridge, Mass. : Harvard University Press, 1987). 大川正彦・川本隆史訳『解釈としての社会批判：暮らしに根ざした批判の流儀』(風行社，1996年).

────── *The Company of Critics* (London: Peter Halban, 1989).

────── *Thick and Thin: Moral Argument at Home and Abroad* (Notre Dame: University of Notre Dame Press, 1994). 芦川晋・大川正彦訳『道徳の厚みと広がり：われわれはどこまで他者の声を聴き取ることができるか』(風行社，2004年).

Wittgenstein, L., *Zettel,* 2nd edn (Oxford: Blackwell, 1981). 菅豊彦訳「断片」，『ウィトゲンシュタイン全集9』(大修館書店，1975年).

訳者あとがき

　本書は，Stephen Mulhall and Adam Swift, *Liberals and Communitarians*, 2nd Edition, Blackwell, 1996 の全訳である．日本語訳の出版にあたり著者に「日本語版への序文」を執筆していただくことができた．現時点での英語原著の評価や，日本語以外の翻訳の存在について，この日本語版への序文を参照していただきたい．出版後すでに10年を経過した本書は最先端の研究成果とはいえないが，その間に基本的文献の一つとして定評を獲得しており，ここに訳出された意義はきわめて大きいと確信している．
　著者のムルホール氏はオクスフォード大学ニュー・カレッジの，スウィフト氏はオクスフォード大学ベイリオル・カレッジの教授である（2006年11月現在）．お二人の経歴と業績については，以下のウェブサイトで全体を知ることができるのでここでは詳述しない．mulhall oxford あるいは adam swift oxford で検索すればウェブサイトへの到達は容易である．われわれの知るかぎり，お二人の著作の日本語訳は本書が初めてとなるはずである．

ムルホール教授
http://users.ox.ac.uk/~newc0929/
スウィフト教授
http://www.politics.ox.ac.uk/about/staff/staff.asp?action=show&person=2&special=

　本書の主たる内容は，各部に付された序論や結論的要約，それに本書全体の結論によってよく伝えられているので，ここでは繰り返さない．以下では，翻訳に至る経緯，リベラル・コミュニタリアン論争における本書の位置づけと，日本語訳の意義，そして若干の解釈上の論点について述べることで，訳者あとがきに代えたい．
　訳者代表の一人である谷澤の記憶では，1992年に発刊された本書の第1版に

訳者あとがき

ついて知ったのは，早稲田大学大学院政治学研究科の修士課程に在籍中の，同年秋のことであった．指導教員であった故藤原保信教授が，この年の夏季にオックスフォード大学で在外研究を行った際に本書を読み，帰国後その内容を大学院の講義で紹介したのである．谷澤も含めて，現代政治理論に関心のある院生の多くはその後すぐに本書を読むことになった．藤原はすでに1978年の著書『政治哲学の復権』でロールズやテイラーを，88年の同書増補版ではドゥオーキンを詳しく紹介しており，93年には『自由主義の再検討』でリベラル・コミュニタリアン論争に明示的に言及するなど，日本におけるこの論争の研究の先駆者であった．さらに1997年に第2版が出版されたときには，谷澤はシカゴ大学大学院に留学中であったが，当地の研究者や院生の間で第1版はすでに広く読まれており，第2版も広く読まれるであろうという印象をもった．

　実際に翻訳の準備が始められたのは，2001年から2002年にかけてである．2002年9月には，飯田文雄教授（神戸大学）のご協力により著者の一人スウィフト教授を早稲田大学にお招きして講演会を開くことができ，その際に翻訳計画について貴重な助言と激励を受けた（講演の内容は，Samuel Freeman (ed.), *The Cambridge Companion to Rawls*, Cambridge University Press, 2003 に収録されたムルホール氏との共著論文 "Rawls and Communitarianism" として発表されている）．2003年には訳者代表の一人である飯島が，大学院政治学研究科の講義で本書を教科書として利用した．さらに2003年度から，本訳書の共訳者たちを中心的メンバーの一部とする早稲田大学現代政治経済研究所研究部会「ロールズ以後の政治理論の課題と展望」を立ち上げ，研究会，講演会などを行った．本書は同部会の研究成果の一端である．

　このように翻訳計画の遂行には長い期間を要し，その間多くの困難に見舞われ，少なからぬ方にご迷惑をおかけした．にもかかわらず発刊にこぎつけることができた1つの理由は，本書を邦訳することが「リベラル・コミュニタリアン論争」の理解にとって，ひいては現代政治理論の研究にとって重要な意義をもつだろうという，本書の位置づけについての確信である．第一に，本書で主題的に取り上げられている8名の論者は，全員すでに邦訳があり（人によっては複数の翻訳があり），日本の一般読者にもある程度は知られている．法学者や政治学者といった専門家の間では，全員が著名であり，個別の研究が数多く存在する．とくにロールズに関しては，政治学および経済学においてインダストリーが確立している．ドゥオーキンは法学者の間で，ローティは哲学者の間

訳者あとがき

で，きわめて関心が高い．以上から，これら多くの論者の著作を横断的に，かつ体系的な意図をもって論じた本書は，多くの読者の興味を喚起すると期待できる．

　第二に，「リベラル・コミュニタリアン論争」という用語自体も，現代政治理論を少しでも学んだことのある読者にとっては周知のものであり，関心を引くであろう．日本でも1990年代の初めまでには，上述の藤原保信のほか，井上達夫，川本隆史といった論者によってこの論争を主題的に扱った研究が登場した．その後もリベラリズムとコミュニタリアニズムに対する関心は持続しており，小林正弥や山脇直司による一連の「公共哲学」研究，盛山和夫，稲葉振一郎，北田暁大といった社会学や経済学の論者による浩瀚なリベラリズム研究などが世に問われている．現代政治理論の専門家では，渡辺幹雄がロールズとローティについて複数の著書を公刊している．これらの著作を通じてリベラル・コミュニタリアン論争に関心をもつにいたった読者にとって，本書の5つのアジェンダ──すなわち，人格の構想，非社会的個人主義，普遍主義，主観主義か客観主義か，そして反完成主義と中立性──による論争の整理は，大いに役立つはずである．

　リベラル・コミュニタリアン論争から距離をおいたとしても，現代政治理論という分野そのものにおいて，ロールズ的なリベラリズムとそれに対するさまざまな批判が議論の中心であるということが，共通理解となっている．この理解に立って書かれた英語圏の代表的な教科書であるW・キムリッカ『現代政治理論』（日本経済評論社，2005年）がすでに第2版まで翻訳刊行されており，さらに日本語で書かれた教科書として川崎修・杉田敦編『現代政治理論』（有斐閣，2006年）も登場している．この理解にしたがって現代政治理論を学び始めた学生や院生は，本書から学ぶところが大きいであろう．これが，本書が貢献をなしうる第三の理由である．

　しかしながら第四に，以上の点にもかかわらず，リベラル・コミュニタリアン論争それ自体に争点を絞った書物は，一次文献であるか二次文献であるか，翻訳であるか日本の論者によるものであるかを問わず，けっして多くないことが挙げられる．なかでも，論争のさなかに書かれた重要な著作であるロールズ『政治的リベラリズム』，マッキンタイア『誰の正義？いかなる合理性？』，テイラー『自己の源泉』などは，邦訳がまだである．日本語版への序文でも述べられているように，本書はこれらの著作への有益な紹介になるだろう．

449

訳者あとがき

　ようするに，リベラル・コミュニタリアン論争にかかわった理論家たちの仕事を，これまであまり紹介されていない部分も含めて網羅し，5つのアジェンダにしたがって議論の筋を横断的かつ明快に整理し，すぐれた序論と結論を付した『リベラル・コミュニタリアン論争』は，邦訳が待望されている著作であろうとわれわれは考えたのである．そうした期待に本書がどこまで添うことができたかどうかは，読者によるご判断をお待ちしたい．

　翻訳作業を通じて気づいた解釈上の論点については，3点ほど指摘したい．1つは，序論のタイトルについてである．本書では「ロールズの原初状態」と訳したが，原文は Rawls's Original Position である．本文をお読みいただければわかるように，この序論はロールズの「原初状態」の観念そのものについての説明を含むのと同時に，より広くロールズの『正義の理論』全体の見取り図を提供している．第2部以降で論じられる「新しいロールズ」との対比で言えば，Rawls's Original Position というタイトルは，この序論がロールズの「最初の立場」についての説明を提供する部分である，ということを示唆しているとも理解できるし，そう理解すべきだと思われる．

　2つ目に，本書はリベラル・コミュニタリアン論争について，もっぱら哲学的，体系的な見地から接近しており，その論争の歴史的背景や先例については，第1版へのまえがきで若干示唆されている以外には触れられていない．しかしながら，コミュニタリアニズム的なリベラリズム批判を，近代の政治思想の歴史のなかで繰り返されてきたリベラリズム批判の一類型と考えることも可能である．この点に関しては，ウォルツァーによる，コミュニタリアニズムをリベラリズムに対する内在的，反復的，そして補完的な批判とみなす解釈が参考になる．ウォルツァーによれば，本書でウォルツァー自身もその一翼を担うものとして論じられた1980年代のコミュニタリアニズムは，1930年代における「一周期前のコミュニタリアニズム」を引き継ぎ，部分的に反復する試みである．『正義の諸領域』における複合的平等論に的を絞った第4章の論述は，ウォルツァーのこの思想史的見解を伝えてはいない．詳しくは，ウォルツァー（齋藤純一・谷澤正嗣・和田泰一訳）『政治と情念』（風行社，2006年）に付論として収められた論文「コミュニタリアンのリベラリズム批判」を参照していただきたい．

　3つ目に，日本におけるリベラル・コミュニタリアン論争の意義を考えるうえでも，こうした歴史的視点が有益であり，それどころか不可欠であることを

指摘しておきたい．日本語版への序文で原著者たちが示唆するように，本書の議論が，ひいてはリベラリズムとコミュニタリアニズムの論争という主題が，現代日本という特定の文脈でどのような意味をもつかは，たしかに考察に値する問題である．しかしその際，日本文化の本質といえるようなものがあることを前提して，それがリベラルであるか，それともコミュニタリアンであるかと問うような問いの立て方に対しては注意が必要だろう．

著者たちは慎重にこの種の予断を避けているが，同様の慎重さはわれわれにも求められるべきである．いわゆる「日本人論」や「日本文化論」と呼ばれた言説は，日本文化や日本的な自己と呼ばれるものを，欧米文化や欧米的な自己と呼ばれるものと対置し，日本文化や日本的な自己のもつ，個人主義的でない，間柄主義，関係主義，間主観主義といった用語で形容される特徴を強調した．こうした言説は，いうところの日本文化や日本的自己の没歴史的で即自的な本質を前提する点で，文化本質主義の性格を帯びる傾向があった．この傾向にしたがうなら，日本文化は本質的にコミュニタリアンであるということにもなりかねない．

しかしながら，本書の議論が明らかにしたように，リベラリズムもコミュニタリアニズムも，高度に反省的で抽象的な，「包括的教説」との関係を離れて理解することはできない．包括的教説と（政治）文化の関係や，文化が全体としてリベラルなあるいはコミュニタリアンな性格をもつとはどういうことかといった問題が，それら自体議論の余地のある争点であることは，本書第4章，6章，8章，10章などが示している通りである．

さらにウォルツァーの思想史的な考察の観点からすれば，リベラリズムも，その批判としてのコミュニタリアニズムも近代社会に特有の政治理論であり，特定の文化と非歴史的，本質的に結び付けられるものではない．むしろこの観点から考えられるべきなのは，近代日本におけるリベラリズムとその批判の思想史的系譜をたどりながら，コミュニタリアンなリベラリズム批判の前史を明らかにすることであろう．私見によれば1920年代から30年代にかけての，自由主義をめぐる論争と，その論争において試みられたリベラリズムに代わる理論（たとえば協同主義）に，そうした前史を見出すことができるように思われる．それらの論争や理論が日本文化に本質的なものであるとみなす理由があるかどうかはまた別の問題である．それらをウォルツァーの指摘する「一周期前のコミュニタリアニズム」が世界的広がりをもっていたことの例とみなすことも可

訳者あとがき

能だからである.

　本書における翻訳および表記の方針は次の通りである.
　全体として，日本語として読みやすい文章を心がけるため，著者による息の長い文章を短く区切ったり，指示代名詞を具体的な名詞に置き換えたり，省略されている部分を補ったりという工夫を行った．結果として恣意的で不正確な訳文や，ゆきすぎた補充，反復などの欠陥が生じたことを危惧する．読者諸賢の叱正をお願いするしだいである．
　訳語について．索引に登場する重要な訳語は可能なかぎり統一したが，その他の言葉や表現については統一を図っていない場合がある．
　すでにある邦訳について．本書で取り上げられている8人の理論家の著作のものも含めて，邦訳を参照するか，しないかは，各章の訳者にお任せした．訳文をお借りした場合にはその都度該当頁数を示したが，そうでない場合は示していないこともある．また訳文をお借りした場合にも，文脈の都合から変更を加えたことがある．本書の翻訳にあまりにも長い時間を要したため，翻訳が相当程度進行したのちに邦訳が出版され，結果的に参照できなかった場合もある．邦訳者の皆様にはお礼とお詫びを申し上げる．
　さらに，英語版原著第2版よりも後に出版されたために，原著では引用も参照もされていないが，本書の内容と深いかかわりがあるため，ここで紹介しておくべき書物とその邦訳が数点あることを述べておかなければいけない．翻訳のうえでもこれらの訳書からは教えられるところがあった．記して感謝する．
　Dworkin, Ronald, *Sovereign Virtue* (Harvard University Press, 1999). 小林公他訳『平等とは何か』木鐸社，2002年．
　Rawls, John, *The Law of Peoples* (Harvard University Press, 1999). 中山竜一訳『万民の法』岩波書店，2006年．
　――, *Justice as Fairness: A Restatement* (Harvard University Press, 2001). 田中成明・亀本洋訳『公正としての正義：再説』岩波書店，2004年．
　なかでも，本書第9章が綿密に論じているドゥオーキンの論文「リベラルな平等の基礎」が改稿されて『平等とは何か』の第6章「平等と善き生」となっているために，同書からは大きな恩恵を受けた．本書第9章や第10章を中心に，完成主義をめぐる議論の文脈でwell-beingにたいして「善い状態」という訳語を一貫して用いたことは，その一例である．

訳者あとがき

　文中の記号について．（　）は著者が用いているものをそのままあらわしている．［　］および〈　〉は，著者は用いていないが，訳者の判断で補ったものである．本文中に明示的に書かれてはいない語句や文章を補う場合に［　］を用いた．〈　〉は，いくつかの章で，本文中のとくに長く重要な文節を強調し読みやすくするために挿入した．著者が用いている——は，そのまま生かすように努めたが，文脈によっては位置を変えたり，訳者の判断で——を補った場合もある．本文中のイタリックによる強調は，傍点であらわした．

　索引は英語版原著のものをほぼ踏襲した．原著の索引には特徴がある．ある用語（概念）が登場する頁を厳密に一頁ずつ拾っていくよりも，その用語にかかわる，かつ本書全体にとって重要な議論が展開されている箇所を広く示すという点である．そのため参照の仕方はある意味で厳密さを欠く．すなわち，その用語が登場していない頁でも，議論のうえで関連が強ければ索引に示されている場合，逆にその用語が登場している頁でも，議論のうえで関連がなければ示されていない場合がある．索引作りの方針としてはやや変則的であろうが，本書のように複数の論者の多数の著作を横断的に論じていく際には，形式的な用語の同一性よりも，議論の内容の関連性に重きをおいたこの方針は有益であると考えられる．本書の索引もこの特徴を引き継いでいることをご理解いただければ幸いである．

　最後に，訳者代表の怠惰と非力にもかかわらず，本書が出版されることができたのは多くの方のご協力のおかげである．原著者のムルホール氏とスウィフト氏は，われわれからすると驚くほどのすばやさで質問に答え，日本語版への序文を用意してくれた．お名前を挙げることはできないが，何人もの訳者たちの同僚や友人が，快く質問に答えて力を貸してくれた．早稲田大学大学院博士課程の中山健介君と村田玲君は，貴重な研究の時間を割いて校正に協力してくれた．勁草書房の徳田慎一郎氏と宮本詳三氏には熱意をもってサポートしていただいた．この場を借りて皆様に深くお礼を申し上げる．

2007年1月

訳者代表　谷澤正嗣
　　　　　飯島昇藏

索　引

ア　行

アクィナス，トマス（Aquinas, T.） ……………………………………………………112
アッカマン，ブルース（Ackerman, B.） ………………………………………………160
アリストテレス（Aristotle） …………………………………ix, 95, 97-100, 313, 339
安定性（stability） ……………………………………………………215-216, 226-231
ヴィトゲンシュタイン，ルードヴィヒ（Wittgenstein, L.） ………………166, 332, 333
ウォルツァー，マイケル（Walzer, M.） ……24, 45, 157-192, 194-201, 253-257, 269, 272, 302, 328
エツィオーニ，アミタイ（Etzioni, A.） ………………………………………………v, vi
オペラ（opera） ……………………………………………………32, 37, 39, 419, 420

カ　行

懐疑主義（scepticism） …………………………………72, 88, 262-268, 291, 391-396
格差原理（difference principle） ………………………………………9, 73-78, 81, 83, 84
課税（taxation） ……………………………………ix, 32, 77, 278, 279, 347, 400-402
価値多元主義（value pluralism） ………………………………………………403-406, 439
間主観的な自己の概念（intersubjective conception of the self） ……………50, 51, 78, 80
完成主義（perfectionism） ………………………………………………33, 368, 387-432
完成主義的リベラリズム（perfectionist liberalism） ……………………311-313, 387-432
カント，イマヌエル（Kant, I.） ……………ix, 53, 55, 76, 95, 119, 214, 220, 221, 233, 245, 264, 265
危害原則（harm principle） ……………………………………………………………413, 414
機会の平等（equality of opportunity） ………………………………………………………vii
基本構造（basic structure） ………………………………………………211, 212, 245, 246
基本財または善（primary goods） ………………………………160, 164, 165, 185, 191, 254, 255
キムリッカ，ウィル（Kymlicka, W.） ……………………………………………………41
義務論的リベラリズム（deontological liberalism） …………………………51-53, 147, 148
客観主義（objectivism） ……………………………25-31, 35, 50, 68-72, 195, 262-268, 374, 430
強制（coercion） ……………………………………222-224, 347, 400-403, 421-423, 435, 436
強力に共同体的な善の構想（strongly communal conceptions of good）
　　非社会的個人主義を参照せよ
グラムシ，アントニオ（Gramsci, A.） …………………………………………………ix
クワイン（Quine, W. V. O.） ……………………………………………………………341
芸術と文化に対する国家による援助（state support for the arts and culture） ……319, 320, 375-382
啓蒙主義（Enlightenment） ………………………………………………95-98, 100, 118
契約論（contract theory） ………………………………………………17-22, 78, 230, 231

455

索　引

結婚（marriage） ……………………………………………………………………399, 400
権威（authority） ……………………………………………………………………389, 396
原初状態（original position） ………………………………57-61, 78-81, 115, 117, 166, 185
権利（rights） …………………………………………37, 38, 154-156, 167-169, 191, 343-350
語彙（vocabulary） ……………………………………………………………………132-137
公共性の条件（publicity conditions） ………………………………………………246, 247
公共的政治文化（public political culture）
　　　………………213, 224, 246-248, 261, 262, 300-303, 321-323, 327, 330, 336, 337, 347-350
公共的な正当化可能性（public justifiability） ……217-220, 222-226, 257, 263-268, 300-303, 394, 399
公共的または政治的　対　私的（public/political vs. private） ……191, 210-213, 217-220, 243-251
公共的理性（public reason） ………………………………217-220, 226, 233, 277, 278, 280
構成的愛着（constitutive attachment） …18, 51, 66-70, 81, 82, 84, 140, 141, 194, 197, 198, 335, 372, 438
公正としての正義（justice as fairness） ……………………………iii, vi, 3-10, 205-207, 210-215
公正な協働システムとしての社会（society as fair system of co-operation）
　　　………………………………………………………59-61, 213, 214, 232, 281-285, 292-294
合理的選択（rational choice） …………………………………………………………………71
「合理的」と「理性にかなった」（Rational and Reasonable） ………………………252, 253
国際正義（international justice） …………………………………………………………259-262
個人主義（individualism） ………………………………………………………78, 154-156, 267
国家（state） ………………………………………………180, 374-385, 418-423, 433-439
古典的共和主義（classical republicanism） …………………………………………………271, 272
コミュニタリアニズム（communitarianism） ………iv-vi, xii, 11-41, 45-48, 87, 122, 129-201,
　　209-214, 235-273, 322, 323, 326-328, 330, 334-336, 340, 345, 369-385, 389, 408, 411, 425-432, 434-439

サ　行

最高次の善（hypergoods） ……………………………………………………141-147, 153, 154
再配分（redistribution） …………………………………………………………………76, 77
差別是正措置（positive discrimination/affirmative action） ………………………………………74
暫定協定（modus vivendi） ……………………………………………………………229, 230
サンデル，マイケル（Sandel, M.） ………………………………………11, 45, 46, 49-85, 87, 88,
　　113-115, 125, 141, 142, 146, 148-153, 157, 158, 194-201, 237-242, 272, 273, 335, 336, 371, 372, 425, 427
シヴィック・ヒューマニズム（civic humanism） ……………………………………271, 272, 313
自己解釈（self-interpretation） ……………125, 126, 132-139, 150, 151, 154-156, 171, 190, 197
市場（market） ……………………………………………………………………………188, 189
自然状態（state of nature） ……………………………………………………………………231
自然的な素質ないし資質（natural talents/endowments） ………………………………4, 5, 74
したいことをするという意味での善い状態　対　批判的な意味での善い状態（volitional vs. critical
　　well-being） …………………………………………………………………………352-354
実践（practice） ………………………………………………94, 100-105, 109-111, 113, 115, 122
実践理性にもとづく推論（practical reasoning） …………………………………142-147, 152, 153
質的な区別（qualitative discriminations） …………………………128-130, 141-143, 147, 148, 150-152
私的な結社としての社会（society as private association） ………………………………250, 251

456

索　引

支配（dominance） ……………………………………………………………181-185
自発的な交換（voluntary exchange） …………………………………………182, 188
司法審査（judicial review） ………………………………………………………168
市民，市民であること（citizens/citizenship）
　……………65, 66, 84, 165-167, 183, 213, 215, 220, 239, 240, 242, 243, 254, 255, 269, 270, 321, 324, 326
市民的自由（civil liberties） ………………………………………………………vi
社会形式（social forms） …………………………………………………406-424
社会的意味（social meanings） ………………163-165, 172-181, 189, 198, 255-258, 372, 373
社会的財または善（social goods） …………………157, 158, 163-165, 175, 198, 253-257
社会的マトリックス（social matrix） …………126, 127, 154-156, 244-248, 373, 407, 428, 429
社会批判（social criticism） ……………………………………………………172-180
自由（freedom）
　…iv-ix, 82, 145, 146, 154-156, 159, 161, 186-189, 213, 215, 217, 218, 236-244, 269, 359-362, 370-378, 397
　自律も参照せよ
自由かつ平等な存在としての人びと（persons as equal and free） ……………213, 214, 223-225, 269
重合的コンセンサス（overlapping consensus） ……………………229, 232, 281, 286, 287, 298, 299
主観主義（subjectivism）
　…………………25-31, 35, 50, 68-72, 126, 127, 129, 130, 141, 142, 151, 152, 195, 262-268, 374, 430
　全面的な主観主義　対　制限された主観主義（global vs. restricted） ……………27-30
情緒主義（emotivism） ……………………………………90-92, 94, 95, 103, 113, 114
情緒主義的な自己（emotivist self） ………………………………………92-95, 98, 99, 109
自律（autonomy） ………………………………………………………………53-57,
　　61, 68, 83, 84, 145-148, 153, 154, 195, 213, 214, 222-226, 236-244, 269, 370-372, 390-427, 429-432
　自律の条件（conditions of autonomy） …………………………………………413-415
　自由も参照せよ
真価（desert） …………………………………………………………………74-78, 116
人格の形而上学的な構想（metaphysical conception of the person） ………50, 55-57, 61-68, 84, 327
　すべてに先立って個人となっている自己も参照せよ
人格の構想（conception of the person）
　……………11-16, 54-84, 150-152, 158, 159, 170, 194, 198-200, 214, 236-244, 323-327, 334, 370-372, 425
人工妊娠中絶（abortion） …………………………………………………………282-284
人生の物語的統一性（narrative unity of human life）……………100, 105, 113, 140-145, 148, 149, 426
すべてに先だって個人となっている自己（antecedently individuated self）
　…………………………………50, 56-84, 126, 127, 141, 142, 150-152, 194, 197, 199, 228, 272, 273
　人格の形而上学的構想も参照せよ
正義（justice） ………………………………51-54, 116, 117, 162, 173, 174, 182, 347, 355-359, 363, 364
政治的構成主義（political constructivism） ………………………………216, 220-222, 263-266
政治的リベラリズム（political liberalism）…………205-207, 209-233, 235-273, 275-305, 310-322, 340
　ウォルツァーへの応答として（as response to Walzer） …………………………253-257
　サンデルへの応答として（as response to Sandel） ……………………………237-242, 271, 272
　テイラーへの応答として（as response to Taylor） ………………………………246-249
　マッキンタイアへの応答として（as response to MacIntyre） ……………………246-249, 271, 272

457

索　引

ロールズ，新しいロールズも参照せよ
正当化の２つの段階（stages of justification） ……………………215, 223-231, 297-300
生の技法（art of life） ………………………………………………………………395
積極的な差別政策（policies of positive discrimination） ………………………………74
善に対する正の優先（right prior to the good） ………………38-41, 51, 152-156, 268-270
善の希薄な構想（thin conception of the good） …126, 127, 141, 142, 146-149, 152, 153, 160, 268-270
善の構想（conception of the good） ……………………………………………6-8, 12-14,
　　　17-19, 21, 22, 31-33, 51-68, 126-129, 138, 139, 143-147, 160, 161, 191, 195, 215, 267, 268, 390, 400
積極的な差別または差別是正措置（positive discrimination/affirmative action） ………74-75
操作（manipulation） …………………………………………………………401, 402, 414
相対主義（relativism） …………………………………………………24, 111, 171-180

タ　行

単一なる平等（simple equality） ……………………………………………………182-185
断絶の戦略（strategy of discontinuity） ……………………………………………344-350
秩序ある社会（well-ordered society） ……………………………………………215-231
中立性（neutrality）
　　　……………31-41, 50, 65-69, 72, 120, 121, 150-156, 160, 161, 189, 195, 268-272, 304, 343, 416, 431
　反完成主義的中立性　対　政治的中立性（anti-perfectionist vs. political）
　　　………………………………………………………………309-319, 374-385, 433-439
　訴求における中立性（of appeal） ……………………………………374-377, 382-385
　結果の中立性　対　正当化の中立性（of effects vs. of justification） ……376, 381, 382, 433, 434
挑戦モデル（challenge model） ………………………………………350-362, 378, 380, 394
通常の場合には切り札となる政治的なもの（political as normally trumping） 275, 280, 282, 286, 287
強い評価（strong evaluation） ………………………………………………………126-129
テイラー，チャールズ（Taylor, C.）
　　　………………………45, 125-157, 163, 171, 190, 194-201, 245-249, 272, 325, 334, 338, 428, 436
哲学的人間学（philosophical anthropology） ………………………………………………55
デモクラシー（democracy） ……………………………………96-100, 165-168, 189, 190
テロス（telos） ………………………………………………………………………96-100
伝統（tradition） ……………………………………ix, x, 100, 109-113, 115, 118, 119, 199
ドゥオーキン（Dworkin, R.）
　　　………………36, 74, 191, 243, 279, 312-320, 343-385, 387, 388, 392-395, 402, 403, 417, 438, 439
統合（integrity） ……………………………………………………………88, 114, 360, 361
徳，徳性（virtues） ……………………………………74, 98-102, 104, 108, 116, 282, 284
　政治的徳または美点（political virtues） ………………………269, 281, 283, 285, 294
独占（monopoly） ……………………………………………………………………181-185

ナ　行

内的および外的な善（internal and external goods） ………………………………101, 102, 111
ニーチェ，フリードリッヒ（Nietzsche, F.） ………………………………324, 329, 338, 340
認識論的な危機または認識論上の危機（epistemological crisis） …………………142, 143

索　引

ノズィック，ロバート（Nozick, R.）………………………………………vii-ix, xii, 116, 189

ハ　行

媒介変数　対　制約（parameters vs. limitations）………………………………356-359
排除に訴えるリベラリズム（exclusionary liberalism）……………………………388
ハーバーマス，ユルゲン（Habermas, J.）…………………………………………160, 166
反完成主義（anti-perfectionism）………………31-41, 189, 195, 268-272, 314-319, 390-406, 416, 431
　　包括的反完成主義　対　政治的完成主義（comprehensive vs. political）
　　　　　　……………………………………309-319, 344-350, 374-385, 433-439
反基礎づけ主義（anti-foundationalism）……………………………………321, 334, 340
判断の重荷（burdens of judgement）……………………217, 286-294, 296, 299, 301-304
非社会的個人主義（asocial individualism）………16, 50, 88, 115, 116, 141, 142, 195, 244-253, 372, 373
　　対　強力に共同体的な善の構想（strongly communal conception of the good）
　　　　　　………………………………………………………194, 244, 248-253, 367-369
　　対　社会的マトリックス（social matrix）…126, 127, 136-139, 150, 151, 157-180, 194, 244-248, 373
平等（equality）………………………………82, 154-156, 170, 176, 179, 185-189, 343, 365, 366
広い道徳　対　狭い道徳（wide vs. narrow morality）……………………14-15, 393-394
フェミニズム（feminism）……………………………………………………………vi
付加的見解　対　構成的見解（additive vs. constitutive views）……………360-362
複合的平等（complex equality）……………………………………………………181-201
福祉国家（welfare state）……………………………………………………………vii-ix
普遍主義（universalism）…………………23-25, 158, 171, 190, 194, 253-262, 373, 374, 429, 430
プラグマティズム（pragmatism）………………………………………………215-220, 397
プラトン（Plato）……………………………………………………………………358, 359
文化的特殊性（cultural particularity）………24, 25, 157-165, 169, 181, 190, 194, 259-262
文法（の自律）（grammar, autonomy of）…………………………………………332-333
ヘーゲル（Hegel, G. W. F.）…………………………………………………………ix, 260
包括的教説（comprehensive doctrines）
　　　　…212, 217, 218, 223, 229, 230, 237, 256, 269-273, 275, 281, 284, 285, 287-302, 304
部分的に包括的　対　完全に包括的（partially vs. fully comprehensive）…………295, 396, 304, 305
包括的目標（comprehensive goals）…………………………………………………407
方法論（methodology）……………………………………………157-180, 189, 190, 195, 196
保守主義（conservatism）………………………………………vi, 102, 137, 138, 172, 176
ホッブズ，トマス（Hobbes, T.）……………………………………………………231, 346
ホモセクシャル（homosexuality）……………………………………………………33

マ　行

マッキンタイア，アラスデア（MacIntyre, A.）……………………………11, 27, 45, 46, 49,
　　87-123, 125, 138, 139, 146, 148-154, 157, 163, 194-201, 246, 272, 273, 335, 338, 339, 425, 426, 428, 431
マルクス，カール（Marx, K.）………………………………………………………174
マルクス主義（Marxism）……………………………………………………………vi
ミル，ジョン・スチュアート（Mill, J. S.）………………………………ix, 214, 233, 414

459

索　引

無知のヴェール（veil of ignorance） ……………………… 3-10, 23, 33, 57-59, 78-81, 262

ヤ　行

役割（roles） ……………………………………………………… 94, 98, 99, 254, 255
友愛（fraternity） ……………………………………………………………… 83
善い状態（well-being） ………………………………… 362, 407, 408, 410, 421, 434

ラ　行

ラズ，ジョゼフ（Raz, J.） ………………………… 36, 319, 320, 387-432, 437-439
理性にかなった多元性（reasonable pluralism） ……… 287, 290, 295-300, 303, 304
理性にかなった多元性の事実（fact of reasonable pluralism）
　　　　　……………………………………… 216, 217, 221, 223, 224, 232, 248, 266, 267
理性にかなっていること（reasonable, the） …… 288-294, 298-302, 347-350, 384, 385
リバータリアニズム（libertarianism） ……………………………………… vi, ix
　　ノズィックも参照せよ
リベラリズム（liberalism）
　　……………i, iii-v, vii-ix, xi, xii, 1-41, 87, 88, 94, 95, 113-123, 275, 309-320, 326, 327, 337, 433-439
　　古典的リベラリズム（classical liberalism） ……………………………… ix
　　ロールズ的なリベラリズム（Rawlsian liberalism）
　　　公正としての正義，および政治的リベラリズムを参照せよ
リベラルな平等（liberal equality） ………………………………… 343, 363-369
レーニン，ウラジーミル（Lenin, V. L.） …………………………………… 175
連続性の戦略（strategy of continuity） …………………………………… 350-362
ローティ，リチャード（Rorty, R.） ………………… 309-311, 321-341, 433, 438
ロック，ジョン（Locke, J.） ………………………………………… viii, ix, 233, 346
ロヨラ，イグナティウス（Loyola, I.） …………………………… 324, 329, 338, 340
ロールズ，ジョン（Rawls, J.） ………………… i, iii, vi, viii, ix, 1-41, 49-85, 87, 94, 114-117, 119-122, 125, 147-162, 165, 166, 169, 171, 180, 185, 189-191, 193-201, 205-207, 209-233, 235-273, 275-305, 309, 310, 321-323, 326, 344-351, 369, 370, 385, 388, 389, 394, 395, 399, 418, 428, 431, 433-439
　　新しいロールズ（the new Rawls） ……………………… iii, 205-207, 321-323

訳者紹介（＊訳者代表，掲載順）

飯島昇藏（いいじま　しょうぞう）＊　　　　　　　　　　　　　　　　　　　　まえがき，序論
1951年生まれ．シカゴ大学大学院政治学研究科博士課程修了．Ph. D. 早稲田大学政治経済学術院教授．政治哲学．『スピノザの政治哲学―「エティカ」読解をとおして』（早稲田大学出版部，1997年），『社会科学の理論とモデル10　社会契約』（東京大学出版会，2001年），『憲法と政治思想の対話―デモクラシーの広がりと深まりのために』（共編著，新評論，2002年）ほか．

山岡龍一（やまおか　りゅういち）　　　　　　　　　　　　　　　　　　　　第1部序論，第1章
1963年生まれ．ロンドン大学（LSE）政治学部博士課程修了．Ph. D. 放送大学准教授．政治思想史，政治理論．『政治学入門』（共著，放送大学教育振興会，2003年），『西洋政治思想史』（共著，放送大学教育振興会，2005年），「政治におけるアカウンタビリティ―代表，責任，熟議デモクラシー」『早稲田政治経済学雑誌』No. 364（2006）ほか．

山田正行（やまだ　まさゆき）　　　　　　　　　　　　　　　　　　　　　　　　　　　第2章
1957年生まれ．早稲田大学大学院政治学研究科単位取得退学．東海大学政治経済学部教授．政治思想，政治理論．『西洋政治思想史Ⅱ』（新評論，1995年），「ヤスパースとアーレントの戦争責任論」『政治思想研究』創刊号（2000年），アーレント『暴力について』（翻訳，みすず書房，2000年）ほか．

田中智彦（たなか　ともひこ）　　　　　　　　　　　　　　　　　　　　　　　　　　　第3章
1967生まれ．早稲田大学大学院政治学研究科博士課程単位取得退学．東京医科歯科大学教養部准教授．政治思想，医療思想．『岩波応用倫理学講義1　生命』（共著，岩波書店，2004年），「命のリレーの果てに―日本のバイオエシックス導入「前史」から」『思想』977号（2005年），「生命倫理の歴史的現在―コント=スポンヴィル「四つの秩序」論の視座から」『三田学会雑誌』102(1),2009年，チャールズ・テイラー『〈ほんもの〉という倫理―近代とその不安』（翻訳，産業図書，2004年）ほか．

佐藤正志（さとう　せいし）　　　　　　　　　　　　　　　　　　　　　　　第4章，第1部要約
1948年生まれ．早稲田大学大学院政治学研究科単位取得退学．早稲田大学政治経済学術院教授．西洋政治思想史．『政治思想のパラダイム―政治概念の持続と変容』（新評論，1996年），『政治概念のコンテクスト―近代イギリス政治思想史研究』（共編著，早稲田大学出版部，1999年），『現代の政治思想』（共編著，東海大学出版会，1993年）ほか．

山口正樹（やまぐち　まさき）　　　　　　　　　　　　　　　　　　　　　　第4章，第1部要約
1974年生まれ．早稲田大学大学院政治学研究科博士課程単位取得退学．山梨大学非常勤講師．政治思想史．「歴史の政治学―ホッブズとヴィーコにおける科学と歴史」『早稲田政治公法研究』第68号（2001年），「近代政治学と人文主義の技法―ホッブズとヴィーコにおけるレトリックの問題」『早稲田政治公法研究』第70号（2002年），『現代政治理論』（共著，おうふう，2009年）ほか．

訳者紹介

森　達也（もり　たつや）　　　　　　　　　　　　　　　　　　　　　第5章
1974年生まれ．早稲田大学大学院政治学研究科博士後期課程単位取得退学．専修大学兼任講師．政治理論，西洋政治思想史．「アイザイア・バーリンの倫理的多元論」『早稲田政治公法研究』第69号（2002年），「バーリンが捉える反啓蒙主義思想の端緒」『イギリス哲学研究』28号（2005年），「リベラルな善の構想」『政治思想研究』6号（2006年）ほか．

谷澤正嗣（やざわ　まさし）*　　　日本語版への序文，第2部序論，第6章，第3部序論，結論
1967年生まれ．シカゴ大学博士候補生．早稲田大学政治経済学術院准教授．現代政治理論，政治思想史．『憲法と政治思想の対話―デモクラシーの広がりと深まりのために』（共著，新評論，2002年）『藤原保信著作集10　公共性の再構築に向けて』（共編著、新評論、2005年），『現代政治理論』（共著，有斐閣，2006年），『悪と正義の政治理論』（共編著，ナカニシヤ出版，2007年）ほか．

藤井達夫（ふじい　たつお）　　　　　　　　　　　　　　　　　　　　第7章
1973年生まれ．早稲田大学大学院政治学研究科博士後期過程単位取得退学．東京医科歯科大学教養部非常勤講師．政治思想．「ルソーの『社会契約論』における一般意志の一解釈――一般意志の根源的規定性について」『早稲田政治公法研究』第65号（2000年），「ルソーの言語起源論の一解釈―コンディヤックの言語起源論との比較を中心に」『早稲田政治公法研究』第69号（2002年），「ルソーの政治思想における秩序の問題についての一解釈―クラランの共同体における「ケア」と歓待の視点から」『早稲田政治公法研究』第75号（2004年）ほか．

金田耕一（かねだ　こういち）　　　　　　　　　　　　　　　　　　　第8章
1957年生まれ．早稲田大学大学院政治学研究科博士課程単位取得退学．博士（政治学）．日本大学経済学部教授．政治理論．『メルロ=ポンティの政治哲学』（早稲田大学出版部，1996年），『現代福祉国家と自由』（新評論，2000年），『現代政治理論』（共著，有斐閣，2006年）ほか．

井上弘貴（いのうえ　ひろたか）　　　　　　　　　　　　　　　　　　第9章
1973年生まれ．早稲田大学大学院政治学研究科博士課程単位取得退学．博士（政治学）．早稲田大学政治経済学術院助教．現代政治理論，公共政策論，アメリカ国際関係思想史．『オリンピック・スタディーズ』（共著，せりか書房，2004年），『ジョン・デューイと「アメリカの責任」』（木鐸社，2008年），『現代政治理論』（共著，おうふう，2009年）ほか．

中金　聡（なかがね　さとし）　　　　　　　　　　　　　　　　　　　第10章
1961年生まれ．早稲田大学大学院政治学研究科博士後期課程修了．博士（政治学）．国士舘大学政経学部教授．政治哲学，現代政治理論．『オークショットの政治哲学』（早稲田大学出版部，1995年），『政治の生理学―必要悪のアートと論理』（勁草書房，2000年），マーク・リラ『シュラクサイの誘惑―現代思想にみる無謀な精神』（共訳書，日本経済評論社，2005年）ほか．

リベラル・コミュニタリアン論争

2007年7月25日　第1版第1刷発行
2009年7月25日　第1版第2刷発行

著者　S・ムルホール
　　　A・スウィフト

訳者代表　谷　澤　正　嗣
　　　　　飯　島　昇　藏

発行者　井　村　寿　人

発行所　株式会社　勁　草　書　房
112-0005　東京都文京区水道2-1-1　振替 00150-2-175253
（編集）電話03-3815-5277／FAX 03-3814-6968
（営業）電話03-3814-6861／FAX 03-3814-6854
港北出版印刷・青木製本

Ⓒ YAZAWA Masashi, IIJIMA Shozo　2007

ISBN978-4-326-10166-5　　Printed in Japan

JCOPY　〈(社)出版者著作権管理機構　委託出版物〉
本書の無断複写は著作権法上での例外を除き禁じられています。
複写される場合は、そのつど事前に、(社)出版者著作権管理機構
（電話 03-3513-6969、FAX 03-3513-6979、e-mail: info@jcopy.or.jp）
の許諾を得てください。

＊落丁本・乱丁本はお取替いたします。
　　　　　http://www.keisoshobo.co.jp

盛山和夫
リベラリズムとは何か
ロールズと正義の論理
46判　3,465円
978-4-326-65316-4

中野剛充
テイラーのコミュニタリアニズム
自己・共同体・近代
A5判　3,150円
978-4-326-10167-2

福間　聡
ロールズのカント的構成主義
理由の倫理学
A5判　3,675円
978-4-326-10168-9

阪本昌成
法の支配
オーストリア学派の自由論と国家論
A5判　3,465円
978-4-326-40237-3

大森秀臣
共和主義の法理論
公私分離から審議的デモクラシーへ
A5判　4,095円
978-4-326-10161-0

森村　進　編著
リバタリアニズム読本
A5判　2,940円
978-4-326-10154-2

北田暁大
責任と正義
リベラリズムの居場所
A5判　5,145円
978-4-326-60160-8

――――――勁草書房刊

＊表示価格は2009年7月現在。消費税は含まれております。